읽으면 열리는
요한계시록 강해 上
때를 따라 양식을 나눠줄 자가 누구냐?

최강식 著

도서출판 초대교회

읽으면 열리는 요한계시록 강해
上(상권)

발행일 2017년 3월 24일 초판 1쇄
        2021년 4월 24일 초판 2쇄

글쓴이 최강식
펴낸곳 도서출판 **초대교회**
        경기도 화성시 팔단면 매산리길 30
        등록 제 124-82-74105
        전화 031-366-4241
        visioncks@hanmail.net

        도서출판 **인터웰**
        서울특별시 중구 퇴계로 39길 5-5 풍전빌딩 2층(필동2가)
        등록 제 1-4615
        전화 02-2268-8871(팩스 겸용)

ISBN 978-89-93872-51-4

값 20,000원

저작권자의 허락없이 이 책의 일부 또는 전체를
무단복제, 전재, 발취하면 저작권법에 의해 처벌을 받습니다.

추천의 글

    우리는 코로나19 팬데믹 시대에 살고 있습니다. 세상의 분위기는 포스트 코로나 이전과 이후라고 해도 과언이 아닙니다. 이와 같은 분위기에서 살아가고 있는데요. 영적인 감각이 있는 성도라면 세상 돌아가는 분위기를 알아야 할 것입니다. 세상에 돌아가는 영적인 분위기를 역대상 기자는 12장에서 "시세"라고 말하고 있구요. 우리 주님은 감람산강화에서 "징조"라고 말씀했습니다. 징조는 주님의 재림과 밀접하게 관련이 있는데요. 징조의 하나는 우리가 온몸으로 하루하루 삶의 현장에서 부딪치고 있는 코로나19 팬데믹입니다. 주님께서 징조와 관련한 계시를 주신 이유는 징조를 보고 재림신앙을 회복함에 있습니다. 그런데요. 영적인 소경이 되어 징조를 보지 못한다면, 이보다 안타까운 일은 없습니다. 우리 모두는 이시대에 시세와 징조를 보고 깨어있고, 예비하고, 등불을 준비하여 신랑으로 오시는 주님을 영접할 준비를 해야 할 것입니다.

    최강식 목사님은 영적인 감각이 탁월한 주의 종입니다. 이 시대의 징조를 알고, 깨어있고, 예비하여 세례요한처럼 외치는 자의 반열에 들어가기를 소망하며 사명을 감당하기 위하여 부단히 기도하는 종입니다. 주님은 최강식 목사님의 기도에 응답하시고, 도우심이 있어 주변에 기도하는 주의 종들과 함께 광야의 소리 세미나를 배설하고, 적지않은 기간동안 교회와 성도님들을 깨우고, 외치고, 문서선교에 전념했습니다. 특별히 성경에서 단단한 식물이라 할 수 있는 요한계시록 강해집을 5년동안 집필하고, 초판(初版)하여 한국교회 재림신앙을 회복하고, 선한 영향력을 주었다 평가하고 싶습니다. 이에 만족하지 않고 3년 동안 말씀과 기도에 절차탁마(切磋琢磨)하시고, 때가 되자 코로나19 팬데믹이라는 전대미문의 전쟁터 같은 영적탁류가 흐르는 즈음에 요한계시록 갖다먹어라 증보판[增補版]을 집필했습니다. 어려운 환경에서 산고 끝에 옥동자가 탄생했다 라고 믿어 의심치 않습니다. 응원하고 축복합니다. 지속적으로 건필을 소망합니다. 뿐만 아니라 이번에 출판되는 강해집이 재림신앙을 회복하고 한국교회의 문서선교에 선한 영향력을 주고, 끝으로 광야의 소리 세미나가 주님이 기뻐하시는 사역회가 되길 바라며, 일취월장하기를 바라마지 않습니다. 감사합니다.

2021년 1월
전) 안양대학교 총장
이은규 박사

추천의 글

주님의 이름으로 찬양합니다. 광야 같은 길을 걸어갈 때 복이 있다면 만남의 축복입니다. 하나님은 복의 근원입니다. 우주만물에 복이 가득하지만 그 복을 주시는 분은 우주공간에 단 한분입니다. 오직 여호와 하나님 한분입니다. 만남이 얼마나 중요한지요. 한 예를 들자면 나오미의 며느리 룻은 이방 여인입니다. 그 당시 이방 여인은 소망이 없습니다. 그런데 룻이 예수님의 족보의 반열에 들어가는 복의 여인이 되었습니다. 참으로 기가 막히게 복을 받았던 여인입니다. 이방 여인 룻이 복을 받았던 이유는 만남에서 이루어졌습니다. 시어머니의 허락을 받고, 베들레헴의 유력자 보아스의 보리밭에서 보리이삭을 주었지요. 이곳에서 보아스와 만남이 이루어지고, 이 만남이 지나가는 만남이 아니라 하나님이 복을 주시는 만남이 되었고, 끝내는 결혼까지 이어지고 이 여인의 후손에서 이새의 아들 다윗이 탄생하고, 우리 구주 예수님이 탄생했습니다. 때문에 복중의 복은 만남의 축복입니다.

최강식 목사님과의 만남은 우연이 아니었습니다. 주님의 섭리가운데 만남이 이뤄졌습니다. 본인이 대신총회장으로 중차대한 사역을 감당할 때, 최강식 목사님은 경기노회장, 뿐만 아니라 총회 예하의 독립기관 군선교회장으로 함께 합력하여 대신교단을 새롭게 세웠습니다. 기억을 해보면, 대신교단이 분열과 통합이란 시대적 사명이 주어졌을 때 함께 아파하고, 기도하고, 지혜를 모으고, 울고, 기쁨을 누렸던 동역자입니다. 참으로 행복하고, 성령의 역사가 있었습니다. 그 때에 뿌린 씨앗이 부족하지만, 오늘의 총회의 위상을 확립

하고 개혁교단을 세움에 있어 밀알이 되었다 라고 자평하고 싶습니다. 아무런 반대급부 없이 주님의 마음을 품고 총회와 노회와 독립기관을 세웠던 수고와 땀은 세상은 모르지만, 주님은 기억하시고, 적당한 때 최선의 방법으로 보상하리라 믿어 의심치 않습니다.

최강식 목사님은 이시대의 주님이 원하시고, 기뻐하시는 일이 무엇인지 늘 기도하고, 고민하는 분입니다. 영적인 안목을 가지고, 세례요한처럼 외치는 자의 반열에 들어가기를 소망하고, 때가 되자 종말론 세미나를 주의 종들과 함께 세우시고, 광야의 소리 세미나를 배설했습니다. 그리고 재림신앙을 회복하기 위하여 깨우는 작업을 하는 분입니다. 특별히 문서선교에 대한 달란트가 있고, 주님이 사명을 주시고, 어려운 환경에서도 초지일관 매진하여 성경의 마지막 예언서인 요한계시록 강해집을 집필하게 되었습니다. 응원합니다. 축복합니다. 기쁨을 같이 나누고 싶습니다. 뿐만 아니라 산고 끝에 나온 요한계시록 강해집이 아무런 울림도 없이 철이 지나면 사라지는 장식품이 아니라 한국교회와 주의 종들을 깨우고, 준비하게 하고, 빛나고 깨끗한 세마포를 입게 하고, 재림신앙을 회복하는데 있어 밀알처럼 사용받기를 바랍니다. 충성되고, 지혜로운 종이 되어 주인에게 그집 사람들을 맡아 때를 따라 나누어 줄 수 있는 주의 종의 반열에 들어가기를 바랍니다. 반드시 그렇게 될 줄 믿습니다. 최강식 목사님의 사역위에 성령의 기름부으심과 사도행전적인 역사가 있기를 소망합니다. 주님께 영광!

2021년 1월
대한예수교장로회(대신) 증경 총회장
안태준 목사

프롤로그(prologue)

우리가 살고 있는 작금의 세상은 참으로 수상한 세상입니다. 전대미문의 코로나19 팬데믹이 창궐하는 분위기에서 살고 있습니다. 언론의 보도에 의하면 2021년 1월 기준 코로나19 확진자는 1억명이 넘었으며, 사망자수는 200만명이 훌쩍 넘었습니다. 하루하루가 난리난리, 전쟁터와 같습니다. 그럼에도 불구하고 분명한 것은 코로나19는 하나님이 하신 일입니다. 참새 한 마리가 땅에 떨어지는 것도 하나님이 허락하시지 않으면 노탱큐입니다. "참새 두 마리가 한 앗사리온에 팔리는 것이 아니냐 그러나 너희 아버지께서 허락지 아니하시면 그 하나라도 땅에 떨어지지 아니하리라(마10:29)" 참새 한 마리, 미물의 생사여탈권도 주님이 가지고 계시는데 하물며 피조물의 왕관으로 대접받고 있는 사람이 하루에도 수만명이 죽고, 공포의 분위기에서 지내고 있는데 이것이 어찌 우연이라 말할 수 있겠습니까? 하나님이 역사의 주인이 되시고, 역사의 수레바퀴를 돌리고 있으며, 뿐만 아니라 코로나19 팬데믹은 우연한 온역이 아니고, 주님재림징조의 하나라고 봅니다.

예수님은 십자가 사역을 앞에 두고 제자들과 함께 감람산 언덕에서 성전을 바라보며 대화했습니다. 이 대목을 감람산강화라고 하지요. 종말에 관한 계시라고 부릅니다. 제자들이 예수님께 질문합니다. 주의 임하심과 세상 끝에는 무슨 징조가 있습니까? 징조는 세메이온(σημεῖον)은 군호, 징조, 기사, 표적, 이적 이라는 여러 단어로 번역되고 있습니다. 기억한다면, 가룟유다가 스승인 예수님을 성전수비대에게 넘겨주기 위하여 입맞춤과 같은 신호입니다. 제자들의 질문에 대하여 주님은 다시 오시고, 재림 전에 이 땅에는 징조가 나타날 것이다 예언했습니다.

그렇습니다. 예수님의 재림은 진리이구요. 재림은 초림보다 구약의 경우를 보자면 계시가 6배 이상 기록되었습니다. 주님의 마음이 어디에 있는지 미루어 짐작할 수 있습니다. 주님은 반드시 다시 이 땅에 오십니다. 주님의 재림이 있기 전에 이 땅에는 징조가 있는데요. 복음서를 중심으로 요약을 한다면 4가지 징조가 있습니다. 먼저 짐승이 등장하여 미혹의 영이 창궐하구요. 이어 전쟁과 기근과 온역의 순으로 징조가 계시되었습니다. 코로나19는 온역에 해당이 되지 않나요? 때문에 임박한 환난의 때, 주의 종의 반열에 들어간다면, 기도하고 사명을 감당하는 목회자라면 이 시대의 징조를 보아야 합니다. 징조를 보지 못하면 주님의 재림을 준비하고, 소망한다 라는 것은 구호에 지나지 않습니다. 작금은 징조가 나타나는 시대에 살고 있습니다. 아닙니다. 익명의 목회자는 지금의 시대는 주님이 계시한 징조가 거의 나타났다 라고 외치고 있습니다. 그만큼 주님의 재림이 임박했다 라는 다급한 목소리가 아니겠습니까? 때문에 영적인 감각이 있는 목회자는 외치고 있습니다. 주님의 재림이 얼마남지 않았습니다. 깨어나세요. 그리고 빛나고 깨끗한 세마포를 준비하세요 라고 외치고 있습니다.

저자는 주님이 주신 은혜가 있어 오래 전부터 요한계시록을 접하고, 특별히 종말론 세미나를 인도하는 주의 종들에게 가르침을 받았습니다. 새로운 계시를 접했습니다. 물고기가 물을 만난 기분입니다. 이거다 싶어 목회에 올인했습니다. 주야장천(晝夜長川) 땀흘리고 수고했습니다. 갖다먹어라 라는 말씀에 귀가 열리고, 마음의 문이 열리고, 뿐만 아니라 열심도 주셨습니다. 때가 되자 성령님께서 계시의 영을 주시고, 이어 사명이 기다렸습니다. 뜻이 있는 주의 종들과 함께 단단한 식물이 되는 요한계시록 말씀과 씨름하고 작은 공동체를 만들었습니다. 그 과정과 절차는 사도바울이 고백했듯이 해산의 수고가 따랐지만 열매도 있었습니다. 재림을 사모하는 목회자와 사모님을 대상으로 수년 동안 종말론 세미나를 배설했습니다. 주님이 기회를 주셨습니다. 지금에 와서 생각하면 그 때 함께 동역하고 세미나를 같이 세운 보석같은 믿음과 영성을 가진 분들에게 감사의 말씀을 드리고 싶습니다. 강사의 어설프고, 투박하고, 정리되지 않은 신학, 여러가지 불협화음과 긴장이 있었지만 끝까지 인내하고, 자리를 지켜주시고, 함께 했던 그분들의 사랑과 섬김과 중보가 있었기 때문에 오늘의 열매가 있음을 고백하고 싶습니다.

기억하자면, 저자는 매월 세미나를 주관하는 강사로써 원고를 정리하고 다듬었습니다. 준비된 원고가 아무런 울림이 없이 사장이 되는 것은 아니다 싶어 용기백배하고, 기도하는 마음으로 정리했습니다. 그리고 때가 되자 갖다 먹어라 작은 두루마리 라는 제목으로 삼고 인쇄하여 세상에 선을 보였습니다. 주님이 하셨습니다. 2017년도 개나리, 진달래 꽃이 흐드러지게 피는 봄에 말입니다. 1,000부를 인쇄하여 문서선교하고, 때론 필요한 독자에게 판매하고, 지인들에게 선물을 줄 때 정말 행복했습니다. 뿐만 아니라 교재로도 사용했습니다.

여러가지 상황이 변하고 여건이 성숙되자 주님이 사명을 주셨습니다. 지인 목사님들의 권면이 동기부여가 되었습니다. 저자가 사역하고 있는 초대교회에서 종말론 세미나를 배설했습니다. 목회자와 사모님들이 모여 작은 공동체를 만들었습니다. 저자의 목회 철학에 적합한 공동체의 이름을 광야의 소리 라고 정하고 시작했습니다. 배경이 있지요. 세례요한이 광야에서 외치는 자의 사명을 감당했습니다. "그 때에 세례요한이 이르러 유대 광야에서 전파하여 가로되 회개하라 천국이 가까왔느니라 하였으니(마3:1~2)" 이 시대에도 세례요한 같은 선지자가 필요합니다. 저자는 외치는 자의 사명을 감당하기 위하여 기도하며, 준비하고, 세미나를 배설했습니다. 코로나19 팬데믹 같은 분위기에서도 지속적으로 세미나를 배설하고 외치는 자의 사명을 감당했습니다. 주님이 하셨습니다. 함께 어깨 동무한 동역자들에게 이 자리를 비롯하여 감사의 말씀을 드립니다. 사랑합니다! 고마워요! 감사합니다!

초대교회에서 광야의 소리 세미나를 배설한 3년이란 세월은 우리 예수님의 공생애 기간입니다. 제자로서 양육하고, 준비되는 기간이라 생각을 합니다. 참으로 주님의 은혜가 함께 했습니다. 주님이 계시의 영을 주시고 계시가 열어지는 복도 받았습니다. 뿐만 아니라 앞으로도 이와 같은 순례자의 행군은 멈추지 않을 것입니다. 갖다 먹어라 요한계시록 강해집을 재판하겠다 라는 마음으로 기도하며, 정리하고, 집필했습니다. 재판은 초판의 내용과 비교할 때, 큰 기둥은 변함이 없지만 작은 부분에는 첨가하고, 삭제하고, 보충했습니다. 이 작업은 지난한 과정이었지만 유익이 많았습니다. 3년이란 기간 동안 씨름했습니다. 재판의 소감을 피력한다면,

첫째, 3년 전의 영성과 작금의 영성은 넓이, 크기, 높이가 다릅니다. 3년 동안 다듬어진 영성과 믿음을 다시 그려보았습니다. 주님이 주신 것입니다. 둘째, 새롭게 선보이는 갖다 먹어라 재판은 마음이 편안합니다. 그만큼 신학과 영성에 내공이 쌓였다 한다면 교만이겠지요. 서울에 있는 교보문고에 진열이 된다 해도 부족함이 없다 라고 조심스럽게 소개하고 싶습니다. 셋째, 초판은 여러 가지 상황 때문에 홍보에 제한이 많았습니다. 그러나 재판은 한국교회 재림에 소망을 갖고 있는 목회자들과 함께 나누고 싶습니다. 강하고 담대하게 외칠 것입니다.

마지막으로 이 책이 나오기 까지 함께 기도하며, 물질로 동역한 이웃들이 있었습니다. 그분들의 섬김은 길이길이 기억할 것입니다. 사도바울이 로마교회 26명의 성도에게 안부하고 사랑의 고백을 했습니다. 이 분들의 섬김과 희생이 있었기에 로마교회는 역사에 등장했습니다. 저자의 마음이 사도바울과 같은 심정입니다. 이 책이 나오기 까지 산파역할을 했던 분들을 소개하지 않을 수 없습니다. 광야의 소리 세미나 회장님으로 수고하고 계신 박영해 목사님과 임원진, 눈에 넣어도 아프지 않는 초대교회 성도님들이 이 거룩한 사역에 주님의 마음을 품고, 기도하며 후원했습니다. 감사합니다. 뿐만 아니라 인터웰 출판사 사장님으로 수고하고 계시는 이경희 장로님과 임직원 여러분께도 지면을 통하여 고마움을 전합니다. 이 땅에서 섬김이 천국에서 해같이 달같이 빛날 것입니다. 바라옵기는 함께 동역한 모든 성도님들! 주님의 부르시는 그날까지! 그곳까지! 함께! 갑시다. 그리고 저자는 중보의 끈을 놓치지 않을 것입니다. 뿐만 아니라 외치는 자의 반열에 들어가도록 사명을 감당하겠습니다. 주님은 다시 오십니다! "이것들을 증거하신 이가 가라사대 내가 진실로 속히 오리라 하시거늘 아멘 주 예수여 오시옵소서 주 예수의 은혜가 모든 자들에게 있을지어다 아멘!(계22:20~21)"

2021년 1월 새해벽두
매곡리에서 초대교회를 섬기는
광성(曠聲) 최강식 목사

목 차(上)

추천의 글 / 이은규 박사 / 3

추천의 글 / 안태준 목사 / 5

프롤로그(prologue) / 7

요한계시록을 여는 목적 / 23

요한계시록 해석의 유의 할 점은! / 48

  1. 구조를 알아야 한다. / 48
  2. 과거적인 해석을 금하라. / 48
  3. 다른 종말 계시와 짝을 맞추어 해석해야 한다. / 49
  4. 예수님 재림에 초점을 맞추고 해석하라. / 50
  5. 요한계시록을 해석함에, 실제적인 해석과
     상징적인 해석을 구분하는 것은 매우 유익하다. / 51
  6. 여러 신학적인 주장에 맹신하지 말자. / 53
  7. 요한계시록은 선한 목자, 종의 자세가 우선해야 한다. / 54
  8. 성령님의 도우심과 기도의 줄을 붙잡고 준비해야 한다. / 56
  9. 교회에서 요한계시록을 설교하기 전에
     먼저 말씀사경회부터 시작하라. / 58
  10. 요한계시록의 해석의 다양성을 인정하라. / 59
  11. 재림의 날짜나 장소를 지목하지 말라. / 60

12. 요한계시록은 구약적인 배경으로 기록되어 있지만,
   적용은 신약적으로 해야 한다. / 62
13. 요한계시록은 순차적, 시간별로 기록되어 있다. / 63
14. 요한계시록 각 장마다 그림으로 핵심적인 내용을
   표현했다. / 65
15. 기독교신문(교회신보)에 기고한 저자의 칼럼을 요한계시록
   본문의 삶의 정황에 맞추어 6편을 게제했다. / 65
16. 한눈으로 볼 수 있는 요한계시록과 다니엘서를 도표화
   했다. / 66

요한계시록 본경(本經)과 삽경(揷經)의 구조 / 68

1. 요한계시록의 전체적인 구조는 1장 19절에 있다.
   이 본문은 연대기를 구분한다. / 68
2. 본경 /삽경의 이해 / 68
3. 본 것(과거) / 70
4. 이제 있는 일(현재) / 70
5. 장차 될 일 (본경과 삽경의 장별 주요 내용) / 72

일곱인, 일곱나팔, 일곱대접 상관관계 / 74

1. 개요 / 74
2. 일곱인의 배경 / 76
3. 일곱나팔의 배경 / 84
4. 일곱대접의 배경 / 94
5. 일곱인, 일곱나팔, 일곱대접 도표 / 103
6. 일곱인, 일곱나팔, 일곱대접과 7년 환난의 접목 / 109

    7. 인의 재앙과 관련한 요한계시록, 선지서, 복음서와의
       비교 / 112
    8. 결론 / 113

다니엘서 9장에 나타난 칠십이레 계시 / 115
    1. 개요 / 115
    2. 칠십이레 계시 배경 / 118
    3. 칠십이레 계시 해석 / 120
    4. 결론 / 132

제1장 계시의 나타남
    1. 개요 / 137
    2. 본 장의 내용 요약 / 138
    3. 장, 절 강해 / 138

제2장 소아시아 7교회에 보낸 편지
    1. 개요 / 187
    2. 본 장의 내용 요약 / 187
    3. 일곱 교회에 대한 견해 / 188
    4. 일곱 교회에 보낸 편지 요약 / 189
    5. 일곱 교회에 주신 동일한 말씀 / 190
    6. 장, 절 강해 / 206

제3장 소아시아 7교회에 보낸 편지
    1. 3장의 내용 요약 / 275
    2. 장, 절 강해 / 275

제4장 제4장 천상의 예배

1. 개요 / 339
2. 본 장의 내용 요약 / 340
3. 사도 요한이 본 성부 하나님의 보좌와 주변, 천상의 모습 / 340
4. 장, 절 강해 / 342

제5장 인봉된 두루마리와 어린 양

1. 개요 / 383
2. 본 장의 내용 요약 / 383
3. 장, 절 강해 / 384

에필로그 / 422

참고문헌 / 431

목 차(中)

추천의 글 / 이은규 박사 / 3

추천의 글 / 안태준 목사 / 5

프롤로그(prologue) / 7

제6장 환란의 총론, 일곱인 재앙

   1. 개요 / 25
   2. 요약 / 25
   3. 장, 절 강해 / 26

제7장 인 맞은 십사만 사천과 흰 옷 입은 무리

   1. 개요 / 85
   2. 요약 / 85
   3. 삽경 정리 / 86
   4. 장, 절 강해 / 87

제8장 일곱나팔을 가진 일곱천사

   1. 개요 / 133
   2. 장, 절 요약 / 133
   3. 장, 절 강해 / 134

제9장 첫째화, 둘째화 재앙

1. 개요 / 163
2. 장, 절 요약 / 164
3. 장, 절 강해 / 164

제10장 천사와 작은 책

1. 개요 / 205
2. 장, 절 요약 / 207
3. 장, 절 강해 / 207

제11장 두 증인과 일곱 번째 나팔심판

1. 개요 / 249
2. 장, 절 요약 / 250
3. 장, 절 강해 / 250

제12장 환난 날의 예비처, 그리고 용과 여자

1. 개요 / 291
2. 장, 절 요약 / 292
3. 장, 절 강해 / 293

제13장 바다와 땅에서 올라온 짐승과 짐승표

1. 개요 / 341
2. 장, 절 요약 / 342
3. 장, 절 강해 / 342

제14장 시온 산의 십사만 사천과 영원한 복음
　1. 개요 / 413
　2. 장, 절 요약 / 414
　3. 장, 절 강해 / 415

에필로그 / 460

참고문헌 / 469

목 차(下)

추천의 글 / 이은규 박사 / 3

추천의 글 / 안태준 목사 / 5

프롤로그(prologue) / 7

제15장 성도의 최종적 보호와 마지막 심판준비

   1. 개요 / 25
   2. 장, 절 요약 / 26
   3. 장, 절 강해 / 26

제16장 진노의 일곱대접의 심판

   1. 개요 / 63
   2. 장, 절 요약 / 64
   3. 장, 절 강해 / 64

제17장 음녀와 짐승의 비밀

   1. 개요 / 111
   2. 장, 절 요약 / 112
   3. 장, 절 강해 / 112

제18장 큰 성 바벨론의 멸망

1. 개요 / 159
2. 장, 절 요약 / 160
3. 장, 절 강해 / 160

제19장 주의 재림과 어린 양의 혼인잔치

1. 개요 / 209
2. 장, 절 요약 / 210
3. 장, 절 강해 / 210

제20장 천년왕국과 흰보좌 심판

1. 개요 / 267
2. 장, 절 요약 / 268
3. 천년왕국설의 이론 / 268
4. 장, 절 강해 / 291

제21장 거룩한 성, 새예루살렘의 외형적인 모습

1. 개요 / 317
2. 장, 절 요약 / 318
3. 장, 절 강해 / 318

제22장 거룩한 성, 예루살렘 내부의 모습

1. 개요 / 379
2. 장, 절 요약 / 380
3. 장, 절 강해 / 380

마라나타 십계명 / 409

에필로그 / 425

참고문헌 / 434

요한계시록을 여는 목적

첫째, 재림신앙을 회복하기 위함이다. "이것들을 증언하신 이가 이르시되 내가 진실로 속히 오리라 하시거늘 아멘 주 예수여 오시옵소서(계22:20)"

주님은 이 땅에 초림하셨고, 오신 주님은 때가 되면 반드시 다시 오신다. '속히 오리라' 라는 말씀은 진리이다. 성경은 재림에 관련한 계시의 말씀이 초림에 대한 계시의 말씀보다 양과 질적으로 비교할 수 없을 정도로 많이 계시되어 있다. 반복하여 계시 된 말씀에는 주님의 뜻이 있다. 주님의 뜻은 성도가 재림에 대한 소망을 회복하고 굳건히 함에 있다. 재림신앙을 회복한 성도는 이 땅에 소망을 두지 않는다. 믿음의 선진처럼 이 땅을 나그네로 살아가는 성도에게 이 땅에 무슨 소망을 두겠는가?

성경의 결론은 요한계시록이다. 요한계시록은 속히 될 일이 기록되었고, 이 일은 재앙, 애가, 애곡과 관련이 된 계시가 적지 않게 기록이 되어 있다. 이 재앙, 애가, 애곡은 보는 독자로 부담감과 공포감을 주고 있기에 피하고 싶은 심정임을 숨길 수 없다. 임박한 환란의 때가 되면, 숨돌릴 틈도 없이 땅과 바다, 피조세계, 천체계의 모든 영역에서 재앙을 직격으로 맞고 모든 사람이 죽거나 피해를 입는다. 이 재앙은 짧은 기간 안에 이루어진다. 노아의 시대는 물로 심판하였지만, 요한계시록은 불로 심판을 한다. 이런 요한계시록을 접하는 독자는 믿음이 크고 작고를 떠나 피하고 싶고, 외면하고 싶은 것은 어쩌면 당연할지도 모른다. 그러나 간과할 수 없는 것은 주님의 재림은 두 가지 특징이 있다. 신부가 된 교회는 주님의 재림이 축복이다. 신랑으로 오시기 때문이다. 물론 이런 재앙이 성도에게도 피할 수 없는 상황이지만, 주님은 피할 길을 예비해주신다. 마치 구약의 성도를 밤에는 불기둥으로 낮에는 구름기둥으로 보호했듯이 말이다. 그러나 이와 반면에 세상은 그렇지 않다. 주님은 심판주로 오신다. 이 심판을 피할 어떤 길도 없다. 요한계시록에 기록된 재앙, 애가, 애곡의 사건은 세상에 심판의 도구로 사용을 하지만, 신부 된 교회는 이런 재앙이 재림신앙을 회복하는 동기부여가 된다. 재앙은 주님의 징조와 관련이 있고, 말씀으로 돌아가고 주님과의 관계를 회복함에 유익이 될 것이다. 그러므로 요한계시록을 여는 궁극적인 목적은 재림신앙을 회복함에 있다는 것을 명심해야 할 것이다.

지금은 요한계시록 시대이다. 적지 않은 주의 종들이 이곳저곳에서 요한계시록을 열고 있다. 고무적인 현상이 한국교회에 일어나고 있다. 이런 현상은 주님의 재림과 밀접한 관련이 있음을 부인할 수 없다. 기억을 해보면, 불과 얼마 전만 해도 요한계시록을 여는 주의 종들은 본의 아니게 이단 시비의 딱지를 안고 가는 부담이 있었다. 요한계시록 하면 이단에서 자유로울 수 없었다. 그만큼 한국교회의 영적인 토양은 건강하지 못했다고 진단을 할 수 있다. 그런 배경에는 다미선교회 등 시한부 종말론자들의 준동 결과라고 할 수 있다. 이제는 상황이 많이 변했다. 정말 건강하게 목회하고 있는 주의 종들이 이곳저곳에서 요한계시록을 열고 있다. 그리고 외치고 있다. 그러나 적지 않은 불협화음도 일어나고 있다. 신학적인 충돌이 서로를 반목하고 긴장하게 하고 있다. 다시 지적한다면 요한계시록을 연구하는 주의 종의 해석에 따라 신학도 백인백색이다. 한 예를 든다면 천년왕국에 있어 해석의 차이가 만만치 않다. 이런 신학적인 간격과 긴장을 어떻게 정리할 것인가? 요한계시록을 하는 주의 종들과 한국교회의 숙제임을 부인할 수 없다. 그러나 이런 문제도 주님의 말씀을 적용하면 쉽게 풀릴 수 있다. "보라 내가 너희를 보냄이 양을 이리 가운데로 보냄과 같도다 그러므로 너희는 뱀같이 지혜롭고 비둘기같이 순결하라(마10:16)" 답은 여기에 있다. 큰 틀에서 벗어나지 않으면 서로의 입장을 변호하고 존중하며, 해석의 다양성을 인정하는 것이다. 이런 자세가 신학의 충돌을 피할 수 있고, 한국교회가 신학적으로 건강할 수 있다. 신학적인 충돌 때문에 적대하고 반목하면 마귀 사탄의 조롱이 되고, 서로 무너지는 우를 범할 수 있다. 그것은 마치 소의 뿔을 바로 잡으려다가 소를 죽일 수 있는 교각살우(矯角殺牛)를 범할 수 있기 때문이다.

요한계시록을 연구하는 교회와 주의 종들이 간과할 수 없는 것은 신학의 다양성과 충돌은 있을 수 있으나, 재림에 대한 소망에 초점을 맞추면 이 모든 간격은 쉽게 넘어갈 수 있다. 다시 반복하고, 백번을 강조함에 조금도 부족함이 없는 것은 요한계시록을 여는 목적이 주님의 재림에 소망을 두고 회복함에 있다는 것을 명심해야 할 것이다.

둘째, 신부단장 하기 위함이다. "우리가 즐거워하고 크게 기뻐하며 그에게 영광을 돌리세 어린 양의 혼인 기약이 이르렀고 그의 아내가 자신을 준비하였으므로 그에게 빛나고 깨끗한 세마포 옷을 입도록 허락하셨으니 이 세마포 옷은 성도들의 옳은 행실이로다 하더라(계19:7~8)"

성경은 그리스도와 교회와의 관계를 남편과 아내의 관계로 적용하였다. "이와 같이 남편들도 자기 아내 사랑하기를 자기 자신과 같이 할지니 자기 아내를 사랑하는 자는 자기를 사랑하는 것이라 누구든지 언제나 자기 육체를 미워하지 않고 오직 양육하여 보호하기를 그리스도께서 교회에게 함과 같이 하나니 우리는 그 몸의 지체임이라 그러므로 사람이 부모를 떠나 그의 아내와 합하여 그 둘이 한 육체가 될지니 이 비밀이 크도다 나는 그리스도와 교회에 대하여 말하노라(엡5:28~32)" 이것이 비밀이다. 관계가 회복되면 복이 있지만, 관계가 회복되지 못하면 불협화음과 긴장이 있고 반드시 화를 자초한다. 때문에 복의 원리는 관계를 회복함에 있다. 특별히 남편과 아내의 관계회복 중요성에 대하여 아무리 강조해도 지나침이 없을 것이다.

사도바울은 이런 계시의 비밀을 알았기 때문에 중차대한 사명이 있었다. 남편과 아내의 관계가 그리스도와 교회와의 관계를 적용하며, 자신을 소개하기를 중매쟁이라고 선언하였다. "내가 하나님의 열심으로 너희를 위하여 열심을 내노니 내가 너희를 정결한 처녀로 한 남편인 그리스도께 드리려고 중매함이로다 그러나 나는(고후11:2)" 중매쟁이의 역할은 너무 소중하다. 요즈음은 결혼 문화가 많이 달려졌지만 얼마 전만 해도 중매쟁이의 플레이에 따라서 결혼의 성사 여부가 결정되었다. 중매쟁이는 신부가 준비되면 신랑과의 결혼을 주선한다. 중매쟁이는 사도바울, 신랑은 예수님, 신부는 교회(성도)를 말하고 있지 아니한가. 사도바울은 신부를 단장하여 신랑 되신 예수님께 시집을 보내는 것이 사명이다. 그러나 가장 중요한 것은 신랑은 언제나 준비가 되어 있지만, 문제는 신부이다. 신부가 준비되어 있지 않으면 아무리 결혼식이 화려하고, 음식, 하객, 들러리, 음악이 대기 하고 있어도 신부가 없는 결혼식은 아무런 의미가 없다. 신부는 정결한 신부이다. 점이 없고, 흠이 없는 세마포를 입은 정결한 신부이다. 정결한 신부의 자격이 상실하면 결혼식은 언감생심이다. 이 정결한 신부의 반열에 들어가게 하는 것은 중매쟁이 역할을 감당하는 주의 종의 사명이다.

마태복음 25장은 종말에 대비한 성도가 어떤 믿음으로 세상을 이기고, 천국에 입성할 것인가를 교훈해주고 있다. 혼인 잔치는 천국을 예표하고 있고, 혼인 잔치에 입성하기 위하여 열 처녀가 대기하고 있지만 정작 혼인 잔치에 들어간 처녀는 기름과 등을 준비한 슬기로운 다섯 처녀에 불과하다. 준비되지 않으면 혼인 잔치의 입성은 원천봉쇄가 된다. 슬기로운 다섯 처녀는 신부 단장한 성도의 예표가 된다. 단언컨데 요한계시록을 주님이 우리에게 주신 이유는 슬기로운 다섯 처녀처럼 기름과 등을 준비하여 신랑으로 오실 주님을 영접하고 혼인 잔치에 참석하기 위함이다. 혼인 잔치는 신부가 단장하지 않고는 들어갈 수 없다. 사도바울은 교회를 신부 단장시키고, 주님이 부르시는 그 날, 그 앞에 바로 세우기 위함에 있다고 자신의 사명을 소개하고 있다. "우리의 소망이나 기쁨이나 자랑의 면류관이 무엇이냐 그가 강림하실 때 우리 주 예수 앞에 너희가 아니냐 너희는 우리의 영광이요 기쁨이니라(살전2:19~20)" 바울은 교회를 신부 단장시키는 것이 소망이요. 기쁨이요. 면류관이라 하였다. 주의 종 사역은 바울의 과거 사역을 오늘 이 시대에 적용하며 살아가야 한다. 사도바울과 같은 심장을 가지고, 성도에게 요한계시록을 부지런하게 열고, 먹이고, 양육하여 신부 단장시키는 것이다. 신부가 단장하면 주님이 언제, 어디서 오시든지 혼인 잔치에 입성할 수 있다. 이 사역은 생명을 걸만한 사역이고 그 어떤 사역과 비교될 수 있겠는가!

셋째, 믿음을 끝까지 지킬 수 있도록 위함이다. "이 예언의 말씀을 읽는 자와 듣는 자와 그 가운데에 기록한 것을 지키는 자는 복이 있나니 때가 가까움이라(계1:3)" 복음은 시대마다 다르다. 물론, 예수님 이외의 다른 복음은 없다. 그럼에도 복음은 시대마다 다르다. 에덴동산에서 복음은 선악과에 있다. 에덴동산은 선악과를 따 먹지 않은 것이 복음이다. 선악과를 따 먹으면, 윤리 도덕이 완벽하지만, 저주가 따라온다. 노아시대의 복음은 방주에 들어가는 것이다. 윤리와 도덕은 두 번째 문제이다. 하나님의 뜻은 방주에 들어가면 사는 것이고 방주 밖에 있으면 죽음이 따라온다. 방주에 들어가는 것은 복음이다. 율법 시대는 율법을 잘 지키고 순종할 때 복이 따라오는 것이다. 지금 시대 복음은 예수님이다. 하나님의 뜻은 그의 아들 예수님을 인격적으로 영접하고 영생의 복을 받는 것이다. 예수님 이외의 다른 복음은 없다. 요한계시록 시대의 복음도 물론 예수님이다. 그러나 분명한 것은 임박한 환란의 때, 예수님을 복음으로 믿고, 영접한 성도는 믿음을 끝까지 지키는 것이 복음이다. 복음은 환난을 통과한 성도에게 주어진다. 이 환난은 만만치 않다. 이 환난에 대하여 예수님은 창세로부터 지금까지 없는 환난이라 했다. "이는 그 때에 큰 환난이 있겠음이라 창세로부터 지금까지 이런 환난이 없었고 후에도 없으리라(마 24:21)"

요한계시록은 속히 될 일에 대하여 기록하였다. 이 속히 될 일은 재앙, 애가, 애곡 그리고 큰 환난이라고 계시하였다. "내가 말하기를 내 주여 당신이 아시나이다 하니 그가 나에게 이르되 이는 큰 환난에서 나오는 자들인데 어린 양의 피에 그 옷을 씻어 희게 하였느니라(계7:14)" 종말을 계시한 다른 성경에도 마찬가지 큰 환난으로 계시하였다. 교회는 이 큰 환난을 통과해야 한다. 이 환난을 통과하지 않고는 세마포를 입을 수 없다. 믿음이 있는 성도는 반드시 환난을 통과하고, 이런 성도가 신부의 반열에 들어가는 것이다. 믿음이 있다면 열매로 나타나는 증거로 인내하고 기다리는 것이다. 마태복음 24장은 작은 요한계시록이다. 믿음이 있는 성도는 인내하고 참고 끝까지 믿음을 지키라고 하였다. "그러나 끝까지 견디는 자는 구원을 얻으리라(마 24:13)" 뿐만 아니라 요한계시록 또한 한결같이 믿음이 있는 성도는 믿음을 지키라고 강조하였다. 지키는 믿음이 절실히 요구되는 때이다. "사로잡힐 자는 사로잡혀 갈 것이요 칼에 죽을 자는 마땅히 자기도 칼에 죽을 것이니 성도들의 인내와 믿음이 여기 있느니라(계13:10)" 태산을 옮길만한 믿음이 있다. 하지만 믿음을 지키지 못하면 아무런 의미가 없다.

구원의 공식이 있다. 이 구원의 공식이 무너지면, 기독교의 근본적인 진리가 무너진다고 볼 수 있다. 첫 번째, 구원은 예수님을 복음으로 영접하면 된다. 다른 복음은 없다. 둘째, 구원의 완성은 예수님을 구세주로 믿고 살아가는 성도는 반드시 말씀을 지킨다. 역설적으로 말씀을 지키지 않고 살아가는 성도는 예수님을 믿지 않는다고 진단할 수 있다. 모든 성경의 진리는 이 두 원칙 위에 적용되어야 할 것이다. 한 번 구원은 영원한 구원이라는 공식은 매우 위험천만하다. 한번 기록된 생명책은 영원한 생명책이 아니다 라는 결론은 성경이 증거하고 있다. "이기는 자는 이와 같이 흰 옷을 입을 것이요 내가 그 이름을 생명책에서 반드시 흐리지 아니하고 그 이름을 내 아버지 앞과 그 천사들 앞에서 시인하리라(계3:5)"

임박한 환난의 때, 믿음을 지키는 것이 얼마나 어려운지 한 예를 들어보자. 요한계시록 13장에 등장하는 짐승표 666은 상징이 아니다. 짐승표는 문자적으로 보아야 한다. 실제적인 사건이다. 이와 관련하여 요한계시록 13장을 나눌 때 자세하게 언급을 하겠지만, 짐승표를 받느냐 거절하느냐에 따라서 교회는 홍해 물이 갈라지듯이 두 쪽으로 구분되는 역사가 있을 것이다. 666표는 환난과 직결된다. 물론 받으면 환난과 관계가 없지만 받지 않으면 창세 이후에 없는 환난을 온몸으로 받을 것이다. 이 때 믿음을 지키는 것이 얼마나 어려운지를 요한계시록은 반복하여 설명하고 있다. 요한계시록을 잘 적용하면 지키는 믿음의 소유자가 될 것이다. 결론적으로 요한계시록의 복음은 말씀을 지킴에 있다 라고 강조한다.

넷째, 주의 종들에게 주시기 위함이다. "예수 그리스도의 계시라 이는 하나님이 그에게 주사 반드시 속히 일어날 일들을 그 종들에게 보이시려고 그의 천사를 그 종 요한에게 보내어 알게 하신 것이라(계1:1)"

돋보기를 정확하게 조절하면 글자가 선명하게 보이듯이 1장 1절을 자세하게 연구하면, 요한계시록 전체가 열어진다. 1장 1

절이 요한계시록 전체를 관통하는 열쇠라고 할 수 있다. 요한계시록의 모든 핵심적인 주제가 이 한절에 들어있다 해도 지나침이 없다. 1장 1절은 그만큼 중요하다.

① 예수그리스도 계시라고 했다. 땅!땅!땅! 선언하며 시작하였다. 성경에서 예수그리스도 계시라고 선언하고 시작한 성경은 없다. 비록 사도요한이 밧모섬에서 계시를 받았지만, 예수님이 직접주신 계시라고 했다. 물론 성경 66권은 정확무오한 하나님의 계시의 말씀이지만, 요한계시록이 예수 그리스도 계시라고 선언한 것은 요한계시록 정경화 과정에서 사탄의 역사가 개입하지 못하도록 장래에 일어날 일들을 훤히 보고 쐐기를 박은 것이다. 뿐만 아니라 요한계시록 2장과 3장에서 주님의 주권(主權)을 나타내는 "나, 또는 내가" 라는 말씀이 무려 58회나 등장을 한다. 이는 요한계시록이 예수 그리스도를 증거하기 위한 계시라는 강력한 증거가 된다.

② 반드시 속히 될 일이다. 반드시 속히 될 일은 1장 19절에서 장차 될 일로 표현하였고, 4장 1절에서는 마땅히 일어날 일들이라 계시하였다. 표현방법은 다르지만 본래의 뜻은 같다 하겠다. 반드시 속히 될 일은 요한계시록 전체에 기록한 예언의 말씀을 총칭하고 있다. 구체적으로 말한다면 7년 환난동안 이 땅에 임할 애곡과 애가와 재앙의 사건을 말하고 있다. 이 애곡과 애가와 재앙의 사건은 본경에 해당하는 일곱인, 일곱나팔, 일곱대접의 재앙의 사건을 말하고 있다. 물론 재림과 천년왕국, 거룩한 성, 예루살렘에 관한 예언의 말씀도 이 범주에 포함된다.

③ 영적인 계보가 분명하다. 하나님은 인격과 질서가 충돌이 일어났을 때, 인격보다 질서를 우선한다. 성경에서 예를 찾는다면 모세가 구스여인을 아내로 맞이하였다. 미리암과 아론은 이 문제를 가지고 집요하게 모세를 공격하였다. "모세가 구스 여자를 취하였더니 그 구스 여자를 취하였으므로 미리암과 아론이 모세를 비방하니라(민12:1)" 그러나 하나님은 이런 미리암과 아론에 대하여 무섭게 징계하였다. 하나님이 미리암과 아론에게 하신 말씀을 기억하면, "그와는 내가 대면하여 명백히 말하고 은밀한 말로 하지 아니하며 그는 또 여호와의 형상을 보거늘 너희가 어찌하여 내 종 모세 비방하기를 두려워하지 아니하느냐(민12:8)" 하나님은 "내 종 모세"라고 모세의 권위를 세워주었다. 하나님이 세워주신 종을 감히 정죄하고 판단하느냐 책망하는 말씀도 포함이 되었다. 이 본문을 비추어 본다면 하나님의 뜻은 인격과 영적인 질서가 충돌할 때, 영적질서를 우선했다 말 할 수 밖에 없다.

1장 1절을 보면, 영적인 질서가 선명하다. 본문에서 말하고 있는 영적계보는 하나님 → 예수 그리스도 → 천사 → 사도요한 → 주의 종 → 교회(성도) 순으로 보여주고 있다. 질서가 바로 서 있다. 이런 영적계보를 무시하면 영적감각이 무너진 자라고 할 수 있다. 사도가 고린도교회에게 주신 말씀을 기억하자! "하나님은 무질서의 하나님이 아니시요 오직 화평의 하나님이시니라 모든 성도가 교회에서 함과 같이 ..... 모든 것을 품위있게 하고 질서있게 하라(고전14:33~40)" 영적인 질서가 무너지면 교회는 무너진다. 주님은 주의 종을 세우시고, 사용하여 주님의 나라를 세운다.

④ 이 계시는 종들에게 보여주기 위함이다. 주님의 눈은 종들에게 있다. 종의 반열에 들어가지 아니하면 이 요한계시록은 열지 못하고, 뿐만 아니라 열지 못하면 사명을 감당하지 못한다. 특별히 이 예언의 말씀은 종말에 일 할 종들에게 주기 위하여 기록하였다. 성경을 보라! 사도바울, 베드로, 야고보 기타 등등 하나님이 시대마다 사용하는 사람들은 자신을 소개하기를 예수 그리스도의 종이라 소개하였다. "예수 그리스도의 종 바울은 사도로 부르심을 받아 하나님의 복음을 위하여 택정함을 입었으니 (롬1:1)" 주님은 주인이고, 사도는 종이다 라는 관계가 설정이 되었을 때, 사명이 뒤 따른다. 본문은 계시의 최종수여자가 주의 종이다 라고 기록하고 있다.

요한계시록은 주의 종에게 보여주기 위하여 기록하여 주신 것이다. 계시의 최종 수여자가 주의 종이라면, 반드시 이 요한계시록을 열고, 때에 따라 알맞은 양식을 교회에게 전해주는 사명이 있다. 주의 종의 사명이 만만치 않다. 만약에 교회에게 먹여주지 못하면 종은 종인데 악하고 게으른 종이 될 수 밖에 없다. 아래 도표를 참고 바란다.

† 계시의 계통 도표

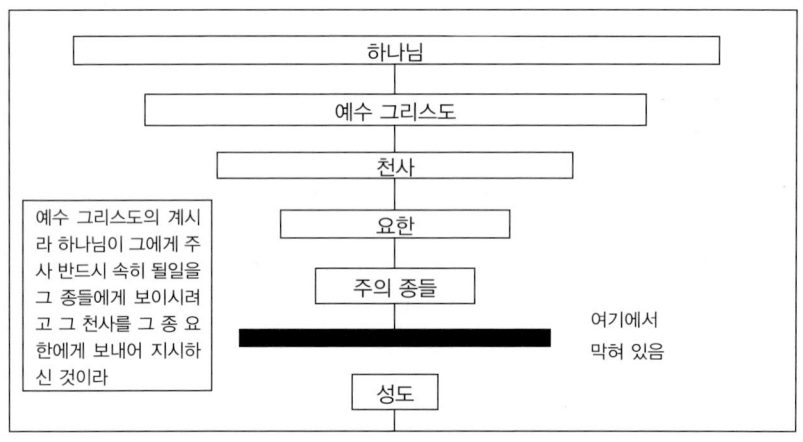

　이 도표에서 보는 바와 같이 계시의 도표는 하나님으로부터 시작하여 주의 종들까지 계시의 흐름이 막힘이 없다. 일사천리로 소통이 이루워진다. 그러나 문제는 주의 종이다. 주의 종이 이 요한계시록을 열지 못하면 교회에게 때에 따라 알맞은 양식을 먹일 수 없다. 동맥경화가 된다. 이에 따른 피해는 불을 보듯 뻔하다. 한국교회를 진단해보자! 이 요한계시록을 주의 종들이 열지 못하고, 단단한 식물을 교회에게 먹이지 못하기 때문에 이단의 준동이 활개를 치고 있다. 지금이라도 늦지 않다, 주의 종의 반열에 들어갈려면, 부지런히 단단한 식물을 먹고, 외치는 사명을 감당해야 한다. 이단이 요한계시록을 가지고 미혹하지 못하도록 철저히 준비하여, 때에 따라 알맞은 양식을 부지런히 먹이는 것이다. 이런 종이 착하고 충성된 종의 반열에 들어간다.

　소요한계시록이라 할 수 있는 마태복음 24장은 두 종을 소개하고 있다. "충성 되고 지혜 있는 종이 되어 주인에게 그 집

사람들을 맡아 때를 따라 양식을 나눠 줄 자가 누구냐~~~만일 그 악한 종이 마음에 생각하기를 주인이 더디 오리라 하여(마24:45~48)" 한 종은 충성 되고 지혜 있고 한 종은 악한 종이다. 충성 되고 지혜 있는 종은 때를 따라 양식을 나눠주는 종이다. 이 종의 반열에 들어가기 위하여 두 가지 선행조건이 있다. 때를 분별하는 지혜가 있고, 때에 알맞은 양식을 나눠주고 교회와 성도를 깨우는 종이다. 이 종의 반열에 들어가려면 반드시 요한계시록을 인봉하지 말고 열어야 한다. 본인이 열지 못하면 주님의 뜻을 알 수 없고, 전하지 못하기 때문에 종의 반열에 들어갈 수 없다. 종의 반열에 들어가기 위하여 반드시 여는 수고와 땀이 있어야 할 것이다.

다섯째, 이단과의 영적싸움에서 이기기 위하여 요한계시록을 열어야 한다. 저자는 수년 전에 목회자의 모임이 있어 서울 방배동에 소재하고 있는 OOO 교회를 방문한 적이 있다. 1층과 지하층은 교회와 관련한 부속건물이고, 2층과 3층은 교회와 관련이 없는 학원같은 장소로 사용하고 있었다. 2층과 3층은 구름같은 청년들이 모여 공부하고 있었다. 목회하고 있는 목사님께 지나가는 말로 질문하였다. 2층과 3층은 청년들이 공부하고 있는데 무슨 학원인가요? 뜻밖에 답을 들었다. 신천지가 운영하는 성경공부방이라 했다. 세상에 이럴 수가 있단 말인가? 구름관중같은 청년들이 오후 황금시간대 일상생활을 뒤로하고 성경공부에 집중하는 모습을 보며 이것이 바로 이단의 정체이구나! 그들의 열정에 소름이 돋았고 뿐만 아니라 정통교회가 무엇을 해야 할 것인가? 고민하는 기회를 가졌다. 기독교계열 신흥종교, 즉 이단의 단골패턴이 있다. 한결같이 요한계시록을 전유물로 삼고 교회를 미혹한다. 요한계시록을 본문으로 삼고, 교리를 제정하고, 성경풀이를 하고, 자의적으로 왜곡하고, 해석하여 잘못된 종말론을 주장하여 성도를 미혹한다. .

　한국교회의 패악을 주고 있는 신천지를 예를 들어보자! 그들의 주장하는 요한계시록 교리를 보면 이렇다. 하나님은 요한계시록 예언의 말씀을 아무도 볼 수도 알 수도 없지만, 예수님이 보내는 사자만이 알 수 있다. "나 예수는 교회들을 위하여 내 사자를 보내어 이것들을 너희에게 증언하게 하였노라 나는 다윗의 뿌리요 자손이니 곧 광명한 새벽 별이라 하시더라(계22:16)" 예수님의 사자는 진리의 성령을 통해 하나님의 깊은 곳까지 통달하고, 이 자 만이 요한계시록을 증거할 수 있다. "오직 하나님이 성령으로 이것을 우리에게 보이셨으니 성령은 모든 것 곧 하나님의 깊은 것까지도 통달하시느니라(고전2:10)" 그런데 신천지는 본문을 이렇게 교리화했다. 전세계에서 요한계시록을 증거할 수 있는 사람은 총회장 이만희 한분 뿐이다 라고 말한다. 뿐만 아니라 총회장 이만희는 요한계시록 2장에서 등장하는 사탄 니골라당과 싸워서 이긴 자이다. 요한계시록 10장의 책을 받아 먹은 사람은 총회장 이만희 뿐이고, 2천년 전에 요한계시록 예언이 대한민국에서 이루어 졌고, 이루어진 모든 일들이 실화가 되었고, 실화의 주인공이 바로 총회장 이만희이고, 총회장의 자서전은 요한계시록이다 라고 교리화 했다. 참으로 가관이다. 신천지는 막무가내(莫無可奈)이다. 그럼에도 불구하고 따르는 무리들이 구름같다. 보혜사(παράκλητον)성령님은 사람이 될 수 없다. 그런데 총회장 이만희는 거침없다. 총회장 이만희가 대언자, 이긴자, 육화된 성령이라 부른다. 신천지 영생관은? 신천지는 예수의 영이 재림하여 이만희에게 임하고, 12사도의 영이 재림하여, 12지파장에게 임하고, 순교자 144,000명의 영이 재림하여 신천지신도 144,400명의 육신에 임한다고 설명한다. 구원은 신천지에 속한 144,000명에 들어와야 구원이 있다 라고 미혹하고 있다. 삼위일체 교리는 기독교의 가장 주요한 교리이고, 신비적 영역에 속한 부분이다. 그런데 신천지는 삼위일체론을 부정하고 비성경적인 삼위일체론을 주장한다. 교리를 보자! 성령이신 성부(아브라함)는 성자 예수(이삭)를 낳았고 성령이신 예수(이삭)는 성자 보혜사(야곱/이만희)를 낳으셨으니 이것이 삼위이다 라고 주장한다. 이만희의 요한계시록의 진상2, 37쪽에 나와있다. 사위 안에 총회장 이만희가 포함이 된다 라고 교리화했다. 대명천지에 이런 웃고픈 현실이 한국교회에서 일어나고 있다.

    이단이 준동하는 영적탁류가 흐르는 이와 같은 분위기에서 한국교회는 적극적으로 능동적으로 대처하고 있는가 라는 물음에 대하여 자신있게 대답을 할 수 없는 실정이다. 정통교회에서 전략을 가지고 신천지 이단교리에 대하여 연구하며, 공격적으로, 대처하고 있지만, 현실은 만만치 않다. 미루어 짐작컨대 대부분의 정통교회는 요한계시록을 본문으로 삼고 설교하는데 매우 인색하다. 혹이 요한계시록을 본문으로 삼고 설교한다 할지라도 요한계시록 3장 이상을 벗어나지 않는 것이 현실이다. 간혹 4장 이상을 본문으로 삼고 설교하는 목회자들을 볼 때, 저자의 눈높이로 볼 때는 본문에서 말하고 있는 말씀과는 너무 멀리 떨어져 있다. 딴소리를 하고 있다. 이유는 너무 간단하다. 모르기 때문이다. "내 백성이 지식이 없으므로 망하는도다 네가 지식을 버렸으니 나도 너를 버려 내 제사장이 되지 못하게 할 것이요 네가 네 하나님의 율법을 잊었으니 나도 네 자녀들을 잊어 버리리라(호4:6)" 알지 못하면 망한다. 영적싸움에서 결과는 뻔하다. 갖다먹지 않기 때문에 나오는 웃고픈 현실이 한국교회 강단에서 벌어지고 있다. 지피지기(知彼知己)면 백전불태(百戰不殆)이다. 답은 너무 간단하다. 이단과의 싸움에서 이기기 위하여 요한계시록을 갖다먹고, 열고, 풀고, 그리고 강단에서 외쳐야 한다. 갖다먹는 작업은 만만치 않지만 다른 왕도는 없다. 땀 흘리고 씨름해야 한다. 금도 사고, 옷도 사고, 안약도 마찬가지 사야 한다. 그래야 영적안목이 있다. 작금은 요한계시록시대이다. 주의 종은 부단히 갖다먹어라 라는 말씀에 공세적으로 반응해야 한다.

재림을 사모하는 성도들이 주변에 적지 않다. 작은 책, 때에 알맞은 양식을 목말라 하고 있는 성도들이 적지 않다. 그들의 영적인 갈급함을 채워주지 않으면 방황할 수 밖에 없고, 이단은 이 때를 놓치지 않는다. 목회자는 많지만 주의 종들은 많지 않은 것이 현실이다. 주의 종들은 갖다먹고 가르쳐야 한다. "내가 이를 때까지 읽는 것과 권하는 것과 가르치는 것에 착념하라(딤전4:13)" 임박한 환난의 때는 가장 어려운 싸움이 있다. 말씀해석 전쟁이다. "귀 있는 자는 성령이 교회들에게 하시는 말씀을 들을지어다(계2:11)"

여섯째. 재림의 징조를 알 수 있다. 주님은 이 땅에 두번 온다. 초림은 2천년 전에 유대 땅에 오셨다. 재림은 성경에 예언된 진리이다. 주님은 반드시 이 땅에 재림한다. 재림에 대한 예언은 초림에 대한 예언보다 6배 이상이나 많이 계시되었다. 재림의 대한 계시를 반복한 것은 자명하다. 재림은 진리이고, 성도는 깨어있고, 예비하여 재림으로 오실 주님을 맞이하라 라는 주님의 뜻이다. 초림과 재림에 비교는 요한계시록 19장을 강해하면서 도표화했다. 재림은 언제일까? 성경이 답이다. 시한부 종말론에 빠지면, 재림신앙이 무너진다. 그럼에도 불구하고 성경은 곳곳에서 재림에 대하여 날짜와 시기에 대하여 예언하였다. 물론 재림의 날짜는 하나님의 몫이다. 하나님의 역린이다. "그러나 그 날과 그 때는 아무도 모르나니 하늘의 천사들도, 아들도 모르고 오직 아버지만 아시느니라(마24:36)"재림의 날짜는 하나님의 몫이지만, 재림의 시기는 알 수 있다. 징조를 통하여 알 수 있다. 때문에 영적인 안목이 있는 성도는 징조를 보면 주님의 재림을 알 수 있다. 특별히 마태복음 24장, 마가복음 13장, 누가복음 12장, 17장, 21장은 재림의 징조장이라 할 수 있다. 가장 뚜렷한 징조는 무화과나무의 비유이다. 이 무화과나무를 정확하게 보면 주님의 재림시기를 알 수 있다. "무화과나무의 비유를 배우라 그 가지가 연하여지고 잎사귀를 내면 여름이 가까운 줄을 아나니 이와 같이 너희도 이 모든 일을 보거든 인자가 가까이 곧 문 앞에 이른 줄 알라(마24:32~33)"무화과나무는 육적인 이스라엘을 말하고 있지 아니한가! 이스라엘은 거의 2천년 만에 독립했다. 우연이 아니다. 육적인 이스라엘이 독립했다 라는 것은 구속사로 볼 때, 그냥 지나칠 일이 아니다. 하나님이 역사에 개입했다.

사도바울은 데살로니카 교회에게 재림에 관한 말씀을 주었다. 뿐만 아니라 주님의 재림에 앞서 이 땅에는 징조가 있다 라고 계시하였다. "형제들아 때와 시기에 관하여는 너희에게 쓸 것이 없음은 주의 날이 밤에 도둑 같이 이를 줄을 너희 자신이 자세히 알기 때문이라(살전5:1~2)" 사도바울은 재림의 날짜는 알 수 없지만, 때와 시기는 알 수 있다 라고 계시하였다. 그렇다. 날짜를 주목하면, 시한부 종말론주의자가 된다. 그러나 시기는 알 수 있다. 본문에는 두 종류의 사람이 나오는데 너희와 어둠에 속한 자가 나온다. 너희는 빛의 자녀이기 때문에 성도의 반열에 들어간다. 빛의 자녀는 신부의 반열에 들어간다. 주님은 신랑으로 오신다. 그렇지 아니한가! 신랑이 오는데 신부가 신랑의 발자국 소리를 듣지 못한다면 신부의 자격이 없다 라는 결론이 나온다. 빛의 자녀는 재림이 도둑같이 임하지 않는다 했다. 이와 반면에 어둠에 속한 자들은 재림이 도둑과 같이 임한다. 성경은 다음과 같이 재림의 시기에 대하여 말씀을 주었다. 옥동자가 엄마 몸에서 신호 없이 나오지 아니한다. 산통이 있다. 산통이 있어야 엄마는 옥동자를 받을 준비한다. 그렇다. 우주만물을 창조하신 하나님이 이 피조세계에 다시 오는데 아무런 징조 없이 온다 라는 것은 상상 할 수 없다.

초림의 경우에도 징조가 있었다. 소수의 사람들이 초림의 징조를 보았다. 그중에 동방박사가 해당이 되는데 동방박사들은 별들을 연구하는 천문학자들이다. 동방박사들은 예수님이 탄생하기 전에 징조를 보았다. 그들이 보았던 징조는 그의 별이다. 우주에는 구세주 초림의 탄생을 위하여 우주쇼가 있었다. 왕의 별이 나타난 것이다. 목성과 토성의 합현상이 있었다. 두행성이 앞서거니 뒤서거니 하며 춤을 추었다. 동방박사들은 이런 우주쇼를 지나치지 않고 성경에 예언한 메시야의 탄생을 예고한 징조로 알고, 산넘고 물을 건너 유대 땅까지 와서 말구유에 누운 메시야로 탄생하신 아기 예수께 경배하였다. 징조를 알지 못하면 이런 역사는 없다. 징조를 본다 라는 것은 영적인 감각이 없이는 언감생심이다.

다니엘은 재림에 관한 예언의 말씀을 많이 받았다. 다니엘 2장, 7장, 8장, 9장, 11장, 12장은 종말론적으로 풀어야 한다. 때문에 다니엘은 요한계시록을 해석함에 있어 짝이 되는 말씀이다. 다니엘서는 예언서이기 때문에 해석에 있어 다양한 이론이 나오는 것도 교회가 풀어야 할 당면과제이다. 특별히 재림과 관련한 계시는 다니엘 9장의 70이레가 아주 중요하다. 저자는 요한계시록 강해집을 집필하면서 첫장에 다니엘 70이레 도표를 삽입하였다. 종말론을 연구하는 성도라면 반드시 열고, 풀어야 한다. 그만큼 중요하다 라는 이야기이다. "그가 장차 많은 사람들과 더불어 한 이레 동안의 언약을 굳게 맺고 그가 그 이레의 절반에 제사와 예물을 금지할 것이며 또 포악하여 가증한 것이 날개를 의지하여 설 것이며 또 이미 정한 종말까지 진노가 황폐하게 하는 자에게 쏟아지리라 하였느니라 하니라(9:27)" 다니엘이 받았던 70이레 계시는 인류역사가 70이레가 끝이 난다. 인류역사의 끝은 재림이다. 70이레 계시를 적용하면, 지금은 69이레가 지나고, 이방인의 시대를 보내고 있다. 이방인의 시대가 지나면 한이레가 남아있다. 한이레가 지나면 재림이 있다. 긴장이 된다. 그렇다면 지금은 이방인의 시대인데, 어디쯤 가고 있을까? 다니엘의 2장의 금신상 계시를 적용하면 발가락에 속한 부분에 우리가 살고 있다. 발가락은 발목에서부터 발톱까지를 말하고 있는데 종말론은 연구하는 대부분의 학자들은 외치기를 교회는 발가락의 부분중에 발톱에 해당하는 기간을 보내고 있다 라고 주장하고 있다. 긴장이 될 수 밖에 없다.

사도요한은 주님의 재림 전에 이 땅에 애가와 애곡과 재앙을 선포했다. 7년의 환난기간 중에 집중적으로 일어나는 재앙으로 본다. 7인재앙, 7나팔재앙, 7대접재앙을 말하고 있다. 요한계시록은 작금의 일어나는 천체계의 이상, 교회의 배도, 거짓선지자 출현, 온역과 지진 등을 예언했다. 이 피조세계에 우연히 일어나는 사건은 하나도 없다. 그런데 작금의 상황을 자세히 보라! 영적인 분위기와 피조세계에 일어나는 천재지변을 보라! 한 예를 든다면 우리가 지금 경험하고 있는 전대미문의 코로나19라고 부르고 있는 온역를 보라! 온역은 징조와 무관하지 않다. 1억명이 온역에 고통받고 수백만명이 쓰러지는데 이런 사건을 우연으로 딱지를 붙일 수 있는가! 재림의 징조의 하나이다. 주님은 끊임없이 땅을 두드리고 있다.

　　종말론을 연구하고 있는 OOO 목사는 우리가 살고 있는 이 시기는 요한계시록에서 계시하고 있는 6째인이 떨어졌다 라고 외치고 있다. 물론 참고하면 될 것이다. 분명한 것은 종말론을 연구하는 적지 않은 목회자들은 외치고 있다. 주님의 재림이 얼마 남지 않았다 라고 긴장된 목소리로 외치고 있다. 뿐만 아니라 부산에서 종말론을 연구하고 있는 OOO 목사는 앞으로 20년 이내에 주님의 재림은 틀림없다 라고 거침없이 외치고 있다. OOO 목사는 고신교단에 속한 목사인데 시한부 종말론주의자라는 위험부담을 안고 외치고 있다. OOO 선교회는 주장하기를 재림의 예언은 크게 보면 7가지로 구분 할 수 있는데 작금은 7가지 모든 예언이 성취되었다. 이제는 주님의 재림만이 남아있다 라고 톤을 높이고 있다. 또 하나의 징조가 있다. 불과 얼마전에는 요한계시록을 연구하고, 짐승표를 말하면 이단삼단의 딱지를 붙였다. 그러나 지금은 아니다. 이곳저곳에서 종말론을 연구하는 수많은 종들이 일어나고 있다. 뿐만 아니라 주님의 재림이 얼마 남지 않았다. 그리고 생체칩은 짐승표이기 때문에 받지말라 라고 외치고 있다. 징조를 보지 않고는 일어날 수 없는 현상이다.

요한계시록을 연구하면 영적으로 유익한 점이 한두가지가 아니다. 영원한 복음이요. 단단한 식물이요. 때에 알맞은 양식이기 때문이다. 뿐만 아니라 혹자는 직금의 시대를 요한계시록시대라고 말하고 있다. 저자는 동의하지 않지만, 요한계시록을 열어라 그리고 외치라 라는 긍정적인 요소가 있다 라고 본다. 요한계시록은 재림에 앞서 이 피조세계에 발생하는 징조를 볼 수 있다. 주님은 감람산강화에서 제자들에게 재림 전에 이 땅에 징조가 있다 라고 계시를 주었다. "예수께서 감람 산 위에 앉으셨을 때에 제자들이 조용히 와서 이르되 우리에게 이르소서 어느 때에 이런 일이 있겠사오며 또 주의 임하심과 세상 끝에는 무슨 징조가 있사오리이까(마24:3)" 우주만물을 창조하신 하나님이 초림하시고, 피조세계에 다시 심판주로 오신다 라고 예언했는데 어찌 이 피조세계에 징조가 없겠는가! 징조가 있다. 그렇다면 깨어있는 성도는 징조를 보아야 한다. 징조를 보면 주님을 도둑으로 맞이하지 않는다. 신랑으로 영접한다. 요한계시록을 열면 세상이 볼 수 없는 징조를 볼 수 있다. 그리고 빛나고 깨끗한 세마포를 준바할 수 있다. "보라 내가 너희에게 미리 말하였노라(마24:25)"

일곱째, 요한계시록은 단단한 식물이다. 임박한 환난의 때에 두증인의 사명이 있는 종의 반열에 들어가는 자는 갖다 먹어야 한다. "내가 천사의 손에서 작은 두루마리를 갖다 먹어 버리니 내 입에는 꿀 같이 다나 먹은 후에 내 배에서는 쓰게 되더라(계 10:10)" 요한계시록 10장은 두증인의 예표되는 사도요한이 주 님으로부터 사명을 받자마자 사도요한은 바다와 땅을 밟고 있 는 천사에게 부탁한다. 작은 두루마리를 달라 라고 간청하고 천 사는 사도요한에게 작은 두루마리를 갖다 먹어라 그리고 네 배 에는 쓰나 네 입에는 꿀같이 달리라 라고 말씀을 준다. 갖다 먹 어라 라는 말씀은 카테스디오(κατεσθίω)라고 부른다. 이 단어의 뜻은 몹시 굶주린 것처럼 먹어 버리다, 삼켜버리다, 또는 완전 히 소화하다 라는 뜻으로 사용하고 있다. 역사와 문화적인 배경 에서 약간의 간격은 있지만, 에스겔은 2장과 3장에서 주님으로 부터 예언의 말씀을 받았다. "또 그가 내게 이르시되 인자야 너 는 발견한 것을 먹으라 너는 이 두루마리를 먹고 가서 이스라엘 족속에게 말하라 하시기로 내가 입을 벌리니 그가 그 두루마리 를 내게 먹이시며 내게 이르시되 인자야 내가 네게 주는 이 두루 마리를 네 배에 넣으며 네 창자에 채우라 하시기에 내가 먹으니 그것이 내 입에서 달기가 꿀 같더라(겔3:1~3)"

에스겔은 두루마리를 갖다 먹어라 라는 동일한 예언의 말씀 을 받았고, 사도베드로 또한 사도행전 11장에서 주님으로부터 잡아 먹어라 라는 말씀을 받았다. 한결같이 부담이 있는 말씀을 받았다. 왜냐하면, 입에는 달지만, 먹은 후에는 쓰기 때문이다. 먹은 후에는 쓰다 라는 말씀은 예언을 받는 선지자에게 가는 길 이 꽃길이 아니고, 고난의 길이고, 그의 길에 끝은 순교의 자리 라는 것을 쉽게 유추할 수 있다. 그렇다. 요한계시록은 두증인 에 대한 계시를 이해하지 못하면 요한계시록이 열어진다 라는 것은 언감생심이다. 폐일언하고 요한계시록은 교회에게 주는 말씀지만, 구체적으로는 임박한 환난의 때에 두증인에게 주는 예언의 말씀이다. 때문에 두증인의 사명이 있는 주의 종들은 반드시 이 예언의 말씀을 열어야한다. 요한계시록을 열어야 하는 목적이 이곳에 있다 하겠다.

저자는 요한계시록 세미나를 배설하고, 강해집을 집필하고 하고 있다. 주님의 은혜이다. 요한계시록 강해집을 집필할 때에 기도하였다. 제목을 놓고 기도하었다. 새벽에 은혜를 주었다. 갖다 먹어라 라는 제목으로 정하고 초판을 발행하였다. 갖다 먹어라 라는 말씀 안에는 주님이 주시는 강력한 멧세지가 있다. 특별히 주의 종의 반열에 들어가고자 하는 종들은 도전받고, 귀를 열어야 한다. 갖다 먹어라 라는 말씀이 주는 교훈을 적용하자면,

첫째, 갖다 먹어라 라는 말씀은 하나님의 말씀이다. 특별히 임박한 환난의 때에, 재림의 소망을 품고 주의 종의 반열에 들어가고자 하는 종들은 선택의 폭이 좁다. 반드시 갖다 먹어야 한다. 갖다 먹으면 착하고 충성된 종의 반열에 들어가는 것이고, 그렇지 않으면 악한 종이 된다. 말씀에 순종하여 갖다 먹는 종은 반드시 할 일이 있다.

둘째, 갖다 먹어라 라는 말씀에 순종하는 종들은 사명이 있다. 사도요한은 요한계시록 10장에서 갖다 먹어라 라는 주님의 말씀에 순종하고 11장에서 두증인들이 등장하여 하나님의 성전과 제단과 그 안에서 경배하는 자들을 측량하고, 굵은 베옷을 입고, 천이백육십 일을 예언한다. 사명이 마치면 무저갱으로부터

올라오는 짐승에게 순교를 당한다. 사도요한이 받았던 예언의 말씀은 입에는 달지만, 배에는 쓰다 라는 말씀은 고난과 순교의 자리가 있기 때문에 주는 말씀이다. 사도요한의 예표적인 인물이 바로 요한계시록 10장과 11장에서 등장하는 두증인이다. 주님은 이 땅에 두번에 걸쳐 오신다. 초림과 재림으로 오신다. 두증인의 사명이 있는 주의 종들도 마찬가지 두번에 걸쳐 등장한다. 모두가 주님의 사역과 관련이 있다. 초림과 재림을 준비하기 위하여 온다. 초림은 세례요한이 주님의 공생애 사역에 앞서 먼저 이 땅에 오시고, 초림을 준비했다. 깨우는 사명을 감당했다. "그 때에 세례 요한이 이르러 유대 광야에서 전파하여 말하되 회개하라 천국이 가까이 왔느니라 하였으니(마3:1~2)" 재림의 때에도 동일한 역사가 있다. 주님의 재림에 앞서 두증인들이 등장하여 교회를 깨우고, 회개하게하고, 외치는 사명을 감당한다. 이 자들이 요한계시록 7장에서 십사만 사천으로, 10장은 사도요한으로, 11장은 두증인으로 나타난다. 이 자들은 주님의 재림을 준비하는 자들이다.

셋째, 갖다 먹어라 라는 예언의 말씀을 받았던 자들은 비용과 댓가를 감당해야 한다. 즉 희생해야 한다. 십자가는 두얼굴이 있다. 한쪽은 하나님의 구원이고, 지혜이고, 능력이다 라고 말씀하고 있다. 그러나 다른 한쪽은 고난과 박해가 있다. 제자도의 조건이 있다. 제자가 되면 면류관이 있지만, 면류관을 받기 위하여 먼저 십자가를 져야 한다. "이에 예수께서 제자들에게 이르시되 누구든지 나를 따라오려거든 자기를 부인하고 자기 십자가를 지고 나를 따를 것이니라 (마16:24)" 두증인 또한 두얼굴이 있다. 요한계시록 14장에서 어린 양과 함께 시온 산에 있고 20장에는 첫째 부활자로 나온다. 영광이 있다. 그러기 앞서 두증인은 요한계시록 11장에서 고난과 박해를 받는다. 영적인 원리가 그렇다. "No Pain, No Gain!" 십자가 없이는 면류관은 없다 라는 원리이다. 복음과 사명을 감당하기 위하여 고통과 박해는 반드시 뒤따른다. 요한계시록은 단단한 식물이다. 장성한 자가 받고, 감당해야 할 말씀이다. 주님의 종으로 부르심을 받았던 주의 종은 선택의 여지가 없다. 임박한 환난의 때에 재림신앙을 회복하고 사명을 감당하기 위하여 요한계시록을 반드시 열고, 외치고, 사명을 감당해야 한다.

요한계시록 해석의 유의할 점은!

1. 구조를 알아야 한다.

첫째, 속히 될 일은 재앙, 애곡, 애가가 포함되어 있다. 이 사건은 일곱인, 일곱나팔, 일곱대접의 연속적으로 일어날 사건과 밀접하게 관련이 되어 있다. 일곱인, 일곱나팔, 일곱대접의 사건은 상징적인 사건이 아니라 우주 공간에 실재적으로 일어날 재앙의 사건이다. 일곱인, 일곱나팔, 일곱대접의 사건이 어떻게 연관이 되어 있는지를 모르면 요한계시록을 해석함에 심각한 오류에 빠질 수 있다.

둘째, 요한계시록은 본경과 삽경으로 구분되어 기록되어 있다. 요한계시록 22장 전체를 통전적으로 보고 본경과 삽경의 구조를 이해할 때, 해석함에 무리가 없다. 본경과 삽경의 구조를 모르면 휴거와 재림의 사건이 2~3회 반복하여 일어나기 때문에 혼란이 있고, 휴거의 시기를 이해함에 어려움이 있다. 한국교회는 휴거의 때와 관련하여 신학적인 충돌이 적지 않다. 본경과 삽경을 정확하게 구분하고 이해하면 이런 문제는 쉽게 해결된다.

2. 과거적인 해석을 금하라.

마틴 로이드 존스 목사는 요한계시록 해석의 방법은 3가지로 해석해야 한다고 주장하고 있다. 과거주의적인 견해, 미래주의적인 견해, 역사주의적인 견해가 있다 라고 주장했다. 특히 과거주의적인 견해에 있어 요한계시록에서 계시하고 있는 모든 사건이 3세기 이전에 모두 현실화되었다고 말한다. 만약에 요한계시록을 과거적으로 해석하면 우리 시대에 요한계시록은 필요 없다는 결론이 나온다. 요한계시록은 미래적인 사건에 초점을 맞추고 접근해야 한다. 특히 주님재림에 앞서 우주 공간에 엄청난 환난이 있다. 이 환난은 상징적인 해석이 아니라 실제적인 사건으로 우주 공간, 우리가 사는 피조세계에 직접 일어날 재앙의 사건이다. 특히 주님의 재림에 앞서 칠 년 동안은 이 땅에 경천동지(驚天動地)할 사건이 연속적으로 일어난다. 이런 사건은 과거적으로 해석한다면 재림신앙이 무너진다고 볼 수 있다. 마지막 속히 될일은 미래적인 사건이지만 요한계시록은 우리의 신앙생활에 적용해야 한다. 이 신앙생활이 재림신앙으로 회복된다.

3. 다른 종말 계시와 짝을 이루어 해석해야 한다.

구약의 이사야, 에스겔, 다니엘, 스가랴, 요엘, 말라기 성경은 주님의 재림과 관련하여 계시한 말씀이 많이 기록되어 있다. 예를 든다면 요한계시록 13장, 17장에서 등장하는 바다에서 올라온 짐승을 해석함에 다니엘 7장과 8장은 요한계시록과 짝을 이뤄 해석하는 것은 기본이다. 다른 종말 계시와 짝을 찾아서 보면 쾌도난마(快刀亂麻)처럼 요한계시록이 열리게 된다.

신약성경의 소요한계시록인 마태복음 24장, 마가복음 13장, 누가복음 12장, 17장, 21장은 주님이 주신 요한계시록이기 때문에 요한계시록 각 장을 다룰 때 함께 보아야 한다. 바울서신 데살로니가전, 후서는 짐승과 휴거를 이해함에 아주 귀중한 짝이 된다. 그래서 연결하여 함께 짝을 이루어 같이 보아야 한다.

4. 예수님 재림에 초점을 맞추고 해석하라.

성도의 궁극적인 신앙은 재림신앙이다. 재림신앙으로 무장한 성도는 세상과 짝하며 줄다리기를 하지 않는다. 이 땅을 나그네로 살아가는 성도에게 세상은 광야처럼 살 것이다. 요한계시록은 재림에 초점을 두고 해석해야 한다. 요한계시록은 신학과 어느 교단에 소속되었는가에 따라서 영향을 많이 받는다. 그만큼 백인백색임을 인정하고 지나친 신학적인 논쟁에 치우칠 필요가 없다. 자칫 소모적인 논쟁은 본질을 잃어버리고 비본질을 붙잡고 에너지를 소모하는 우를 범할 수 있다. 중세시대의 역사를 벽보로 삼아야 한다. 토마스 아퀴나스의 저작인 신학대전이라는 책에서 이런 웃지 못할 주제를 가지고 장시간 토론을 했다 한다. "여러 명의 천사가 같은 장소에 있을 수 있는가?" 라는 주제를 정하고 이 주제를 신학교에서 논의해 볼 만한 여러 주제 중 하나로 꼽았다. 이걸 윌리엄 실링우드(William Chillingworth) 라는 사람이 "바늘 끝 위에서 몇 명의 천사가 춤출 수 있을까?" 라고 소개했다 한다. 종교개혁 이전의 카톨릭 교회가 얼마나 공리공론에 빠져 쓸데없는 소모적인 신학의 주제를 가지고 에너지를 소비했는가를 역사의 벽보로 삼아야 할 것이다.

요한계시록을 연구하고, 가르치는 주의 종들에게 반드시 귀를 열고 들어야 할 중요한 우선순위가 있다. 재림에 대한 소망과 사모함으로 요한계시록은 그리스도의 계시라고 받고 출발해야 한다. 재림에 대한 소망과 사모함이 없이 요한계시록을 연구하고 가르친다는 것은 어린아이에게 시퍼런 칼을 맡긴 것과 같다. 생사람을 잡는다. 결론은 본인은 물론이거니와 교회도 공동체도 불행하다고 지적할 수 있다.

5. 요한계시록을 해석함에, 실제적인 해석과 상징적인 해석을 구분하는 것은 매우 유익하다.

요한계시록을 기록할 당시의 시대적인 상황을 먼저 이해하면, 요한계시록을 해석함에 많은 도움이 된다. 사도 요한이 밧모섬에서 요한계시록을 기록한 당시의 상황은 교회와 성도가 로마정부의 통치 아래 있는 특수한 상황임을 먼저 인식하고 출발하는 것이 필요하다. 사도 요한은 유대인으로 묵시문학을 많이 인용하여 계시하였다. 묵시문학(默示文學)은 대개 주전 586년 유대왕국의 제1차 포로시기를 전후하여 생긴 유대교의 문학 형태이다. 그것은 특히 어려운 시대에 은밀한 언어와 기괴한 상징들을 사용하여 환난 가운데 있는 유대인들에게 위로와 격려를 해주려던 문학운동이었다. 그것은 익명이나 위명을 사용하기 때문에 박해자의 반감을 피하면서 대중에게 가장 쉽게 또한 흥미 있게 퍼져 나갈 수 있는 이점(利點)을 가지고 있었으며, 땅의 문제를 하늘의 드라마로 변장하기 때문에 정부의 법조문에 저촉되지 않았다.

요한계시록은 상징적인 계시가 많이 기록되어 있다. 예를 든다면 숫자, 지명, 색, 동물, 식물, 기타 물건으로 상징적인 계시가 많이 사용되었다. 아라비아 숫자는 25번이나 다른 숫자로 반복하여 기록하고 있다. 동물도 6가지 각기 다른 동물이 등장한다. 그럼 어떻게 해석할 것인가? 그 당시 시대적인 상황과 묵시문학과 구약의 배경을 이해하지 못하면 해석함에 문제가 있다. 상징적인 것은 이런 배경을 이해하고, 문자적인 계시는 실제 상황으로 인식하고 접근해야 할 것이다. 예를 든다면 일곱인, 일곱나팔, 일곱대접은 상징적인 것이 아니라 문자적이고 실제적인 사건으로 받아들일 때, 오류에 빠지지 않는다. 가장 뜨거운 감자로 떠오르는 문제는 요한계시록 13장에서 등장하는 짐승표, 666표가 과연 상징인가? 문자적으로 받아 들여야 할 것인가? 상징으로 해석하면 지금의 시대 베리칩은 666, 짐승표에서부터 자유롭다. 그러나 문자적으로 받아들인다면 베리칩은 정말 심각하게 인식해야 한다. 작금에는 베리칩에서 한단계 기능이 엎그레드된 하이드로겔(hydrogel)이란 생체칩이 나왔다.

부르는 이름은 다르지만 몸 안으로 들어오는 생체칩이다. 예의 주시해야 한다. 단순한 음모론이 아니다. 그래서 요한계시록은 지혜가 필요하다. "지혜가 여기 있으니 총명 있는 자는 그 짐승의 수를 세어 보라 그 수는 사람의 수니 육백육십육이니라 (계 13:18)"

6. 여러 신학적인 주장에 맹신하지 말자.

　　1838년 영국성공회 신부였던 요한 찰스라일이 쓴 "교회들을 향한 경고"라는 책에 기록된 다음과 같은 말을 가볍게 들어서는 결코 안 될 것이다. 예를 든다면 사람들이 성경에 대해서 질문을 할 때 목사님께 물어보고 대답해 드리겠습니다 라는 대답을 하지 말라 라는 것이다. 어떤 교리와 가르침을 받아들일 때, 얼마나 많은 목회자가 그것을 인정하고 있는가를 살피지 말고, 성경이 무엇이라고 말하고 있는가를 확인하여야 한다. 때에 따라서 목회자에게 조언을 구할 수는 있지만, 반드시 성경에 비추어 비교해 봐야 한다.

　　우리 주변에 이런 목회자들이 있다. 주님께 직통 계시를 받았다고 주장하여 성경적인 진리보다 직통 계시에 맹신하는 경우를 종종 볼 수 있다. 매우 위험천만한 생각이다. 특별히 임박한 환난의 때가 다가오면 이런 현상은 더욱 심화 될 것이다. 요한계시록을 해석함에 성경보다 우선할 수 없으며 성경은 성경으로 해석해야 한다. 이를테면, 필자는 경인 지구에서 오랫동안 말씀사경회를 인도하는 세미나에 참석하여 은혜를 받았던 적이 있다. 사경회를 인도하는 목사님은 한국 교계에 지명도가 있는 분이다. 그런데 이 목사님의 요한계시록은 광야의 소리 사역에서 연구하는 내용과는 다른 점이 너무 많았다. 예를 든다면 일곱인, 일곱나팔, 일곱대접은 재앙의 사건이 아닌 상징으로 풀이하고, 짐승표와 666표 또한 상징으로 일관되게 풀이하였다. 그곳에 적지 않은 주의 종들이 수강하고 있었는데 어찌했으면 좋겠는가? 소경이 소경을 인도하면 결국은 어찌 되겠는가? "그냥

두라 그들은 맹인이 되어 맹인을 인도하는 자로다 만일 맹인이 맹인을 인도하면 둘이 다 구덩이에 빠지리라 하시니(마15:14)"

진리는 어떤 교단이나 학위에 의해서 결정되는 것이 아니다. 성경만이 진리를 확인해 주는 유일한 방편이라는 사실을 잊지 말아야 한다. 거의 모든 사람은 자기 스스로 생각하고, 판단하는 것을 매우 귀찮아하거나 위험한 일로 여긴다. 그래서 그들은 성경을 많이 알고 있다고 생각하는 주의 종들을 무조건 믿고 따라가는 것이 최상의 안전책이라고 생각하게 된다. 배우는 자세는 필요하고, 선생의 가르침은 당근이지만, 양초와 독초를 구분할 수 있는 분별력과 지혜는 필요하다. 임박한 환난의 때, 진짜 전쟁은 말씀해석의 전쟁이다. 그 만큼 영적탁류가 흐르는 시대이다.

7. 요한계시록은 선한 목자, 종의 자세가 우선해야 한다.

목회자는 두 종류의 사역을 감당하는 사명자이다. 교회와 성도의 관계에서 본다면 선한 목자이고 주님과의 관계에서는 종의 자리이다. 목자는 선한 목자가 있는 반면에 육에 속한 목자, 삯꾼 목자가 있다. 선한 목자인가? 삯꾼 목자인가? 구분하는 방법은 간단하다. 선한 목자는 양을 위해 생명을 걸고 사랑하고, 양무리를 지키는 목자이다. 삯꾼 목자는 이리가 오면 자신의 안위를 먼저 생각하는 목자이다. 요한계시록을 삯꾼 목자는 절대로 열 수 없다. 때를 따라 양식을 나눠주는 수고를 할 수 있겠는가? 선한 목자는 양들을 위해 때를 따라 양식을 나눠주는 수고와 땀을 당연한 것으로 여기고 양을 위해 기꺼이 목숨을 던질 각오가 되어 있다. 이런 자세로 요한계시록을 열고 때에 알맞은 양식을 양들에 나눠주는 수고가 있어야 할 것이다.

요한계시록은 주의 종에게 주신 종말의 계시이다. 1장 1절 본문에 주는 의미가 얼마나 중요한가에 대하여 언급하였다. 요한계시록은 종말에 교회와 성도를 깨우는 주의 종에게 초점이 맞추어져 있다. "예수 그리스도의 계시라 이는 하나님이 그에게 주사 반드시 속히 일어날 일들을 그 종들에게 보이시려고 그의 천사를 그 종 요한에게 보내어 알게 하신 것이라(계1:1)"

종은 자기 기업이 없고, 자기주장이 없고, 주인의 말씀에 절대 순종하고, 주인의 소유가 된다. 종은 주인의 발자국 소리를 들어야 한다. 종이 주인의 발소리를 듣지 못하면 종이 아니다. 누가복음 12장은 종의 자세가 무엇인지를 교훈하고 있다. 주인이 혼인 잔치에서 집에 돌아올 때, 문을 두드리면 곧 열어주는 종이다. 주인의 발소리를 듣지 않고는 열어 줄 수 없다. "허리에 띠를 띠고 등불을 켜고서 있으라 너희는 마치 그 주인이 혼인 집에서 돌아와 문을 두드리면 곧 열어 주려고 기다리는 사람과 같이 되라... 그러므로 너희도 준비하고 있으라 생각하지 않은 때에 인자가 오리라 하시니라(눅12:35~40)"

주님이 찾는 종은 이런 종의 자세를 가진 종을 이 시대에도 찾고 있다. 요한계시록은 이런 종의 자세를 가진 자가 열 수 있고, 때를 따라 양식을 나눠 줄 수 있다.

8. 성령님의 도우심과 기도의 줄을 붙잡고 준비해야 한다.

요한계시록에서 성령이란 말씀은 13번 반복하여 계시 되었다. 요한계시록은 사도 요한이 밧모섬에서 성령님의 인도 하심에 따라서 하늘이 열리고, 주님의 음성을 듣고, 직접 특별계시를 받았다. 뿐만 아니라 아시아에 있는 일곱 교회에 이 예언의 말씀을 주실 때 일정한 공식이 있다. "귀 있는 자는 성령이 교회들에게 하시는 말씀을 들을지어다 이기는 그에게는 내가 하나님의 낙원에 있는 생명나무의 열매를 주어 먹게 하리라(계2:7)"

성령님의 인도 하심에 따라 이 예언의 말씀을 들으라고 권면하시고 말씀을 주었다. 이어 각 장 마다 중요한 계시가 등장할 때, 성령님의 인도 하심에 따라 들었고, 보았고, 인도하심을 받았다. 모든 사역은 성령님의 인도 하심에 따라 시종일관 이뤄졌다. 성령님의 인도 하심이 없으면 이뤄질 수 없는 사역이다. 사도 요한은 성도의 영원한 본향인 신천신지도 보았고 주님의 음성도 들었고, 사명도 받았다. 성령님의 인도 하심이 있었기 때문이라 분명하게 계시를 통하여 밝혔다. "성령으로 나를 데리고 크고 높은 산으로 올라가 하나님께로부터 하늘에서 내려오는 거룩한 성 예루살렘을 보이니(계21:10)" 성령님의 구체적인 사역이 있었다.

사도바울은 고린도 교회에 주신 말씀을 통하여 사역의 원리를 던져주고 있다. 사도바울의 사역 원리는 성령의 나타나심과 하나님의 능력으로 모든 사역이 이루어졌다고 고백하였다. "내가 너희 중에서 예수 그리스도와 그가 십자가에 못 박히신 것 외에는 아무 것도 알지 아니하기로 작정하였음이라 내가 너희 가운데 거할 때에 약하고 두려워하고 심히 떨었노라(고전2:2~3)" 본문에서 사도바울은 약하고 두려워하고 심히 떨었노라고 하며 다짐하고 결단하였다. 만약에 모든 사역을 성령의 나타나심으로 하지 않으면 결단코 주님의 사역을 하지 않겠다는 말이다. 사도바울의 과거 사역은 현재의 주의 종의 반열에 들어간 종들의 사역이다. 사도바울의 과거는 현재 우리들의 사역이다. 그렇다면 현재 우리의 사역은 인본주의로 할 것인가? 아니면 성령님의 나타나심과 인도하심에 따라 할 것인가? 너무 자명한 말씀이다. 요한계시록은 철저하게 성령님의 인도 하심에 따라 열고 때를 따라 양식을 나눠주는 사역임을 명심해야 할 것이다.

성령님은 진리의 영이시다. 성령님은 예수님의 영이시고, 진리 되신 예수님의 일을 하는 영이시다. 특별히 이 예언의 말씀은 진리이기 때문에 이 예언의 말씀을 열기 위하여 성령님의 인도하심은 필수불가결하다. 사도 요한은 밧모섬에서 기도할 때, 하늘이 열리고 성령님의 강권적인 역사가 임했다. 작금은 밧모섬이 무너지는 시대라고 조심스럽게 진단할 수 있다. 주의 종의 반열에 들어가기 위하여 밧모섬의 영성이 회복되어야 한다. 밧모섬의 영성이 있는 주의 종은 반드시 요한계시록이 열릴 것이다.

9. 교회에서 요한계시록을 설교하기 전에 먼저 말씀사경회부터 시작하라.

요한계시록을 설교하기 전에 우선순위가 있다. 지혜롭게 열고 가르쳐야 미리 혼란을 방지할 수 있다. 사람이 태어나서 일정한 기간이 지나면 초등학교, 중학교, 고등학교, 대학교에 다니는 것은 당연한 순서이듯이 요한계시록은 단단한 식물이라 할 수 있다. 단단한 식물을 먹기 전에 먼저 젖을 먹고 소화를 잘 시킨 다음 단단한 식물을 먹는 것은 소화함에 지장이 없을 것이다.

이렇게 가정해 본다. 담임목사가 어느 날 요한계시록 세미나를 갔다 오고, 은혜를 받았다. 본인이 받았던 은혜를 양들에게 먹이고 양육하는 것은 목양하는 주의 종의 자세이지만, 요한계시록은 그렇게 쉽게 열어지고 은혜를 받는 성경이 아니다. 기독교 역사가 말하고 있지 않은가? 장로교의 창시자 그 유명한 칼빈 선생도 요한계시록을 열지 못하고 그대로 후대에 넘겼다 하지 않았는가! 주의 종이 은혜를 받았다 해도 교회와 성도에게 여과 없이 무작정 먹이면 성도는 당황하거나 긴장을 하고 이로 인한 미혹의 영이 활개를 칠 수 있는 상황이 전개될 수 있다. 이런 상황이 오지 않도록 먼저 깊이 있는 성경을 다루고, 재림신앙이 회복될 수 있는 본문을 다룬 다음에 서서히 요한계시록에 접근하여 설교하면 이런 혼란은 미연에 방지할 수 있다. 요한계시록을 열기 전에 철저히 준비하고, 시간을 가지고 기도로 중보하고, 교회 상황에 적합하게 타임테이블을 작성하여 요한계시록을 목회현장에 적용한다면, 지혜로운 방법이 아닐까? 추천해 본다.

10. 요한계시록 해석의 다양성을 인정하라.

　요한계시록을 오랫동안 연구한 목회자들의 연구실적과 영성은 한국교회가 높이 평가해 주어야 할 것이다. 또한, 적지 않은 분들의 신학적인 주장은 한국교회의 자산이고, 때문에 고민하고, 짚고 넘어갈 필요가 있다. 내가 연구하고 주님께 받았던 은혜도 소중하지만, 다른 목회자들의 주장에 대하여 열린 마음을 가지고 소통을 이루는 것은 목회자의 덕목 중 하나라고 할 수 있다. 그러나 편협된 주장과 자의적인 해석 때문에 소통의 장이 무너지면 건전한 종말 신앙을 세움에 있어 역기능으로 발전할 수 있다. 내가 가르치는 요한계시록이 정통이고 다른 목회자가 가르치는 신학을 무시하고, 평가절하하면 어떤 결과가 나오는가에 대하여 우리는 미뤄 짐작할 수 있다.

　존경과 신뢰하는 마음으로 접근하고, 경청하는 자세와 소통의 장을 열면 서로 도움이 될 기회가 될 것이다. 이단의 신학적인 문제가 검증되었다면 다른 신학적인 긴장은 서로의 입장을 존중하고, 다양성을 인정하고, 정죄하지 않고, 소통의 장을 회복하면 한국교회의 선한 영향력을 줄 수 있을 것이다. 아군끼리 총질을 하면 그 피해는 누구의 몫인가?

　주님의 뜻은 이웃에 있는 주의 종들과 함께함에 있다. 함께 연구하면 내가 보지 못하고 깨닫지 못한 소중한 자료를 함께 공유할 수 있다. 이 세상에 독불장군은 없다. 함께하면 시너지 효과가 있다. 세 겹줄은 쉽게 끊어지지 않는다. "한 사람이면 패하겠거니와 두 사람이면 맞설 수 있나니 세 겹줄은 쉽게 끊어지지 아니하느니라(전4:12)"

주님 앞에 밧모섬을 세우고 연구하는 자세는 필요하지만, 주님의 재림을 사모하고, 때를 따라 양식을 나눠주는 종의 반열에 같이 가는 우리는 요한계시록을 같이 나누고, 기도하고, 연구하는 자세는 성령님이 역사하고, 영적인 싸움에서 승리할 수 있는 비결이다.

기독교 2,000년 역사의 한 획을 그었던 성 어기스틴의 권면이 새롭게 다가온다 "진리는 일치를! 비진리는 자유를! 모든 것은 사랑으로!" 참으로 가슴에 와 닿는다. 비진리는 열린 마음으로 이웃과의 관계를 모색한다면 우리 주변에 일어나는 모든 불협화음과 긴장에서 자유함이 있지 않겠는가!

11. 재림의 날짜를 지목하지 말라.

한국교회의 종말론이 무너진 이유 중에 가장 큰 원인은 시한부 종말론 주의자들의 준동 때문이다. 이들이 끼친 역기능은 지금도 한국교회에 부작용으로 남아 있다. 한 예를 든다면 이장림이 창립했던 다미선교회는 1992년 10월 28일 휴거의 사건이 일어난다고 미혹하고 많은 사람의 재산을 착복하여 우리 사회의 큰 이슈가 되었다. 또한, 미국 국적을 가지고 있는 홍00 전도사는 2014년 12월 14일 한반도에 전쟁이 발발한다고 얼마나 집중적인 언론의 조명을 받았는가? 작금에도 이런 시한부 종말론 주의자들은 없어지지 않고 한국교회의 해악을 주고 있다.

종말의 때를 알리는 사역을 한다고 알려진 어떤 교회에서 '신부단장'을 빌미로 상당한 액수의 헌금을 요구한다는 이야기도

들려오고 있고, 예언의 은사를 받았다는 이 교회 목사에게 기도를 받으면 세마포 옷이 준비되었는지 알 수 있다는 것이다. 이 목사는 기도를 받으러 온 성도들에게 "기도해보니 아직 세마포 옷이 예비 되어 있지 않다."라고 겁박함으로 세마포 옷을 예비하기 위한(신부단장을 위한) 특별헌금을 유도하고 있다고 한다. 아마 이런 웃지 못할 코미디 같은 시한부 종말론 주의자들의 주장은 주님 재림의 때가 가까이 오면 올수록 더욱 기승을 부릴 것이다.

이런 역사는 미혹의 역사이다. 건전한 종말 신앙을 무너지게 하는 사탄의 계략이다. 모르면 당한다. 분별력과 지혜가 없으면 영적인 싸움에서 처참하게 패배한다. 결국은 성경이 답이다. 성경은 종말과 관련한 계시가 많이 있다. 주님의 재림과 관련하여 사도바울이 데살로니가 교회에 주신 말씀이 있다. 그 당시에도 시한부 종말론은 득세했다고 볼 수 있다. 이런 주장에 대하여 성경은 쐐기를 박았다. "형제들아 우리가 너희에게 구하는 것은 우리 주 예수 그리스도의 강림 하심과 우리가 그 앞에 모임에 관하여 영으로나 또는 말로나 또는 우리에게서 받았다 하는 편지로나 주의 날이 이르렀다고 해서 쉽게 마음이 흔들리거나 두려워하거나 하지 말아야 한다는 것이라 누가 어떻게 하여도 너희가 미혹되지 말라 먼저 배교하는 일이 있고 저 불법의 사람 곧 멸망의 아들이 나타나기 전에는 그 날이 이르지 아니하리니(살후2:1~3)"

주님의 재림 전에 반드시 먼저 등장하는 것은 불법의 아들, 멸망의 아들이 등장하고 나서 주님의 재림이 있다. 아직은 불법의 아들이 등장하지 않았다. 성경을 붙잡지 않았기 때문에 미혹의 영에 현혹을 당하고, 세상과 사람의 소리에 집중한다. 다시 성경으로 돌아가야 한다. 성경은 주님의 재림에 대하여 분명하게 계시하였다. 그날과 그시는 모른다. "그러나 그 날과 그 때는 아무도 모르나니 하늘의 천사들도, 아들도 모르고 오직 아버지만 아시느니라(마24:36)"

12. 요한계시록은 구약적인 배경으로 기록되어 있지만, 적용은 신약적으로 해야 한다.

사도 요한이 사역할 당시에는 신약성경은 없었다. 사도 요한은 유대인이고, 율법을 많이 연구하고, 묵시문학에도 상당한 식견을 가진 사람이라 할 수 있다. 이런 배경을 가진 사도 요한이 밧모섬에서 요한계시록을 받았다. 개혁교회는 성경을 유기적 영감설을 지지한다. 유기적 영감설은 간단하게 설명하자면 베드로가 쓴 것은 베드로의 냄새가 나고 바울이 쓴 것은 바울의 냄새가 나는 것을 유기적 영감설이라 한다. 다시 부연 설명을 한다면 100%의 하나님의 말씀이지만, 저자의 지식과 영성과 가치관이 성경에 고스란히 담겨있다고 볼 수 있다. 요한계시록은 사도 요한이 쓴 성경이다. 사도 요한은 요한계시록을 기록 할 때, 구약과 유대문화, 묵시문학의 영향을 받아 기록한 것이다. 요한계시록은 구약의 역사와 배경을 알지 못하면 이해함에 긴장이 있다. 한 예로 요한계시록 6장에서 인이 떼어질 때마다 나오는 네 마리의 말은 스가랴 6장과 짝을 이뤄 이해하고 설명이 요구된다. 사도 요한이 본 요한계시록 5장의 안팎으로 썼고 인봉한 책은 칠인과 관련한 계시가 들어있다. 그런데 칠인의 계시에는 무엇이 들어있을까? 구약의 에스겔서가 답해주고 있다. 애가, 애곡, 재앙의 말이 기록되었다. "그가 그것을 내 앞에 펴시니 그 안팎에 글이 있는데 애가와 애곡과 재앙의 말이 기록되었더라(겔2:10)"

다른 성경도 마찬가지이다. 저자의 삶의 정황을 이해하는 것은 성경해석의 기본이라 할 수 있다. 저자의 삶의 자리, 즉 역사와 문화를 이해하지 않고는 성경을 정확히 해석한다는 것은 언감생심이다. 그러나 간과할 수 없는 것은 요한계시록은 구약적인 배경으로 기록이 되어 있지만, 적용은 작금의 시대적인 상황에 적합하게 적용 해야 한다. 요한계시록은 내용 자체가 비밀(μυστηριον)이라 하였다. 그러나 주님의 재림을 사모하고, 때를 따라 양식을 나눠주는 주의 종들에게는 비밀이 아니고, 복된 말씀이다.

13. 요한계시록은 순차적, 시간별로 기록되어 있다.

요한계시록은 인류역사의 마지막이 어떻게 끝이 날 것인가에 대하여 자세하게 시간순으로 기록되어 있다. 주님은 소개하기를 처음과 나중이라 라고 요한계시록을 시작하면서 1장에서 자기계시를 하였고, 요한계시록을 마감하며 22장에서도 같은 말씀으로 끝을 맺은 이유는 역사와 시간의 주인이 주님 자신이라는 것을 강조하기 위하여 반복하여 계시하였다고 볼 수 있다. 주님은 인류역사의 수레바퀴를 정확하게 한 치의 빈틈도 없이 돌리시는 하나님이시다. 그리고 요한계시록은 인류역사의 주인이 되신 분이 어떻게 역사와 시간에 개입하여 속히 될 일을 기록한 것이다. 다시 반복하여 강조한다면 시간별로 요한계시록을 기록하였다. 크게 구분하여보면, 과거, 현재, 미래의 시간별로 구성하였다. 본 것, 이제 있는 일, 그리고 장차 될 일, 이런 순으로 기록하였다. 구체적으로 구분한다면 1, 4, 5장은 과거에 보았던 일로, 이제 있는 일은 2, 3장에 계시 된 일곱 교회와 관련한 계시, 그리고 장차 될 일은 6~22장에 기록되었다. 장차 될 일은 일곱인, 일곱나팔, 일곱대접에 관한 재앙의 사건들이 시간별로 구성되었고, 19장은 재림, 20장은 천년왕국, 21장 22장은 마지막 신천신지에 관한 장으로 구분되어 있다.

　요한계시록은 기록방법을 보면 시간 순으로 기록되었음을 알 수 있다. 매장을 시작 할 때, 이 일후에, 또 내가 보매, 또 내가 들으니 라는 말씀이 반복이 되어 기록되었다. 이것은 시간의 연속성을 말하고있다. "이 일 후에 내가 보니 하늘에 열린 문이 있는데 내가 들은 바 처음에 내게 말하던 나팔 소리 같은 그 음성이 이르되 이리로 올라오라 이 후에 마땅히 일어날 일들을 내가 네게 보이리라 하시더라(계4:1)"

　이와 같은 시간의 배열은 저자의 의도적인 면이 부각이 되어 있는데 그것은 마치 육상의 계주경기에서 보듯이 순차적으로 기록되었음을 짐작할 수 있다.

14. 요한계시록 각 장마다 그림으로 핵심적인 내용을 표현했다.

그림으로 보는 요한계시록을 저술한 전윤근 목사는 요한계시록을 쉽게 설명하기 위하여 그림으로 텍스트로 삼고 종말론 사역을 감당하고 있다. 주의 뜻이 있어 한국교회를 순회하며 강의하고 계시는 분이다. 전 목사가 교재로 삼고 있는 그림은 저자가 따로 있다. 이 그림의 저자는 미국 펜실베이니아주에 사는 독실한 기독교 신자인 PAT SMITH(펫 스미스) 자매이다. 이 자매는 1982년부터 1992년까지 10년 동안 교회에서 주일학교 친구들을 가르치기 위하여 성령의 감동함을 받아 요한계시록과 관련한 그림 35장을 그렸다. 성령의 감동이 없다면 나올 수 없는 역작이다. 어찜 그렇게 본문과 관련된 내용을 잘 표현했는지, 본문에 관련된 내용을 이해하면 그림이 감동이 된다. 순서가 있다. 먼저 본문을 이해하고 나서 그림을 보면, 본문이 뜻하는 바가 더욱 선명하게 드러난다. 독자에게 매우 유익한 자료가 될 것 같아 강해에 앞서 그림을 먼저 실었다.

15. 기독교신문(교회신보)에 기고한 저자의 칼럼을 요한계시록 본문의 삶의 정황에 맞추어 6편을 게제했다.

저자는 교회신보에 일정기간 정기적으로 칼럼을 기고한 적이 있다. 종말론을 연구하는 주의 종의 반열에 들어갑니다 라고 자신을 소개하기 전에 먼저 갖추어야 할 덕목이 있다 라고 본다. 영적인 안목이다. 세상을 보는 눈이 있어야 한다. 시세를 알아야 한다. "잇사갈 자손 중에서 시세를 알고 이스라엘이 마땅히 행할 것을 아는 우두머리가 이백 명이니 그들은 그 모든 형제를 통솔하는 자이며 (대상12:32)"사도들은 감람산 강화에서 징조라고 했다. 징조는 세메이온(σημεῖον)이라 부른다. 징조, 기사, 표적, 이적 이라는 여러 단어로 번역되고 있다. 그렇다. 종말론을 연구하는 자의 자세는 세상에 돌아가는 영적인 분위기를 읽을 수 있어야 한다. 저자는 요한계시록 본문을 해석함에 있어 신학의 균형적 감각과 시대의 분위기를 읽고, 본문의 상황에 적합하게 세상을 보고, 징조를 볼려고 노력했다. 궁하면 통한다. 주님이 그때그때마다 열어주셨다. 칼럼을 쓰고 독자들과 함께 공감했다. 본문의 분위기 적합한 칼럼을 썼기 때문에 본문을 이해함에 있어 유익이 될 것이다. 마치 사도요한이 요한계시록을 기록할 때, 본경을 먼저 기록하고 독자들에게 유익을 주기 위하여 삽경을 기록한 것 같이 저자의 마음이 이와 같다. 성령의 감동을 받아 칼럼을 기고하였다.

16. 한눈으로 볼 수 있는 요한계시록과 다니엘서를 도표화했다.

성경은 창세기부터 요한계시록까지 66권, 1,189장, 31,181절, 20개의 직업을 가진 기자들이 1,600여년의 기간 동안 2,930명의 인물과 1,551개의 지명과 서로 다른 10국가에 살면서 3개 언어로 기록한 방대한 분량의 성경이다. 성경은 표현방식도 시, 산문, 소설, 연애소설, 역사, 전기, 수수께끼 등으로 다양하게 기록하였다. 성경은 하나님의 말씀을 사람의 언어를 사용하여 기록하였다. 때문에 성경은 이해하고, 해석하는 작업은 지난한 과정이다. 만만치 않다. 삶의 정황(Sitz im Leben)을 이해하고 공부해야 한다. 삶의 정황을 이해하기 위하여, 우리는 많은 사항들을 고려해야 한다. 예를 들자면, 누가 그 구절을 말했는지, 그들이 삶에서 맡고 있었던 역할은 무엇인지, 그들의 청중은 어떠한 특징을 지니고 있었는지를 비롯한 여러 사항들이 있다. 왜냐하면 만약 특정 구절이 갖고 있던 원래의 맥락을 제거할 경우에, 그 구절이 지녔던 원래의 의미를 자주 상실하게 되기 때문이다. 만약에 이런 문제를 간과할 때, 왜곡되고 변질이 된다.

그럼에도 불구하고, 쉽게 가는 길이 있다면, 창세기에서 요한계시록을 보면 끝이 보이지 않는다. 해석함에 있어 난해한 부분들이 많다. 그러나 역으로 요한계시록에서 창세기를 보면 쉽게 이해하고 매듭이 풀린다. 다시 요약을 한다면 끝에서 처음을 보면 보이지 않은 맥들이 풀어지고, 이해가 된다. 요한계시록은 구약의 배경으로 기록된 성경이기 때문에 이러한 공부방법은 추천할 만하다. 종말론을 연구하는 자세는 요한계시록과 다니엘서를 통달해야 하는데 물론 다른 성경도 짝을 이루고 보아야 하지만 두 성경은 다른 성경에 비하여 비중이 크다. 필자는 요한계시록과 다니엘서를 한눈으로 이해하고 볼 수 있도록 도표화하여 앞장에 수록하였다. 요한계시록은 앞에서 설명을 했지만 하나님의 그림책이다. 사도요한이 천상의 세계에 올라가서 장차 될일을 눈으로 본 것이다. 요한계시록은 보니, 보매, 보았다 라는 계시가 71번이나 반복하여 기록되었다. 때문에 읽으면 보여 지는 책이다. 한눈으로 보는 요한계시록과 다니엘서 도표를 이해하면 종말론이 뻥 뚫리는 역사가 있다.

요한계시록 본경(本經)과 삽경(揷經)의 구조

1. 요한계시록의 전체적인 구조는 1장 19절에 있다. 이 본문은 연대기를 구분한다.

(그러므로 네가 본 것과 지금 있는 일과 장차 될 일을 기록하라)

가. 본 것(과거) : 1, 4, 5장
나. 이제 있는 일(현재) : 2, 3장
다. 장차 될 일(미래) : 6~22장

요한계시록 1장 19절은 요한계시록의 연대를 구분함에 중요한 자료가 된다. 이 본문을 해석함에 신학자들의 견해가 다르다. 예를 든다면 칼빈주의 학자인 아브라함 카이퍼는 4장 1절 이하는 완전히 미래에 속한 일이라고 주장하였다. 4~22장은 장차 될 일로 보았다. 이렇게 본 이유는 요한계시록은 점진적 병행법으로 보았기 때문이다. 그러나 광야의 소리 사역회는 앞에서 설명한 것처럼 과거, 현재, 미래로 구분하였다. 상세한 설명은 1장 19절에서 강해하기로 한다.

2. 본경 /삽경의 이해

요한계시록을 해석함에 본경과 삽경의 구조를 이해하지 않으면 한계가 있다. 때문에, 앞서 요한계시록 해석의 유의 할 점이 무엇인가 라는 항목에서 본경과 삽경에 대하여 설명하였다. 다시 부연 설명을 한다면, 먼저 본경이 어떻게 구성이 되어 있는지를 알아보자. 본경은 서론으로 출발하여 아시아에 있는 일곱 교회에 주님이 주신 말씀이 기록되었고, 천상의 보좌에 있는 성부 하나님과 어린 양의 사역을 이어가고, 장차 될 일, 일곱인, 일곱나팔, 일곱대접의 재앙의 사건이 연속적으로 기록되고, 일곱대접의 재앙과 세상의 심판은 중복되어 있고, 이어 주님의 재림, 천년왕국, 신천신지로 막을 내린다.

삽경은 7장에서 두 증인이 인을 받고, 작은 책을 받아먹고, 사명 감당하다가 순교, 부활하여 시온 산에서 새 노래를 부르고, 이어 해 입은 여자가 예비처에 들어가는 과정, 13장은 두 짐승의 정체와 666표의 비밀을 계시하고, 17장과 18장은 인류 마지막의 심판장면이 기록되었다. 본경, 삽경, 본경, 삽경 마지막을 본경으로 대단원의 막을 내린다.

요한계시록은 하나의 이야기가 아니다. 본경이라는 주제를 전개하는 과정 가운데 사이 사이에 해설이라는 내용이 삽입되어 있다. 그래서 어느 부분은 본경이고, 어느 부분은 삽경으로 구분되어 있다. 이것을 구분하지 않으면 이해 하기 어려운 책이 된다. 마치 희곡 시나리오가 무대 메시지를 잘 전달하기 위해 막을 바꿀 때마다 나레이터의 해설 이야기가 흘러나오듯 요한계시록이 이렇게 구성되어 있다.

본경과 삽경의 구성배열

본경	1장	2장	3장	4장	5장	6장	x	8장	9장	x	x	x
삽경						x	7장	x	x	10장	11장	12장

본경	x	x	15장	16장	x	x	19장	20장	21장	22장
삽경	13장	14장	x	x	17장	18장	x	x	x	x

3. 본 것(과거)

구 분	내 용
1장	요한계시록 전체의 총괄적인 내용을 설명하고 있다. 요한계시록의 기록배경, 목적, 수신자의 이름, 집행하시고, 심판자이신 재림으로 오실 예수님에 대하여 총괄적인 모습으로 기록하였다.
4장	밧모섬에서 사도 요한은 성령의 인도로 환상이 열리고 천상의 세계를 보았다. 천상의 보좌에 계신 성부하나님과 그 주변에 좌정하신 네 생물과 이십사 장로, 천사들의 수종 드는 모습을 보고 기록하였다.
5장	천상의 보좌에 계신 성자하나님, 즉 재앙의 인을 떼실 어린 양, 예수님의 보좌와 사역을 보고 기록하였다. 사도 요한의 눈은 칠인으로 인봉한 책에 고정되어 있다.

4. 이제 있는 일(현재)

구 분	내 용
2, 3장	당시 소아시아 일곱 교회에게 보낸 편지의 내용이다. 소아시아 일곱교회는 에베소, 서머나, 버가모, 두아디라, 사데, 빌라델비아, 라오디게아 교회에 주신 말씀이다. 각자의 교회에게 주신 말씀은 다르지만, 공통적인 내용은 예수님의 등장 모습, 칭찬, 책망, 권고, 약속의 말씀 등이 기록되었다.

요한계시록을 본문으로 삼고 교회에 적용하여 설교할 때, 전체 22장을 100으로 환산한다면 2, 3장이 차지하는 설교의 비중은 60~70%로 배분하면 바람직한 방법이 아닐까 추천하고 싶다. 이유는 2, 3장은 교회와 성도에게 적용할 말씀이 실제적이고, 교회적사명이 풍성하다. 신학적으로 긴장될 만한 주제가 없다. 설교의 제목이 풍성하므로 교회에 적용하면 요한계시록을 쉽게 갈 수 있다.

5. 장차 될 일 (본경과 삽경의 장별 주요 내용)

본 경			
6장	8장	9장	15장
일곱인봉한 책을 하나씩 떼어냄 1인:흰 말 2인:붉은말 3인:검정말 4인:청황색말 5인:순교자의 호소 6인:천체계의 이상(해달별의 이상)	일곱번째 인의 재앙사건, 일곱번째의 인을 떼자 일곱나팔재앙이 등장 1나팔:땅 2나팔:바다 3나팔:강과 물샘 4나팔:해달별 7년환난기간에 있을 실제적인 재앙	5~6번째 나팔 재앙 사건기록 3가지 화 중 2가지 화만 기록 5나팔:5개월 황충재앙 6나팔:유브라데 전쟁,인류최후의 핵전쟁	짐승과 짐승의 수를 이기고 휴거한 성도가 유리바닷가에 선 모습 마지막 재앙인 일곱대접을 천사에게 전해짐
인사건, 요한계시록 사건 총론	1~4나팔	5~6번 나팔	마지막재앙, 일곱대접재앙

16장	19장	20장	21장	22장
일곱대접재앙전개 1대접:땅 2대접:바다 3대접:강물샘 4대접:해 5대접:짐승의 보좌 6대접:유브라데 일곱대접:공기에 쏟음, 마지막 심판 6대접에서 아마겟돈 전쟁준비	큰음녀심판과 예수님의 아내인 신부들이 예비 되어 재림하신 주님을 영접하고, 사탄의 무리는 최후의 전쟁인 아마겟돈전쟁, 패한 후, 짐승과 거짓선지자는 유황불 심판	천년왕국 시작, 마귀는 쇠사슬로 잡아 천년동안 무저갱에 쳐 넣음, 천년왕국 대상자 순교자, 휴거성도가 입성하고, 천년왕국후 잠시 마귀 풀어 놓음, 백보좌 심판	거룩한 성, 새 예루살렘의 찬란한 모습,생생하게 기록, 상대적으로 지옥의 모습도 공개	천국의 모습, 생명나무,12과일, 마지막 당부의 말씀
마지막 재앙,지진으로 끝냄	예수님의 재림	천년왕국과 백보좌 심판	새하늘과 새땅=천국의 모습	마라나타 신앙 당부

삽 경			
7장	10장	11장	12장
① 십사만 사천명의 이마의 인침을 받은 두 증인 등장 ② 흰 옷 입은 무리, 환난가운데 나오는 자들, 주의 종들과 흰 옷 입은 무리의 선택	작은 책을 받아 먹고 다시 예언하라 라는 사명받음, 7장에서 선택된 주의 종들에게 주신 사명	작은 책을 받아 먹고 두 증인의 사명을 감당하다 사명이 끝나자 순교, 1260일 동안 사명감당.	여자가 해산수고 후 아이를 낳음, 교회는 광야로 도망함, 광야는 예비처임, 1260일동안 양육받음
종, 성도 선택/소명	종들 사명부여	주의 종들 사명 감당	교회(성도)예비처에서 보호

13장	14장	17장	18장
① 바다에서 올라온 짐승의 정체 ② 땅에서 올라온 짐승의 정체 ③ 666표 등장	① 하나님 보좌 앞 십사만 사천의 찬양 ② 세천사의 음성 ③ 예수님의 재림할 때에 곡식 추수와 포도송이 심판	두 짐승의 비밀계시 ① 음녀의 비밀 ② 짐승의 비밀, 일곱 머리 열 뿔의 정체를 가진 짐승의 비밀	음녀가 된 큰 성 바벨론이 일시에 무너짐, 땅의 왕들과 상고들이 애통하는 소리, 상대적으로 순교자들의 신원, 심판의 정당성
적그리스도, 거짓선지자 등장	예수님의 재림과 포도송이 추수	음녀와 짐승의 관계	큰성 바벨론의 멸망과 순교자들의 피 신원

일곱인, 일곱나팔, 일곱대접 상관관계

1. 개요

　요한계시록은 본경과 삽경의 구조로 되어 있다 라는 것은 앞에서 충분히 설명하였다. 이 본경은 일곱인, 일곱나팔, 일곱대접의 애가와 애곡과 재앙의 사건으로 구성이 되어있다. 일곱인, 일곱나팔, 일곱대접은 종말에 일어날 모든 사건이며, 요한계시록 전체의 내용이기도 하다. 때문에 일곱인, 일곱나팔, 일곱대접의 구조와 배경과 사건을 이해하지 않으면 요한계시록은 열어지지 않는다 라고 말할 수 밖에 없다. 때문에 요한계시록을 열고자 하는 성도는 반드시 일곱인, 일곱나팔, 일곱대접의 상관관계를 이해하는 것은 매우 유익하다 하겠다.

　일곱인은 재앙의 총론적인 사건이 전개되는 사건으로서 재앙의 징조와 밀접한 관련이 있다. 때문에 일곱인은 보편적이고, 징조적인 재앙이라 말할 수 있고, 6장에 기록이 되어있다. 일곱나팔은 재앙이 구체적, 본격적인 재앙으로서 심판의 정점에 다 다른다. 이와 관련한 계시는 8장과 9장에 기록이 되어 있다. 마지막 일곱대접의 재앙은 이 땅에 남은 모든 피조물을 끝내기 위한 심판으로 규정할 수 있다. 일곱대접의 재앙은 요한계시록 15장은 서론이라 할 수 있고, 16장은 본론에 해당한다. 간과 할 수 없는 것은 재앙의 크기, 강도, 범위가 인에서 나팔에서 대접으로 갈수록 더욱 강해진다 라는 원리를 이해하면 될 것이다.

참으로 중요한 것은 일곱인, 일곱나팔, 일곱대접의 재앙은 구분이 되는 재앙이 아니고 서로 밀접하게 연결이 되어있다. 예를 든다면 여섯번째의 인의 재앙은 나팔재앙으로 나타나는데 네 번째 나팔재앙으로 전개된다. "넷째 천사가 나팔을 부니 해 삼분의 일과 달 삼분의 일과 별들의 삼분의 일이 침을 받아 그 삼분의 일이 어두워지니 낮 삼분의 일은 비췸이 없고 밤도 그러하더라(계8:12)" 큰 틀에서 본다면 동일한 재앙이라고 할 수 있다. 다만 앞에서 지적했듯이 범위와 강도, 크기가 확대되고 영향력이 심화된다. 지진의 재앙도 같은 맥락에서 접근하면 될 것이다. 여섯 번의 인의 재앙이 나타날 때 큰 지진이 발생하는데 이 큰 지진은 결국 일곱번째 대접을 공기 가운데 쏟을 때, 나타나는 재앙으로 큰 지진으로 연결된다. 분명한 것은 6인의 재앙이 떨어졌을 때의 큰 지진과 일곱대접이 공기 가운데 쏟아졌을 때의 큰 지진은 범위, 강도, 크기 면에서 비교 될 수 없을 정도로 위력이 강할 것이다. 결국은 이 큰 지진으로 우리가 살고 있는 이 땅은 무너질 것이다. "번개와 음성들과 뇌성이 있고 또 큰 지진이 있어 어찌 큰지 사람이 땅에 있어 옴으로 이같이 큰 지진이 없었더라(계16:18)"

　때문에 인과 나팔과 대접의 재앙은 서로 연결이 되어있고, 인에서 시작하여 대접으로 끝이 난다 할 수 있다. 뿐만 아니라 인과 나팔과 대접은 요한계시록 전반에 산발적으로 기록이 되어있고, 6장에서 19장까지 전개가 된다. 결론적으로 요한계시록 전체를 폭 넓게 이해하기 위하여 반드시 인과 나팔과 대접의 상관관계를 이해하는 것은 요한계시록을 연구하는 자의 기본이라 말할 수 있다. 아래의 도표를 잘 이해하면 요한계시록 전체를 이해함에 있어 매우 유익하다 하겠다(5항, 일곱인, 일곱나팔, 일곱대접 도표 참조).

2. 일곱인의 배경

밧모섬에 유배된 사도요한은 주의 날에 성령의 감동을 받게 된다. 그리고 하늘로 올라오라는 하늘의 음성을 듣고 하나님의 보좌를 바라보게 되었다. 그렇다. 사도요한에게 밧모섬이 없다면 이런 계시를 받을 수 없다. 주의 종은 밧모섬이 있어야 한다. 사도요한은 보좌에 계시는 성부하나님의 보좌를 보았는데, 그의 모습이 벽옥과 같고, 무지개가 보좌 주변에 둘러쌓였고, 그 모양이 녹보석 같았다 라고 표현하였다. 뿐만 아니라 하나님의 오른 손에 책이 있는데 일곱인으로 봉한 책이었다. 일곱인으로 봉한 책은 안팎으로 기록이 되어있고, 그 누구도 손을 댈 수 없는 상황이다. 이에 힘 있는 천사의 음성이 들려왔는데 누가 이 책을 펴거나 떼기에 합당하느냐? 인을 떼기에 합당한 자가 하나도 없다 라는 천사의 대답은 사도요한에게 거룩한 분노로 닦아왔다. 주의 종에게 거룩한 분노는 당연지사가 아닌가!

이런 소식을 들었던 사도요한은 크게 울기 시작했다. 애통하고 눈물을 흘리고 있는 사도요한에게 이십사 장로중의 하나가 위로의 말을 전해주었다. 이 인을 뗄자 있다 이 사람은 유다지파의 사자 다윗의 뿌리가 이기었으니, 이 자가 이 인을 뗄자 라고 비밀을 알려주었다. 이 말과 동시에 사도요한은 보았다. 유월절 어린 양이신 주님이 네 생물과 장로들 사이에서 나오고 이 분이 보좌에 앉으신 이의 손에서 일곱인으로 인봉한 책을 취하시고, 인을 떼는 작업을 보았다.

이 일곱인으로 봉인된 책은 이 세상과 사탄을 심판할 책이며, 이 세상과 사탄은 이 책에 기록된 대로 심판을 받게 될 것이다. 세상의 모든 것은 성경에 기록된 대로 이뤄진다. 때문에 요한계시록은 세상과 사탄의 정체와 결론을 가장 적나라하게 밝힌 책이며, 승리의 비결이 어디에 있는가를 계시하고 있다. 때문에 앞에서 언급했지만, 요한계시록은 사탄이 가장 두렵고 무서워하는 성경이라 말할 수 있다 하겠다. 5장의 결론은 예수님만이 인을 떼기에 합당하시며, 찬양과 경배의 주라 찬양으로 마무리를 하고 있다.

① 6장과 일곱인과 관계

5장은 인의 재앙이 일어나는 배경이 기록되고 6장은 일곱인의 재앙의 장이다. 6장에 기록된 일곱인은 환난의 서론이며, 총론이다 할 수 있다. 일곱인이란 하나님의 완전한 심판이다. 일곱인의 재앙은 환난의 징조로부터 시작하여 7년 환난이 끝나는 예수님의 재림으로 인한 모든 피조물의 심판시까지 전 사건을 6장 한 장에 기록하였다. 예수님이 심판자이심을 명확하게 보여주고 있다.

일곱인으로 봉한 책이 하나하나씩 떼어질 때마다 새로운 사건이 전개되고 있다. 이것이 의미하는 것은 모든 재앙은 심판의 주제가 되신 예수님께서 요한계시록에 기록된 대로 이뤄진다 라는 것을 사실을 밝히 보여주고 있다. 뿐만 아니라 요한계시록을 대하는 성도의 입장에서 본다면 앞으로 피조세계에 일어날 모든 재앙도 우연이 아니고, 주님의 섭리대로 이뤄진다 라는 것을 반드시 유념해야 할 것이다.

② 일곱인의 사건들

인봉할 책을 뗄 자는 예수님 한 분이다. 인은 예수님이 하나하나 시간이 되면, 순서에 따라, 뗄 때마다 피조세계에 일어날 재앙의 사건이 전개된다. 인은 징조적인 재앙의 성격으로 나타나고, 이 인을 뗄 때, 피조세계는 환난의 서막이 오르게 된다.

첫째 인을 뗄 때, 흰 말이 등장했다.
6장의 시작은 사도요한이 보매 라고 시작한다. 요한계시록을 다르게 표현한다면 그림책이라 말할 수 있다. 보매, 보니, 보았더니 라는 말씀은 53번 반복하여 나오고, 보라 라는 말씀은 18번 반복하여 기록하고 있다. 6장의 시작이 사도요한이 천상의 세계를 보매 라고 시작한다. 첫 번째 인을 뗄 때에 흰 말이 나온다. 흰 말에 대하여 여러 가지 해석이 있다. 백인 백색이다. 다른 말을 해석함에 있어 특별한 긴장과 난이함이 없다. 유독히 흰 말은 견해가 서로 다르다. 자세한 해석은 6장을 다룰 때, 논하기로 하자.

인을 뗄 때, 순서가 있다. 어린 양되신 예수님이 인을 떼고, 이와 동시에 수종들고 있던 네 생물이 우렛소리를 발한다. 오라 라고 천둥벼락을 치는 소리로 명령을 한다. 주변에 대기하고 있던 흰 말이 따각따각 하고 나온다. 흰 말이 나올 때 독단적으로 행동하지 않는다. 말을 탄자가 면류관을 받고, 활을 가지고 등장한다. 흰 말이 등장할 때, 같이 나오는 면류관과 활과 이기고 이기려고 하더라 하는 말씀은 흰 말의 정체를 밝히는데 있어 중요한 단서가 된다. 요한계시록을 이해함에 있어 여기에서 등장하는 흰 말을 어떻게 해석하느냐에 따라서 요한계시록의 흐름이 바꿔진다 할 수 있겠다. 때문에 흰 말을 해석함에 신중함이 있어야 하겠다. 다시 한번 반복하여 강조를 하지만, 요한계시록은 구약체의 배경으로 기록이 되어 있고, 다른 성경과 짝을 찾아 해석하는 것은 매우 바람직한 방법이라 하겠다. 광야의 소리 세미나는 흰 말은 짐승으로 해석하고 있다. 짐승이 하는 일은 여러가지가 있지만 미혹하고 하나님을 대적하는 자이다. 그 이유에 대하여 청황색 말을 설명할 때, 4마리 말에 대하여 함께 설명하였다.

둘째 인을 떼자 붉은 말이 나왔다.

둘째 인을 뗄 때, 첫 번째 인을 뗄 때와 마찬가지 동일한 역사가 기록이 되었다. 어린 양 되신 예수님이 인을 떼고 이어 네생물이 우렛소리를 발하고 대기하고 있던 말이 나오는데 붉은 말이 나왔다. 붉은 말이 상징하는 것이 무엇일까? 붉은 말은 혼자 나오지 않고 첫째 말과 마찬가지 함께 나온다. 먼저 땅에 화평을 제하고, 서로 죽이게 하고, 큰 칼을 받았다. 성경은 한자한자 주님의 뜻이 있다. 쓸데없이 기록한 말씀은 한 획도 없다. 붉은 말을 이해하기 위하여 화평을 제하고, 서로 죽이게 하고, 큰칼을 받았다. 이 말씀을 해석하면 붉은 말이 무엇을 말하고 있는지 쉽게 해석을 할 수 있다. 붉은 말은 전쟁과 관련한 재앙이라 말하고 있다. 요한계시록에서 전쟁은 여러 장에서 기록하고 있다.

그리고 붉은 말은 요한계시록 9장에서 기록하고 있는 유브라데 전쟁을 말하고 있다. 이 전쟁은 인류역사에 있어 가장 피해가 많이 발생할 것이다 예언하고 있다. 이 전쟁으로 인하여 인류의 삼분의 일이 죽는다. 모든 인류가 이 전쟁에 직,간접적으로 참가한다 할 수 있겠다. 그렇기 때문에 둘째 화에 해당된다. 물론 이 전쟁이 있기 전에 이 땅에 크고 작은 전쟁이 많다고 예언하였다. 이런 전쟁도 인의 재앙과 무관하지 않다고 본다.

셋째 인을 떼자 검은 말이 나온다.
　검은 말이 나왔다. 검은 말을 탄자는 저울과 함께 등장한다. 검은 말과 저울이 말하는 의미는 무엇일까? 이 말이 7년 환난의 기간 중에 어떤 역할을 감당 할 것인가? 이 검은 말의 정체를 알기 위하여 그 손에 쥐어져 있는 것을 유념해야 한다. 저울이란 인간의 경제생활도구로 쓰이고 있다. 사용처는 양식을 계량하는 일에 주된 목적으로 사용되고 있는데 이 저울이 의미하는 것은 7년 환난의 기간 중에 매우 심각한 기근이 이 땅에 있을 것이다 라는 예언으로 볼 수 밖에 없다. 그 이유는 6절에 있다. "내가 네 생물 사이로부터 나는 듯한 음성을 들으니 이르되 한 데나리온에 밀 한 되요 한 데나리온에 보리 석 되로다 또 감람유와 포도주는 해치치 말라 하더라(계6:6)" 한 데나리온은 노동자 하루 품삯을 말하고 있다. 생각해보자! 하루 임금으로 겨우 밀로는 한되요, 보리로는 석되 라고 했다. 물가의 폭동은 이루 말할 수 없고, 극심한 양식의 빈곤을 말하고 있지 않는가! 이런 현상은 쉽게 추론할 수 있다. 작금의 이상 기온은 곡물 생산과 직접적으로 관련이 있다. 7년 환난에서 천체계의 이상은 성경의 여러곳에서 지적하고 있다.

그럼에도 불구하고 환난의 때에도 하나님의 백성에게는 소망이 있다. 감람유와 포도주는 해치지 말라 라고 정확하게 계시하였다. 이들의 정체는? 하늘이 무너져도 솟아날 구멍이 있다 라고 하지 않았는가! 성경은 언약의 책이다. 하나님의 백성은 유기치 아니한다. 세상의 끝날까지 함께 한다. 감람유는 기름과 성령을 상징하기 때문에 주의 종으로 해석할 수 있고, 포도주는 예수님의 보혈의 피를 상징한다. 구원받은 성도를 예표로 말하고 있다. 주의 종과 종말에 구원받은 백성들을 말한다. 성도들은 이 검은 말의 재앙을 받지 말아야 한다. 신부 단장한 성도들은 예비처로 인도함을 받는다. "그 여자가 광야로 도망하매 거기서 천이백육십 일 동안 그를 양육하기 위하여 하나님께서 예비하신 곳이 있더라(계12:6)" 성경적인 원리가 있다. 세상은 무너지고, 망하지만, 교회와 성도는 무너지고 망하지 않은다. "지극히 높으신 이의 성도들이 나라를 얻으리니 그 누림이 영원하고 영원하고 영원하리라(단7:18)"

넷째 인을 떼자 청황색 말이 나온다.

청황색의 말이 나오는데 그 탄자의 이름이 사망이라 했다. 요한계시록에서 말하고 있는 사망은 복음서는 전염병(온역)으로 말하고 있다. 그리고 이어 음부가 따른다. 이 청황색 말은 무서운 존재이다. 이 자를 따르는 모든 자는 사망이 뒤를 따라 온다 라는 뜻으로 해석 할 수 있다. 간과 할 수 없는 것은 요한계시록의 4 말에 관한 계시는 요한계시록 6장 8절이 답이다. 가장 난해한 본문이지만 자세히 보면 답이 나온다. "내가 보매 청황색 말이 나오는데 그 탄 자의 이름은 사망이니 음부가 그 뒤를 따르더라 그들이 땅 사분의 일의 권세를 얻어 검과 흉년과 사망과 땅의 짐승들로써 죽이더라(계6:8)" 이 본문이 흰 말의 정체를 밝히는데 결정적인 역할을 하고 있다. 본문을 자세히 보면, 검과 흉년과 사망과 짐승들로써 죽이더라 라고 말하고 있다. 이 본문은 첫째 말에서 시작하여 네번째 말이 나올 때 일어나는 재앙을 말하고 있다. 정리하자면, 붉은 말은 검과 관련이 되어 있고, 검정 말은 흉년으로 적용이 되고, 청황색 말은 사망으로 말하고 있고, 하나의 말이 남아 있는데 흰 말이다. 이 흰 말이 상징하는 것은 본문에서 말하고 있는 바와 같이 짐승들이다. 구체적으로 말한다면, 요한계시록 13장에서 말하고 있는 바다에서 올라온 짐승과 땅에서 올라온 짐승을 말하고 있다. 이렇게 요한계시록을 풀어가면 전혀 문제가 없다 하겠다. 이 본문은 스가랴 6장과 다니엘 7장과 같이 짝을 이루면 쉽게 풀어진다.

다섯째 인을 떼자 순교자의 호소가 나온다.
　다섯째 인은 재앙이 아니라 면밀하게 분석하면, 주의 재림과 인류의 심판을 독촉하는 순교자들의 호소라고 말한다. 순교의 이유는 하나님의 말씀과 그들의 가진 증거 때문에 순교의 제물이 된 자들이다. 그들이 제단 아래에서 하나님께 호소하고 있다. 그것도 큰소리로 외친다. "큰 소리로 불러 이르되 거룩하고 참되신 대주재여 땅에 거하는 자들을 심판하여 우리 피를 갚아 주지 아니하시기를 어느 때까지 하시려 하나이까 하니(계6:10)" 우리가 기억해야 할 것은 순교자들이 가 있는 곳은 다른 성도와 다르다 라는 것을 유념해야 할 것이다. 그들이 있는 곳은 제단아래이다. 제단은 정말 특별한 장소이다.

　호소하는 순교자들에게 하나님은 흰두루마기를 주시며 이처럼 말씀했다. "각각 그들에게 흰 두루마기를 주시며 이르시되 아직 잠시 동안 쉬되 그들의 동무 종들과 형제들도 자기처럼 죽임을 당하여 그 수가 차기까지 하라 하시더라(계6:11)" 모든 것은 때가 있다. 순교자의 호소 또한 응답할 때가 있다. 아직도 순교자의 피가 부족하다 라고 했다. 다 차야 응답이 된다. 하나님은 피를 요구하신다. 이 순교자의 피는 7년 환난의 때, 주의 종과 성도들이 흘려야 할 피를 말하고 있다. 이들의 호소가 응답하는 본문은 16장 7절과 연결이 된다. "또 내가 들으니 제단이 말하기를 그러하다 주 하나님 곧 전능하신 이시여 심판하시는 것이 참되시고 의로우시도다 하더라(계16:7)"

여섯 번째 인을 떼자 천체계의 이상이 나온다.

인을 떼자 큰 지진이 나며 해가 총담같이 검어지고 달이 피같이 되며 하늘의 별들이 무화과나무가 대풍에 흔들려 선 과일이 떨어지는 것 같이 떨어지며 온 산과 섬이 제 자리에서 옮겨지는 경천동지할 지각변동과 천체계의 이상이 일어난다. 인류역사에 있어 이와 같은 지각변동은 없었다. 여섯째 인이 떼어질 때 상황은 대접의 재앙이 쏟아질 때, 상황과 같다. 다만, 강도와 크기와 범위가 재림이 가까울수록 더욱 확대되어 나타난다. 주님의 재림과 함께 이 땅은 이런 재앙을 직접 맞이하게 된다.

일곱 째 인을 떼자 하늘이 반 시간 쯤 고요해진다.

보좌에 앉으신 이의 손에서 일곱인으로 봉하고 안팎으로 쓴 책을 취하시어 6장에 와서 그 인을 떼기 시작한 예수님은 그 첫째 인으로부터 여섯째 인 까지를 모두 떼었다. 이제 남은 것은 일곱째 인 뿐이다. 이 일곱째 인이 요한계시록 8장에서 등장하고 있다. 일곱인을 떼자 하늘이 고요해진다. 일곱째 인은 다른 인과 차별이 있다. 일곱째 인은 1~6번째 인의 재앙과는 다르다 라는 암시를 주고 있다. 긴장감이 있다. 하늘이 반시 동안 고요하다. 이제까지 재앙은 이런 영적인 분위기가 없다. 일곱째 인이 떼어지자 하늘이 반시 동안 고요해졌다. 무엇을 의미하는지 여러 가지 의견들이 있다. 이에 대한 상세한 설명은 8장에서 언급하였다.

일곱째 인에 대한 결과가 없다. 앞의 서론부분에서 언급을 했지만 인과 나팔과 대접은 연결이 되어있다. 결론적으로 이 일곱째 인 안에는 일곱나팔의 재앙이 들어있다. 다른 인이 아니라 첫째 인으로 부터 여섯째 인까지의 진행 과정을 나팔로 보여 주시기 위해 그 비밀을 열어 주는 인이다. 그리하여 일곱째 인이 요한계시록 8장에서 떼어지는데 이 인이 떼어지면서부터 일곱나팔이 등장한다. 첫째 인으로부터 여섯째 인까지의 사건을 일곱나팔로 새롭게 전개해 나가게 된다.

3. 일곱나팔의 배경

일곱나팔의 사건은 요한계시록 8장과 9장에서 기록하고 있다. 8장은 첫째 나팔에서부터 넷째 나팔까지의 사건이 기록이 되어있고, 9장은 다섯째, 여섯째 나팔이 기록이 되어있고, 일곱째 나팔은 요한계시록 16장에서 기록하고 있다.

① 인과 나팔과 대접과 화의 관계

요한계시록을 연구함에 있어 먼저 인과 나팔과 대접의 상관관계를 이해하는 것이고 이에 연결하여 반드시 화에 대하여 인지하여야 한다. 화의 내용은 횟수, 시기와 어느 곳에 들어있는지를 아는 것은 아주 중요하다.

요한계시록에는 화라고 불리우는 무서운 환난이 세 번 일어난다. "내가 또 보고 들으니 공중에 날아가는 독수리가 큰 소리로 이르되 땅에 사는 자들에게 화, 화, 화가 있으리니 이는 세 천사들이 불어야 할 나팔 소리가 남아 있음이로다 하더라(계 8:13)"

화를 구분하자면, 9장으로 넘어가면 첫째 화라고 하는 5개월 황충이 화가 되어 나오고, 이 화는 그 이마에 인맞지 아니한 사람들에게만 임하는 화로 명한다. 이 화는 성도들이 전 3년 반 마지막 시기에 가서 적그리스도를 추종하는 세력으로부터 받는 영적 핍박으로 본다. 이 핍박을 마지막으로 전 3년 반의 기간이 막을 내리고 곧 후 3년 반으로 넘어가면서 유브라데 전쟁이라고 하는 세계적인 전쟁이 발발한다. 이 유브라데 전쟁이 두 번째 화에 해당한다.

이 전쟁으로 세계 인구의 3분의 1이 죽는 피해를 입게 된다. 다음에 셋째 화가 있는데 이 화는 일곱째 나팔로 불려지고, 일곱 나팔안에는 일곱대접 심판이 들어있다. 이 화는 인류의 최종적인 화로써 주님의 재림으로 말미암은 인류의 마지막 심판을 담고 있다. 셋째 화는 요한계시록 16장에 나오는 인류의 마지막 심판으로, 이 심판에서 지구는 불로 멸절을 당할 것이라고 예언한 말씀이 그대로 성취되는 것이다. "여호와께서 이르시되 내가 땅 위에서 모든 것을 진멸하리라 내가 사람과 짐승을 진멸하고 공중의 새와 바다의 고기와 거치게 하는 것과 악인들을 아울러 진멸할 것이라 내가 사람을 땅 위에서 멸절하리라 나 여호와의 말이니라(습1:2~3)"

② 일곱나팔의 사건들

사도요한은 일곱나팔의 재앙이 일어나기 전에 천상의 세계를 보았는데 먼저 첫째 천사가 나팔을 불기 전에 또 다른 천사가 제단에서 금향로를 가지고 있었다. 이 금향로에는 성도들의 기도가 담겨 있었고, 이 기도를 보좌 앞 금제단에 올리는 일이 먼저 진행됨을 똑똑히 보고 증언하였다. 이 본문이 주는 교훈이 참으로 크다. 먼저 기도는 참으로 귀하다. 성도의 기도를 천사들은 금향로에 담아둔다. 기도가 얼마나 소중하면 금향로에 담아 제단 앞에 올리우고 있는가! 또 간과할 수 없는 것은 성도의 기도가 끝이나지 않으면 재앙이 일어나지 않는다. 기도가 차지 않았는데 재앙이 일어나면 어찌 감당할 수 있겠는가! "사람이 감당할 시험 밖에는 너희가 당한 것이 없나니 오직 하나님은 미쁘사 너희가 감당하지 못할 시험 당함을 허락하지 아니하시고 시험 당할 즈음에 또한 피할 길을 내사 너희로 능히 감당하게 하시느니라(고전10:13)" 때문에 환경과 여건에 긴장이 있을수록 기도해야 할 이유가 분명히 있다.

첫째 나팔이 불 때, 땅에 재앙이 일어난다.
"첫째 천사가 나팔을 부니 피 섞인 우박과 불이 나와서 땅에 쏟아지매 땅의 삼분의 일이 타 버리고 수목의 삼분의 일도 타 버리고 각종 푸른 풀도 타 버렸더라(계8:7)"

첫째 천사가 나팔을 불 때 참으로 놀라운 사건이 일어나게 된다. 피 섞인 불이 나서 땅에 쏟아지고, 땅의 삼분의 일이 타 버리고, 각종 수목의 삼분의 일도 타 버리고, 각종 푸른 풀도 타 버린다 라고 했다. 우박과 불은 하나님의 심판의 도구로 상징된다. 하나님은 애굽 땅에 재앙을 내리실 때에도 이 같은 도구를 쓰셨다. 그런데 피가 섞인 우박과 불이 나와 땅에 쏟아진다고 했는데 이것은 주님에 의한 무자비한 심판임을 보여 주고 있다. 피해를 입은 지역은 땅의 삼분의 일로 말하고 있다. 전세계적인 광활한 지역이 피해를 입고 있다.

땅, 수목, 각종 푸른 풀을 영적으로 해석하는 경우도 있다. 땅은 세상이고, 수목은 세상에 사는 상류층을 말하고 있고, 수풀은 이 땅의 민초들을 말한다 라고 주장한다. 앞에서 언급했지만, 영적인 해석은 참고하면 된다. 그러나 주객이 전도되면 본질에서 벗어난다. 문자적인 해석에 무게를 두어야 한다. 첫 번째 나팔의 재앙은 피 섞인 우박과 불이 땅에 쏟아진다. 실제적인 재앙이 자연계에 쏟아진다. 분명한 것은 우박과 불이 실제라면, 수목과 푸른 풀도 실제로 보아야 한다는 것이 일관된 해석이다.

둘째 천사가 나팔을 불 때, 바다에 재앙이 발생한다.
"둘째 천사가 나팔을 부니 불붙는 큰 산과 같은 것이 바다에 던져지매 바다의 삼분의 일이 피가 되고(계8:8)" 재앙은 땅에 이어 둘째 나팔의 재앙은 불붙은 큰 산과 같은 것이 바다에 던지운다. 그리고 바다의 삼분의 일이 피가 되고, 죽고, 배들이 깨어진다. 불붙은 큰 산을 무엇으로 해석할 것인가? 실제로 불붙은 큰 산은 지진과 화산폭발로 인해 바다에 용암과 같은 거대한 불덩이가 떨어지거나 흘러가는 모습으로 볼 수 있다. 또한, 세계적인 전쟁, 대규모 해상전쟁으로 인해 나타나는 피해들로 보는 것도 있다.

다른 견해는 적그리스도 세력으로 바다가 오염이 되고 피바다가 된다고 주장하고 있다. 이런저런 주장이 있을 것이다. 영적인 해석과 실제적인 주장을 할 수 있다. 그럼에도 불구하고 문자적인 해석에 무게를 두어야 하고, 간과할 수 없는 것은 이 시기가 되면 자연계의 오염, 땅은 지각변동이 있고, 뿐만 아니라 교회는 엄청난 핍박, 배도의 역사, 신앙의 억압 등 육적, 영적으로 엄청난 탁류가 있을 것이다. 분명한 것은 이 시기는 큰 환난의 기간에 들어있는 기간으로 재앙은 자연계와 인간과 영적인 모든 면에서 입체적으로 임하는 것은 부인 할 수 없다.

셋째 천사가 나팔을 불 때, 횃불같이 타는 큰 불이 강과 물샘에 떨어진다.
"셋째 천사가 나팔을 부니 횃불같이 타는 큰 별이 하늘에서 떨어져 강들의 삼분의 일과 여러 물샘에 떨어지니(계8:10)" 횃불같이 타는 큰 별이 무엇인가! 본문을 문자적인 해석과 영적인 해석을 해보면, 셋째 나팔이 실제라면, 하늘에서 떨어진 별들이다. 이러한 주장은 설득력이 있다. 지금도 우주 공간에는 떠도는 혹성들이 많다. 그중에 일부가 지구에 떨어질 때, 엄청난 재앙이 된다. 실제로 이러한 사건은 종종 우리 주변에서 목격할 수 있다. 이때 엄청난 파괴력, 유독성 물질, 방사능 등으로 인하여 자연계가 심각하게 오염된다. 그중에 가장 영향을 받은 것은 바다와 강이다. 심각한 오염이 발생한다. 물이 오염되고, 더러워지면, 마실 수 없으므로 인간은 고통이 뒤따를 것으로 예상해 본다.

횃불같이 나는 큰 별이 영적으로 해석한다면, 마귀가 종교지도자들을 미혹하여 배도하게 하고, 타락시킨다. 그들의 입에서 나오는 비진리는 쑥이다. 타락된 종교지도자들은 비진리를 가르친다. 성도가 먹을 수 없는 비진리이다. 많은 영혼이 이 비진리를 먹으면 죽는 것은 불을 보듯 뻔한 얘기이다. 성도가 먹어야 할 물은 생수가 되어야 하는데 비진리인 쑥을 먹는다면 그의 결과는 쉽게 예측된다. 원인 없는 결과는 없다. 이로 인하여 많은 영혼이 죽는다. 영적으로 오염되고 타락된 현상을 말하는 것이다. 문자적이든, 영적이든지 양쪽 의견은 참고할 필요가 있다.

넷째 천사가 나팔을 불 때, 해와 달과 별들, 천체계의 이상이 있다.
"넷째 천사가 나팔을 부니 해 삼분의 일과 달 삼분의 일과 별들의 삼분의 일이 타격을 받아 그 삼분의 일이 어두워지니 낮 삼분의 일은 비추임이 없고 밤도 그러하더라(계8:12)" 네 번째의 재앙은 요한계시록 6장의 6인이 떼어졌을 때, 천체계에 대격변이 일어난다. 이런 재앙이 네 번째 나팔을 불 때, 동일하게 나타난다. 인의 재앙이 나팔재앙으로 전개되었을 때, 더욱 강도는 심화된다. 문자적인 해석과 영적인 해석을 비교해보자! 실제 해석은, 예수님도 소요한계시록에서 말씀하였다. 재림 전에 일어날 상황에 대하여 예언하였다. "그 날 환난 후에 즉시 해가 어두워지며 달이 빛을 내지 아니하며 별들이 하늘에서 떨어지며 하늘의 권능들이 흔들리리라(마24:29)" 재앙이 천체계에 있을 것이라고 예언하였다. 천체계의 재앙은 6인과 4대접의 재앙과 유사하다. 해와 달과 별이 제기능을 발휘하지 못하고, 우주적인 자연의 질서가 파괴된다. 하나님은 말씀으로 천체계를 조성하였고, 또 때가 되면 진멸시킨다 라고 예언하였다. 만물을 시작하신 이가 마지막에도 만물을 마무리하신다.

영적인 해석은, 넷째 천사가 나팔을 불 때, "해 삼분의 일과 달 삼분의 일과 별들의 삼분의 일이 침을 받아 그 삼분의 일이 어두워졌다"라고 했다. 넷째 천사의 나팔은 셋째 천사의 나팔과 연결된 계속적인 사건의 계시이다. 그리고 이 넷째 나팔은 셋째 천사의 나팔로 인해 일어난 결과를 보여주신 것이다. 이 사건으로 "해 삼분의 일이 침을 받았다"라고 했다. 침을 받았다라는 원어 에플레게(ἐπλήγην)는 힘을 가하여 때리다 또는 두드리다 라는 뜻으로 해석한다. 다시 말해서 넷째 천사가 나팔을 분 이후 하나님에 의해서 발생된 우주적인 재앙을 의미하는 것으로 볼 수 있다. 이러한 표현은 어떤 다른 사람에게 가해지는 치명적인 공격을 표현할 때 사용되는 일종의 그림 언어이다.

해는 진리(시84:11)를 말하고 있다. 달은 성도를 표현하고 있고(시89:37), 별은 교회의 사자를 말하고 있다(계1:20), 이들이 침을 받는 것은 쑥으로 인한 영적피해가 심각하다. 낮의 3

분의 1이 어두워지니 라는 말씀은 교회의 3분의 1이 영적탁류가 흐르니 빛이 사라지게 된다.

다섯째 천사가 나팔이 불 때, 다섯달 황충재앙이 발생한다.

"다섯째 천사가 나팔을 불매 내가 보니 하늘에서 땅에 떨어진 별 하나가 있는데 그가 무저갱의 열쇠를 받았더라 그가 무저갱을 여니 그 구멍에서 큰 화덕의 연기 같은 연기가 올라오매 해와 공기가 그 구멍의 연기로 말미암아 어두워지며 또 황충이 연기 가운데로부터 땅 위에 나오매 그들이 땅에 있는 전갈의 권세와 같은 권세를 받았더라(계9:1~3)" 다섯째 나팔을 불 때 나타나는 재앙은 문자적으로 해석하면, 긴장이 있다. 영적으로 해석해야 한다. 하늘에서 떨어진 별 하나와 무저갱과 그 구멍에서 큰 화덕의 연기가 나오고, 그 구멍으로부터 나오는 연기와 함께 황충이 떼가 되어 나온다. 이들의 정체가 무엇일까? 하늘에서 떨어진 별 하나는 사탄, 용으로 해석하면 된다. 무저갱은 악한 영들을 가두는 감옥으로, 큰 화덕의 연기는 많은 악령의 수효를 가리키는 표현이다. 무저갱 속에 갇혀있었던 악령들이란 사탄과 함께 하늘의 반역에 참여했다가 내어 쫓긴 타락한 천사들이 때가 되자 활동을 한다. 그렇다면 황충의 떼들은 악한 영들의 지배를 받은 사람들로 해석하면 되겠다. 이런 인간 황충이 떼가 되어 득세하는 세상이 된다 라고 생각하면, 영계에 어떤 영향이 있겠는가? 영계에 엄청난 탁류가 흐른다는 것은 불을 보듯 뻔하다. 이런 영적탁류의 현상은 7년 환난기간 중에 다섯달 동안에 집중적으로 나타나게 된다.

요한계시록은 큰 환난의 기간에 화를 3번 반복하여 기록하고 있는데 첫 번째 화는 본문에서 말하고 있는 다섯달 동안 황충재앙을 말하고 있으며, 두 번째 화는 황충재앙이 끝이 나고 바로 이어지는 유브라데 전쟁을 말하고 있으며, 마지막 화가 되는 세 번째 화는 일곱나팔의 재앙이 불 때 발생하는 화를 말하고 있다. 요한계시록에서 특별히 화, 화, 화가 있다 라고 기록을 한 것은 이 땅에 남겨진 교회와 성도가 받을 환난과 고통이 얼마나 큰지 미뤄 짐작 할 수 있다.

황충이 떼들을 정리하면, 첫째, 진리에서 떠난 자들이다. 둘째, 이세벨의 교훈을 받는 자들이다. 셋째, 음녀의 포도주를 마신 자들이다. 넷째, 짐승을 따르는 자들이다. 뿐만 아니라 황충이는 전갈과 같은 권세를 가졌다. 사막의 전갈은 맹독성을 가지고 있다. 한번 쏘면 죽는다. 고통이 심각하다. 황충과 같은 악한 영들이 주는 영향력은 크고 심각하다. 한번 쏘이면 살길이 없다는 것이다. 교회와 성도에게 주는 고난과 환난이 그만큼 심각하고 상처가 깊다는 것이다.

여섯째 천사가 나팔을 불 때, 유브라데 전쟁이 발발한다.

"여섯째 천사가 나팔을 불매 내가 들으니 하나님 앞 금 제단 네 뿔에서 한 음성이 나서 나팔 가진 여섯째 천사에게 말하기를 큰 강 유브라데에 결박한 네 천사를 놓아 주라 하매 네 천사가 놓였으니 그들은 그 년 월 일 시에 이르러 사람 삼분의 일을 죽이기로 준비된 자들이더라(계9:13~15)" 전쟁은 유브라데에 결박한 네 천사가 풀렸을 때, 전쟁은 발발한다. 이 전쟁은 하나님께 속한다. "또 여호와의 구원하심이 칼과 창에 있지 아니함을 이 무리로 알게 하리라 전쟁은 여호와께 속한 것인즉 그가 너희를 우리 손에 붙이시리라(삼상17:47)" 이 전쟁은 인류역사에 있어 가장 큰 전쟁이라 할 수 있다. 화로는 두 번째 화이기 때문이다.

이 전쟁에 대한 성격을 정리하면,

첫째, 이 전쟁은 중동전쟁이다. 전쟁 발발 장소가 유브라데라고 명시되어 있다. 성경을 해석할 때, 유의할 점 하나는 장소를 영적으로 해석하면 문제가 된다. 유브라데는 어제도 유브라데 오늘도 유브라데이다.

둘째, 네 바람이 충돌하는 전쟁이다. 이 전쟁은 네 개 열강의 세력이 충돌하는 전쟁이다. 불가피하게 전세계가 이 전쟁에 참여하게 된다.

셋째, 이 전쟁은 년, 월, 시에 발발한다. 정확한 발생 시기는 하나님만이 아신다. 우리는 성경이 계시해 주는 징조를 통하여 알 수 있다. 이런 일은 하나님이 미리 정해 놓은 시간이 년, 월, 시로 표현했다. 어떤 환상과 계시를 통하여 알 수 있는 전쟁이 아니다. 전쟁은 오직 하나님의 주권 아래 있다.

넷째, 이 전쟁에 동원되는 군사는 이만 만이다. 이런 숫자는 구약에 자주 등장한다. "여인들이 뛰놀며 창화하여 가로되 사울의 죽인 자는 천천이요 다윗은 만만이로다 한지라(삼상18:7)" 수도 없이 많다는 표현이다. 이 만만은 고대에서 2억을 말하고 있다. 광야의 소리 사역회는 이 견해를 따른다.

다섯째, 이 전쟁으로 인류의 삼분의 일이 죽는다. 작금의 인류 인구가 70억이라면, 25억 이상이 죽는다는 결론이 나온다.

여섯째, 이 전쟁은 핵전쟁이다. 본문은 핵에 관련한 말씀이 등장한다. "이같은 환상 가운데 그 말들과 그 위에 탄 자들을 보니 불빛과 자줏빛과 유황빛 호심경이 있고 또 말들의 머리는 사자 머리 같고 그 입에서는 불과 연기와 유황이 나오더라 이 세 재앙 곧 자기들의 입에서 나오는 불과 연기와 유황으로 말미암아 사람 삼분의 일이 죽임을 당하니라(계9:17)" 불과 연기와 유황은 핵을 사용했을 때, 나타나는 현상을 보고 사도요한은 기록했다 볼 수 있다.

일곱째, 천사가 나팔을 불 때, 일곱대접의 재앙이 나온다.
"일곱째 천사가 나팔을 불매 하늘에 큰 음성들이 나서 이르되 세상 나라가 우리 주와 그의 그리스도의 나라가 되어 그가 세세토록 왕 노릇 하시리로다 하니(계11:15)" 인과 나팔과 대접은 서로 연결이 되어 있다. 일곱나팔이 불 때. 이 나팔 안에는 마지막 재앙이 들어있다. 이 재앙이 일곱대접의 심판으로 이어진다. 인류의 마지막 심판의 재앙이다. 끝내기를 위한 마지막 재앙이라 할 수 있다. 화로 본다면, 세 번째 화에 해당한다.

4. 일곱대접의 배경

대접 심판은 요한계시록 15장과 16장에 기록이 되어있다. 15장은 대접재앙의 준비와 관련된 내용이 기록이 되어있고, 16장은 첫째 대접에서부터 마지막 일곱대접의 재앙이 모두 기록이 되어있다. "또 내가 들으니 성전에서 큰 음성이 나서 일곱 천사에게 말하되 너희는 가서 하나님의 진노의 일곱대접을 땅에 쏟으라 하더라(계16:1)" 하나님의 진노의 일곱대접이 땅에 쏟아진다. 요한계시록에서 땅에 관련한 계시의 말씀이 82번 반복하여 기록이 되어있다. 땅은 불신자들의 소망이다. 때문에 불신자들은 땅에 속한 자들이다. 다르게 표현한다면 가인 계통의 사람들이다. 이 사람들은 오로지 땅에 소망을 품고, 땅을 의지하며 땅을 기대어 산다. 땅에서 성공하면 성공한 것이고, 땅에서 실패하면 실패자로 간주한다. 오로지 인생의 모든 로망은 땅이다. 노아와 롯의 시대가 그리했다. 그런데 이런 땅에 하나님의 진노의 잔이 쏟아진다. 한 대접, 한 대접이 정확하게 철저하게 땅에 쏟아진다.

① **일곱대접의 사건들**

첫째 천사가 첫 번째 대접을 땅에 쏟았다.
"첫째 천사가 가서 그 대접을 땅에 쏟으매 짐승의 표를 받은 사람들과 그 우상에게 경배하는 자들에게 악하고 독한 종기가 나더라(계16:2)" 이 첫 번째 대접을 땅에 쏟음으로 악하고 독한 헌데가 짐승의 표를 받은 사람들과 그 우상에게 경배하는 자들에게 나더라고 했다. 악하고 독한 헌데란 독한 종기를 말하는 것이며, 이 종기는 적그리스도와 그 우상에게 경배하므로 짐승의 표를 받은 사람들, 곧 666표를 받은 사람들에게 생긴다고 말씀하고 있다. 이 종기는 급성 피부암의 성격을 띤 일종의 피부병이겠지만 세상의 약으로는 고침을 받을 수 없는 병이다. 그리고 이 종기는 나머지 일곱대접이 다 쏟아 부어 질 때 까지 그 괴로움이나 아픔이 계속될 것이다. 욥에게 찾아온 종기는 이보다는 덜 했겠지만 하루 종일 잿더미 위에 앉아서 기왓장을 가지고 온 몸을 긁어 대는 괴로움 속에서 지낸다 라는 것은 유추할 수 있다.

하나님께서는 인류의 종말에 이 세상에 발생할 유행병과 세속적인 문화를 이사야를 통하여 적나라하게 예언하고 있다. "그러므로 주께서 시온의 딸들의 정수리에 딱지가 생기게 하시며 여호와께서 그들의 하체가 드러나게 하시리라 주께서 그 날에 그들이 장식한 발목 고리와 머리의 망사와 반달 장식과 귀 고리와 팔목 고리와 얼굴 가리개와 화관과 발목 사슬과 띠와 향합과 호신부와 반지와 코 고리와 예복과 겉옷과 목도리와 손 주머니와 손 거울과 세마포 옷과 머리 수건과 너울을 제하시리니 그 때에 썩은 냄새가 향기를 대신하고 노끈이 띠를 대신하고 대머리가 숱한 머리털을 대신하고 굵은 베 옷이 화려한 옷을 대신하고 수치스러운 흔적이 아름다움을 대신할 것이며(사3:17~24)" 이 같은 무서운 재앙의 날이 반드시 온다. 이 날은 후3년 반에 찾아오게 된다. 성도는 반드시 그날이 있다. 지금은 그 날을 대비하기 위하여 깨어 있는 생활을 해야 한다. 그날을 대비하고 살아가지 않으면 그날에 슬피 울며 이를 갈리라 하는 저주가 임한다.

둘째 천사가 대접을 바다에 쏟는다.
"둘째 천사가 그 대접을 바다에 쏟으매 바다가 곧 죽은 자의 피 같이 되니 바다 가운데 모든 생물이 죽더라(계16:3)" 이 둘째 대접 심판은 바다에 대한 심판이다. 바다에서 살아가고 있는 생명체에 대한 심판이다. 하나님의 진노의 심판은 비단 인간들에게만 내리시는 것이 아니라 이 세상에 존재하고 있는 모든 피조물에 대하여 내리시고 있다. 이것은 인간의 죄악이 모든 만물에게까지 미쳤기 때문이다. 사람이 부패하면, 반드시 만물이 저주를 받는다. 사람이 잘못을 저지르면, 자연이 저주받는 것은 하나님의 영적인 원리이다. 이스라엘이 말씀에 불순종하고 우상을 섬기면 하늘과 땅과 바다에 저주가 임한다. 이런 영적인 원리가 이제는 마지막으로 성취된다. 사람이 하나님을 대적하니 그 재앙의 범위가 우주 만물의 모든 피조세계에 속하는 것이다.

셋째 천사가 세 번째 대접을 강과 물 근원에 쏟는다.

"셋째 천사가 그 대접을 강과 물 근원에 쏟으매 피가 되더라 내가 들으니 물을 차지한 천사가 이르되 전에도 계셨고 지금도 계신 거룩하신 이여 이렇게 심판하시니 의로우시도다 그들이 성도들과 선지자들의 피를 흘렸으므로 그들에게 피를 마시게 하신 것이 합당하니이다 하더라 또 내가 들으니 제단이 말하기를 그러하다 주 하나님 곧 전능하신 이시여 심판하시는 것이 참되시고 의로우시도다 하더라(계16:4~7)" 재앙의 장소가 이제는 강과 물 근원이다. 그리고 결과는 물이 피가 된다. 구약은 그림자이고 신약은 실체이다. 물이 피가 되는 역사는 출애굽기 7장에서 계시 되었다. 하나님은 이스라엘을 구원하기 위하여 애굽에 10가지 재앙을 쏟는다. 첫 번째 재앙이 물이 피가 되는 재앙이다. 하나님의 사람 모세에게 준 계시는 이러하다. "여호와께서 또 모세에게 이르시되 아론에게 명하기를 네 지팡이를 잡고 네 팔을 애굽의 물들과 하수들과 운하와 못과 모든 호수 위에 펴라 하라 그것들이 피가 되리니 애굽 온 땅에 와 나무 그릇에 와 돌 그릇에 모두 피가 있으리라(출7:19)"

피조물의 생명의 근원이 되는 물이 피가 되면 무슨 소망이 있겠는가? 애굽의 젖줄인 나일강은 피가 되므로 고기가 죽고, 그 물에서 악취가 나고, 나일강 물을 마시지 못하고, 애굽 온 땅에 피가 가득했다. 마실 물이 없다고 생각해 보라! 상상하기도 싫은 이런 재앙이 다시 반복된다. 나팔재앙 중, 두 번째 나팔이 부니, 물이 피가 되는 재앙이 발생하였다. "둘째 천사가 나팔을 부니 불붙는 큰 산과 같은 것이 바다에 던지우매 바다의 삼분의 일이 피가 되고(계8:8)" 바다의 삼분의 일이 피가 된다. 대접 재앙은 강도가 강하다. 이제는 삼분의 일이 아니고 전부이다. 그리고 바다에 이어 강과 물근원에 쏟아진다. 생명의 근원이 되는 물이 피가 되고, 재앙이 모든 피조세계에 영향을 준다. 생각하면 소름이 끼친다.

넷째 천사가 네 번째 대접을 해에 쏟았다.

"넷째 천사가 그 대접을 해에 쏟으매 해가 권세를 받아 불로 사람들을 태우니 사람들이 크게 태움에 태워진지라 이 재앙들을 행하는 권세를 가지신 하나님의 이름을 비방하며 또 회개하지 아니하고 주께 영광을 돌리지 아니하더라(계16:8~9)" 본문은 천사가 네 번째 대접을 해에 쏟으매, 해가 권세를 받아 해가 불로 사람을 태운다. 불로 사람을 태운다고 생각하면, 이것은 재앙 중의 재앙이다. 해와 달이 이상이 있다면 이건 보통 심각한 문제가 아니다. 지구에 직접적으로 영향이 미치고, 엄청난 기후변화가 발생한다. 지금 징조가 조금씩 나타나고 있다. 작금의 이상 기후를 우리는 지금 목격하고 있다. 지구 남극과 북극의 빙하가 30%가 녹고 있다. 2100년경이 되면 지금의 해수면은 6피트가 높아진다고 한다. 지난 한해 인도는 폭염 때문에 하루에 500명이 사망하였다. 한국 또한 폭염이 매년 신기록을 갈아치우고 있다. 매년 이상기후는 신기록을 경신하고 있다. 징조는 또 있다. 이름 모를 질병이 우리를 얼마나 위협하는가? 듣지도 보지도 못한 질병과 바이러스가 곳곳에서 창궐하고 있다. 온역은 해가 갈수록 기승을 부릴 것이다. 이런 모든 현상이 어찌 우연이라 할 수 있겠는가? 아니다. 우연은 없다. 징조이다. 자연계에 일어날 징조의 하나이다. 하나님의 시간표에 따라서 피조세계는 운행되고 있다. 그리고 끝은 불 심판이다. 노아의 때는 물로 심판 하였지만, 종말은 불로 심판한다.

다섯째 천사가 대접을 짐승의 보좌에 쏟았다.
 "또 다섯째 천사가 그 대접을 짐승의 왕좌에 쏟으니 그 나라가 곧 어두워지며 사람들이 아파서 자기 혀를 깨물고 아픈 것과 종기로 말미암아 하늘의 하나님을 비방하고 그들의 행위를 회개하지 아니하더라(계16:10~11)" 이제 자연계에 임한 재앙이 사람에게 향하고 있다. 다섯째 천사가 그 대접을 쏟을 때, 재앙의 장소는 짐승의 보좌이다. 짐승의 보좌를 이해하기 전에 보좌에 대하여 정리했으면 한다. 보좌는 우리가 영화를 볼 때, 임금은 만조백관을 앞에 두고 앉아있다. 이때, 앉을 의자가 있다. 이 의자는 보통 사람이 앉는 의자와 격과 규격이 다르다. 특별한 자리이고, 보좌이다. 이렇게 생각하면 쉽게 이해가 될 것이다. 요한계시록에서 보좌라는 말씀은 46번 반복하여 기록하고 있다. 보좌는 두 종류의 보좌가 있다. 한 종류의 보좌는 성부 하나님의 임재의 장소이다. 46번 중에 45번이나 반복하여 기록하고 있고, 이와 반면에 다른 보좌가 있다. 짐승이 앉을 보좌가 계시 되고 있다. 사탄의 위가 있는 곳이다. 짐승의 보좌는 짐승이 앉고, 통치하고, 다스리는 곳이다. 요한계시록에서 왕관은 디아데마타 라고 계시하고 있다. 이 디아데마타 라고 사용하는 대상은 두 사람이다. 한 사람은 우리 예수님이고, 또 다른 사람은 짐승이 쓴다. 짐승은 예수님의 흉내를 내고 있다. 보좌도 같고, 왕관도 같다. 그러나 이 짐승의 보좌가 무너질 때가 온 것이다. 본문에서 다섯째 대접을 쏟을 때, 짐승의 보좌가 무너진다. 처참하게 무너진다. 왕창 무너진다. 인정사정없이 무너진다. 짐승이 승리한 것 같지만, 결국은 주님이 승리한다. 그렇기에 인내하는 자가 복이 있다.

여섯째 천사가 대접을 유브라데 강에 쏟았다.

"또 여섯째 천사가 그 대접을 큰 강 유브라데에 쏟으매 강물이 말라서 동방에서 오는 왕들의 길이 예비되었더라 또 내가 보매 개구리 같은 세 더러운 영이 용의 입과 짐승의 입과 거짓 선지자의 입에서 나오니 그들은 귀신의 영이라 이적을 행하여 온 천하 왕들에게 가서 하나님 곧 전능하신 이의 큰 날에 있을 전쟁을 위하여 그들을 모으더라(계16:12~14)" 여섯째 천사가 대접을 쏟는다. 이 재앙의 장소는 유브라데 강이다. 유브라데 강은 창세기 2장에서부터 등장하고 있다. 성경에서 자주 계시하고 있는 강이다. 여섯째 대접을 큰 강 유브라데에 쏟는다. 그리고 이 강물이 마르고 동방에서 오는 왕들이 예비 되었다. 악의 삼위일체가 용, 짐승, 거짓선지자가 이적을 행하여 온 천하 왕들에게 가서 하나님, 곧 전능하신 이의 큰 날에 있을 전쟁을 위해 그들을 모은다. 악의 세 영이 천하 왕들을 모을 장소가 아마겟돈이다. 이때 도적같이 오시는 예수님은 재림한다. 물론 깨어있고 예비한 성도는 이와 맞물려 휴거 될 것이고, 공중에서 주님을 영접할 것이다. 큰 날에 있을 전쟁은 무엇을 말하고 있을까? 아마겟돈 전쟁을 말하고 있다. 아마겟돈 전쟁은 16장에서 시작하여 19장까지 연속이 된다. 16장에서는 서론적인 부분이 기록이 되어있고, 17장, 18장은 연장선상이 있고, 19장은 결론 부분이다. 뿐만 아니라 여섯 번째 대접의 재앙을 이해하기 위하여 먼저 유브라데 전쟁과 아마겟돈 전쟁과 휴거를 이해하는 것이 우선해야 한다. 자세한 내용은 16장에서 설명하였다.

마지막 놀라운 사건과 일곱번째 대접심판이 공기에 쏟는다.
"일곱째 천사가 그 대접을 공중에 쏟으매 큰 음성이 성전에서 보좌로부터 나서 이르되 되었다 하시니 번개와 음성들과 우렛소리가 있고 또 큰 지진이 있어 얼마나 큰지 사람이 땅에 있어 온 이래로 이같이 큰 지진이 없었더라 큰 성이 세 갈래로 갈라지고 만국의 성들도 무너지니 큰 성 바벨론이 하나님 앞에 기억하신 바 되어 그의 맹렬한 진노의 포도주 잔을 받으매 각 섬도 없어지고 산악도 간 데 없더라(계16:17~20)" 일곱째 대접재앙은 마지막 재앙이고, 최종적인 끝내기 심판이다. 이 대접 재앙은 일곱인의 재앙, 일곱나팔의 재앙, 그리고 일곱대접의 마지막 결론의 재앙이다. 21번째 재앙의 최종적인 완결판이다. 이 대접 재앙은 여섯번째 인의 재앙과 관련이 있다. "내가 보니 여섯째 인을 떼실 때에 큰 지진이 나며 해가 검은 털로 짠 상복 같이 검어지고 달은 온통 피 같이 되며 하늘의 별들이 무화과나무가 대풍에 흔들려 설익은 열매가 떨어지는 것 같이 땅에 떨어지며 하늘은 두루마리가 말리는 것 같이 떠나가고 각 산과 섬이 제 자리에서 옮겨지매 땅의 임금들과 왕족들과 장군들과 부자들과 강한 자들과 모든 종과 자유인이 굴과 산들의 바위 틈에 숨어 산들과 바위에게 말하되 우리 위에 떨어져 보좌에 앉으신 이의 얼굴에서와 그 어린 양의 진노에서 우리를 가리라 그들의 진노의 큰 날이 이르렀으니 누가 능히 서리요 하더라(계6:12~17)" 이런 재앙이 땅에 떨어지면, 이 땅에 남겨진 성도가 구원받은 길은 오직 한 길이다. 이 땅을 벗어나, 공중에서 주님을 영접하고, 새롭게 조성할 천년왕국에 입성하는 길뿐이 없다. 새로운 에덴의 축복이 도래될 것이다.

마지막 재앙의 장소는 공기이다. 물고기는 물속에서 물을 먹고 살지만, 사람은 공기 중에서 공기를 호흡하고 산다. 공기를 호흡하지 않고는 살 수 없다. 일곱째 대접을 공기에 쏟았다. 공기가 오염되면 인류는 그 생명 자체가 그 원천에서부터 공격을 받는다. 그러므로 공기의 재난은 땅과 바다와 강과 해를 칠 때보다 훨씬 더 무서운 재앙이다. 첫째 대접은 땅에 쏟고, 둘째는 바다에, 셋째는 강과 물의 근원에, 네째는 해에, 다섯째는 짐승의 보좌에, 여섯째는 적그리스도와의 아마겟돈 전쟁이고, 일곱째는 대기에 쏟았다. 사람들은 아직 호흡할 수 있는 공기가 있어 그 생명이 가까스로 유지되지만, 그들은 회개치 않고 교만하여 일곱째 대접을 쏟아 죄인들이 의지하는 곳을 멸절해버린다. 공기 오염이 말세에 심각한 문제로 인류의 생명 존립을 파멸케 하고, 악한 세상을 질식하게 하고 짓누를 것이다. 하나님 앞에 감사할 줄 모르고, 은혜를 모르는 인간에게는 공기마저도 저주가 임한다. 작금에 지구촌에 창궐하고 있는 코로나19를 보라! 코로나 19는 하나님이 하시는 일이다. 징조는 재앙과 밀접한 관계가 있다. 그렇다면 코로나 19는 주님의 재림 징조의 하나로 보는 것은 무리가 아니다. 공기를 통하여 전염이 된다. 공기가 오염이 되면 모든 생물은 어찌 되겠는가!

5. 일곱인 일곱나팔 일곱대접 도표

1) 인, 나팔, 대접 재앙 정리표

구분	인	나팔	대접
1	6:1~2 흰 말 등장 : 활을 가짐	8:7 땅에 심판	16:2 땅에 쏟음
2	6:3~4 붉은 말 등장 : 큰 칼을 가짐	8:8~9 바다에 심판	16:3 바다에 쏟음
3	6:5~6 검은 말 등장 : 저울을 가짐	8:10~11 강과 물샘에 심판	16:4~7 강과 물샘에 쏟음
4	6:7~8 청황색 말 등장 : 사망/음부	8:12~13 천체계에 심판	16:8~9 천체계(해)에 쏟음
5	6:9~11 순교자 호소	9:1~11 5개월 황충 재앙 : 첫째 화	16:10~11 짐승의 왕좌에 쏟음 종기 재앙
6	6:12~17 천체계 이상	9:13~21 유브라데 전쟁 : 둘째 화	16:12~16 아마겟돈 전쟁
7	8:1~2 반 시간쯤 고요 ~ 일곱나팔 든 천사 등장	11:15 주와 그리스도의 나라가 됨 셋째 화 : 일곱대접 등장	16:17~21 지진과 멸망: 되었다라고 선언한다.

2) 광야의 소리 사역회 견해

① 일곱인, 일곱나팔, 일곱대접의 관계

일곱인, 일곱나팔, 일곱대접				
7인재앙	1	흰 말		6:1~2
	2	붉은 말		6:3~4
	3	검은 말		6:5~6
	4	청황색 말		6:7~8
	5	순교자들의 호소		6:9~11
	6	천체계 이상		6:12~17
	7	7나팔재앙	1 땅	8:1~7
			2 바다	8:8~9
			3 강, 물샘	8:10~11
			4 천체계	8:12~13
첫째화			5 황충 재앙	9:1~11
둘째화			6 유브라데 전쟁	9:13~21
셋째화			7 7대접재앙	1 짐승표 받은 자, 우상숭배자 16:2
				2 바다 16:3
				3 강과 물샘 16:4~7
				4 태양 16:8~9
				5 어둠, 종기, 질환 16:10~11
				6 아마겟돈 전쟁 16:12~16
				7 지진, 우박, 번개 16:17~21

도표에서 보는 것과 같이 일곱인, 일곱나팔, 일곱대접의 재앙은 별도로 구분되는 재앙이 아니라 서로 밀접하게 연결이 되어 있다. 인에서 시작하여 대접의 재앙으로 끝이 난다.

② 일곱인, 일곱나팔, 일곱대접의 도표

일곱인							
첫째 인							
둘째 인							
셋째 인							
넷째 인							
다섯째 인							
여섯째 인							
일곱째 인 (일곱나팔)	첫째 나팔	둘째 나팔	셋째 나팔	넷째 나팔	다섯 나팔	여섯 나팔	일곱 나팔
							1대접
							2대접
							3대접
							4대접
							5대접
							6대접
							일곱대접

7번째 인 안에 일곱나팔이 들어있고, 7번째 나팔 안에 일곱대접이 들어 있는 구조라고 할 수 있다. 역으로 설명한다면 일곱대접을 모으면 7번째 나팔 안에 들어가고, 일곱나팔을 모으면 7번째인 안에 들어가는 구조로 되어있다.

③ 인과 나팔과 대접의 구조

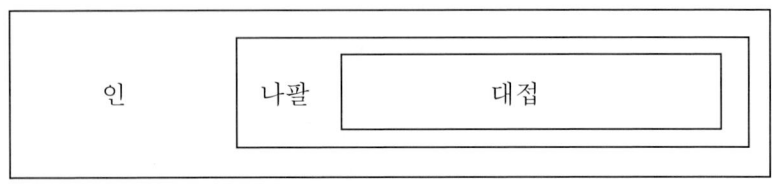

④ 인과 나팔, 대접의 시기적 관계

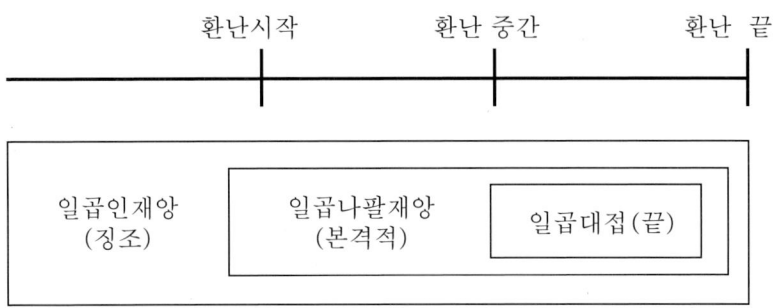

　인재앙 안에 나팔재앙이 들어 있고, 나팔재앙 안에 대접재앙이 들어있는 구조이다. 재앙은 강도와 크기와 범위는 주님의 재림이 임박하면 할수록 더욱 심화된다. 시기적으로 본다면 인의 재앙은 7년 환난의 시작 전부터 징조로 나타나고, 나팔재앙은 7년 환난을 기준으로 보고, 대접재앙은 후삼년반에 집중적으로 쏟아진다.

⑤ 인과 나팔과 대접의 강도, 크기, 범위비교

```
┌─────────────────────────────────────────────┐
│   7인 (1/4) 총체적,전체적,보편적 징조적인 재앙들      │
│         ┌─────────────────────────────────┐  │
│         │  7나팔 (1/3) 구체적,본격적,         │  │
│         │  특정적 심판으로 나타나는 재앙들      │  │
│         │     ┌──────────────────────┐    │  │
│         │     │  7대접(모두) 남은 모든 것  │    │  │
│         │     │  끝내기위해 멸망시키는 재앙들│    │  │
│         │     └──────────────────────┘    │  │
│         └─────────────────────────────────┘  │
└─────────────────────────────────────────────┘
```

　인의 재앙이 주는 피해는 피조물의 1/4, 나팔재앙은 피조물의 1/3, 대접재앙은 피조물의 전부에 쏟아진다.

다) 다른 견해

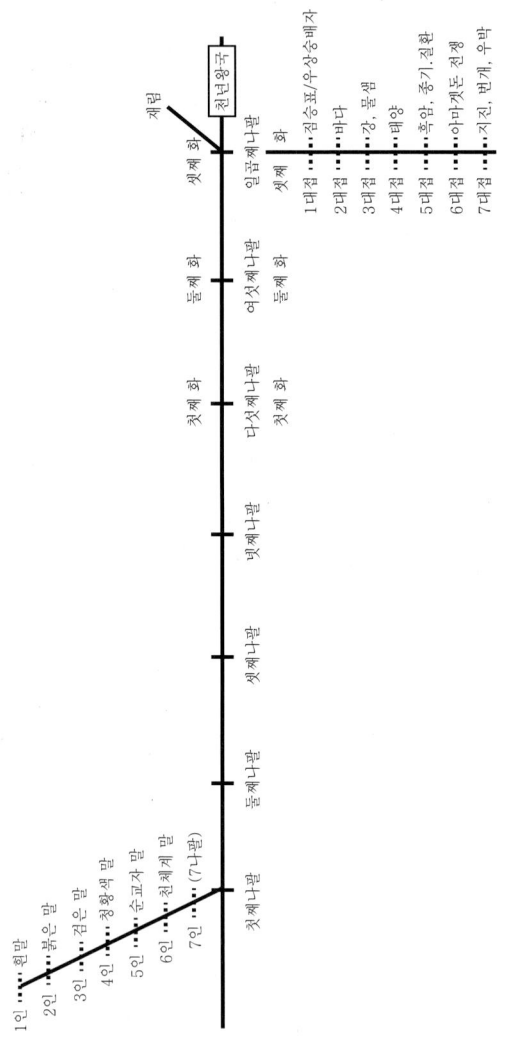

도표에서 보는 것과 같이 전체적으로 볼 때, 같은 구조이지만, 앞의 도표에서 설명을 했지만, 인과 나팔과 대접은 무우를 칼로 자르듯이 명확하게 구분이 되지 않는다. 주님의 재림의 때까지 같이 간다. 다만 크기, 강도, 범위는 다르게 나타난다. 점점 갈수록 심해진다.

6. 일곱인, 일곱나팔, 일곱대접과 7년 환난의 접목

1) 광야의 소리 사역회 견해

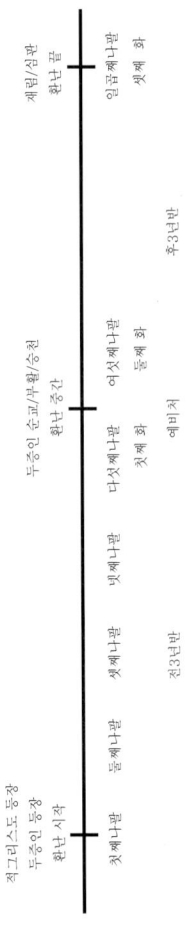

첫째 화는 5개월의 황충재앙이다. 이 재앙은 시기적으로 전 삼년반이 끝나가는 시점으로 보면 된다. 왜! 두증인이 사역을 감당하는 시기이기 때문이다. 둘째 화, 유브라데전쟁은 후삼년반이 시작됨과 동시에 발발하는 전쟁이라

2) 다른 견해(1)

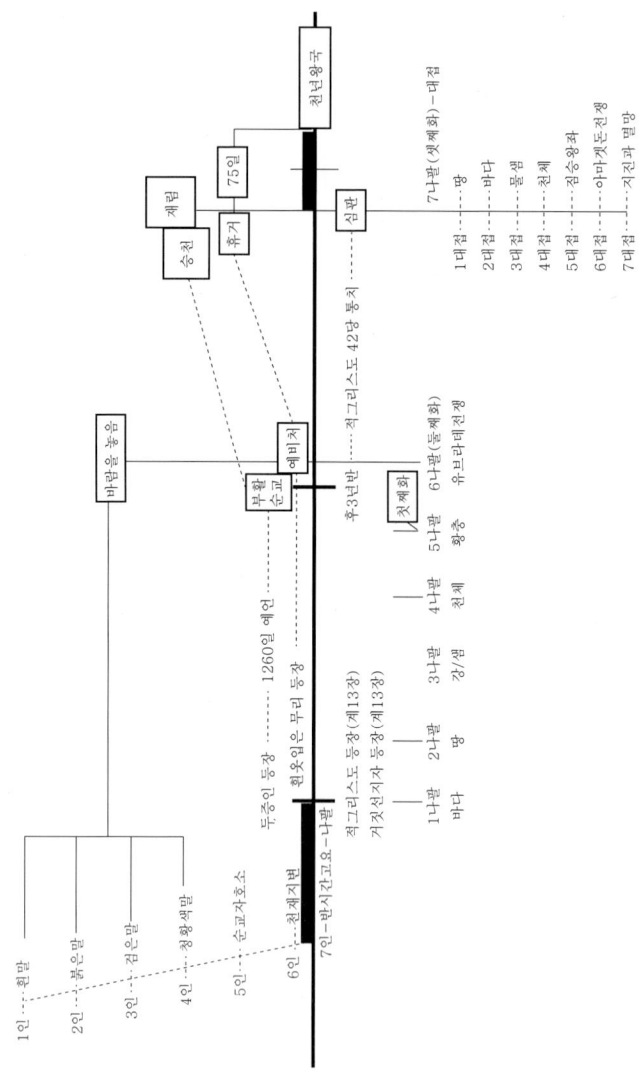

적그리스도, 두증인, 환난시작은 같이 보지만, 예비처의 이동은 7년 환난 전부터 이동이 되는 것이 다르다. 대체적으로 무난한 해석이다.

3) 다른 견해(2)

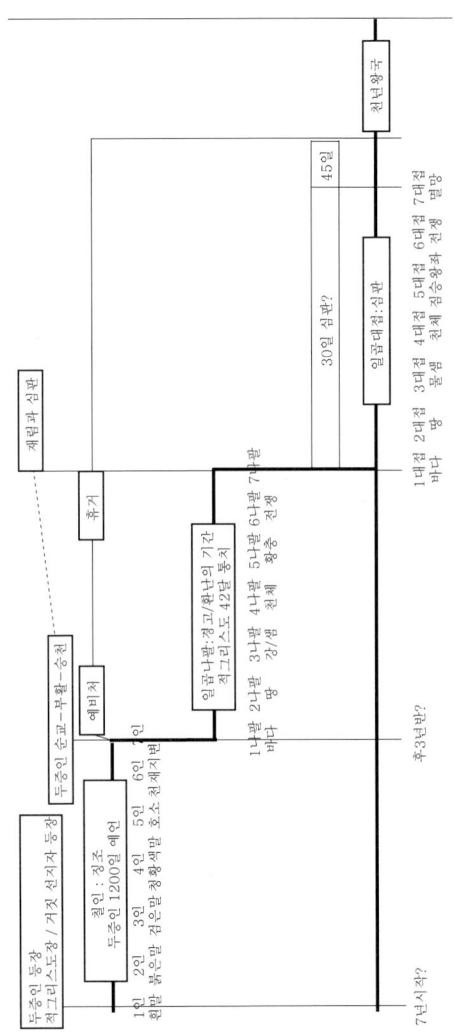

나팔재앙은 후 3년반에 불고, 대접재앙은 재림 후에 있다 주장하고 있다. 이 주장은 다니엘과 적용하여 볼 때, 문제가 있다라고 지적할 수 있다.

7. 인의 재앙과 관련한 요한계시록, 선지서, 복음서와의 비교

일곱인(계6장)			해석	해석열쇠 (계6:8)	겔14:13~21	겔5:16~17	네말 해석 슥1장, 6장	내말 해석 열쇠	복음서의 징조		결과
1인	흰 말	2절	활	땅의 짐승	사나운 짐승	악한 짐승	백마	~재앙을 펼쳐나가는 천사들의 활동~ 슥1장, 6장, 욥1장, 2장	미혹 (마24:4)	마24:11~12,24 살후2:3 미혹하는 자	적x와 거짓 선지자에 의해 배교/ 마귀경배 (계13장)
2인	붉은 말	3~4절	큰칼	검	칼	칼	홍마		전쟁 (마24:7)	눅21:11, 무서운 일,테러	유브라데 →아마겟돈
3인	검은 말	5~6절	저울	흉년	기근	기근	흑마		기근 (마24:7)	마24:7	매매수단 없이는 살수 없음
4인	청황색 말	7~8절	사망	사망	온역	온역	어룽진 말		온역 (눅21:11)	눅21:11	전세계적으로 엄청난 질병과 온역 창궐
5인	순교자의 호소	9~11절	순교자 호소	대환난					핍박 (마24:8~10)	눅21:12, 16~17	예비처에 갈 수 없이는 믿음정절 지킬 수 없음
6인	천체계 이상	12~17절	하늘, 땅						하늘 징조 눅(21:11)	징조+ 지진 (마24:7)	일곱대접 재앙 (계16:17~20)
일곱인	일곱나팔 전개	8:2절	8:6~								대접재앙으로! 종말심판

8. 결론

첫째, 인과 나팔과 대접의 재앙은 별도 구분이 되어있는 것이 아니다. 서로 밀접하게 연결이 되어있다. 즉 재앙은 인으로 시작하여 대접으로 끝이 난다.

둘째, 인의 재앙은 징조적인 성격으로, 나팔의 재앙은 구체적이고 본격적인 재앙으로 나타나고, 대접은 끝내기를 위해 멸망시키는 재앙으로 구분이 된다.

셋째, 재앙의 크기, 강도, 범위는 재림이 다가올수록 점점 강해진다. 인의 재앙은 피해의 규모가 1/4, 나팔의 재앙은 1/3이고, 대접의 재앙은 모든 피조물에 전체에 영향을 준다.

넷째, 요한계시록은 본경과 삽경으로 구분이 된다. 인과 나팔과 대접의 재앙은 본경에 해당하기 때문에, 본경에 기록이 되어있다. 인의 재앙은 6장, 나팔의 재앙은 8장과 9장, 마지막 대접의 재앙은 15장과 16장에 기록이 되어있다.

다섯째, 요한계시록에서 화는 세 번 발생한다. 첫 번째 화는 다섯째 나팔이 되고, 두 번째 화는 여섯째 나팔에 해당이 된다. 마지막 세 번째 화는 일곱째 나팔의 재앙이 된다. 그렇기 때문에 진짜 화는 나팔재앙이라 할 수 있겠다.

여섯째, 인과 나팔과 대접의 재앙은 4+3의 형식으로 되어있다. 처음의 4는 자연계에 임하는 재앙이고, 3는 인간에게 임하는 재앙으로 구분이 된다. 사람이 부패하면, 땅도 부패하는 것이고, 그리고 그 마지막은 심판으로 이어진다.

일곱째, 휴거에 대한 견해는 환난후 휴거를 주장하고 있다. 성경이 그렇게 말하고 있다. 휴거는 여섯째 대접과 일곱째 대접이 쏟아질 때, 교회는 공중으로 휴거된다. 그 이유는 성도가 땅에 있다면 마지막 대접재앙 때문에 살아남을 수 없다.
때문에 마지막 대접 재앙 전에 휴거가 있어야 한다. 그리고 일곱째 대접이 쏟아 질 때, 모든 피조물은 불로써 심판이 된다.

여덟째, 인과 나팔과 대접의 재앙은 반드시 속히 될일, 장차 될일, 마땅히 될일이다. 큰 환난의 기간중에 이 땅에 임할 실제적인 애가와 애곡과 재앙의 사건들로 기록이 되어있다. 애가와 애곡과 재앙의 사건을 두가지로 보아야 한다. 첫째, 실제적인 재앙과 영적인 재앙으로 구분할 수 있어야 한다. 어느 한쪽에 치우치면, 해석에 문제가 발생한다.

아홉째, 인과 나팔과 대접의 재앙은 다양한 견해가 있다. 어느 한가지 견해만 고집하면, 자칫, 요한계시록 해석에 충돌이 발생한다. 열린 마음을 가지고, 다양한 견해들을 참고하는 것은 바람직한 방법이라 할 수 있다. 취사선택(取捨選擇)이란 고사성어를 우리의 삶의 현장에 적용하는 것은 매우 지혜로운 성도가 아닌가!

다니엘서 9장에 나타난 70이레 계시!

1. 개요

요한계시록 해석함에 있어 유의 할 점에서 언급을 했지만, 요한계시록은 구약적인 배경으로 기록이 되어있다. 특별히 요한계시록을 열기 위하여 반드시 다니엘을 같이 보아야 한다. 다니엘서는 종말론을 해석하는 키(key)와 같다 하겠다. 다니엘서는 요한계시록의 배경이 되는 계시가 반복하여 기록이 되어있다.

첫째, 천년왕국의 계시의 근원이 다니엘서에 있다. 다니엘 2장은 금신상 계시가 기록이 되어있는데 마지막 돌의 나라는 미래에 이 땅에 세워질 천년왕국을 말하고 있다. "이 여러 왕들의 시대에 하늘의 하나님이 한 나라를 세우시리니 이것은 영원히 망하지도 아니할 것이요 그 국권이 다른 백성에게로 돌아가지도 아니할 것이요 도리어 이 모든 나라를 쳐서 멸망시키고 영원히 설 것이라(단2:44)" 영원히 망하지 아니할 나라는 천년왕국을 말한다. 뿐만 아니라 9장은 칠십이레의 계시가 기록이 되어있는데 칠십이레의 계시의 마지막은 천년왕국을 말한다. "네 백성과 네 거룩한 성을 위하여 일흔 이레를 기한으로 정하였나니 허물이 그치며 죄가 끝나며 죄악이 용서되며 영원한 의가 드러나며 환상과 예언이 응하며 또 지극히 거룩한 이가 기름 부음을 받으리라(단9:24)" 이 본문을 배경으로 신약에서 천년왕국이라 부른다. 다니엘서를 적용하지 않으면 천년왕국을 구체적으로 소개할 수 없다.

둘째, 칠년의 환난이란 말씀은 성경에 나오지 않는다. 그럼에도 불구하고 예수님의 재림 전에 이 땅에 큰 환난이 있다. 큰 환난을 칠년의 환난으로 말하고 있다. 이 칠년 환난의 성경적인 배경을 다니엘서를 근거로 하여 찾는다. 다니엘 7장은 일명 짐승장이라 부른다. 짐승은 바다에서 올라온 짐승과 땅에서 올라온 짐승으로 구분이 되는데 본장에서 짐승은 바다에서 올라온 짐승을 말하고 있다. 이 짐승이 통치하는 기간은 길게 하면 칠년이고 짧게 잡으면 42달이다. 이런 배경을 다니엘서는 자세하게 기록하고 있다. 다니엘 7장은 한 때와 두 때와 반 때로 계시하고 있다. "그가 장차 지극히 높으신 이를 말로 대적하며 또 지극히 높으신 이의 성도를 괴롭게 할 것이며 그가 또 때와 법을 고치고자 할 것이며 성도들은 그의 손에 붙인 바 되어 한 때와 두 때와 반 때를 지내리라(단7:25)" 9장은 칠년의 환난을 한 이레라고 표현하고 있다. "그가 장차 많은 사람들과 더불어 한 이레 동안의 언약을 굳게 맺고 그가 그 이레의 절반에 제사와 예물을 금지할 것이며 또 포악하여 가증한 것이 날개를 의지하여 설 것이며 또 이미 정한 종말까지 진노가 황폐하게 하는 자에게 쏟아지리라 하였느니라 하니라(단9:27)" 표현만 다를 뿐이지 동일하게 칠년의 환난을 설명하고 있다.

셋째, 적그리스도의 태동의 과정과 활동 그리고 마지막의 배경이 다니엘서에 기록하고 있다. 다니엘서 7장을 보면, 적그리스도의 등장과정과 하는 일, 마지막 결말이 기록이 되어있다. 이 자는 인류역사에 있어 일곱머리, 열뿔의 배경을 가지고 나오는데, 이 자가 작은 뿔로 묘사되고 있다. 이 작은 뿔이 인류를 한 이레 동안 통치한다. 처음에는 평화의 왕으로 나중에 이레 절반에 가면 본색을 드러낸다. 이 기간이 되면 교회는 필설로 표현할 수 없는 환난에 직면하게 된다. "그 열 뿔은 그 나라에서 일어날 열 왕이요 그 후에 또 하나가 일어나리니 그는 먼저 있던 자들과 다르고 또 세 왕을 복종시킬 것이며 그가 장차 지극히 높으신 이를 말로 대적하며 또 지극히 높으신 이의 성도를 괴롭게 할 것이며 그가 또 때와 법을 고치고자 할 것이며 성도들은 그의 손에 붙인 바 되어 한 때와 두 때와 반 때를 지내리라(단7:24~25)" 이 작은 뿔의 정체를 정확히 아는 것은 아무리 강조해도 지나침이 없는데 다니엘서가 이에 대한 답을 주고 있다.

넷째, 종말론을 건강하게 정립할려면 수학에도 공식이 있듯이 종말론의 기본이 되는 주제가 있다. 다니엘 9장에 기록이 되어있는 칠십이레 계시를 연구하고 풀어야 한다. 다니엘 9장에 기록하고 있는 칠십이레 계시는 정말 중요하다. 가장 중요한 종말 계시중의 하나라고 본다. 다니엘 칠십이레 계시는 하나님이 우주역사를 창조하시고 때가 되면 반드시 마무리하신다. 피조세계는 끝이 있다. 인류종말은 칠십이레로 끝이 난다. "그가 장차 많은 사람들과 더불어 한 이레 동안의 언약을 굳게 맺고 그가 그 이레의 절반에 제사와 예물을 금지할 것이며 또 포악하여 가증한 것이 날개를 의지하여 설 것이며 또 이미 정한 종말까지 진노가 황폐하게 하는 자에게 쏟아지리라 하였느니라 하니라(단9:27)" 인류역사의 끝이 정확하다. 때문에 기독교는 시원적 종말론(始原的終末論)을 말하고 있다. 인류의 종말이 어떻게 진행되고 마무리 되는가? 종말론을 접하는 독자는 반드시 거룩한 부담감을 가지고 칠십이레 계시를 연구하고 답을 찾아야 한다.

2. 칠십이레 계시 배경

가. 역사적 배경

다니엘이 받았던 칠십이레의 계시에 대하여 성경은 이렇게 기록하고 있다. "메대 족속 아하수에로의 아들 다리오가 갈대아 나라 왕으로 세움을 받던 첫 해 곧 그 통치 원년에 나 다니엘이 책을 통해 여호와께서 말씀으로 선지자 예레미야에게 알려 주신 그 연수를 깨달았나니 곧 예루살렘의 황폐함이 칠십 년만에 그치리라 하신 것이니라(단9:1~2)" 역사적인 배경은 메대사람 다리오가 갈대아 나라의 왕으로 세움을 받았던 원년으로 BC 538년 경이다. 다리오는 아하수에로의 아들이며, 또한 고레스 왕의 장인이기도 하며, 메대나라의 마지막 왕이기도 한다. 이 때, 다니엘의 나이는 83세 쯤 되었다.

나. 칠십이레를 받았던 배경

다니엘은 기도의 사람이었다. 영적인 감각이 탁월한 사람이다. 다니엘이 예레미야서를 읽던 중, 깜짝 놀라게 된다. 하나님의 언약이 이스라엘의 바벨론포수생활이 칠십 년만에 끝이 나고, 갈대아 나라를 심판하고, 이스라엘은 고향으로 돌아가고 회복이 된다는 계시를 깨달았다. "이 모든 땅이 폐허가 되어 놀랄 일이 될 것이며 이 민족들은 칠십 년 동안 바벨론의 왕을 섬기리라 여호와의 말씀이니라 칠십 년이 끝나면 내가 바벨론의 왕과 그의 나라와 갈대아인의 땅을 그 죄악으로 말미암아 벌하여 영원히 폐허가 되게 하되 내가 그 땅을 향하여 선언한 바 곧 예레미야가 모든 민족을 향하여 예언하고 이 책에 기록한 나의 모든 말을 그 땅에 임하게 하리라 그리하여 여러 민족과 큰 왕들이 그들로 자기들을 섬기게 할 것이나 나는 그들의 행위와 그들의 손이 행한 대로 갚으리라(렘25:11~14)"이런 계시는 포로생활을 하고 있는 이스라엘과 다니엘에게 큰 충격으로 닦아왔다.

다. 다니엘의 반응

이 계시를 깨달았던 다니엘은 마음이 분주하기 시작한다. 영적감각이 탁월했던 다니엘은 기도하기 시작했다. 기도하면 은혜를 주신다. 다니엘은 계산이 분주했다. 이스라엘의 포수생활이 BC 605년경에 시작이 되었고, 시간이 흘러 현재, BC 538년이 되었다. 계산하면 67년 지났고, 해방이 될 날이 불과 3~4년 정도 뿐이 남지 않았다 라는 계산이 나온다. 그리하여 다니엘은 급한 마음으로 기도하기 시작하였다. 다니엘이 기도했던 내용을 보면, 장차 이스라엘이 회복이 되면, 무엇을 어찌해야 하며, 이스라엘의 운명은 어떻게 될까? 고민하며 기도하였다.

교회가 기도할 때, 주여 삼창을 외치며 기도한다. 이런 배경은 다니엘이 기도했던 기도를 본 받아 하고 있다. "주여 들으소서 주여 용서하소서 주여 귀를 기울이시고 행하소서 지체하지 마옵소서 나의 하나님이여 주 자신을 위하여 하시옵소서 이는 주의 성과 주의 백성이 주의 이름으로 일컫는 바 됨이니이다(단9:19)" 기도하면 응답이 반드시 있다. 이 때에 천사 가브리엘을 통하여 기도의 응답을 받는다. 이스라엘은 칠십 년만에 회복이 되고, 장차 이스라엘을 통하여 이루어질 칠십이레의 계시를 받는다. "네 백성과 네 거룩한 성을 위하여 일흔 이레를 기한으로 정하였나니 허물이 그치며 죄가 끝나며 죄악이 용서되며 영원한 의가 드러나며 환상과 예언이 응하며 또 지극히 거룩한 이가 기름 부음을 받으리라(단9:24)" 칠십이레의 계시는 유대인, 즉 네 백성과 네 거룩한 성을 위한 예언의 말씀이다. 뿐만 아니라 이 계시는 인류역사의 마지막이 어떻게 끝이 날 것인가? 교회에게 주신 예언의 말씀이다. 인류역사가 칠십이레로 끝이 난다 했는데 어찌 이 계시가 중요하지 않겠는가!

3. 칠십이레 계시 해석

칠십이레를 해석함에 있어 유의할 점이 있다. **첫째, 다니엘서와 요한계시록을 구분 할 수 있어야 한다.** 다니엘서와 요한계시록은 독자와 시기와 대상이 다르다. 다니엘서는 대상이 유대인이고, 요한계시록은 교회이고, 시기 또한 다르다. 때문에 다니엘서와 요한계시록을 구분할 수 있는 지혜가 필요하다.

둘째, 다니엘 9장 24절을 어떻게 보느냐? 칠십이레의 계시는 9장 20절부터 27절까지 기록이 되어있다. 24절은 칠십이레의 계시의 결론이다. "네 백성과 네 거룩한 성을 위하여 일흔 이레를 기한으로 정하였나니 허물이 그치며 죄가 끝나며 죄악이 용서되며 영원한 의가 드러나며 환상과 예언이 응하며 또 지극히 거룩한 이가 기름 부음을 받으리라(단9:24)" 25절부터 마지막 절까지는 24절의 결론의 부분을 다시 한번 설명하는 부분으로 이해하면 되겠다.

셋째, 24절의 네 백성과 거룩한 성이란 누구인가? 일반적인 해석은 보수적인 신학의 색깔을 가진 학자까지도 이 본문에 대하여 신약시대의 교회와 성도들로 본다. 그러나 광야의 소리 사역회 입장은 유대인으로 본다. 하나님은 선민인 유대인들을 절대 버리지 아니한다. 로마서 11장의 감람나무 비유를 보면 유대인들은 마지막에 다시 회복이 된다. 민족적인 회복의 운동이 일어난다. 본문에서 말하고 있는 네 백성과 거룩한 성은 이방인 교회를 말하고 있지 않다. 유대인, 즉 다니엘이 속한 유대인과 거룩한 성, 예루살렘을 말하고 있다. 본문이 증거하고 있다.

넷째, 24절의 칠십이레의 계시를 어떻게 볼 것인가? 하나님은 인류역사의 기한을 칠십이레로 정하였다. 네 백성과 거룩한 성을 위하여 기한을 칠십이레로 정하였다. 그렇다면 칠십이레를 해석함에 있어 신중해야 한다.

가. 칠십이레의 기간?

먼저 한 이레가 얼마인지를 알아야 한다. 첫째, 한 이레는 칠일로 해석 할 수 없다. 한 이레를 칠일로 정한다면, 칠십이레의 역사적인 과정이 고작 490일에 지나지 않기 때문이다.

둘째, 한 이레를 칠백년, 또는 칠천년으로 주장한다면 받아들이기 어렵다. 한 이레가 칠백년이라면, 칠십이레는 4,900년이란 계산이 나온다. 그렇다면 큰 환난이 칠백년이란 계산이 나오는데 교회가 길고 긴 세월동안 환난에서 살아 날자가 한사람도 없다 라는 결론이 나온다.

셋째, 한 이레가 칠년이란 해석이 있다. 가장 정확한 해석이다. 이런 해석에 대하여 성경을 근거로 하고 있다. 성경은 1일을 일년으로 계산하고 있다. 민수기 14장에 배경을 두고 있다. 이스라엘이 가데스에서 열두명의 정탐꾼을 가나안 땅에 보냈다. 이들이 40일 동안 가나안 땅을 정탐하고 모세에게 보고했다. 열 명은 부정적으로 두명은 긍정으로 보고했다. 이 보고 때문에 이스라엘은 40년 동안 가나안 땅에 입성하지 못하고 광야생활을 하였다. 이 때의 상황을 두고 하루를 일년으로 계산하였다. "너희는 그 땅을 정탐한 날 수인 사십 일의 하루를 일 년으로 쳐서 그 사십 년간 너희의 죄악을 담당할지니 너희는 그제서야 내가 싫어하면 어떻게 되는지를 알리라 하셨다 하라(민14:34)" 하루를 일년으로! 이런 계산은 에스겔 4장에도 기록하고 있다. "그 수가 차거든 너는 오른쪽으로 누워 유다 족속의 죄악을 담당하라 내가 네게 사십 일로 정하였나니 하루가 일 년이니라(겔4:6)"

나. 칠십이레의 구분

다니엘이 받았던 칠십이레의 계시의 본문은 이렇다. "네 백성과 네 거룩한 성을 위하여 일흔 이레를 기한으로 정하였나니 허물이 그치며 죄가 끝나며 죄악이 용서되며 영원한 의가 드러나며 환상과 예언이 응하며 또 지극히 거룩한 이가 기름 부음을 받으리라 그러므로 너는 깨달아 알지니라 예루살렘을 중건하라는 영이 날 때부터 기름 부음을 받은 자 곧 왕이 일어나기까지 일곱 이레와 예순두 이레가 지날 것이요 그 곤란한 동안에 성이 중건되어 광장과 거리가 세워질 것이며 예순두 이레 후에 기름 부음을 받은 자가 끊어져 없어질 것이며 장차 한 왕의 백성이 와서 그 성읍과 성소를 무너뜨리려니와 그의 마지막은 홍수에 휩쓸림 같을 것이며 또 끝까지 전쟁이 있으리니 황폐할 것이 작정되었느니라 그가 장차 많은 사람들과 더불어 한 이레 동안의 언약을 굳게 맺고 그가 그 이레의 절반에 제사와 예물을 금지할 것이며 또 포악하여 가증한 것이 날개를 의지하여 설 것이며 또 이미 정한 종말까지 진노가 황폐하게 하는 자에게 쏟아지리라 하였느니라 하니라(단9:24~27)"

첫째, 일곱이레의 시작은, 예루살렘 성이 중건하라는 영이 나고, 광장과 거리가 세워질 때까지의 기간이 일곱이레의 시작으로 본다. 한 이레가 칠년이라면 일곱이레는 49년을 말하고 있다.

둘째, 육십이 이레는, 기름을 부음 받는 자가 끊어질 때까지를 말하고 있다. 이 기간은 성이 중건되어 시작할 날로부터 메시야가 죽임을 당해 끊어질 날까지를 말하고 있다. 기간을 계산한다면 434년의 기간을 말하고 있다.

셋째, 한 이레는 많은 사람으로 더불어 한 이레의 언약을 굳게하는 기간이다. 한 이레는 칠년을 말하고 있지 아니한가! 장차라는 기간이 지나면 한 이레가 도래한다. 이 한 이레가 유대인과 교회는 중요한 의미를 가진다. 때문에 칠십이레를 정확히 연구해야 한다.

본문을 배경으로 이스라엘의 역사를 칠십이레를 가지고 적용하여 도표화하면 다음과 같다.

칠십이레의 도표

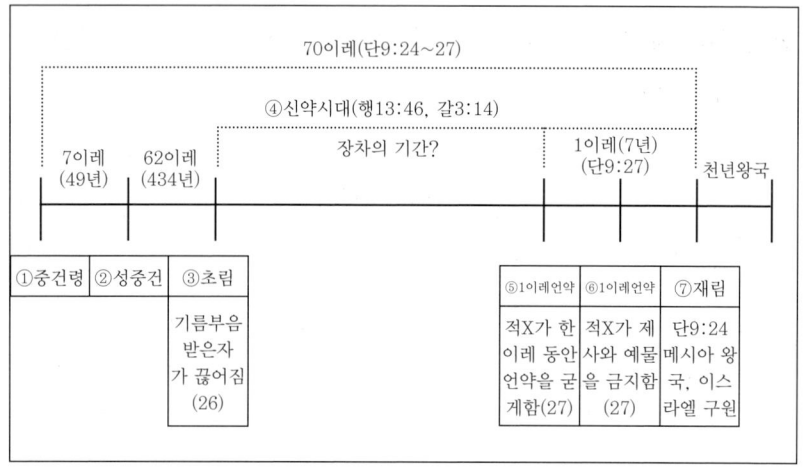

다. 칠십이레의 시작기준

칠십이레의 시작은 성중건령으로부터 시작이 된다. 그렇다면, 성중건령은 언제인가? 여러 가지 견해가 있지만 3가지로 요약할 수 있다. 첫째, 제 1차 귀환령으로 본다. BC 536년으로 본다. 고레스 왕 원년이다. 성경적인 배경은 스가랴 1장을 두고 있다. "나 여호와가 너희의 조상들에게 심히 진노하였느니라 그러므로 너는 무리에게 고하기를 만군의 여호와께서 이처럼 이르시되 너희는 내게로 돌아오라 만군의 여호와의 말이니라 그리하면 내가 너희에게로 돌아가리라 만군의 여호와의 말이니라(슥 1:2)" 그러나 이 때의 귀환령은 예루살렘성 중건령이 아니라 성전의 건축령으로 본다. 그러나 칠십이레의 계시에서 말한 중건령은 성전이 아니고, 성에 대한 중건령이기 때문에 맞지 않다. 그리고 이 연대는 다니엘이 이 이상을 본 시기와 거의 같은 시기이기 때문에 이 년도를 취할 수 없다.

둘째, 2차 귀환령으로 본다. BC 457년, 아닥사스다 왕이 7년의 때에 칙령이 반포되었다. 성경적인 배경은 에스라 7장 11절 이하의 본문을 두고 있다. "여호와의 계명의 말씀과 이스라엘에게 주신 율례 학자요 학자 겸 제사장인 에스라에게 아닥사스다 왕이 내린 조서의 초본은 아래와 같으니라 모든 왕의 왕 아닥사스다는 하늘의 하나님과 율법에 완전한 학자 겸 제사장 에스라에게 조서를 내리노니 우리 나라에 있는 이스라엘 백성과 그들 제사장들과 레위 사람들 중에 예루살렘으로 올라갈 뜻이 있는 자는 누구든지 너와 함께 갈지어다(스7:11~13)" 이 본문은 예루살렘성에 관한 중건령이 아니라 새로 건축한 성전에 봉헌물에 관한 명령이었다. 이 년도를 취할 수 없다.

셋째, 3차 귀환령으로 본다. BC 445년으로 본다. 아닥사스다 왕 재위 20년 쯤에 반포한 칙령을 배경으로 하고 있다. 이 견해가 정확하다. 이와 관련한 성경은 느헤미야 2장을 배경으로하고 있다. "왕에게 아뢰되 왕이 만일 좋게 여기시고 종이 왕의 목전에서 은혜를 얻었사오면 나를 유다 땅 나의 조상들의 묘실이 있는 성읍에 보내어 그 성을 건축하게 하옵소서 하였는데 (느2:5)"

여러 가지 해석이 있지만 저자는 이 견해에 따른다. 성벽을 재건한 것은 느헤미야이기 때문이다. 그래서 그때의 시간부터 69이레를 측정해야한다. 69이레는 483년으로 계산한다. 느헤미야가 페르시아 아닥사스다왕에게 중건명령을 받은 것은 BC445년경이다. 왜냐하면 아닥사스다왕은 BC465년에 왕위에 올랐고 통치한지 20년이 되었을 때 중건명령이 내려졌다. 이 때 당시는 1년을 360일로 계산했다. 그렇게 된다면 69이레 즉 483년은 173,880일이 된다. 그리고 메시아가 끊어지는 시간을 알 수 있는 것은 누가복음에 보면 예수님의 공생애는 티베리우스 황제 통치 15년째라고 했다. 티베리우스는 AD14년에 재위했기 때문에 AD29년경이다. 거기에 공생애 3년을 더하면 AD32년경을 말하고 있다. 즉 BC445년에서부터 AD32년은 173,880일이 되느냐 라는 질문이 나오는데 느헤미야의 중건명령은 니산월에 내려졌기 때문에 그때 당시 니산월 1일은 BC445년 3월14일날 이다. 영국 그리니치 왕실 천문대에 따르면 예수님이 돌아가신 년대는 AD32년 4월10일로 말하고 있다. 그럼 다시 정리하면 BC445년 3월14일부터 AD32년 4월10일이 173,880일이 되느냐는 것인데, 이 기간은 0년이 없기 때문에 1년을 뺀 총 476년 28일 이란 계산이 나온다. 이 때는 1년이 365일인 달력을 사용했기 때문에 476년 28일은 173,768일이 된다. 여기에 유대력은 4년마다 윤년이 오니까 476년 중 119번의 윤년을 추가로 계산하면 173,887일이 된다. 여기에 율리우스력이 실제 태양력보다 1/120정도 더 길게 차이나기 때문에 120년마다 하루씩 오는 오차까지 빼면 173,884일이 된다. 그렇기 때문에 느헤미야 이후 69이레 뒤에 예수님이 돌아가신 년도가 맞아떨어졌고 그 뒤에 한 이레는 성전이 지어져야만 가능한 것으로 해석할 수 있다. 이와 같은 견해는 저자의 견해 뿐만 아니라 69이레가 지난 다음에 제 3성전이 건축되어져야 하고, 한이레는 교회 환난으로 보는 견해를 따르는 학자들의 주장이기도 하다.

라. 남은 한 이레에 대한 해석

성을 중건하라는 영이 날 때부터 시작하여 기름부음 받는 자가 끊어진 후, 69이레가 지나갔다. 그렇다면 한 이레가 남았는데 한 이레에 대한 해석은 참으로 중요하다. "예순두 이레 후에 기름부음을 받은 자가 끊어져 없어질 것이며 장차 한 왕의 백성이 와서 그 성읍과 성소를 무너뜨리려니와 그의 마지막은 홍수에 휩쓸림 같을 것이며 또 끝까지 전쟁이 있으리니 황폐할 것이 작정되었느니라 그가 장차 많은 사람들과 더불어 한 이레 동안의 언약을 굳게 맺고 그가 그 이레의 절반에 제사와 예물을 금지할 것이며 또 포악하여 가증한 것이 날개를 의지하여 설 것이며 또 이미 정한 종말까지 진노가 황폐하게 하는 자에게 쏟아지리라 하였느니라 하니라(단9:26~27)" 본문에서 그가 등장한다. 그가 과연 적그리스도이냐? 아니면 로마의 디도장군이냐에 따라서 많은 간격이 있다. 결코 적지 않은 신학자들이 그를 디도라고 본다. 만약에 그가 디도라고 본다면 한 이레는 신약시대가 될 수 밖에 없다. 디도장군에 의해 예루살렘이 초토화되고, 이미 이 세상은 칠십이레가 지나버렸다 라는 결론이 나온다. 작금이 2016년이고, 디도가 예루살렘을 멸망할 때 주후 70년을 계산하면, 1946년이 지났다 라는 결론이 나온다. 그리고 지금은 천년왕국이란 때를 보내고 있다 라고 할 수 밖에 없다.

때문에 그는 디도장군이 아니다. 본문에서 그가 하는 일은 디도장군과 하는 일이 흡사하지만, 성경을 자세히 보면 디도장군이 하는 일이 아니고, 종말에 적그리스도가 하는 일들을 기록한 것이다. 스가랴 14장 1절 이하는 종말에 그가 하는 일이 무엇인가 기록이 되어있다. "여호와의 날이 이르리라 그 날에 네 재물이 약탈되어 네 가운데에서 나누이리라 내가 이방 나라들을 모아 예루살렘과 싸우게 하리니 성읍이 함락되며 가옥이 약탈되며 부녀가 욕을 당하며 성읍 백성이 절반이나 사로잡혀 가려니와 남은 백성은 성읍에서 끊어지지 아니하리라(슥14:1~2)" 여호와의 날은 마지막 때를 말하고 있다. 누가복음 21장은 소요한 계시록장이라 부른다. 21장 20절 이하는 큰 환난에 대하여 계시하고 있다. "그 날에는 아이 밴 자들과 젖먹이는 자들에게 화가 있으리니 이는 땅에 큰 환난과 이 백성에게 진노가 있겠음이로다(눅21:23)" 땅에 큰 환난은 디도장군에 의해 비록 예루살렘이 환난이 있었지만 다른 지역에는 큰 환난이 없었다. 누가가 예언한 본문은 종말의 때에 이 땅에 임한 환난을 예언하고 있다. 이와 같이 여러 가지 정황으로 보아 그는 적그리스도라고 본다. 때문에 그는 디도장군도 아니요. 적그리스도의 모형적인 인물인 시리아 왕, 안티오쿠스 에피파네스도 아니다. 결론적으로 남은 한 이레는 종말의 때, 적그리스도가 이 땅을 칠년동안 통치하는 기간을 말하고 있다.

마. 장차의 기간

다니엘은 유대인을 대상으로 예언의 말씀을 주었다. 앞에서 언급을 하였지만 네 백성과 거룩한 성에 대하여 초점이 맞추어졌다. 때문에 장차라는 시간은 유대인들에게 시간적인 의미가 없고, 뿐만 아니라 장차라는 기간은 유대인들에게 의미가 없기 때문에 구체적으로 기록할 필요조차 느끼지 못했다. 따라서 침묵하였다. 그러나 간과할 수 없는 것은 이방인, 교회에게는 장차라는 기간은 매우 중요한 의미를 가지고 있고, 이 기간이 얼마나 진행이 되는지는 그 누구도 알 수 없다 하겠다.

바. 한 이레의 절반

칠십이레의 계시를 통하여 한 이레는 칠년을 말하고 있다. 그렇다면 한 이레의 절반은 성경에서 어떻게 기록하고 있고, 구체적인 기간은 어떻게 산정하고 있는가? 다니엘 7장은 한 이레의 절반에 대하여 다음과 같이 기록하고 있다. "그가 장차 지극히 높으신 이를 말로 대적하며 또 지극히 높으신 이의 성도를 괴롭게 할 것이며 그가 또 때와 법을 고치고자 할 것이며 성도들은 그의 손에 붙인 바 되어 한 때와 두 때와 반 때를 지내리라(단7:25)" 본문에서 그는 적그리스도를 말하고 있고, 그가 한 때와 두 때와 반 때를 다스린다 하였다. 한 때는 1년, 두 때는 2년, 반 때는 한해의 절반을 표현하고 있다. 이런 비유가 말하는 것은 삼년반을 말하고 있다. 그렇다. 적그리스도는 7년이란 기간을 하나님으로부터 위임받아 통치하는 기간을 말하고 있다. 이 기간은 성도에게 임할 야곱의 환난의 때이다. 그는 전삼년반은 평화의 왕으로 변장하고 후삼년반은 짐승의 본색을 드러내고 활동한다. 때문에 적그리스도는 길게는 칠년이고 작게는 삼년반 동안 세상의 임금으로 통치하고 활동한다. 이 때는 짐승이 다스리는 기간이다.

한이레와 관련한 계시

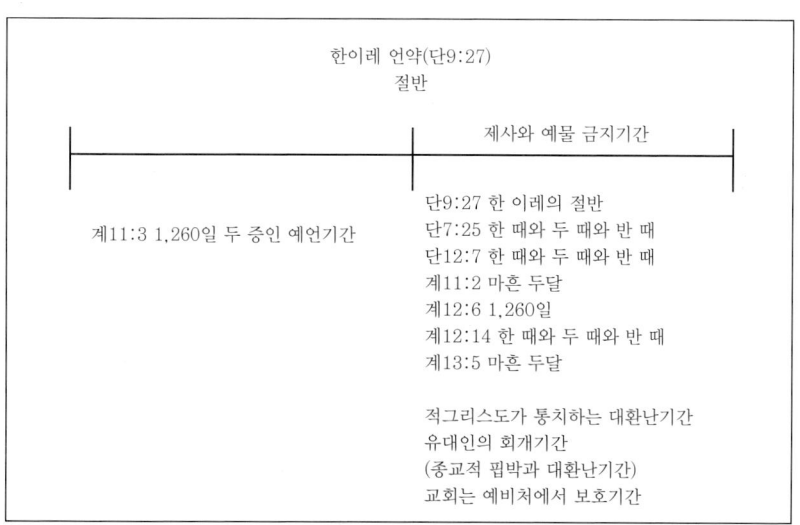

사. 그가 한 이레의 절반에 하는 일

"그가 장차 많은 사람들과 더불어 한 이레 동안의 언약을 굳게 맺고 그가 그 이레의 절반에 제사와 예물을 금지할 것이며 또 포악하여 가증한 것이 날개를 의지하여 설 것이며 또 이미 정한 종말까지 진노가 황폐하게 하는 자에게 쏟아지리라 하였느니라 하니라(단9:27)" 그는 한 이레 동안 언약을 굳게하고 하는 일이 예사롭지 않다. 이 자가 한 이레의 절반에 하는 일을 보면,

첫째, 제사와 예물을 금지한다. 영적탁류가 흐르고, 배도의 물결이 있고, 말씀이 변질이 되고, 예배가 무너진다. 이 모든 일을 그가 주도한다.

둘째, 포악하고 가증한 짓을 한다. 가증한 것은 희랍어로 브델뤼그마(βδέλυγμα)로서 극히 혐오스러운 것을 의미한다. 이것을 혐오스럽게 보는 시각은 세속적인 사람들의 시각이 아니고 성령의 감동을 입은 성도가 신령한 시각으로 보았을 경우임을 염두에 두어야 할 것이다. 이는 필시 하나님으로 말미암지 않은 것, 즉 사탄적인 어떤 것을 의미한다.

셋째, 잔포하여 미운 물건이 날개를 의지하여 선다. 미운 물건이 날개를 의지하여 선다 라는 비유적 표현은 그룹이나 스랍의 날개를 의지하여 타고 운행한다는 뜻으로, 마귀의 미혹에 지배를 받아 하나님 대신 경배받고, 하나님의 영광을 대신 받고자 하는 교만을 말하고 있다.

아. 다른 성경을 통한 해석

해석자	해당절	성경본문
다니엘	단9:27	그가 장차 많은 사람들과 더불어 한 이레 동안의 언약을 굳게 맺고 그가 그 이레의 절반에 제사와 예물을 금지할 것이며 또 포악하여 가증한 것이 날개를 의지하여 설 것이며 또 이미 정한 종말까지 진노가 황폐하게 하는 자에게 쏟아지리라 하였느니라 하니라
예수님	마24:15	그러므로 너희가 선지자 다니엘이 말한 바 멸망의 가증한 것이 거룩한 곳에 선 것을 보거든(읽는 자는 깨달을진저)
바울	살후 2:3~4	2:3 누가 어떻게 하여도 너희가 미혹되지 말라 먼저 배교하는 일이 있고 저 불법의 사람 곧 멸망의 아들이 나타나기 전에는 그 날이 이르지 아니하리니 2:4 그는 대적하는 자라 신이라고 불리는 모든 것과 숭배함을 받는 것에 대항하여 그 위에 자기를 높이고 하나님이라고 내세우느니라
성취	계13:1~10	참람된 말하는 입과 42달 동안 일하는 권세를 가짐 "또 짐승이 과장되고 신성 모독을 말하는 입을 받고 또 마흔두 달 동안 일할 권세를 받으니라" 성도의 고난과 핍박 "짐승이 입을 벌려 하나님을 향하여 비방하되 그의 이름과 그의 장막 곧 하늘에 사는 자들을 비방하더라"

4. 결론

가. 칠십이레의 계시는 하나님이 다니엘에게 주신 네 백성, 거룩한 성을 대상으로 한 종말에 관한 계시이다. 때문에 모든 역사를 유대인 시각에서 맞추고 해석해야 한다.

나. 종말론을 연구하는 기본적인 마인드는 요한계시록과 다니엘서를 같은 짝으로 삼고 보아야 한다. 예를 든다면 요한계시록 13장에 등장하는 바다에서 올라온 짐승의 정체는 다니엘 7장, 8장, 9장과 서로 연결하여 볼 때, 짐승의 정체를 정확히 알 수 있다.

다. 칠십이레의 계시는 인류역사가 칠십이레로 끝이 난다. 그렇다면 다니엘이 계시를 받았던 시기와 현재와는 다르다. 시간이 많이 흘러갔다. 작금에서 칠십이레를 해석한다면, 69이레는 과거의 사건이 되었고, 마지막 장차와 한 이레가 남아 있다. 지금은 장차의 기간을 말하고 있으며, 장차의 기간은 이방인의 때를 말하고 있다. 이 이방인의 때가 지나면 반드시 한 이레가 도래할 것이고, 이 후에 예수님의 재림이 있다. 그렇다면 영적인 지각판은 두 번이 바뀐다. 한번은 유대인의 시간표이고, 이 유대인의 시간표가 지나면 이방인의 때가 도래되고, 이방인의 때가 지나면, 다시 유대인의 시간표가 시작이 된다. 지금은 이방인의 때이다. 유대인의 시간표가 닦아 올 날이 머지 않았다.

라. 다니엘은 영적감각이 탁월한 하나님의 종이다. 하나님의 은총을 입은 자이다. "곧 네가 기도를 시작할 즈음에 명령이 내

렸으므로 이제 네게 알리러 왔느니라 너는 크게 은총을 입은 자라 그런즉 너는 이 일을 생각하고 그 환상을 깨달을지니라(단 9:23)" 때문에 종말에 관한 계시를 받았다 라고 할 수 있다. 우리 또한 다니엘 같은 영적감각이 없다면 종말에 관한 계시가 열어진다는 것은 언감생심이다. 하나님께 은총을 입을 수 있도록 재림신앙을 회복하자!

1장
계시의 나타남

계시의 나타남
(제1장 강해)

1 개요

가. 본 장은 요한계시록의 서론으로 계시의 나타남이다. 본 장에서는 계시의 근원이신 하나님과 계시를 나타내신 예수 그리스도를 보여주고 있다. 이 계시가 참되고 진실하다는 근거는 계시의 근원이 하나님이시며 이 계시를 주신 이가 바로 예수 그리스도이시다.

나. 요한계시록은 1장 1절이 매우 중요하다. 요한계시록을 열 수 있는 키이다. 계시의 주체가 누구인지를 먼저 분명하게 가르쳐주고 있다. "예수그리스도의 계시라!"라고 선언하며 요한계시록을 열었다. 성경 66권에 이렇게 선언하며 기록한 계시는 없다. 그만큼 요한계시록은 성경의 정경화 과정에 많은 논란이 있을 것이라는 마귀 사탄의 궤계를 미리 아시고 주님은 성경 첫머리에 이 말씀을 선언하며 쐐기를 박고 계시를 주었다. 따라서 1장 1절을 열면 요한계시록 전체를 열 수 있을 것이다.

2 본 장의 내용 요약

가. 1~3절 : 계시의 모습
나. 4~6절 : 요한계시록 서문
다. 7절 : 주님 재림 때의 모습
라. 8절 : 성부 하나님의 모습
마. 9~11절 : 요한의 형편
바. 12~16절 : 재림의 예수님의 10가지 모습
사. 17~18 : 예수님의 자기소개
아. 19절 : 예수님의 명령
자. 20절 : 요한계시록의 비밀

3 장, 절 강해

1:1 예수 그리스도의 계시라 이는 하나님이 그에게 주사 반드시 속히 일어날 일들을 그 종들에게 보이시려고 그의 천사를 그 종 요한에게 보내어 알게 하신 것이라

1:2 요한은 하나님의 말씀과 예수 그리스도의 증거 곧 자기가 본 것을 다 증언하였느니라

1:3 이 예언의 말씀을 읽는 자와 듣는 자와 그 가운데에 기록한 것을 지키는 자는 복이 있나니 때가 가까움이라

예수 그리스도의 계시라

요한계시록의 시작은 계시의 주체가 너무 분명하다. "예수 그리스도의 계시라!" 재판장이 방망이를 사용하여 땅! 땅! 땅! 판결하듯이 요한계시록을 열면서 선언하며 시작하였다. 계시는 아포칼휩시스(Ἀποκάλυψις)는 본래 감추어져 있던 것을 내 보인다 라는 뜻으로 해석하고 있다. 바울은 진리에 대한 통찰력으로 계시하고 있다, "우리 주 예수 그리스도의 하나님, 영광의 아버지께서 지혜와 계시의 정신을 너희에게 주사 하나님을 알게 하시고(엡1:17)"

베드로는 재림의 때, 하나님 또는 그리스도의 나타나심으로 계시를 사용하였다. "너희 믿음의 시련이 불로 연단하여도 없어질 금보다 더 귀하여 예수 그리스도의 나타나실 때에 칭찬과 영광과 존귀를 얻게 하려 함이라(벧전1:7)"

물론 성경 66권 전체가 예수님을 계시하고 있지만, 유독 요한계시록에만 이렇게 계시하고 있다. 그 이유는 여러 가지 뜻이 있을 수 있겠지만, 사탄은 종말의 시대에 하나님의 말씀을 대적하고, 엄청난 영적인 탁류가 흐르고, 특별히 재림신앙을 희석시키는 이런 시도를 미리 아시고, 교회와 성도에게 반드시 신실한 말씀을 붙잡고 재림신앙을 세우라 라는 주님의 마음을 읽을 수 있다. 하나님은 질서의 하나님이시다. "하나님은 무질서의 하나님이 아니시요 오직 화평의 하나님이시니라 모든 성도가 교회에서 함과 같이(고전14:33)"

하나님은 질서의 하나님이심을 성경 곳곳에서 많이 계시하고 있다. 때론 질서와 인격이 상충했을 때, 하나님은 그때마다 인격보다 질서를 앞세운다. 여러 가지 뜻이 있겠지만, 생명의 공동체에서 하나님의 세우신 영적인 질서가 무너지면 교회가 무너지는 것은 시간문제이기 때문이다.

다시 언급을 하자면 1장 1절은 정말 중요하다. 1장 1절을 정확히 이해하지 못하면 요한계시록을 열 수 없다. 이것은 마치 창세기 1장 1절을 하나님의 말씀이라 라고 믿지 않으면 그 다음 구절로 넘어갈 수 없다. 요한계시록 또한 마찬가지이다. 1장 1절을 정확히 해석해야 한다. 요한계시록의 모든 비밀이 이 구절에 들어있다 하여도 지나침이 없다.

영적인 질서가 얼마나 중요한지를 주님은 요한계시록을 열며 선언하였다. 그리스도의 계시는 영적 계보에 따라 전달된다. 영적인 질서는 다음과 같은 순서로 이뤄진다. 하나님→예수님→천사→사도 요한→주의 종→교회의 순으로 계시가 전달된다. 이런 영적 질서가 무너지면 주님의 뜻이 아니다. 따라서 교회는 반드시 택한 주의 종을 통하여 계시의 말씀을 열어가야 한다.

계시의 주된 내용은 반드시 속히 될 일이다. 반드시 속히 될 일은 종말에 일어날 재앙이다. 구체적으로는 일곱인, 일곱나팔, 일곱대접의 재앙이다. 요한계시록은 본경과 삽경으로 구성되어 있는데 본경은 일곱인, 일곱나팔, 일곱대접의 재앙의 사건으로 구성되어 있다. 그리고 이 재앙은 주님이 재림하기 전, 극히 짧은 시간에 집중적으로 우리가 사는 피조세계에 일어난다. 영,

육의 모든 영역에서 재앙이 일어난다. 그리고 요한계시록에서 "속히"라는 말씀은 8번이나 반복해서 사용된다. 성도는 속히 임할 재앙이 우리 시대에 일어날 것이라는 영적 긴장감을 가지고 살아갈 때, 재림신앙이 회복될 것이다. 사도바울이 고린도 교회에게 주신 말씀 또한 임박한 환난의 때, 믿음의 자세가 무엇인가 깊이 생각하며, 우리의 삶의 현장에 적용하며 살아가는 것은 매우 유익할 것이다. "내 생각에는 이것이 좋으니 곧 임박한 환난으로 인하여 사람이 그냥 지내는 것이 좋으니라(고전7:26)"

하나님의 말씀과 예수그리스도의 증거는

구약과 신약으로 구분된다. 하나님의 말씀은 구약이고, 증거는 신약으로 해석하면 된다. 사도 요한은 본 것을 다 증거하였다. 주님이 주신 말씀을 보지 않고, 듣지 않고, 깨닫지 못하고 어찌 증거 할 수 있겠는가? 주의 종은 영적으로 민감하게 반응해야 할 것이다. 주님으로부터 많은 것을 보고, 듣고, 깨달은 영적인 진리가 충만할 때, 세상에서 복음을 힘있게 증거 할 수 있다. 요한복음 2장은 혼인 잔치에서 물이 변하여 포도주가 되었다. "연회장은 물로 된 포도주를 맛보고도 어디서 났는지 알지 못하되 물 떠온 하인들은 알더라 연회장이 신랑을 불러(요2:9)"

연회장은 알지 못했다. 연회장 뿐만 아니라 손님들도, 신랑과 신부도, 이 잔치의 주인도 몰랐다. 오직 물 떠온 하인들만 알았다. 즉 신앙의 비밀, 하늘나라의 비밀, 십자가의 비밀은 순종하는 사람들만이 알 수 있다. 연회장도 누구도 모른 일을 하인들이 알았다. 영적인 세계, 영적인 축복, 영적인 일들은 비밀이다. 감추어져 있다.

"귀 있는 자는 성령이 교회들에게 하시는 말씀을 들을지어다 이기는 그에게는 내가 감추었던 만나를 주고 또 흰 돌을 줄 터인데 그 돌 위에 새 이름을 기록한 것이 있나니 받는 자 밖에는 그 이름을 알 사람이 없느니라(계2:17)"

그 세계, 그 축복, 그 일들은 주님께서 순종하는 사람들에게 경험하여 알게 하고, 경험한 사람밖에는 알 수가 없다는 말씀이다. 순종하는 사람만이 주님의 세계를 알고, 주님의 축복을 알고, 주님의 능력을 알 수가 있다. 이런 자가 힘있게 복음을 증거 할 수 있다.

이 예언의 말씀을 읽는 자와 듣는 자들과 그 가운데 기록한 것을 지키는 자들이 복이 있나니 때가 가까움이라

요한계시록에서 계시 된 복은 일곱 가지이다. 요한계시록에서 복이 있는 사람은 물질적, 현상적, 세속적인 복을 초월하고 있다. 한결같이 영적인 복을 배경으로 하고 있다. 진짜 복은 신령한 복이 아니겠는가? 3절에서 말하는 복은 시편 1편에서 배경을 두고 있다. "복 있는 사람은 악인들의 꾀를 따르지 아니하며 죄인들의 길에 서지 아니하며 오만한 자들의 자리에 앉지 아니하고 오직 여호와의 율법을 즐거워하여 그의 율법을 주야로 묵상하는도다(시1:1~3)"

복이 있는 사람은 말씀 신앙이 회복된 사람이다. 특별히 종말에 일어날 반드시 속히 될 일에 대한 예언의 말씀을 심비에 새기고, 읽고, 듣고, 지키는 자가 복이 있다 했다. 간과해서는 안 될 것은 읽는 자와 듣는 자와 지키는 자가 있는데 그중에 지키는 자가 복이 있다 하겠다. 그만큼 종말을 사는 성도에게 복음은 주님의 말씀을 읽고, 듣는 것에 만족한 것이 아니라, 지키는 자에게 있다. 요한계시록의 복은 지키는 자에게 초점이 맞추어져 있다. 산상수훈의 결론은 성경 전체의 결론이라 할 수 있다. 말씀을 지키면 인생을 반석 위에 세우는 사람이고, 말씀을 지키지 않으면 모래 위에 집을 짓는 어리석은 사람이라 말씀하고 있다.

> 1:4 요한은 아시아에 있는 일곱 교회에 편지하노니 이제도 계시고 전에도 계셨고 장차 오실 이와 그의 보좌 앞에 있는 일곱 영과
>
> 1:5 또 충성된 증인으로 죽은 자들 가운데에서 먼저 나시고 땅의 임금들의 머리가 되신 예수 그리스도로 말미암아 은혜와 평강이 너희에게 있기를 원하노라 우리를 사랑하사 그의 피로 우리 죄에서 우리를 해방하시고
>
> 1:6 그의 아버지 하나님을 위하여 우리를 나라와 제사장으로 삼으신 그에게 영광과 능력이 세세토록 있기를 원하노라 아멘

**요한은 아시아에 있는 일곱 교회에 편지하노니 이제도
계시고 전에도 계시고 장차 오실 이와 그 보좌 앞에
일곱 영과**

　사도 요한이 보낸 계시의 말씀, 수신자는 아시아에 있는 일곱 교회이다. 일곱 교회는 아시아에 있는 일곱 교회에 한정된 것은 아니다. 많은 설명이 필요하다. 그 당시 아시아 인근 지역에 실제로 세워졌던 일곱 교회도 해당되는 것이고, 언급은 되어 있지 않았지만 실제로 주변에 세워진 교회도 해당되고, 뿐만 아니라 오고 오는 모든 교회 또한 포함되는 것이고, 지금 우리 시대에 지구 상에 분포되어 있는 모든 교회도 포함되는 것이다. 물론 우리가 목회하고 있는 지교회가 포함됨은 자명하다. 주님의 뜻은 이 땅에 교회가 세워지는 것이다.

　계시의 말씀을 보낸 주체와 기원은 삼위의 하나님이시다. 성부, 성자, 성령 하나님이시다. 성부 하나님은 이제도 계시고, 전에도 계시고, 장차 오실 이로 나타내었고, 성령 하나님은 그 보좌 앞에 일곱 영이라고 계시하였다. 그럼 성자 하나님은, 충성된 증인으로 죽은 자들 가운데서 먼저 나시고, 땅의 임금들의 머리가 되신 예수 그리스도라고 계시하였다. 본문은 삼위의 하나님을 구체적으로 계시하였다. 마태가 받았던 계시의 말씀, 교회에 주신 위대한 명령도 삼위 하나님의 이름으로 계시를 선언하였다. "그러므로 너희는 가서 모든 민족을 제자로 삼아 아버지와 아들과 성령의 이름으로 세례를 베풀고(마28:19)" 사도바울이 받았던 계시의 말씀도 동일하다. 사도바울은 삼위 하나님의 이름으로 축복을 선언하였다. 모든 교회의 축도의 본이 되는 기

도문이다. "주 예수 그리스도의 은혜와 하나님의 사랑과 성령의 교통하심이 너희 무리와 함께 있을지어다(고후13:13)"

　삼위 하나님의 사역은 창조 사역에서부터 하였고, 신약에서는 성자하나님이 예수님으로 성육신 하였고, 성령하나님은 성도 한 사람 한 사람에게 영으로써 함께하고 있다. 때문에 우리가 믿는 하나님은 삼위의 하나님이고, 이 삼위에 관한 부분이 기독교 신학의 신비의 영역에 속한다. 때문에 말씀은 이성적, 논리적으로 이해하는 것이 아니고, 성령의 운행하심에 따라 믿음으로 받아야 한다. 믿는 자에게 복이 있다. 종교와 신앙이 다른 이유는 여러가지가 있겠지만 그중 한가지는 종교는 논리적, 이성적으로 이해하는 것이지만, 신앙은 이해함을 초월한다. 모든 말씀을 믿음으로 받는다. 신앙은 믿음이 없으면 한발자국도 전진 할 수 없다.

은혜와 평강이 너희에게 있기를 원하노라!

　문안은 구약과 신약을 배경으로 하고 있다. 은혜는 신약적인 배경이고 평강은 구약적인 배경으로 하고 있다. 은혜와 평강은 구약과 신약의 완성판이다. 복중의 복은 은혜와 평강의 복을 받은 것이다. 하나님은 모세에게 계시의 말씀을 주었다. 민수기 6장을 배경으로 하고 있다. 아론 자손은 구약 성도에게 여호와의 이름으로 은혜와 평강의 복을 빌어 주라고 사명을 주었다. 은혜와 평강은 하나님으로부터 온다. 은혜와 평강의 복은 하나님과의 관계회복을 말하고 있다. 하나님과의 회복이 있는 성도는 교제가 이뤄질 수 있다. 교제가 있는 성도는 복이 있는 성도이다. 그 복은 은혜와 평강에서부터 온다.

바울서신에서 성도에게 축복의 인사 말씀으로 덕을 세울 때, 빠짐없이 등장하는 말씀이 있다. 은혜와 평강의 복을 받으라는 것으로 인사 말씀을 시작하였고 은혜와 평강으로 인사 말씀으로 마무리하였다. 갈라디아서를 예를 들어보자. 시작은 "우리 하나님 아버지와 주 예수 그리스도로부터 은혜와 평강이 있기를 원하노라(갈1:3)" 마지막 송영은 다음과 같다. "무릇 이 규례를 행하는 자에게와 하나님의 이스라엘에게 평강과 긍휼이 있을지어다(갈 6:16)"

다른 계시의 말씀 또한 마찬가지이다. 한결같이 인사와 송영할 때, 은혜와 평강의 복으로 축원하였다. 그렇다면 주의 종은 무엇을 해야 하는지, 우선순위가 자명하다. 모든 사역의 현장에서 성도에게 은혜와 평강의 복이 임하기를 축원하는 사역은 놓칠 수 없다. "그의 아버지 하나님을 위하여 우리를 나라와 제사장으로 삼으신 그에게 영광과 능력이 세세토록 있기를 원하노라 아멘!"

5~6절에서 예수그리스도에게 영광을 돌릴 수 있는 분명한 이유는 3가지로 설명할 수 있다. **첫째, 죄에서 해방해 주었다.** 구약백성이 바로에게 종노릇하였듯이 신약에 사는 우리 또한 마찬가지이다. 마귀 사탄에게 종노릇하고 살았던 우리들이다. 사도바울은 에베소 교회에게 주신 계시는. 너희가 전에는 본질상 진노의 자식이고, 공중권세 잡은 자에게 순종하였고, 불순종

의 아들이라 라고 원죄를 고발하였다. 죄의 종노릇 하며 살았던 우리를 죄에서 해방해 주었는데 이것은 주님의 전적인 은혜이다. 죄의 문제를 주님의 은혜로 말미암아 해결함을 받았다. 이것만큼 큰 복이 어디에 있겠는가! "율법을 따라 거의 모든 물건이 피로써 정결하게 되나니 피흘림이 없은즉 사함이 없느니라(히 9:22)"

　둘째, 하나님 나라의 백성으로 삼아주었다. 크게 보면 나라는 두 나라가 존재하고 있다. 세상 나라와 하나님의 나라이다. 세상 나라의 왕은 마귀 사탄이고 백성은 불신자이다. 하나님의 나라의 왕은 하나님이고 백성들은 성도이다. 이러한 복이 어디에 있는가! 하나님의 나라의 백성으로 삼아주었다는 것은 우리의 공로와 의가 아닌 하나님의 전적인 은혜이다. 성경에서 하나님의 은혜를 빼면 무엇이 남겠는가! 하나님의 은혜를 빼면 아무것도 남지 않는다. 하나님의 은혜를 빼면 영성도 지성도 구원도 물거품처럼 사라진다. 하나님의 은혜 없이는 절대로 구원은 생각할 수 없다. 우리는 선을 행할 능력과 힘이 없다. "내 속 곧 내 육신에 선한 것이 거하지 아니하는 줄을 아노니 원함은 내게 있으나 선을 행하는 것은 없노라(롬7:18)"

　때문에 사도바울은 나의 나 됨을 하나님의 전적인 은혜임을 잊지 않고 고백하였다. "그러나 나의 나 된 것은 하나님의 은혜로 된 것이니 내게 주신 그의 은혜가 헛되지 아니하여 내가 모든 사도보다 더 많이 수고하였으나 내가 아니요 오직 나와 함께 하신 하나님의 은혜로라(고전15:10)"

셋째, 제사장으로 삼아주었다. 구약시대에 제사장은 아주 특별한 사람들이다. 제사장은 백성을 대신하여 짐승 제사를 드린 특별한 사역자이다. 제사장의 사역과 관련하여 성소를 빼놓을 수 없다. 성소는 구별된 곳이고, 제사장은 하루에 두 번 출입하고, 지성소는 대제사장이 일 년에 대속죄일에 출입한다. 제사장은 하나님과 죄인의 중보자로써 사역을 감당하는 특별히 구별된 사역자라고 말할 수 있다. 평민으로서는 언감생심이다. 그러나 우리는 예수님께서 단번의 제사로 말미암아 이 모든 구약적인 배경을 끊어버렸다. 이제는 예수님의 보혈의 피로 우리가 제사장이 되었다. 직접 주님과 교제하고 만나고 예배를 드린다. 베드로 사도에게 주신 계시는 "그러나 너희는 택하신 족속이요 왕 같은 제사장들이요 거룩한 나라요 그의 소유가 된 백성이니 이는 너희를 어두운 데서 불러 내어 그의 기이한 빛에 들어가게 하신 이의 아름다운 덕을 선포하게 하려 하심이라(벧전 2:9)"

바울에게 주신 계시는 어떠한가? "이 은혜는 곧 나로 이방인을 위하여 그리스도 예수의 일꾼이 되어 하나님의 복음의 제사장 직분을 하게 하사 이방인을 제물로 드리는 것이 성령 안에서 거룩하게 되어 받으실 만하게 하려 하심이라(롬 15:16)"

예수님을 구세주로 믿고 살아가는 성도는 제사장의 반열에 들어가는 복을 주셨다. 그에게 영광과 존귀를 돌리는 것은 삶의 우선순위가 될 것이다.

중요한 영적인 원리가 있다. 세상의 지식을 안다고 하는 것을 다 행할 필요는 없다고 본다. 그러나 성령의 인도 하심에 따라 성경에서 알게 된 것은 다 행하여야 한다. 알고도 행하지 않으면 죄이기 때문이다. "그러므로 사람이 선을 행할 줄 알고도 행하지 아니하면 죄니라(약4:17)"

 복음은 주님께 있다. 본문에 계시 된 복음은 3가지, 죄에서 해방이고, 하나님의 자녀로 삼아주었고, 마지막으로 제사장으로 삼아주었다. 이런 복음의 비밀을 알면, 인생의 변화가 있고, 반드시 주님께 영광과 찬송을 돌리는 것은 당연지사이다. 성도의 궁극적인 목적은 주님께 찬송과 영광을 돌리는 것이다. 이것이 택하신 목적이다. "이 백성은 내가 나를 위하여 지었나니 나를 찬송하게 하려 함이니라(사43:21)"

1:7 볼지어다 그가 구름을 타고 오시리라 각 사람의 눈이 그를 보겠고 그를 찌른 자들도 볼 것이요 땅에 있는 모든 족속이 그로 말미암아 애곡하리니 그리하리라 아멘

 본문은 예수님의 재림의 모습이 구체적으로 계시하였다. 예수님의 재림의 모습은 초림과 비교조차 할 수 없다. 크게 보면 예수님의 재림의 모습은 3가지가 다르다.

 첫째, 초림은 아주 극소수의 성도만이 초림하신 아기 예수님을 영접하였다. 성경을 연구하는 율법사 또는 바리새인도 까맣게 몰랐다. 예수님의 부모, 안나와 시므온, 동방박사, 지경에서 양치는 목동, 세례요한의 부모님, 예수님의 부모님, 매우 제한적인 사람들에게 이뤄졌다. 그러나 재림의 소식은 모든 사람에게 해당한다. 모든 사람은 나라와 족속과 백성과 방언이다. 한 사람도 예외가 없다.

둘째, 예수님의 초림은 너무 초라하였다. 태생부터 초라하고 가난한 집안사람의 출생신분으로 태어나셨다. 보기에 흠모할 만한 구석이 한 곳도 없었다. 이사야 선지자가 예언한 말씀이 성취되었다. 그러나 재림의 모습은 분위기는 근본 자체가 다르다. 만왕의 왕이고 만주의 주이시다. 재림의 주 위엄과 권위를 보라! "그 옷과 그 다리에 이름 쓴 것이 있으니 만왕의 왕이요 만주의 주라 하였더라(계19:16)"

셋째, 초림은 죄인을 구원하려고 오셨다. "인자가 온 것은 섬김을 받으려 함이 아니라 도리어 섬기려 하고 자기 목숨을 많은 사람의 대속물로 주려 함이니라(마 20:28)"

그러나 재림의 예수님은 영적인 분위기가 다르다. 지각판이 바뀐다. 죄인을 구원하러 오는 것이 아니고 심판에 방점을 찍었다. 심판주로 오신다. "또 내가 하늘이 열린 것을 보니 보라 백마와 탄 자가 있으니 그 이름은 충신과 진실이라 그가 공의로 심판하며 싸우더라(계 19:11)"

재림할 때, 심판의 대상자는 주님을 찌른 자들이다. 찌른 자는 주님을 구세주로 영접하지 않고 자기 소견에 따라 사는 자들이다. 불신자들이다. 그들은 애곡한다. 예수님은 그때 우주 만물을 심판주로 심판 할 것이다. 우주 공간에 사는 모든 피조물이 대상이다. 한 곳도 예외가 있을 수 없다. 재림의 주를 다시 한 번 정리해보면 성도는 꿈에도 그리던 신랑으로, 불신자는 생각하고 싶지 않은 심판 주로 오신다. 재림의 주를 신랑으로 맞이할 것인가! 아니면, 심판의 주로 맞이할 것인가! 이 땅에서 결정된다.

> 1:8 주 하나님이 이르시되 나는 알파와 오메가라 이제도 있고 전에도 있었고 장차 올 자요 전능한 자라 하시더라

본문은 하나님의 자기 계시를 이렇게 계시하였다. 나는 알파와 오메가라고 선언하였다. 처음과 나중이라고 하였다. 하나님이 처음과 나중이라고 믿은 성도는 시원적종말론을 믿어야 한다. 시원적종말론(始原的 終末論)은 아주 간단하다. 우주와 개인은 처음과 끝이 있다고 믿은 것이다. 모든 피조세계의 시작과 끝의 주관자가 하나님이시다. 세상 종교는 처음과 끝이 없다고 믿는다. 우주 만물이 영원하다는 것이다. 돌고 돌고 끝이 없다는 것이다. 윤회설(輪回說)이 그 한 예이다. 그러나 반드시 끝이 있다. 역사와 시간을 창조하시고, 역사에 개입하시는 하나님은 구속사적인 시간표가 끝나면 이 세상은 끝이다. 역사에 개입하시고, 주관하시는 하나님은 섭리라는 말로도 표현할 수 있다. 하나님의 섭리는 우연이 없고 모든 만물은 그분의 뜻대로 이루어 나가신다. 참새 한 마리, 이름 모를 들풀, 모든 각인에게까지 구체적으로 간섭하시고 주관하신다. 이와 관련한 계시를 보자!

"참새 두 마리가 한 앗사리온에 팔리지 않느냐 그러나 너희 아버지께서 허락하지 아니하시면 그 하나도 땅에 떨어지지 아니하리라(마 10:29)" 참새 한 마리도 하나님이 허락하시지 않으면 떨어지지 않는다고 고백하는 신앙은 섭리 신앙이다.

하나님은 시간과 역사를 창조하였다. 그리고 시간과 역사를 초월하시면서 간섭하신다. 또 시간의 과거, 현재, 미래를 초월하시고, 주관하신다. 사도 베드로가 그 비밀을 알았다.

"사랑하는 자들아 주께는 하루가 천 년 같고 천 년이 하루 같다는 이 한 가지를 잊지 말라(벧후3:8)"

우리는 시간과 공간이라는 한계에 갇혀 살 수밖에 없지만, 그러나 하나님은 인간의 시간과 공간의 개념에서 초월하시는 분이시고, 영원하신 분이다.

헬라 문화적 관점에서 시간에 대한 개념을 정리해보자. 시간에는 두 가지가 있다. 흘러가는 시간도 있고, 의미 있는 시간도 있다. 흘러가는 시간을 "크로노스(χρόνος)"라고 하고, 의미 있는 시간을 "카이로스(καιρός)"라고 한다. 크로노스는 천문학적으로 해가 뜨고 지면서 결정되는 시간이며, 지구가 공전과 자전을 하면서 결정되는 시간이다. 매일 한 번씩 어김없이 낮과 밤이 찾아오고, 매년 한 번씩 봄, 여름, 가을, 겨울이 찾아오는 시간이다. 생물학적으로는 동식물이 낳고 늙고 병들고 죽는 시간이다. 철새들이 철 따라 이동하고, 연어가 태어난 곳으로 되돌아와 알을 낳고 죽어가는 시간이다. 이 속에서 인간을 포함한 모든 동물이 웃고, 울며, 분내고 기뻐하며, 번민하고 수고하며 살아간다.

    카이로스는 특정한 시간 또는 정한 시간을 말한다. 시간은 비록 흘러가는 것이지만, 시간에 특별한 의미가 있을 때 이 의미 있는 시간을 "카이로스"라고 부른다. 그래서 카이로스는 어떤 일이 수행되기 위한 시간 또는 특정한 시간을 가리킨다. 계획이 세워지고 그 계획이 실행되는 시간을 가리킨다. 특히 하나님의 활동이 전개되고 그분의 계획이 실현되는 시간을 가리킨다. 우리는 유한한 시간에 살아가고 있다. 어떻게 살아갈 것인가? "우리에게 우리 날 계수함을 가르치사 지혜로운 마음을 얻게 하소서(시 90:12)"

    우리에게 주어진 시간은 비록 제한적이지만, 시간은 주님이 주신 선물이고, 이 주어진 선물을 분초 찰나까지 아끼고, 부지런히 선용하고, 주님을 위해 드릴 때, 이 시간은 나의 시간이고, 카이로스적인 시간을 적용하며 살아가는 성도라고 할 수 있다. 카이로스적인 시간을 붙잡고 살아가는 성도는 하나님과 함께 일하는 사람이다. 이런 성도가 복이 있다고 말할 수 있다.

> 1:9 나 요한은 너희 형제요 예수의 환난과 나라와 참음에 동참하는 자라 하나님의 말씀과 예수를 증언하였음으로 말미암아 밧모라 하는 섬에 있었더니
>
> 1:10 주의 날에 내가 성령에 감동되어 내 뒤에서 나는 나팔 소리 같은 큰 음성을 들으니
>
> 1:11 이르되 네가 보는 것을 두루마리에 써서 에베소, 서머나, 버가모, 두아디라, 사데, 빌라델비아, 라오디게아 등 일곱 교회에 보내라 하시기로

나 요한은 너희 형제요

사도 요한은 요한계시록의 수신자인 교회와 성도에게 자신의 정체성을 소개하고 있다. 나 요한은…. 사도 요한을 의미한다. 그는 사도 중 유일하게 육신적인 순교가 아닌 몸으로 장수하다가 하나님 나라에 간 사도로 알려져 있다. 그러나 그는 죽음의 많은 고비를 넘긴 사도로 그가 순교자의 상급을 받을지는 하나님만이 아신다.

요한은 믿음 안에서 한 형제라고 말하고 있다. 진정한 형제요 자매는 누구인가? 부정모혈이 우선인가? 아니면 예수님의 피가 우선인가? 예수님의 보혈의 피를 나눈 형제와 자매가 우선이다. 성경에서 예를 찾아보자. 예수님의 형제와 자매가 예수님의 사역의 현장에 찾아 왔을 때, 제자들에게 하신 말씀이다. "누구든

지 하늘에 계신 내 아버지의 뜻대로 하는 자가 내 형제요 자매요 어머니이니라 하시더라(마 12:50)"

기독자는 표면적 그리스도인이 아니고 이면적 그리스도인이 진정한 기독자 라고 했지 아니한가. 사도바울은 로마에 있는 성도에게 동일한 말씀을 주었다. "무릇 표면적 유대인이 유대인이 아니요 표면적 육신의 할례가 할례가 아니니라 오직 이면적 유대인이 유대인이며 할례는 마음에 할지니 영에 있고 율법 조문에 있지 아니한 것이라 그 칭찬이 사람에게서가 아니요 다만 하나님에게서니라(롬2:28~29)"

그렇다. 진정한 형제요 자매는 주님 안에서 있을 때이다. 부정모혈의 피를 나눈 형제보다 우선하는 것은 믿음 안에서 예수님의 피를 함께 나누는 형제와 자매가 진정한 형제요 자매이다. 그렇다면 이웃에 있는 형제를 어떻게 대하고 살 것인가? "즐거워하는 자들과 함께 즐거워하고 우는 자들과 함께 울라(롬 12:15)" 이웃의 눈물을 보지 않고 같이 나누지 아니하면 진정한 형제요 자매라고 할 수 없다. 이웃을 사랑해야 할 이유가 분명히 여기에 있다.

예수의 환난과 나라와 참음에 동참하는 자라

사도 요한은 형제의 조건에 대하여 3가지로 설명하고 있다. 예수님의 환난에 동참하는 자와 예수님의 나라에 동참하는 자, 그리고 예수님의 참음에 동참하는 자로 명시하고 있다. 복음을 영접하면 반드시 환난과 핍박이 따른다. 구약의 예를 들어보자. 모세가 애굽에 있는 성도에게 복음을 전함과 동시에 바로는 즉각적으로 반응하였다. 바로는 이스라엘 백성을 더욱더 핍박하고 고통을 주었다. "내가 바로에게 들어가서 주의 이름으로 말한 후로부터 그가 이 백성을 더 학대하며 주께서도 주의 백성을 구원하지 아니하시나이다(출5:23)"

복음을 영접하고 경건하게 살고자 하는 자는 반드시 핍박이 있다. 이런 영적인 원리는 시대를 불문하고 적용이 된다. 역설적으로 접근하면, 사탄이 자기의 백성을 빼앗아 가는데 어찌 수수방관하겠는가? "무릇 그리스도 예수 안에서 경건하게 살고자 하는 자는 박해를 받으리라(딤후3:12)"

핍박이 핍박으로 끝이 나면, 성도에게 무슨 소망이 있겠는가? 핍박을 통과하면 주님이 예비하신 복이 있다. "의를 위하여 박해를 받은 자는 복이 있나니 천국이 그들의 것임이라 나로 말미암아 너희를 욕하고 박해하고 거짓으로 너희를 거슬러 모든 악한 말을 할 때에는 너희에게 복이 있나니(마5:10~11)" 지금 성도의 현장에 고난과 핍박이 있는가? 반드시 예비 된 축복이 있다.

하나님의 말씀과 예수의 증거를 인하여 밧모라 하는 섬에 있었더니

사도 요한이 계시를 받았던 장소는 밧모섬이다. 사도 요한은 하나님의 말씀과 예수의 증거 때문에 밧모섬으로 유배되었다.

그 당시 로마는 기독교인에게 가혹하리만치 순교자의 피를 요구하였다. 결국, 사도 요한은 복음 때문에 정치범들이 가는 수용소, 밧모섬에 유배되었다. 밧모섬은 삭막한 돌섬이다. 세상의 일락과는 격리된 곳이다. 사도 요한은 이곳에서 오직 주님만을 바라보고 영성을 회복하며 독대하였다. 세상적으로는 유배지였으나 오히려 사도 요한에게는 밧모섬이 예수님과 교제와 만남이 이뤄진 곳이기 때문에 세상의 음성은 없고 주님의 음성이 들려지는 곳이다. 작금의 시대도 마찬가지이다. 주의 종들에게 가장 필요한 곳이 있다면 밧모섬이다. 주의 종에게 영적인 밧모섬이 없다면 세상의 소리에 귀를 기울이고 삯꾼 목자가 될 확률이 높다. 밧모섬이 없다면 주님의 음성은 둘째치고라도 영적인 싸움에서 승리한다는 것은 요연한 이야기가 아닐까 생각해본다. 사도 요한의 갑절의 영감과 영역의 칠배는 밧모섬에서 세워졌다. 예수님이라고 예외일 수 없다. 예수님은 골방에서 기도하였다. 예수님의 밧모섬은 골방이라 할 수 있다. 예수님은 밧모섬에서 습관처럼 기도로 시작하고 기도로 마무리했다. 그리고 우리에게도 골방을 회복하라고 했다. 주님의 음성을 듣고, 영성을 회복하기 위하여 주의 종은 잃어버린 밧모섬을 회복해야 할 것이다.

　사도 요한은 주의 날에 성령의 감동을 받았다. 주의 날에 해당하는 헬라어 "엔 테 귀리아케 헤메라(ἐν τῇ κυριακῇ ἡμέρᾳ)"는 문자적으로 주께 속한 날을 의미하는 것으로 안식 후 첫날이다. "안식 후 첫날 매우 일찍이 해 돋을 때에 그 무덤으로 가며(막16:2)"

　초대교회 사도들은 그리스도께서 부활하신 날을 기념하여 안식일 다음 날을 주의 날로 불렀다. "그 주간의 첫날에 우리가 떡을 떼려 하여 모였더니 바울이 이튿날 떠나고자 하여 그들에게 강론할새 말을 밤중까지 계속하매(행20:7)"

　구약의 안식일이 주의 날로 변경되고 아론 지파의 제사장직이 폐하여지고 멜기세덱의 반차를 좇는 영원한 제사장이 세워지고 구약적인 율법이 신약의 복음으로 변역되어야 한다고 하는 것은 사도들의 주장이다. 교회는 사도들의 전승된 믿음의 토대 위에 세워졌다.

주의 날, 안식 후 첫날에 대해서 이견(異見)이 있다. 안식 후 첫날은 당시 로마가 지키는 태양신의 날과 같다고 한다. 주 후 391년 콘스탄티누스 황제에 의해 안식 후 첫날(오늘의 주일)이 예배와 휴식의 날로 공포되었기 때문에 주일이 로마 우상의 제일(祭日)에서 유래했다고 주장하기도 한다. 그러나 주의 날은 예수가 부활하신 날로써 구약적 안식일을 대신하는 신약적 성일이다. 또한, 이날은 성경적인 의미로 보면 창조의 첫째 날에 해당하기도 한다. 창세기의 첫째 날은 창조의 시작이었고, 빛을 지으셨으며 안식 후 첫째 날은 예수가 부활하셔서 죽음의 흑암 속에 있는 자들에게 빛이 되신 날로 첫날이 된다.

이와 관련하여 사도바울이 골로새 교회에게 주신 절기와 안식일과 관련하여 어떤 계시를 주었는지, 사도바울은 후대에 교회가 안식일과 주의 첫날에 관하여 적지 않은 논쟁이 있을 것이다 라는 영적인 감각이 있었기에 이와 관련한 계시를 주었다. "그러므로 먹고 마시는 것과 절기나 초하루나 안식일을 이유로 누구든지 너희를 비판하지 못하게 하라(골2:16)"

작금에 안식일은 안식교에서 토요일을 하나님 앞에 예배하는 날로 지키고 있다. 그들은 안식일을 지키지 않은 개혁교회를 향하여 성경을 자의적으로 적용하여 법과 때를 지키지 않은 교회는 하나님의 진노가 임한다고 경고하고 정죄하고 있다. 뿐만 아니라 안식일 교회는 교회론에 문제가 있다. 안식일 교회는 그들이 참 교회요, 개혁교회는 짐승의 표를 받은 교회라 주장한다. 안식교가 개혁교회로부터 이단으로 규정될 수밖에 없는 강력한 이유 중에 하나는 교회관 때문이다. 안식교의 주장에 따르면 안식교는 참 교회로서 하나님께서는 하나의 교회 한 무리를 인도하고 있는데, 그 참 교회가 안식교이며 바로 안식교가 말세의 남은 무리라고 한다. 그들은 요한계시록에 나오는 짐승의 표를 주일(일요일)로 해석하고, 하나님의 인을 안식일(토요일)로 해석하여 토요일에 예배하는 안식교만 참 교회로서 하나님의 인을 받는 교회요, 주일(일요일)에 예배하는 개혁교회들은 거짓 교회 즉, 바벨론으로서 짐승의 표를 받는다고 주장하고 있다. 이러한 안식교의 주장을 이단으로 비판하지 않는다면 주일(일요일)에 예배하는 개혁교회는 짐승의 표를 받은 거짓 교회가 되고, 요한계시록에 나타나는 음녀 바벨론이라고 주장하는 안식교의 주장을 스스로 인정하는 결과가 된다.

그러나 성경을 보라! 안식일로 인하여 누구든지 너희를 비판하지 못하게 하라고 말씀을 주었다. 안식일을 지킬 것인가? 주의 첫날을 지킬 것인가? 이런 문제와 관련하여 너희들을 이렇다저렇다 폄론하지 말라. 쐐기를 박았다. 폄론하지 말아라 라는 뜻은 비판, 정죄하지 말라는 뜻이다. 역설적으로 안식일과 관련하여 미혹이나 훼방하는 자들을 상대하지 말아라 라는 뜻으로 받아들일 수 있다. 주일은 구약의 안식일이 신약에 와서는 주의 첫날로 변경되었지만, 영적인 교훈은 조금도 변함이 없다. 주일성수와 관련하여 예화를 듣고 가자.

미국 12대 대통령 재커리 테일러 장군은 헌법에 의거, 1849년 3월 4일 대통령에 취임해야 하는데 그날이 주일이라 취임을 거부하여 에치슨 상원의장이 24시간 대통령 임무를 대신했다. 주일성수는 대통령 취임식보다 우선하는 하나님의 명령이었기 때문이다.

주일성수와 관련하여 또 다른 예화가 있다. 1924년 프랑스 파리 올림픽 당시 100m 세계 신기록 보유자 영국 에릭 리델(Eric Liddel) 선수는 100m 경주가 주일에 열리자 경기를 포기했다. 그러자 하나님이 그를 높여 주었다. 400m 경주에 출전하는 다른 선수가 갑자기 뛸 수 없게 되어 그가 대신 뛰었다. 그는 한 번도 400m 경주를 해본 적이 없으나 하나님의 능력으로 47.6초의 신기록으로 금메달을 목에 걸었다. 이런 기록이 어찌 사람의 노력으로 가능하다고 할 수 있겠는가! 그는 훗날 선교사가 되어 중국에서 1945년 죽을 때 까지 순종의 삶을 살았다. 아마도 천국에서 받은 그의 상급은 올림픽 금메달과 비교할 수조차 없을 것이다. 주일성수 하지 않고 아무런 영적 감각이 없이 사는 성도가 있다. 하나님과 관련이 없는 유기된 백성임을 왜 모르는가!

사도 요한은 주의 날에 성령의 감동을 받았다. 성령의 감동이 있었기에 주님의 음성을 들었고, 사명을 받았다. 하나님의 일은 성령을 받아야 한다. 하나님의 일은 신령한 일이다. 신령한 일은 성령의 조명이 있어야 한다. 우리 예수님이 구세주임을 믿음으로 고백하고, 믿음의 결국은 영혼구원이라고 믿는 성도는 성령 받은 자의 열매라고 할 수 있다. 누구든지 하나님의 영을 받지 않고는 예수님을 구세주라고 할 수 없다. 성령께서 하시는 일은 다양하다. 성경도 성령의 계시를 받아야 하고, 예언과 방언도 성령이 나타나는 현장이고, 교회도 성령께서 세우셨고, 복음을 전하는 사역도 성령의 나타나는 사역이고, 회개하는 사역도 마찬가지, 성령께서 하시는 일이다. 이뿐인가! 죄와 심판과 의를 계시하는 사역도 성령의 사역이다. 장래 일도 마찬가지이다.

이러한 비밀을 알았던 사도바울은 고린도 교회 성도에게 이렇게 간증했다. 성령이 나타나지 않고 주의 일을 하는 것을 극도로 경계하였다. "내가 너희 가운데 거할 때에 약하며 두려워하며 심히 떨었노라(고전2:3)"

사도 바울의 과거 사역은 현재의 종의 사역이 되는 것은 자명하다. 그렇다면 목회현장에서 사도바울과 같은 고백이 필요하다. 모든 사역을 성령의 나타나심으로 하지 않는다면, "나는 약하며 두려워하며 심히 떨었노라!" 이와 같은 고백과 결단이 필요하다고 본다.

주의 날에 내가 성령에 감동하여 내 뒤에서 나는 나팔 소리 같은 큰 음성을 들으니

사도 요한은 주의 음성을 들었다. 그리고 들었던 주님의 음성을 교회와 성도에게 반복하여 주신 말씀이 있다. 귀가 있는 자들은 성령이 교회들에 하신 말씀을 들을지어다 라고 권면을 하였다. 사도 요한은 천상의 세계를 자주 보았다. 때문에 요한계시록은 보고, 또 보고 하는 말씀이 자주 반복하여 기록하고 있다. 요한계시록은 다른 말로 표현한다면, 천상의 그림책이다. 주님이 보여준 마지막 될 일을 기록한 천상의 그림책이다. 복이 있는 자는 보고, 듣고, 깨닫는 마음이 있는 자이다. 이와 반면에 주님은 바리새인을 향하여 완악하고 교만하다고 엄히 꾸짖고 책망을 하였다. 보고, 듣고, 깨닫는 마음이 없었기 때문이다. "이 백성들의 마음이 완악하여져서 그 귀는 듣기에 둔하고 눈은 감았으니 이는 눈으로 보고 귀로 듣고 마음으로 깨달아 돌이켜 내게 고침을 받을까 두려워함이라 하였느니라(마13:15)"

특별히 종말에 깨어있고 예비하는 주의 종은 반드시 임박한 환난의 때에 징조를 보는 눈이 있어야 할 것이다. "보라 내가 너희에게 미리 말하였노라(마24:25)" 듣고 보고 깨닫는 자만이 영적인 세계를 말할 수 있다.

가로되 너 보는 것을 책에 써서 에베소, 서머나, 버가모, 두아디라, 사데, 빌라델비아, 라오디게아 일곱 교회에 보내라 하시기로

사도 요한은 주님으로부터 계시를 받았고, 본인이 받았던 계시를 책에 써서 기록하여 아시아에 있는 일곱 교회에 기록하여 보내라 라는 사명을 받았다. "써서"에 해당하는 헬라어 "그랖숀(γράψον)"은 부정과거 명령형으로 사도 요한이 보았던 것들을 즉시 실행하라는 촉구의 표현이다. 이런 표현은 하나님께서 선지자들에게 명령하신 방식인데 요한계시록에서 12번이나 반복되어 사용되었다. 요한계시록은 하나님의 절대적인 명령과 권위로 기록되었고, 교회에 주신 말씀임을 알 수 있다.

아시아에 있는 일곱 교회는 앞에서 언급하였다. 일곱 교회가 주는 교훈은 여러 가지가 있지만 가장 중요한 것은 일곱 교회는 작금의 주의 종들이 사역하고 있는 교회이다. 계시가 주님께서 오늘 이 시대에 주의 종들이 사역하고 있는 교회에 주신 말씀이라고 받을 때, 그리고 종들에게 적용될 때, 유익이 된다. 계시가 아시아에 있는 일곱 교회에 제한하면 성경은 주의 종에게 아무런 유익이 없다. 오늘 이 시대에 내게 주신 말씀이 무엇인가? 적용하고 비춰 볼 때, 생명력이 있다. "내가 이 언약과 맹세를 너희에게만 세우는 것이 아니라 오늘 우리 하나님 여호와 앞에서 우리와 함께 여기 서 있는 자와 오늘 우리와 함께 여기 있지 아니한 자에게까지이니라(신29:14~15)"

1:12 몸을 돌이켜 나더러 말한 음성을 알아보려고 하여 돌이킬 때에 일곱 금촛대를 보았는데

1:13 촛대 사이에 인자 같은 이가 발에 끌리는 옷을 입고 가슴에 금띠를 띠고

1:14 그 머리와 털의 희기가 흰 양털 같고 눈 같으며 그의 눈은 불꽃 같고

1:15 그의 발은 풀무에 단련한 빛난 주석 같고 그의 음성은 많은 물 소리와 같으며

1:16 그 오른손에 일곱별이 있고 그 입에서 좌우에 날선 검이 나오고 그 얼굴은 해가 힘있게 비취는 것 같더라

몸을 돌이켜 나더러 말한 음성을 알아보려고 하여 돌이킬 때에 일곱 금촛대를 보았는데

본문은 사도 요한이 다시 오실 예수님의 모습을 보았다. 초림의 예수님과는 영적인 분위기와 사역이 다르다. 앞에서 다시 오실 예수님의 사역과 모습에 대하여 언급을 하였기 때문에 상세한 설명은 생략하도록 한다.

성경의 주인공은 예수님이시고, 수 많은 선지자는 성령의 인도 하심 따라 예수님으로부터 직통 계시를 받았고 뿐만 아니라 현현하신 예수님의 모습을 생생하게 기록하였다. 한 예를 들어본다면 다니엘이 현현하신 예수님을 독대하였다. 사도 요한과 다니엘이 현현하신 예수님을 비교해보는 것은 여러 가지 의미가 있다 하겠다. 다니엘서는 유대인에게 주신 예언의 말씀이고, 요한계시록은 이방인 교회에 주신 말씀이다. 어떤 차이가 있고, 같은 점은 무엇이 있는가!

다니엘(단 10장)과 사도 요한(계 1장)이 보았던 예수님의 현현의 모습 비교.

다니엘(단10:5~6)	요한계시록(1:13~16)
옷은 세마포임(10:5)	발에 끌리는 옷을 입음(1:13)
허리에는 정금 띠를 두름(10:5)	가슴에 금띠를 두름(1:13)
몸은 황옥 같음(10:6)	인자 같음(1:13)
얼굴은 번개 빛 같음(10:6)	얼굴은 해가 비추는 것과 같음 (1:16)
눈은 횃불 같음(10:6)	눈은 불꽃 같음(1:14)
팔은 빛난 놋 같음(10:6)	오른손에 일곱별이 있음(1:16)
발은 빛난 놋 같음(10:6)	발은 풀무에 단련한 빛난 주석 같음(1:14)
말소리는 무리의 소리 같음 (10:6)	음성은 많은 물소리와 같음(1:14)
	머리와 털이 흰 양털과 눈과 같음 (1:14)
	입에서 좌우에 날 선 검이 나옴 (1:16)

두 선지자가 보았던 예수님의 현현의 모습은 시대와 문화의 간격은 있지만, 전체적인 모습은 같다. 만약에 다르다면 더욱 이상하고 문제의 소지가 많다 하겠다. 분석을 요구한다면, 다니엘 선지자보다 사도 요한이 더욱 구체적으로 보았던 것 같다. 다니엘은 머리와 털 그리고 입에서 나오는 날 선 검은 생략하고, 계시의 양적인 면에서도 사도 요한이 본 계시는 다니엘이 받았던 계시 보다 배가 많다.

사도 요한은 본문에서 재림의 예수님을 머리끝에서 발끝까지 상세하게 보았던 모습을 10가지로 계시하였다.

첫째, 예수님은 금촛대에 계신다. "일곱 금촛대를 보았는데"
금촛대는 교회를 말하고 있다. 교회를 금촛대로 말하고 있는 이유가 있다. ① 금 촛대에 등이 있어야 한다. 등은 하나님의 말씀을 말하고 있다. "주의 말씀은 내 발에 등이요 내 길에 빛이니이다(시119:105)" ② 기름을 공급해야 한다. 기름은 성령임을 나타내고 있다. "슬기 있는 자들은 그릇에 기름을 담아 등과 함께 가져갔더니(마 25:4)" ③ 빛을 발산해야 한다. 너희는 세상의 빛이다. "너희는 세상의 빛이라 산 위에 있는 동네가 숨겨지지 못할 것이요(마 5:1)"

예수님은 무소부재하신 분이시다. 우주 공간에도, 성도의 작은 가슴에도 영으로 존재하신 분이시다. 예수님은 교회에 좌정하시고, 교회를 살피시고 계신다. 금촛대 사이에 좌정하고 계시는 분이시다. 성막과 성전을 연구하면 하나님께서 교회를 얼마나 사랑하고 살피시는지 금방 알 수 있다. "주께서 전에 말씀하시기를 내 이름이 거기 있으리라 하신 곳 이 전을 향하여 주의 눈이 주야로 보옵시며 종이 이곳을 향하여 비는 기도를 들으시옵소서(왕상8:29)"

솔로몬이 기도한 내용이다. 성전은 하나님의 이름과 마음과 눈과 거룩함이 있는 곳이다고 선언하였다. 교회는 주님 임재의 처소이고, 주님과의 만남이 이뤄지는 곳이고, 주님의 거룩한 처소이다. 교회는 주님이 주인이시고 몸이다. 교회는 주님께서 피로 값 주고 세운 주님의 몸이다. 하여 주님을 사랑한다고 고백한다면 교회를 주님처럼 사랑하는 것은 너무 당연하다. 교회의 기쁨이 나의 기쁨이 되고 교회의 아픔이 나의 아픔이 되는 것은 당연하다. 주님을 사랑한다면 신앙생활의 우선순위는 교회 중심이다.

둘째, 예수님이 입은 옷은 발에 끌리는 옷이다. "촛대 사이에 인자 같은 이가 발에 끌리는 옷을 입고"
 발에 끌리는 옷은 보통 사람이 입을 옷이 아니다. 제사장과 왕이 입은 옷이다. 권세와 명예와 존귀가 있는 사람이 입을 옷이다. 발에 끌리는 옷을 입었다는 것은 구약의 독특한 표현이며, 대제사장 직분과 관련이 있다. 옷이 발을 덮는 의미는 오고 가는 흔적의 자취가 없는 완전한 행위의 그리스도를 나타낸다. 이사야 선지자도 환상 중에 주님의 옷자락을 보았다. "웃시야 왕의 죽던 해에 내가 본즉 주께서 높이 들린 보좌에 앉으셨는데 그 옷자락은 성전에 가득하였고(사6:1)"

 성경은 자세히 살펴보면 옷의 이야기로 수북하다. 옷을 연구하면 성경이 보인다. 창세기 3장은 옷 이야기이다. 타락된 인간이 무화과 잎으로 옷을 삼고 치부를 가려보지만 금방 부스러지고, 가릴 수 없다. 하나님께서 가죽 옷을 입혀 주신다. 가죽 옷은 주님의 십자가사역을 말해주고 있다. 요한계시록 19장은 혼인 잔치에 들어가는 성도가 입을 옷이 있다. 세마포이다. 믿음의 싸움에서 승리하는 성도가 입을 옷이다. 성도는 영적인 싸움이 옷과의 싸움이다 할 수 있다. 땅에서 옷을 준비하느냐 아니면 옷을 빼앗기느냐! 이 싸움이 진짜 싸움이다. 성도는 예복을 준비해야 한다. 예복이 없다면 혼인잔치에 들어가지 못한다. "임금이 손을 보러 들어올새 거기서 예복을 입지 않은 한 사람을 보고 가로되 친구여 어찌하여 예복을 입지 않고 여기 들어왔느냐 하니 저가 유구무언이어늘(마22:11~12)"

뿐만 아니다. 겉옷과 속옷을 잘 지키고, 날마다 어린 양의 피로 옷을 빠는 작업이 필요하다. "보라 내가 도둑 같이 오리니 누구든지 깨어 자기 옷을 지켜 벌거벗고 다니지 아니하며 자기의 부끄러움을 보이지 아니하는 자는 복이 있도다(계16:15)" 성도가 입고 있는 옷의 상태는 어떠한가!

셋째, 주님은 가슴에 금띠를 둘렀다. "가슴에 금띠를 띠고"
금띠가 상징하는 것은 왕의 권위와 위엄의 상징이다. 주님은 만왕의 왕이요, 만주의 주이시다. "기약이 이르면 하나님이 그의 나타나심을 보이시리니 하나님은 복되시고 홀로 한 분이신 능하신 자이며 만왕의 왕이시며 만주의 주시오(딤전6:15)"

아기 예수님이 탄생할 때, 동방박사가 3가지 예물을 가지고 경배하러 왔다. 유대인의 왕으로 오신 아기 예수님께 경배하러 왔다. 유대인의 왕은 창세기 1장에 등장하는 우주 만물의 창조주이시며, 사람을 만드시고 생사화복의 주관자이시다. 하나님 나라의 백성은 왕이신 주님께 경배와 찬양으로 영광을 돌리는 것은 삶의 자리에서 가장 우선이 되어야 한다.

넷째, "그의 머리와 털의 희기가 흰 양털 같고 흰눈 같으며"
머리와 털은 흰색이다. 흰색은 예수님의 거룩성을 상징한다.

예수님은 3가지의 이미지가 있다. 이름으로 사용되기도 한다. 사탄에게도 3가지의 이미지가 있다. 예수님의 이름은 거룩, 충성, 진실함이다. "또 내가 하늘이 열린 것을 보니 보라 백마와 탄 자가 있으니 그 이름은 충신과 진실이라 그가 공의로 심판하며 싸우더라(계19:11)"

이와 반면에 사탄의 이미지는 거짓, 살인, 욕심으로 가득찼다. "너희는 너희 아비 마귀에게서 났으니 너희 아비의 욕심을 너희도 행하고자 하느니라 저는 처음부터 살인한 자요 진리가 그 속에 없으므로 진리에 서지 못하고 거짓을 말할 때마다 제 것으로 말하나니 이는 저가 거짓말쟁이요 거짓의 아비가 되었음이니라(요8:44)"

열매로 누구의 역사인지 알 수 있다. 주님의 역사인지, 아니면 사탄의 역사인지를 열매를 보면 알 수 있다. 성도가 세상에서 구별되고 거룩한 행실로 나타나도록 날마다 결단하고 다짐하는 믿음이 필요하다.

다섯째, "그의 눈은 불꽃 같고"

눈은 불꽃 같다. 주님은 우주 만물을 창조하시고 감찰하시는 분이시다. 주님은 우리의 걸음을 세시고, 마음과 생각을 알고 계시고, 무게를 달아보시고, 앉고 일어섬을 알고 계시고, 머리털까지도 세고 계시는 분이시다. 우주 공간에 예수님의 눈을 피할 곳이 있는가? "여호와의 눈은 온 땅을 두루 감찰하사 전심으로 자기에게 향하는 자를 위하여 능력을 베푸시나니 이 일은 왕이 망령되이 행하였는즉 이후부터는 왕에게 전쟁이 있으리이다 하매(대하16:9)"

시편기자는 우주공간에 편만이 계시다고 선언했다. "내가 하늘에 올라갈지라도 거기 계시며 음부에 내 자리를 펼지라도 거기 계시니이다(시139:8)"

어찌 주님의 눈을 피할 곳이 이 땅에 있을까? 하여 다윗은 늘 하나님을 내 앞에 모시고 살았다. "내가 여호와를 항상 내 앞에 모심이여 그가 내 우편에 계시므로 내가 요동치 아니하리로다(시16:8)"

성도는 하나님을 내 앞에 모시고 사는 신전의식, 코람데오 신앙이 고백 되어져야 한다. 코람데오(Coram Deo)는 성도가 가지는 신전의식 즉 자신의 삶이 언제나 하나님 시선 아래 있음을 의식하고 책임 있는 존재로 살아가야 함을 말한다. 이런 신전의식이 있는 성도는 영적인 싸움에서 승리할 수 있다.

여섯째, "그의 발은 풀무에 단련한 빛난 주석 같고"
발은 풀무에 단련한 주석과 같음이라 했다. 다니엘 10장 6절의 배경으로 계시하였다. 풀무에 단련한 발의 모습은 예수님의 십자가 사역을 감당할 때, 그 발의 모습은 상처가 나고 피를 흘리는 연약하고 초라한 모습과는 비교된다. 그러나 본문에서 보는 예수님의 발은 정복자 발이 연상된다. 구약시대에 정복자는 전쟁이 승리하면, 패배한 나라의 왕의 머리나 목을 발로 밟고 의식행사를 하였다. 이렇게 했던 이유는 피정복자가 충성을 맹세하거나 속국이 되었다는 것을 안팎에 알리는 계기가 된다. 빛난 주석 같은 발은 예수님께서 장차 만왕의 왕으로 이 땅에 재림할 때, 원수마귀사탄을 능력과 권세로써 심판하는 장면을 연상하게 한다. "주께서 내 주께 이르시되 내가 네 원수를 네 발 아래 둘 때까지 내 우편에 앉았으라 하셨도다 하였느냐(마22:44)"

초림의 예수님이 이 땅에 오신 목적은 십자가에서 뱀의 머리를 쪼개기 위하여 왔지만, 재림의 예수님은 불신자를 심판하기 위한 심판 주로써 임하신다.

일곱째, "그의 음성은 많은 물소리와 같으며"
예수님의 음성은 많은 물소리와 같다. 에스겔 선지자도 동일한 환상을 보았다. 하나님의 음성이 많은 물소리와 같다 하였다. "이스라엘 하나님의 영광이 동편에서부터 오는데 하나님의 음성이 많은 물소리 같고 땅은 그 영광으로 인하여 빛나니(겔43:2)"

예수님은 하나님과 동일한 신적 권위를 가지신 분이라 라고 시사해준다. 많은 물소리를 연상해보자. 거대한 폭포 소리, 큰 강의 급류소리는 웅장하고 힘이 있다. 이러한 자연의 힘과 능력은 인간의 힘으로 거슬릴 수 없다. 주님의 음성이 많은 물소리와 같다는 표현은 주님의 권능과 위엄이 불가항력적이라는 것을 교훈해주고 있다. 세상 끝날에 최후의 심판을 알리는 주님의 음성은 불신자들에게는 두려움과 공포가 될 것이지만, 신부의 반열에 들어가는 성도는 신랑의 소리가 될 것이다. "밤중에 소리가 나되 보라 신랑이로다 맞으러 나오라 하매(마25:6)"

신랑의 음성을 듣지 못하면, 세상의 소리, 짐승의 소리를 듣는다. 그의 결국은 심판이다.

여덟째, "그 오른손에 일곱별이 있고"

주님의 오른손은 일곱별을 붙잡고 있다. 구약적인 배경에서 오른손과 왼손은 분명하게 구분이 된다. 오른손은 의인을 상징하고, 왼손은 악인을 상징적으로 표현하고 있다. 뿐만 아니라, 하나님은 성도에게 힘과 위로를 줄 때, 언제나 오른손을 붙잡고 사용하신다. "여호와여 주의 오른손이 권능으로 영광을 나타내시니이다 여호와여 주의 오른손이 원수를 부수시니이다(출15:6)"

오른손은 주님의 능력과 힘을 상징한다. 주님의 오른손으로 일곱별을 붙잡고 있다. 일곱별은 주님이 피로 세운 교회를 사역하고 있는 교회의 사자들을 말하고 있다. 천사들을 말하고 있다고 주장하는 분들이 있으나 어느 쪽을 취한다 할지라도 큰 무리는 없는 것 같다. 주님은 권능의 오른손으로 주의 종들을 붙잡고, 지키시고, 힘과 능력을 주시고, 주의 종을 통하여 일하고 계신다. "너희를 영접하는 자는 나를 영접하는 것이요 나를 영접하는 자는 나 보내신 이를 영접하는 것이니라(마10:40)"

사탄도 사람을 사용하고 하나님도 사람을 사용하신다. 하나님은 당신 자신의 일을 할 때, 반드시 주의 종을 사용하신다. 간과해서는 안 될 것이 있다. 늘 경계해야 한다. 혹 내가 사탄에게 쓰임을 받고 있지는 아니한지 늘 경계해야 할 것이다. 주님께 순종할 때, 보상으로 생명을 받지만, 사탄에게 순종할 때, 사망을 받는다.

아홉째, "그 입에서 좌우에 날 선 검이 나오고"

이런 비유는 신, 구약 성경에 여러 곳에서 자주 반복하고 있다. 구약의 예를 든다면, "내 입을 날카로운 칼같이 만드시고 나를 그 손 그늘에 숨기시며 나로 마광한 살을 만드사 그 전통에 감추시고(사49:2)"

　히브리서는 날 선 검으로 묘사하고 있다. "하나님의 말씀은 살았고 운동력이 있어 죄우에 날선 어떤 검보다도 예리하여 혼과 영과 및 관절과 골수를 찔러 쪼개기까지 하며 또 마음의 생각과 뜻을 감찰하나니(히4:12)"
　날선 검은 하나님의 입에서 나오는 말씀을 말하고 있으며, 이에 대한 의미는 말씀은 살았고, 운동력이 있고, 한 치의 어긋남도 없으며, 정확하고, 예리하고, 생명이 있다는 비유로 설명할 수 있다. 인간의 삶의 기준과 신앙의 척도는 하나님의 입으로 나오는 말씀이다.

　성도는 떡으로만 사는 것이 아니라 하나님의 입으로 나오는 말씀으로 사는 것이다. 말씀은 인간의 삶의 기준이고, 생명이다. 장로교의 교리 12신조 중 제1조는 무엇이라 교훈하고 있는가? "신구약성경을 하나님의 말씀으로 믿고, 신앙과 행위의 유일한 법칙으로 한다"라고 명시하고 있다. 주님의 입에서 나오는 말씀은 사람의 심령을 수술하는 날 선 검이다. 아울려 마지막 날에 심판의 기준 또한 주님의 입으로 나오는 말씀이다.
　주의 종은 말씀 실력을 절차탁마(切磋琢磨)하여, 말씀 밖으로 벗어나지 않도록 목회를 해야 할 것이다. 말씀 밖에 벗어나면 화이다. "내가 이 책의 예언의 말씀을 듣는 각인에게 증거하노니 만일 누구든지 이것들 외에 더하면 하나님이 이 책에 기록된 재앙들을 그에게 더하실 터이요 만일 누구든지 이 책의 예언의 말씀에서 제하여 버리면 하나님이 이 책에 기록된 생명나무와 및 거룩한 성에 참여함을 제하여 버리시리라(계22:18~19)" 불법을 행하는 자에게 하나님의 진노의 심판이 대기하고 있다.

열 번째, "그 얼굴은 해가 힘있게 비취는 것 같더라."

빛과 관련하여 성경은 무엇이라 말씀하고 있는가! 사도 요한은 하나님은 빛이라 하였다. "우리가 저에게서 듣고 너희에게 전하는 소식이 이것이니 곧 하나님은 빛이시라 그에게는 어두움이 조금도 없으시니라(요일1:5)"

빛은 태양 빛이 아니다. 빛은 하나님의 속성을 말하고 있다. 인간이 도저히 범접할 수 없는 하나님의 지혜, 영광, 사랑, 신실, 정결 등과 같은 하나님의 속성을 비유하여 설명하고 있다. 요한은 요한복음을 열며 예수님을 빛이라 소개하고 있다. "그 안에 생명이 있었으니 이 생명은 사람들의 빛이라(요1:4)"

마태는 변화산에서 변화된 예수님의 모습을 그 얼굴이 해같이 빛나며 옷이 빛과 같이 희어졌다고 계시하였다. 예수님은 빛이시고, 뿐만 아니라 마지막 날에 변화되고 회복된 성도는 주님처럼 해처럼 빛나게 될 것이다. "그 때에 의인들은 자기 아버지 나라에서 해와 같이 빛나리라 귀 있는 자는 들으라(마13:43)"

성도는 마지막 날에 해와 같이 빛나는 영화로운 존재가 되지만 지금도 마찬가지 세상의 빛이라 말씀했다. 세상에서 빛의 자녀처럼 살아라 라는 계명에 귀를 기울이고 정체성을 분명히 정립할 필요가 있다. 하나님은 빛, 빛이 되신 예수님도 이 땅에 성육신 하였고, 그의 자녀 된 성도 또한 세상의 빛이다. 이 얼마나 위로와 힘이 되는 말씀인가! 사도의 음성에 귀를 기울이고 세상과는 구별되고 거룩하고 의롭게 살아야 할 것이다. 이 땅에서 빛의 자녀처럼 살지 못하면 장차 오는 나라에서 빛의 세계에 입성할 수 없다.

> 1:17 내가 볼 때에 그 발 앞에 엎드러져 죽은 자같이 되매 그가 오른손을 내게 얹고 가라사대 두려워 말라 나는 처음이요 나중이니
>
> 1:18 곧 산 자라 내가 전에 죽었었노라 볼지어다 이제 세세토록 살아 있어 사망과 음부의 열쇠를 가졌노니

내가 볼 때에 그 발 앞에 엎드러져 죽은 자같이 되매 그가 오른손을 내게 얹고 가라사대 두려워 말라 나는 처음이요 나중이니

본문은 예수님의 자기계시이다. 하나님의 영광 앞에 선 자는 남녀노소, 빈부격차를 막론하고 인간의 왜소함을 온몸으로 느끼게 될 것이다. 요한이 그러했고, 다니엘, 베드로, 야고보, 바울도 그러한 경험을 하였다. 하나님의 임재 앞에 인간의 나약함을 간접적으로 표현하고 있다. 피조물이 창조주 앞에 어찌 바로 설 수 있겠는가! 창조주와 피조물이 인격적인 교제와 소통이 이뤄졌을 때, 어떤 현상이 일어날 것인가! 이런 만남에 대하여 성경은 반복하여 계시하고 있다.

여기 사도 요한이 주님과 인격적인 만남이 이뤄졌다. 사도 요한이 절대자 앞에 서 있는 모습은 두려움과 불안과 초조로 가득하다. 이런 분위기는 누구든지 긴장이 있지만, 예수님은 다가와 사도 요한을 만져 주신다.

성경은 성도에게 힘과 위로와 치유를 주는 생명의 책이다. 두려워 말라는 말씀은 성경에서 365번이나 반복하고 있다. 성도가 이 세상에서 날마다 경험하는 삶의 현장은 늘 두려움과 불안과 공포이다. 이것을 잘 아시는 주님은 '두려워 말라'는 말씀으로 성도에게 늘 위로와 힘을 준다. 이 신실한 말씀이 세상과 죄악을 이길 수 있는 성도의 무기이다. 날마다 성도는 영성 생활을 회복하여 신실한 말씀을 붙잡고 성령의 인도 하심에 따라 주님의 음성을 들어야 한다. 주님의 음성을 듣지 못하면, 세상과 싸워서 이길 수 없다.

산 자는 지금 살아 있는 자이고 뿐만 아니라 전에도 있었고, 지금도 있고, 앞으로 있을 영원히 있는 자라는 뜻으로 해석하면 된다. 17절의 나는 시작이요 나중이니 라는 말씀은 다시 한 번 반복하여 계시하였다. 예수님은 부활이 없다는 사두개인들에게 부활과 천국에서 사는 성도의 삶에 대하여 설명하면서, 계시한 말씀도 마찬가지이다. 하나님은 산 자의 하나님이시다. "나는 아브라함의 하나님이요 이삭의 하나님이요 야곱의 하나님이로라 하신 것을 읽어 보지 못하였느냐 하나님은 죽은 자의 하나님이 아니요 산 자의 하나님이시니라 하시니(마22:32)" 예수님은 하나님의 본체이시고, 모든 사역에서 동일하다.

곧 산 자라 내가 전에 죽었었노라

예수님은 과거에 죽었다 라고 선언하였다. 십자가의 사역을 말씀하고 있다. 예수님은 성육신 하시고, 고난을 받으시고, 십자가에서 죽으시고, 부활하시고, 승천하시고, 재림하시고, 천년왕국에서 왕으로서 통치하신다. 크게 보면 예수님의 사역은 7대 사역으로 구분된다. 이 복음의 7대 사역은 성도에게 매우 중요하다. 예수님과 연합한 성도는 복음과 함께 7대 사역의 과정과 절차를 거치는 것은 영적인 원리이다. 복음과 함께 다시 거듭남의 역사가 있고, 복음과 함께 고난을 받고, 복음과 함께 날마다 죽은 자아가 있어야 하고, 주님의 부활이 성도의 부활이 되고, 이 땅에서 순교자의 반열에 들어가는 주의 종들은 천년왕국에서 왕 노릇 하는 영광에 참여하는 주인공이 된다. 그렇다. 성도는 주님이 걸어갔던 발자취를 믿음으로 따라가는 것이다. 주님이 십자가에서 죽었다면 성도 또한 삶의 현장에서 주님과 함께 십자가에서 정과 욕심을 못 박고 죽어야 한다. 그리할 때, 부활의 영광이 있다.

볼지어다 이제 세세토록 살아 있어 사망과 음부의 열쇠를 가졌노니

예수님은 사망과 음부의 열쇠를 가지신 분이다. 본문에서 계시한 사망은 육의 사망을 말하는 것이 아니다. 둘째 사망에 해당하는 자를 말한다. 둘째 사망이라 함은 불신자가 받은 영원한 최후의 심판을 말하고 있다. 구체적으로 백보좌 심판 후, 불못에 떨어지는 자를 말한다. 완전히 사망판정을 받는 자를 말하고 있다.

음부는 중간기의 상태에서 불신자가 거하는 장소를 말하는 곳이다. 누가는 16장에서 나사로와 부자의 심판에 대하여 낙원과 음부를 계시하였다. 나사로는 낙원으로, 부자는 음부로 떨어진다. 음부는 영원히 쉼이 없는 곳이다. 음부의 대상자는 불신자를 말한다. "저가 음부에서 고통 중에 눈을 들어 멀리 아브라함과 그의 품에 있는 나사로를 보고(눅 16:23)"

예수님은 사망과 음부의 열쇠를 가지신 분이시다. 다른 한편으로는 사망과 음부의 심판 열쇠를 가지신 분이 있다면 반드시 생명과 천국의 열쇠를 가지신 분이 있는 것이다. 심판은 두 가지로 구분이 된다. 생명의 부활, 심판의 부활이다. 생명과 심판의 부활의 주관자가 예수님이시다. "선한 일을 행한 자는 생명의 부활로 악한 일을 행한 자는 심판의 부활로 나오리라(요5:29)"

심판의 부활을 피할 수 있는 길은 오직 한 길뿐이다. 예수님이 생명이다. 이 생명을 믿고 영접하는 자에게 영생이 예약되어 있다. "아들이 있는 자에게는 생명이 있고 하나님의 아들이 없는 자에게는 생명이 없느니라(요일 5:12)"

1:19 그러므로 네 본 것과 이제 있는 일과 장차 될 일을 기록하라

그러므로 네 본 것과 이제 있는 일과 장차 될 일을 기록하라

사도 요한은 요한계시록의 대지를 세 가지로 구분했다. 네 본 것이란 사도 요한이 이 계시를 받을 당시 그의 눈앞에 펼쳐졌던 장면들이다. 이제 있는 일은 지금 요한이 받은 계시를 아시아에 있는 일곱 교회에 보내게 되는데 그 일곱 교회의 형편을 이제 있는 일이라고 했다. 장차 될 일이란 이 계시의 전체적인 내용으로서 인류의 종말에 일어날 재앙의 징조와 구원과 심판에 대한 계시를 말한다.

네가 본 것

사도 요한이 본 것은 이 종말의 계시를 받을 때 볼 수 있었던 하늘 보좌의 광경들을 말한다. 요한계시록 1, 4, 5장이 해당한다. 1장은 기도하는 요한 앞에 계시자가 나타나 그에게 자신의 모습을 나타내 보여주셨다. 요한은 이때 계시자가 누구며 그가 왜 계시를 자기에게 보여주셨는지 이 계시를 어떻게 처리해야 할지 알 수 있었다. 그리고 4장은 요한에게 계시해 주신 종말의 사건을 계획하고 집행하는 곳이 어디인지에 대하여 밝히 보여준다. 다음에 5장은 이 같은 종말적 계시를 친히 집행하실 분이 누구인지에 대하여 보여주고 있다. 이처럼 요한이 본 것이 중요한 것은 이 계시자가 누구이며 이 계시를 집행하는 곳이 어디이며 또한 이 계시를 집행하는 분이 누구이신가에 대한 분명한 해답을 보여주고 있다. 요한에게 계시해 주신 종말적인 계시는 "반드시 속히 될 일"이며 "때가 가까운 일"이며 또한 "하나님의 말씀과 예수 그리스도의 증거 곧 자기의 본 것을 다 증거"하라고 하였다.

이제 있는 일

이제 있는 일은, 2장과 3장에 나오는 일곱 교회를 의미한다. 요한은 이 계시를 받을 때 주님으로부터 "너 보는 것을 책에 써서 에베소, 서머나, 버가모, 두아디라, 사데, 빌라델비아, 라오디게아 일곱 교회에 보내라"라는 명령을 받았는데 그 일곱 교회에 대한 형편이 시제로 본다면, 이제 있는 일이 된다. 이 일곱 교회의 사자는 그 당시 소아시아 일곱 교회의 목회자들을 의미하는데 더 정확히는 주님 오실 때까지 이 지상에서 하나님의 교회를 목회할 주의 종들을 상징한다고 말할 수 있다.

장차 될 일

각 교회의 영적인 형편을 주님의 예리하신 눈으로 살피신 바를 지적하셔서 책망하실 것을 책망하시고 칭찬하실 일을 칭찬하시며 회개할 것을 권면하신다. 그리고 만약 그 권고를 듣지 않을 시는 그들에게 내릴 징계와 심판에 관한 경종을 울리고 있다.

장차 될 일은 요한계시록 6장부터 22장까지를 말하고 있다. 이유는 **첫째, 주님의 재림 시기는 장차 될 일이기 때문이다.** 그러면 '장차'라고 표현된 시대는 과연 어느 시대를 의미하고 있는 것인가? 이 해답은 어렵지 않게 풀린다. 이 계시의 전 내용이 온전히 주의 재림에 관한 사건을 다루고 있어서 장차 될 일이란 주 재림시에 있을 사건들을 의미함이 틀림없다. 그것은 요한계시록의 전 내용이 주의 재림시에 성취될 종말론적인 사건으로 보여주고 있기 때문이다.

둘째, 장차 될 일의 사건이 일곱인의 사건으로, 일곱나팔의 사건으로 전개되며 여기서 세가지 화가 등장하고 일곱대접 심판이 등장한다. 요한계시록에 계시 된 종말적인 사건은 모두 이 사건 안에 포함이 되어 있다. 나머지 문제들은 이 사건의 배경 설명이 된다. 그러므로 우리는 이 사건들을 예언의 맥을 따라 질서 정연하게 정리해 두는 일이 필요하다.

셋째, 장차 될 일은 요한계시록 1장 1절은 속회 될 일, 요한계시록 4장 1절은 마땅히 될 일, 다니엘 9장 27절은 "그가 장차 많은 사람들과 더불어 한 이레 동안의 언약을 맺고" 라고 기록하고 있다. 표현은 다르지만 시기와 내용에 있어 '같다' 라고 할 수 있다. 요한계시록 6장에서 22장의 내용을 다르게 표현 한 것 뿐이다. 특별히 본경이라 할 수 있는 일곱인, 일곱나팔, 일곱대접의 모든 애가와 애곡과 재앙의 사건들이 포함되어 있고 19장부터는 무엇보다 성도의 궁극적인 신앙으로 볼 수 있는 주님의 재림과 천년왕국 그리고 거룩한 성, 예루살렘에 대한 소망의 메시지로 가득찼다.

> 1:20 네 본 것은 내 오른손에 일곱별의 비밀과 일곱 금 촛대라 일곱별은 일곱 교회의 사자요 일곱 촛대는 일곱 교회니라

네 본 것은 내 오른손에 일곱별의 비밀과

　비밀은 요한계시록에서 4번 사용하였다. 본문에서 한번, 10장에서 한번, 17장에서 두 번 기록되었다. 비밀은 사도바울이 자주 사용한 말씀이다. 비밀은 주님에 의하여 종말에 우주 공간에 일어날 사건을 비밀이라 하였다. 크게 보면 요한계시록 자체가 비밀이다. 계시 또한 감추어진 것을 드러내다 라고 해석할 수 있기에 비밀이다. 종말 신앙을 소망하는 주의 종들에게는 반드시 비밀이 열려 져야 한다.

　주님은 천국 비밀의 열람이 허락된 자와 허락되지 않은 자로 구분하였다. 너희에게는 비밀 열람이 허락되었지만, 저희에게는 비밀이 허락되지 않았다는 것이다. "대답하여 가라사대 천국의 비밀을 아는 것이 너희에게는 허락되었으나 저희에게는 아니 되었나니(마13:11)"

　너희는 제자를 말하고 있고, 저희는 무리를 말하고 있다. 너희는 종말 신앙을 소망하는 성도라고 한다면 너무 극단적인 해석이 될 수 있을까? 영적인 원리는 동일하다고 본다. 소망하는 자에게는 반드시 비밀이 열려 진다.

　본문에서 말하고 있는 비밀은 무엇인지를 자체적으로 해석하고 있다. 일곱별은 주의 종이고 일곱 촛대는 교회라고 해석하고 있다. 일곱별은 특별한 주의 종이다. 계시 비밀을 열 수 있고, 주신 사명을 감당할 수 있는 종의 반열에 들어가는 종이다. 일곱 촛대는 서머나 교회, 빌라델비아 교회 같은 촛대의 사명을 감당하는 교회라고 할 수 있다.

상대적으로 17장에서 짐승과 음녀도 비밀로 계시 되고 있다. 짐승은 적그리스도이요. 음녀는 거짓교회를 말하고 있다. 다른 말로 표현한다면 거짓 목자요. 거짓교회이다. 그렇다면 참 교회와 참 목자는 누구인가? 참 목자는 일곱별이요. 참 교회는 일곱 촛대이다. 영적인 질서가 정확하다.

사도 요한의 바람은 이 땅에 주님이 기름 부어 세우신 종과 피로 값 주고 세우신 교회가 한결같이 일곱 별이요 일곱 촛대의 반열에 들어가도록 하는 것이다. 혹 본인이 열심히 충성한다고 하지만, 주님이 붙잡고 쓰시는 일곱 별이 아니요. 일곱 촛대가 아니라면 얼마나 불행한가! 두렵고 떨림으로 주신 사명을 충성스럽게 감당하는 주의 종들이 되자! 일곱 별과 일곱 촛대의 반열에 들어가도록 충성하자! "내가 내 몸을 쳐 복종하게 함은 내가 남에게 전파한 후에 자신이 도리어 버림을 당할까 두려워함이로다(고전 9:27)"

마라나타!

2장
소아시아 7교회에 보낸 편지

소아시아 7교회에 보낸 편지
(2장 강해)

1 개요

가. 본서의 형식적 수신자는 당시 AD 1세기 말의 초대교회, 즉 소아시아지역에 있는 일곱 교회에 서신형식으로 주님이 주신 말씀이다.

나. 2~3장은 7교회에 국한된 것이 아니라 모든 오고 오는 교회에 주신 말씀이다. 일곱 교회 각각에 그들이 처한 형편과 모습에 따라 칭찬, 책망, 격려, 경고의 메시지는 지상신앙 공동체로서 세워진 오고 오는 모든 세대의 교회가 어떠한 모습으로 존재해야 할지를 보여주고 있다.

2 본 장의 내용 요약

가. 1~7절 : 에베소 교회에 보낸 편지
나. 8~11절 : 서머나 교회에 보낸 편지
다. 12~17절 : 버가모 교회에 보낸 편지
라. 18~29절 : 두아디라 교회에 보낸 편지

3. 일곱 교회에 대한 견해

　요한계시록 2장에서 가장 난해한 본문은 일곱 교회가 어느 교회를 말하고 있는가! 이에 대한 여러 가지 주장이 있다. 첫째, 일곱 교회를 2천년 교회사를 7시대로 구분하여 주장하는 견해가 있다. 이런 주장은 세대주의 학자들이 지지하는 이론이다. 둘째, 전세계교회, 오고 오는 모든 교회로 보는 견해가 있다. 이런 견해는 많은 학자의 지지를 받는다. 광야의 소리 사역회는 또한 이 이론을 지지한다. 다시 한 번 설명한다면 일곱 교회는 초대교회 시대에 세워진 모든 교회를 말하고 있고, 각 시대별 주님이 세운 교회 또한 포함되고, 전세계에 흩어진 교회도 예외가 아니고, 마지막 종말의 시대에 주님이 세운 교회도 이 범주에 포함된다. 일곱 교회는 사도 요한이 기록하여 수신자가 되는 교회뿐만 아니라 이기는 교회에 약속하신 비밀이 있는 교회는 모두가 해당이 된다. 일곱 교회는 여러 가지 다양한 영적인 분위기가 있는 교회로 그려지고 있지만, 이런 영적인 분위기는 그 당시 초대교회에 한정된 교회의 모습이기도 하고, 오고 오는 모든 교회는 일곱 교회 안에 담겨진 모습을 가지고 있다. 그 어떤 교회도 일곱 교회에서 벗어날 수 없다.

4. 일곱 교회에 보낸 편지 요약

구 분	에베소 교회	서머나 교회	버가모 교회	두아디라 교회	사데 교회	빌라델비아 교회	라오디게아 교회
시대별 교회 모습	초대교회 시대	순교시대	국교시대	중세, 암흑시대	종교개혁 시대	선교시대	종말시대
영적인 주소, 분위기	처음사랑을 잃어버린 교회	환난을 이긴 교회	세속적인 교회	음녀교회	영적으로 죽은 교회	환난에서 보호받은 교회	물량주의 교회
화폐상징	열매	면류관	사탄의 위	주문	두루마리	열린 문	닫혀진 문짝
화폐의 의미	부활, 승천후 남겨진 열매와 같다	면류관은 예언적 순교시대 의미	핍박.고난 신앙의 정절유지	우상숭배 만연한 중세교회 예표	생명과 같은 두루마리, 종교개혁 완성,	전세계 복음전파 선교시대 예표	종말시대 현대교회 예표
예수님의 등장모습	일곱별, 일곱금촛대 계심	처음이요 나중	좌우에 날선 검	눈이 불꽃,발이 주석	7영, 일곱별 가지신 이	다윗의 열쇠를 가진 이	창조의 근본이신 이
칭찬	있음	있음	있음	있음	있음	있음	없음
책망	있음	없음	있음	있음	있음	없음	있음
권고	있음	있음	있음	있음	있음	있음	있음
경고	있음	없음	있음	있음	있음	없음	있음
약속	있음	있음	있음	있음	있음	있음	있음

일곱 교회에 주신 계시는 일정한 양식이 있다. 예수님의 등장모습, 칭찬, 책망, 권고, 경고, 약속의 말씀 등이 교회 상황에 따라 기록이 되어 있다.

5 일곱 교회에 주신 동일한 말씀

요한계시록 2장, 3장은 주님이 교회에 주신 말씀이다. 일곱 교회의 영적인 분위기는 각각 다르다. 앞에서 배웠지만, 칭찬만 있는 교회도 있고, 책망만 있는 교회도 있다. 칭찬과 책망이 병행하여 있는 교회도 있다. 그만큼 교회는 영적인 분위기가 변화무쌍하다는 결론이 나온다. 때문에 일곱 교회에 계시 된 모든 교회는 다른 교회의 이야기가 아니라 우리가 지금 사역하고 있는 교회이기도 하다. 일곱 교회에 기록된 모든 계시를 통하여 우리가 몸 담고 있는 교회의 영적인 분위기를 점검하는 것은 매우 지혜롭다 하겠다. 일곱 교회에 주신 계시를 분석하면!

첫째, 수신인이 나온다.

"ㅇㅇㅇ교회의 사자에게 편지 하노니…"라는 말로 시작한다. 사자(angel, messenger)는 크게 보면 두 가지로 구분할 수 있다. 일례를 든다면 대통령은 나라를 대신하여 두 종류의 사자를 파견한다. 한 사람은 특사이고, 특사는 일정 기간 특별한 사명을 감당하는 사자이고, 또 다른 사자는 대사이다. 대사는 자국의 이익을 위하여 타국에 상주하며, 대통령을 대신하여, 임무를 수행한다.

하나님이 이 땅에 파견하는 사자 또한 두 종류의 사자가 있다. 한 종류의 사자는 천사이다. 천사는 하나님께서 직접 부리시는 종이다. 성경에는 수많은 천사가 등장한다. 창 16장은 아브라함의 후처 하갈이 본처 사라에게 쫓기는 신세가 된다. 도망하는 하갈에게 여호와의 사자는 하갈에게 나타나 하나님의 언약을 계시해 준다. 네 여주인에게로 돌아가서 수하에 복종하라고 계시를 받는다. 뿐만 아니라 창 19장은 소돔과 고모라 땅에 악이 관영함을 보고 하나님은 불로 심판하시기로 결정하시고 여호와의 사자를 아브라함과 롯에게 보내시고 심판의 비밀을 알리셨다. 이와 같은 특별한 사역을 감당하는 천사가 여호와의 사자이다.

또 다른 사자는 교회를 담임하고 있는 주의 종(servant)이다. 주의 종은 주님을 대신하여 교회를 세우고 있는 담임목사이다. 성경은 교회를 사역하고 있는 목사에게 주의 종이다 라고 계시하고 있다. "종들아 두려워하고 떨며 성실한 마음으로 육체의 상전에게 순종하기를 그리스도께 하듯 하여 눈가림만 하여 사람을 기쁘게 하는 자처럼 하지 말고 그리스도의 종들처럼 마음으로 하나님의 뜻을 행하여(엡6:5~6)" 종은 주인의 일만 하는 것이다. 종이 종의 자리에서 일탈하여 일할 때, 교회는 불협화음이 일어난다. 마치 종이 주인처럼 행세하면, 악하고 게으른 종이 된다. 우리 주변에 주인 행세하는 목회자들이 얼마나 많은가? 타산지석으로 삼아야 하지 않겠는가? 경계해야 한다. 착하고 충성된 종의 반열에 들어갈 수 있도록 종의 자리를 지켜야 한다. 목사는 적지 않다. 그러나 종은 찾기가 쉽지 않다. 주님은 목사를 찾지 않고 종을 찾는다.

요한계시록 2장과 3장에서 등장하는 사자는 지교회를 사역하고 있는 주의 종이다. 구체적으로 말한다면 담임목사이다. 담임목사의 사역은 잘하면 칭찬이요 잘못하면 화가 두 배에 이른다. 주님은 알고 지은 죄를 무섭게 다루신다. "주인의 뜻을 알고도 예비치 아니하고 그 뜻대로 행치 아니한 종은 많이 맞을 것이요(눅12:47)" 주의 종, 사역의 중요성을 백번을 강조해도 지나침이 없다.

둘째, 예수님의 등장 모습이 나온다.

에베소	서머나	버가모	두아디라	사데	빌라델비아	라오디게아
일곱별을 붙잡고 일곱금 촛대 사이에 다니시는 이(계2:1)	처음이요 나중이요, 죽었다가 살아나신이 (계2:8)	좌우에 날선 검을 가지신 이 (계2:12)	그 눈이 불꽃같고 그 발이 빛난 주석같은 하나님의 아들 (계2:18)	하나님의 7영과 일곱별을 가지신 이 (계3:1)	거룩하고 진실하사 다윗의 열쇠를 가지신 이, 열면 닫을 사람이 없고.. (계3:7)	아멘이시오 충성 되고 참된 증인이시오 하나님의 창조의 근본이신 ... (계3:14)

예수님의 등장 모습은 지교회마다 다르다. 이유는 지교회의 영적인 형편과 사정이 다르기 때문이다. 예를 든다면 에베소 교회와 서머나 교회의 영적인 분위기는 너무 다르다. 에베소교회는 첫사랑을 잃어버린 교회이고 서머나 교회는 순교자의 믿음을 가진 교회이다. 때문에 지교회의 형편과 사정에 따라 적합한 말씀을 주시고자 함에 있다. 의사는 환자를 처방할 때, 고려할 사항이 많다. 단지 아픈 곳만 처방하는 것이 아니라 환자의 심리적인 상태까지 고려하여 약을 처방할 때, 명의(名醫)라고 부른다. 마찬가지이다. 예수님은 교회의 주인이시고 머리이시다. 지

교회의 형편과 처지를 누구보다 잘 알고 계시는 분이시다. 하여 지교회의 상황에 맞은 말씀을 주시고 회복시키신다.

예수님의 등장은 경고와 밀접한 관계가 있다. 도표를 보며 지교회의 영적인 상황을 점검해 보자. 에베소 교회의 등장 모습은 "오른손에 일곱별을 붙잡고 일곱 금촛대 사이에 다니시는 이가" 예수님은 금촛대를 사이에 다니시는 모습으로 등장한다. 에베소교회에 주신 경고는 회개하여 첫사랑을 회복하라 만약에 회개하지 않으면 촛대를 옮기겠다는 주님의 의지와 결단이 있다. 간과 할 수 없는 것은 등장의 모습도 촛대이고 경고의 말씀도 촛대와 관련이 있다. 다른 교회에 주신 말씀도 이와 비슷하다. 다음의 도표를 보며 등장 모습과 경고는 영적인 분위기가 동일하고 연장 선상에 있다.

구분	에베소	서머나	버가모	두아디라	사데	빌라델비아	라오디게아
등장	일곱 촛대...	처음이요..	날선 검..	불꽃같고..	7영...	다윗의 열쇠...	충성되고...
경고	촛대를 옮기리라	없음	속히 와서 입의 검으로 치리라	침상에서 던지고	일깨지 않으면 도적같이 이르리라	없음	네입에서 토하여 내치리라

셋째, 지교회마다 형편과 처지를 아신다.

"알다"라는 단어는 두 가지 뜻이 있다. 하나는 기노스코(γινώσκω)와 또 다른 하나는 오이다(οἶδα)라는 단어가 있다. 해석한다면, 둘 다 지식으로 번역 되지만 내용상으로는 큰 차이가 있다. 기노스코는 객관적, 이론적인 지식을 설명할 때 사용한다. 이와 반면에 오이다는 주관적, 체험적 지식을 의미한다. 신적 통찰력을 나타내는 직관적 지식을 가리킨다. 일곱 교회에 주신 말씀은 기노스코가 아니고, 오이다 라는 말로 사용하고 있다. 전지하신 주님은 인간의 모든 행동을 꿰뚫어 알고 계신다. "심히 교만한 말을 다시 하지 말 것이며 오만한 말을 너희 입에서 내지 말지어다 여호와는 지식의 하나님이시라 행동을 달아보시느니라(삼상2:3)" 주님은 일곱 교회의 형편과 처지를 정확하게 알기 때문에 상황에 적합한 말씀으로 치유하고 회복하신다.

① 에베소 교회 : 2:3…. 견디고 게으르지 아니한 것을 아노라
② 서머나 교회 : 2:9 내가 네 환난과 궁핍을 아노니
③ 버가모 교회 : 2:13 네가 어디 사는 것을 내가 아노니
④ 두아디라 교회 : 2:19 사랑과 믿음과 섬김과 인내를 아노니
⑤ 사데 교회 : 3:1 내가 네 행위를 아노니
⑥ 빌라델비아 교회 : 3:8 내가 네 행위를 아노니
⑦ 라오디게아 교회 : 3:15 내가 네 행위를 아노니

"오이다!" 라는 말씀에는 여러 가지 뜻이 있다. 첫째, 지교회마다 모든 형편과 처지를 우리보다 더욱 알고 계신다. 둘째, 개개인뿐만 아니라 교회의 모습도 알고 계신다. 장점도 알고 계시고 단점도 알고 계시고, 정확히 알고 계시기에 처방도 정확히 하신다. 셋째, 머리털까지 세고 계신다. 성도의 머리털까지 세고 계신다는 것은 이렇게 해석하면 은혜가 되겠다. 성도의 머리털의 숫자가 총 몇 개인지 번호표를 붙이고 관찰하시는 분이시다. 기가 막히지 않는가! 넷째, 성도는 예수님, 한 분만으로 만족해

야 하고 요셉과 같은 코람데오 신앙이 있어야 할 것이다. 성도가 삶의 터전에서 믿음의 열매가 없는 것은 여러가지 이유가 있겠지만, 가장 큰 원인은 신전의식이 없기 때문이다. 주님 앞에서 라는 코람데오 신앙이 없기 때문이다. 요셉과 다윗과 같은 신전의식이 아쉽다. "이 집에는 나보다 큰 이가 없으며 주인이 아무것도 내게 금하지 아니하였어도 금한 것은 당신뿐이니 당신은 그의 아내임이라 그런즉 내가 어찌 이 큰 악을 행하여 하나님께 죄를 지으리이까(창39:9)"

넷째, 지교회에 대하여 칭찬과 책망을 하신다.

구분	에베소	서머나	버가모	두아디라	사데	빌라델비아	라오디게아
칭찬	행위, 수고, 인내, 악한자, 거짓된 것을 드러냄.	환난과 궁핍, 실상은 부요한 자	나를 믿는 믿음 저버리지 않음	사업, 사랑, 믿음, 섬김, 인내를 안다.	옷을 더럽히지 아니한 자,	적은 능력을 가지고 내 말을 지킴.	없음
책망	처음사랑 버림	없음	발람의 교훈, 우상의 제물 먹음	여자 이세벨 용납	내 하나님 앞에 행위의 온전한 것을 찾지 못함	없음	미지근한 신앙,곤고한것, 가련한 것, 눈먼것

지도자의 바람직한 리더쉽은 당근과 채찍을 겸하여 적용하는 것이다. 예수님은 선생이다. 한 손에는 당근과 한 손에는 채찍을 적용하며 제자들을 양육하였다. 베드로가 가이사랴 빌립보 지방에서 예수님을 "주는 그리스도요 살아계시는 하나님의 아들입니다"라고 간증하였을 때, 예수님은 칭찬으로 일관하였

다. 바로 이어 예수님은 성에 올라가 대제사장과 서기관에게 고난을 받을 것이라는 예언의 말씀을 선언하자, 듣고 있던 베드로가 예수님을 붙잡고, 이러한 일이 절대로 일어나지 않을 것을 호언장담하였다. 이에 예수님은 베드로에게 "사탄아 물러가라 너는 나를 넘어지게 하는 자로다"라고 준엄하게 꾸짖었다. 주님이 제자들을 양육할 때, 이와 같은 방법으로 지혜롭게 적용하였다. 칭찬과 징계는 교회 안에서 상황에 따라서 적절하게 사용하면 유익이 된다.

칭찬이 유익한 것이 무엇일까? 교수학습지원센터에서 발표한 자료에 의하면 칭찬이 좋은 30가지 이유가 있다. 첫 번째, 칭찬은 바보를 천재로 만든다. 칭찬은 말도 못하고 듣지도 보지도 못하던 헬렌 켈러에게 기적을 만들어 주었다 라고 간증하였다……. 마지막 30번째 칭찬이 좋은 이유는 "칭찬을 하다 보면 네가 내가 되고 내가 네가 되어 모두 하나가 된다. 이 세상에서 가장 아름다운 꽃은 웃음. 칭찬은 웃음꽃을 피우게 하는 마술사이다. 나도 마술사이고 싶다" 칭찬은 자기 자신을 칭찬할 줄 아는 사람이라야 남을 칭찬할 수가 있다. 자기부터 소통의 자리가 필요하다. 우리는 칭찬에 인색하지 말아야 한다.

징계가 유익한 것은 무엇일까? 징계에 대하여 하이델베르크 교리 문답에서는 "천국의 열쇠는 무엇입니까?"라고 묻고 "거룩한 복음의 강설과 교회의 권징인데, 이 두 가지를 통하여 믿는 자에게는 천국이 열리고 믿지 않는 자에게는 닫힙니다" 라고 답하고 있다. 영국의 정치철학자인 에드먼드 버크는 "선(善)의 방관이 악(惡)을 꽃 피운다"라는 말을 했다. 같은 맥락에서 교회의 징계에 대해 헬라어 학자인 데이너는 이렇게 정의하였다. "징계를 남용하는 것은 해롭고 비난받을 만한 일이다. 그러나 징계를 포기하는 것은 더 더욱 나쁜 일이다. 두 세대 전에 교회들은 평판이 나빠져도 당연할 만큼 징계를 실행했다. 그런데 오늘날에는 상황이 완전히 역전되었다. 교회 안에 징계는 거의 잊혀 버렸다. 새로운 세대의 목회자들이 교회의 중요한 기능성과 교회생활에서 차지하는 올바른 위치를 회복해야 할 시점이다"라고 주장하였다. 귀가 있는 자는 들을 지어다.

성경에서 징계가 필요한 이유는 크게 두 가지로 정리할 수 있다. 하나는 하나님을 두려워하고 둘째는 하나님의 사랑을 실천하는 사랑의 매질로서 징계가 이뤄져야 한다. 그렇기에 우리는 스스로 징계에 대해 고민하며 나를 돌아보아야 한다. 교회는 징계가 있을 때, 하나님을 두려워하고 하나님의 사랑이 넘치는 건강한 교회가 세워질 것이다.

다섯째, 지교회의 처방전이 있다. 사랑의 권고가 있다.

에베소	서머나	버가모	두아디라	사데	빌라델비아	라오디게아
처음 행위를 가져라. 회개하라.	죽도록 충성하라.	회개하라.	내가 올 때까지 굳게 잡으라.	지키어, 회개하라.	네 면류관을 빼앗지 못하게 하라.	열심을 내라. 회개하라.

주님은 교회마다 문제점을 지적하신 후, 교회의 문제점에 대하여 상황에 적합한 말씀을 주었다. 구약의 선지자는 어느 시

대를 막론하고 동일하게 주신 말씀이 있다. 하나님과 관계회복을 위하여 "돌아오라" 라는 회개의 촉구이다. 호세아서를 보면 하나님과 구약 성도의 관계를 호세아와 그의 아내 고멜을 통하여 잘 보여주고 있다. 호세아의 아내 고멜은 본남편을 떠나 자주 간음하였다. 호세아는 주관도 없이 끝까지 참고 간음한 여인을 사랑하고 찾아간다. 세상에서 이런 사람을 보며 무엇이라 하겠는가?

주님은 호세아와 아내 고멜을 주인공으로 삼아 작금에도 교회에 말씀하고 있다. 끝까지 성도를 사랑하고, 그리고 돌아오라는 회개의 촉구이다. "오라 우리가 여호와께로 돌아가자 여호와께서 우리를 찢으셨으나 도로 낫게 하실 것이요 우리를 치셨으나 싸매어 주실 것임이라(호6:1)"

비록 큰 죄를 지었던 음부의 고멜이지만, 남편에게 돌아오면 용서받듯이 교회는 하나님께 돌아오면, 관계가 회복된다. 심판은 죄 때문이 아니고, 회개가 없기 때문임을 왜 모르는가!

여섯째, 권면의 말씀이 있다.

"귀 있는 자는 성령이 교회들에게 하신 말씀을 들을 지어다 (2:7; 2:11; 2:17; 2:29; 3:6; 3:13; 3:22)"

권면의 말씀은 일곱교회, 모든 교회에 주신 말씀이다. 믿음의 시작은 들음에서 시작된다. "그러므로 믿음은 들음에서 나며 들음은 그리스도의 말씀으로 말미암았느니라(롬10:17)"

예수님은 명절을 맞이하여 예루살렘 성에 입성하였고 그곳에서 만난 바리새인들과 논쟁할 때, 주신 말씀이 있다. "진실로 진실로 너희에게 이르노니 죽은 자들이 하나님의 아들의 음성을 들을 때가 오나니 곧 이 때라 듣는 자는 살아나리라(요5:25)"

예수님의 말씀은 진리이고, 생명 그 자체다. 하여 말씀이 들어 갈 때, 죽은 영과 육이 회복된다. 주님은 말씀으로 죽었던 3사람을 부활시키었다. 주님의 말씀이 귀에 들리면 생명이 회복된다.

모세는 고별설교를 통하여 구약백성이 결국 가나안 땅에 입성하지 못한 것은 3가지로 요약할 수 있다고 지적한다. 깨닫는 마음과 보는 눈과 듣는 귀가 없었기 때문이다. "그러나 깨닫는 마음과 보는 눈과 듣는 귀는 오늘날까지 여호와께서 너희에게 주지 아니하셨느니라(신29:4)"

주님이 귀를 창조하신 목적은 말씀을 들어라 라고 만드셨다. 그런데 귀가 기능을 하지 못하면 어찌 되겠는가? 세상의 소리는 똑똑히 들리는데 정작 주인이 되신 주님의 말씀이 들리지 않으면 하나님의 진노가 임할 수밖에 없다.

주님은 마태복음 13장에서 씨뿌리는 자의 비유를 통하여 들을 수 있는 자의 귀가 얼마나 복이 있는지 말씀해주고 있다. 결국, 바리새인이 예수님을 배척한 것도 들을 귀가 없었기 때문이라 라고 이사야 선지자가 예언한 말씀을 인용하여 경고하였다. "이사야의 예언이 저희에게 이루었으니 일렀으되 너희가 듣기는 들어도 깨닫지 못할 것이요 보기는 보아도 알지 못하리라 이 백성들의 마음이 완악하여져서 그 귀는 듣기에 둔하고 눈은 감았으니 이는 눈으로 보고 귀로 듣고 마음으로 깨달아 돌이켜 내게 고침을 받을까 두려워함이라 하였느니라 그러나 너희 눈은 봄으로, 너희 귀는 들음으로 복이 있도다(마 13:14~16)"

사도바울이 3차 전도여행 중 드로아 지방에서 설교할 때, 유두고가 삼 층 누각에서 졸다가 떨어져 죽은 불행한 사고가 발생하였다. "유두고라 하는 청년이 창에 걸터 앉아 있다가 깊이 졸더니 바울이 강론하기를 더 오래 하매 졸음을 이기지 못하여 삼층에서 떨어지거늘 일으켜보니 죽었는지라(행20:9)" 귀가 열리지 않으면 영은 물론이거니와 육도 죽는다.

선지자 요나가 하나님의 말씀을 듣지 않고 불순종할 때, 어디까지 떨어졌던가? 영적인 현주소가 어디까지 떨어지는가? 결국은 스올까지 떨어졌다. 지옥까지 떨어짐을 예표하고 있다. 요나의 이동장소는 영적인 주소이다.

육지 → 배 → 배 밑 → 바다 →물고기 →스올, 결국 스올에 떨어지고 나서, 회개할 때, 다시 회복되었다. 귀가 들리면 이런 고생을 하지 않아도 될 터인데!

요한계시록은 영원한 복음이다. 그리고 단단한 식물이다. 종말에 반드시 묵시를 아는 주의 종이라면 본인이 먼저 먹고 소화하여 외치는 사명을 감당해야 한다. 사명 감당하기 위하여 기도할 제목이 있다. 학자의 혀와 학자의 귀가 있는 주의 종이 될 수 있도록 기도하는 것이다. "주 여호와께서 학자들의 혀를 내게 주사 나로 곤고한 자를 말로 어떻게 도와 줄 줄을 알게 하시고 아침마다 깨우치시되 나의 귀를 깨우치사 학자들 같이 알아듣게 하시도다(사50:4)" 뿐만 아니라 늘 심령의 밭을 갈아엎은 옥토 또한 필요하다 하겠다. "너희가 자기를 위하여 공의를 심고 인애를 거두라 너희 묵은 땅을 기경하라 지금이 곧 여호와를 찾을 때니 마침내 여호와께서 오사 공의를 비처럼 너희에게 내리시리라(호10:12)"

일곱째, 이기는 자에게 상급이 약속되어 있다.

에베소	서머나	버가모	두아디라	사데	빌라델비아	라오디게아
하나님의 낙원에 있는 생명나무의 과실을 주어 먹게 하리라	둘째 사망의 해를 받지 아니하리라.	감추었던 만나를 주고 또 흰 돌을 줄 터인데 그 위에 새 이름을 기록하리라	만국을 다스리는 권세를 주리라.	흰옷을 입을 것이요 그 이름을 생명책에 반드시 흐리지 아니하고 그 이름을 아버지 앞과 천사들 앞에 시인하리라	성전의 기둥이 되게 하리라 새 예루살렘의 이름과 나의 새 이름을 그이 위에 기록하리라.	내 보좌에 함께 앉게 하여 주리라.

성경은 예언의 말씀이다. 창세기부터 요한계시록까지 성경은 예언으로 시작하여 예언의 말씀으로 마무리하였다. 창세기에는 선악과를 따 먹으면 죽는다고 예언하였다. 그리고 요한계시록의 마지막은 "이것들을 증언하신 이가 이르시되 내가 진실로 속히 오리라 하시거늘 아멘 주 예수여 오시옵소서(계22:20)"

속히 오리라 라는 예언의 말씀으로 마무리하였다. 간과할 수 없는 것은 예언의 말씀은 이기는 자에게 축복이 예정되어 있다. 믿음도 이기는 자의 것이다. 면류관도 이기는 자의 것이다. 금촛대교회의 축복의 주인공도 마찬가지로 이기는 자의 것이다. 이기는 자의 반열에 들어갈 때, 축복의 주인공이 되는 것이다. 일곱 금촛대의 교회가 비밀이다. 왜! 비밀이라 했는가? 지금은 누가 말씀을 붙잡아 살고, 이기는 자의 반열에 들어가는지 알 수 없다. 끝까지 믿음의 경주를 하고 그리스도의 심판대 앞에 설 때, 드러난다. 이기는 자인지, 아니면 그와 반대의 경우인지, 지금은 계속 진행형이다. 때문에 교회는 비밀이다.

영적인 원리는 깨달아야 한다. 구원은 예수님을 믿음으로 받는다. 그러나 구원의 완성은 말씀을 지킴으로 완성이 된다 하겠다. 주님의 뜻은 행함이다. 지키는 자가 이기는 자의 반열에 들어갈 수 있다. 한국교회가 얼마나 많이 속고 있는가? 한번 구원은 영원한 구원이라고 한다. 특별히 칼빈의 예정론을 얼마나 쉽게 해석하고 있는지 교회는 경계해야 한다. 칼빈의 예정론은 그렇게 쉽게 볼 수 없다. 칼빈은 행함을 무척 강조하고 있다. 예정한 성도라면 반드시 그에 따른 행함이 따른다고 강조하였다. 행함이 없는 사람은 예정하지 않았다고 할 수 있다.

바울은 구원은 행위가 아니라 "오직 믿음"으로, "오직 은혜"로 받는다고 말하고 있다. 그러나 야고보는 행함이 없는 믿음은 죽은 믿음이라고 말한다. 과연 이 두 가지의 주장이 서로 다른 주장일까? 야고보서는 반바울적인 내용으로 오해되어 오리겐 이전 3세기까지 정경으로 인정받지 못하였던 때가 있었다. 또 마틴 루터는 성경을 독일어로 번역하면서 그의 초판에서 야고보서를 지푸라기 서신이라 불렀다. 그러나 재판의 발행에는 이러한 말을 스스로 삭제하였다. 반면에 칼빈은 이 서신서를 배척할 만한 정당하고 충분한 이유를 결코 발견할 수 없기 때문에, 이 서신서의 내용을 온전히 안심하고 받아들인다고 말하였다. 영은 같다. 바울과 야고보가 계시한 말씀의 원리는 같다. 믿음이 있는 사람은 반드시 열매가 있다.

교회는 전투적인 교회이다. 부단히 선한 싸움을 해야 한다. 하나님의 전신갑주를 입고 끝까지 마귀를 대적하고 피 흘리기까지 싸워야 한다. "마귀의 간계를 능히 대적하기 위하여 하나님의 전신 갑주를 입으라 우리의 씨름은 혈과 육을 상대하는 것이 아니요 통치자들과 권세들과 이 어둠의 세상 주관자들과 하늘에 있는 악의 영들을 상대함이라 그러므로 하나님의 전신 갑주를 취하라 이는 악한 날에 너희가 능히 대적하고 모든 일을 행한 후에 서기 위함이라(엡6:11~13)" 특별히 칠년 환난 기간 중에 짐승표와 싸워야 할 것이다. 표를 받느냐, 아니면 아니 받느냐, 결과에 따라 생명길과 사망길로 갈라진다. 표를 받지 않으면 엄청난 고난과 핍박이 있을 것이다. 안 받고 끝까지 견디고 인내하는 자는 이기는 자의 반열에 들어간다.

그렇다면 작금의 시대에 논란이 되는 verichip은 과연 짐승표인가? 아니면 oo 교단의 신학위원회에서 최종적으로 발표한 내용 처럼 광신자들의 구호인가? 묵시를 아는 종들이라면 지혜가 있어야 한다. 오호! 통제라! 주님의 말씀은 몸에 들어오는 것은 받지 말라 라고 했다. 분별의 영이 있어야 한다. 짐승표와 관련하여 요한계시록 13장을 다룰 때 자세하게 설명할 것이다.

송명희 성도가 쓴 "표"를 읽어 보는 것은 유익하다(드림북, 송명희 대 환난소설). 검증할 부분은 없지 않지만, 그래도 종말에 사는 성도라면 참고하면, 많은 유익이 될 것이다.

이기는 자에게 약속의 말씀이 있고, 상금이 있다. 이기는 자가 받은 복은 한결같이 이 땅에서 받을 수 있는 복이 아니다. 천국에서 누릴 수 있는 복이다. 생명나무 과실을 먹게 하고, 둘째 사망의 해를 받지 않는 것은 천국에서 누릴 수 있는 복이다. 그렇다면 교회는 진짜 복이 무엇인지를 잘 가르치고 인도해야 할 것이다.

여덟째, 문제가 있는 교회에 경고가 있다.

에베소	서머나	버가모	두아디라	사데	빌라델비아	라오디게아
촛대를 그 자리에서 옮기리라.	없음	네게 속히 임하여 내 입의 검으로 싸우리라.	내가 그를 침상에 던질터이요. 행위를 회개치 아니하면 큰 환난가운데 던지고 그의 자녀를 죽이리라.	일깨지 아니하면 도적같이 이르리니 어느시에 네게 임할는지 네가 알지 못하리라.	없음	내 입에서 너를 토하여 내치리라 책망하며 징계하노라.

주님의 경고는 확고한 의지와 결단이 있다. 하나님은 노아에게 경고하였다. 세상을 물로 심판하겠다 경고했다. 방주에 들어가지 않으면 물로 심판하겠다. 경고내용은 자비와 긍휼이 없다. 오직 심판만이 있을 뿐이다. 그리고 종말의 마지막은 불로 심판

하신다. "이제 하늘과 땅은 그 동일한 말씀으로 불사르기 위하여 보호하신 바 되어 경건하지 아니한 사람들의 심판과 멸망의 날까지 보존하여 두신 것이니라(벧후3:7)"

종말의 시대에 살아가고 있는 교회에 오직 두 가지 선택이 있을 뿐이다. 하나는 축복의 반열에 해당하는 휴거하는 성도가 되어 천년왕국에 들어가든지 아니면 멸망할 자들이 되든지 오직 두 쪽으로 구분이 된다.

일곱 교회는 두 종류의 교회가 등장한다. 하나는 주님의 기쁨이 되는 교회와 그렇지 않은 교회이다. 주님의 기쁨이 되는 교회는 경고가 없고 대신 칭찬과 축복이 있는 약속의 말씀이 있다. 그 대상이 서머나 교회와 빌라델비아 교회이다. 두 교회를 분석하면, 서머나 교회는 순교자의 피가 있는 교회이고, 빌라델비아 교회는 주님의 지상명령인 선교와 전도하는 교회를 말한다. 두 교회는 지상에 있는 모든 교회에게 말하고 있다. 마치 여인들이 놋 거울을 통하여 자신의 얼굴을 비춰보는 것과 같다. 놋은 예수님을 상징한다. 예수님을 통하여 교회의 모습을 비춰보는 것은 감사할 일이다. 마찬가지이다. 주님의 말씀을 통하여 주님의 마음을 읽을 수 있다. 예수님은 순교자의 피를 귀히 여기고 전도하는 교회, 선교하는 교회를 귀히 여기신다.

6 장, 절 강해

> 2:1 에베소 교회의 사자에게 편지하라 오른손에 있는 일곱별을 붙잡고 일곱 금 촛대 사이를 거니시는 이가 이르시되

에베소 교회

　에베소는 아시아의 수도이다. 상업과 교통, 문화의 중심지이다. 유명한 아데미 신전이 있고, 우상숭배가 성행한 곳이다. 바울은 3차 전도여행 때, 이곳에 3년 동안 머물었던 곳이다. 사도 요한도 이곳에서 잠시 사역을 하였으며, 밧모섬에서 풀려 난 뒤 다시 이곳에 돌아왔다.

에베소 교회의 특징

　에베소 교회는 고린도 교회와 달리 복음적이고 구별된 교회라고 할 수 있다. 사도바울이 3년 동안 두란노 서원을 세우며, 심혈을 기울여 목회했던 교회이다. 그런 영향이 있었기 때문에 어느 교회보다 깊은 믿음이 있었고, 교회와 관련한 계시를 집중적으로 받았던 교회이다. 교회에 대한 비밀을 기록하였고, 교회는 하나님이 창세 전에 계획하신 교회, 만물을 충만케 하는 교회, 만대와 만대로부터 하나님 속에 감춰왔던 교회라고 계시하였고, 에배소서는 신약성경에서 가장 심오한 진리를 포함하고 있다. 이곳에서 사도바울과 사도 요한과 디모데가 사역하였고, 예수님의 어머니 마리아가 이곳에서 여생을 지내다가 장사 되어 순례지가 되었다. 이곳 출신으로는 알렉산더, 데메드리오, 스게화와 아들, 후메내오, 부겔로, 히모게네 등이 있다.

에베소 교회의 사자에게 편지하라 오른손에 있는 일곱별을 붙잡고 일곱 금 촛대 사이를 거니시는 이가 이르시되

　본문은 에베소 교회에 등장하는 주님의 모습이다. 계시의 수신자는 에베소 교회의 사자이다. 교회의 사자는 주님이 피로 값 주고 사신 교회를 지키는 수호천사로 이해될 수 있으나 추상적이다. 이를 구체적으로 말한다면 교회에 주신 계시이다. 교회에 주었다는 것은 교회의 대표성이 있는 에베소교회를 담임하고 있는 담임목사에게 주신 계시이다. 이러한 해석은 다음 구절을 자세히 관찰하면 금방 계시의 비밀을 알 수 있다. 예수님의 등장 모습은 오른손에 일곱별을 붙잡고 있다. 일곱별을 붙잡고 있다는 것은 아주 중요한 영적인 의미가 있다. 일곱별의 해당이 되는 사람을 사용하여 교회를 다스리시고 세우신다는 뜻이다. 일곱별은 누구일까? 일곱별은 예수님을 대신하여 지교회를 세우고 사역하고 있는 담임목사이다.

담임목사 사역의 중요성은 백번을 강조해도 지나침이 없다. 교회는 담임목사가 세워지면 교회는 세워지는 것이요. 담임목사가 사역을 잘 감당하지 못하면 교회는 무너질 수밖에 없다. 때문에 수신자는 에베소교회의 사자가 되는 담임목사라고 할 수 있다. 담임목사의 사역과 관련하여 성경적인 견해를 정리해보았다. 필자는 담임목사와 관련하여 교단신문, 교회신보에 기고한 글을 소개한다.

담임목사!(2014.3.1)

지난주는 생면부지의 부부성도가 오전 예배를 드렸습니다. 예배가 마친 후에 인사드렸습니다. "어디에서 오셨습니까? 예! 저의 부부는 이곳에 지나가다가 교회가 있어 예배를 드렸습니다. 목사님! 오늘 은혜를 많이 받았습니다. 만약에 우리가 가까운 곳에 산다면 초대교회에 와서 예배를 드렸으면 좋겠습니다!" 물론 듣기 좋은 말로 일회용 인사치레로 들을 수 있으나, 분위기로 보아 진실성이 있어 보였습니다. 그분들을 보내고 난 뒤, 다시 한 번 설교의 중요성을 깨닫고, 예수님의 보혈의 피가 흐르는 설교를 해야겠다는 다짐과 아울러 담임목사 사역의 자리가 얼마나 중요한지, 영적으로 진단하는 기회를 가져 보았습니다.

종교개혁자들은 하나님 앞에서 모든 성도는 평등함을 주장하고 있습니다. 만인 제사장입니다. 예를 든다면 목사, 장로, 평신도 막론하고 만인 제사장임을 주장하고 있습니다. 물론 최목사도 개혁파교회를 섬기고 있기에 동의합니다. 그럼에도 불구하고 교회에서 담임목사에게 주는 특별한 사역이 있습니다. 교회는 담임목사의 사역을 인정하고, 권위에 순종할 때, 교회는 본질을 회복하는 것이고 생명력이 있는 역동적인 교회가 세워질 것이다 힘주어 강조하고 싶습니다. 이번 칼럼도 그러한 소망을 가지고 접근해 보았습니다.

담임목사에게는 특별한 사역이 있습니다. **첫 번째, 강도권(講道權)입니다.** 설교는 교회에서 가장 중요한 핵심적 요소입니다. 교회는 선포되는 말씀으로 세워졌기 때문입니다. 하여 종교개혁자들은 교회의 중요한 표지로써 첫 번째의 항목은 설교라고 했습니다. 그렇다면 공교회 안에 설교는 누가 해야 할까? 아무라도 설교 말씀을 선포하는 것은 아닙니다. 강도권이 있어야 합니다. 강도권은 담임목사에게 있습니다. 다른 말로 표현한다면 담임목사는 설교하는 사역자입니다. 담임목사에게 설교는 그 어떤 사역보다 우선이고 비중이 큽니다. 예수님의 보혈의 피가 흐르는 설교는 생각만 해도 힘이 납니다. 예배가 살아나는 것이지요. 예배가 살아나면 교회가 살아나는 것은 시간문제입니다. 최목사 기도의 제목이 있습니다. 설교의 황제라고 할 수 있는 스펄전 목사님처럼 설교하는 것입니다.

두 번째, 성례권(聖禮權)입니다. 성례는 세례와 성찬을 말하는 것입니다. 주님은 사도들에게 주신 사명이 있습니다. 교회의 위임명령입니다. 그중 하나는 세례입니다. "그러므로 너희는 가서 모든 민족을 제자로 삼아 아버지와 아들과 성령의 이름으로 세례를 베풀고(마28:19)" 세례는 신분이 바뀌는 것입니다. 세상의 백성에서 주님의 백성으로 말입니다. 두 번째는 성찬입니다. 주님은 잡히시기 전날 밤에 마가의 다락방에서 친히 성찬을 베풀었습니다. "내가 너희에게 전한 것은 주께 받은 것이니 곧 주 예수께서 잡히시던 밤에 떡을 가지사 축사하시고 떼어 이르시되 이것은 너희를 위하는 내 몸이니 이것을 행하여 나를 기념하라 하시고(고전11:23~24)" 생명의 공동체는 자주 반복하여 성례전을 베풀어야 할 것입니다. 이러한 성례권은 아무라도 위임하는 것은 아닙니다. 오직 담임목사에게 주는 특별한 사역입니다.

세 번째, 축복권(祝福權)입니다. 기독교는 복의 종교입니다. 복의 주체는 하나님입니다. 하나님께서는 복을 주시기로 약속했습니다. 하나님으로부터 모세가 받았던 계명입니다 "아론과 그의 아들들에게 말하여 이르기를 너희는 이스라엘 자손을 위하여 이렇게 축복하여 이르되 여호와는 네게 복을 주시고 너를 지키시기를 원하며(민6:23~24)" 질서의 하나님은 구약 성도에 복을 주시기로 약속했지만, 일정한 원리와 원칙이 있습니다. 아론의 지파 아들들에게 축복권을 주었습니다. 특별히 아론의 지파 아들들을 통하여 복을 주라고 계시했습니다. 하여 아론지파의 반차에 따른 아들들은 사명이 있습니다. 하나님의 이름으로 축복을 빌어 주는 것입니다. 아론 지파의 아들들은 지금 우리 시대에 적용한다면 담임목사입니다. 하나님은 성도에게 복을 주실 때, 담임목사가 하나님을 대신 하여 복을 빌어 주는 것입니다.

담임목사가 복을 빌어 줄 때, 복이 임하는 것입니다. 삼중 축복입니다. 영혼이 잘 되고, 범사가 잘 되고, 강건의 복을 받는 것입니다. 이것이 영적인 원리입니다. 이러한 계시의 비밀을 안다면 담임목사와의 관계를 소원하게 할 수 없지요. 영의 아버지로 알고 인생의 멘토로 삼는다면 참으로 복이 있다 하겠습니다. "이에 백성들이 아침에 일찍이 일어나서 드고아 들로 나가니라 나갈 때에 여호사밧이 서서 이르되 유다와 예루살렘 주민들아 내 말을 들을지어다 너희는 너희 하나님 여호와를 신뢰하라 그리하면 견고히 서리라 그의 선지자들을 신뢰하라 그리하면 형통하리라 하고(대하20:20)"

이러한 영적인 원리에 기초하여 성도는 3가지 신앙의 반석이 있어야 합니다. 3개의 신앙의 다리가 든든하게 서 있을 때, 성도는 영적인 전투에서 승리할 수 있습니다. 성도가 삶의 터전에서 신앙생활이 실패했다는 것은 결국은 3가지 신앙의 반석이 반듯하게 세워지지 않았다는 것입니다.

첫 번째, 말씀이 반석입니다. 예수님은 산상수훈의 결론에서 성도의 신앙의 반석은 말씀이다 라고 계시를 주었습니다. 성도가 이 광야 같은 세상에서 집을 지을 때, 집의 주초는 말씀입니다. 사람은 반드시 3가지 환난이 있지요. 즉 비가 내리고, 창수가 나고, 바람이 있습니다. 환난이 없다는 것은 성경적인 원리가 아닙니다. 그럼에도 불구하고 3가지 환난이 있을 때, 말씀이 인생의 반석이 되는 성도는 절대로 넘어지지 않는다는 것이지요. 특별히 종말의 시대에는 엄청난 영적인 탁류가 흐를 것입니다. 분별의 영이 없다면 진리와 비진리가 구분이 되지 않습니다. 그러나 말씀 신앙이 회복된 성도는 미혹의 영에 넘어지지 않습니다. 하여 말씀신앙은 무너지지 않은 신앙의 반석입니다. "그러므로 누구든지 나의 이 말을 듣고 행하는 자는 그 집을 반석 위에 지은 지혜로운 사람 같으리니 비가 내리고 창수가 나고 바람이 불어 그 집에 부딪치되 무너지지 아니하나니 이는 주추를 반석 위에 놓은 까닭이요(마7:24~25)"

둘째, 예수님이 반석입니다. 다른 복음은 없습니다. 지난해에 부산에서 개최되었던 WCC총회는 한국교회에게 많은 교훈을 주었습니다. 종교 다원주의는 참으로 위험합니다. 다른 종교에도 구원이 있다는 주장은 사탄의 속임수입니다. 개혁교회는 오직 예수입니다. 오직 복음입니다. 성경은 예수님이 반석이라 했습니다. 예수님이 산돌이라 했습니다. 뜨인 돌이라고 했습니다. 이기는 자는 돌을 받습니다. 구약의 선지자 다니엘도 계시를 받았습니다. 사도 베드로 뿐 만 아니라 사도 바울도 사도 요한도 우리에게 주는 계시는 동일합니다. 성도의 반석은 예수님이라고 말씀했습니다. 성도는 반석이신 예수님을 붙잡아야 든든히 서갈 수 있을 것입니다. "다 같은 신령한 음료를 마셨으니 이는 그들을 따르는 신령한 반석으로부터 마셨으매 그 반석은 곧 그리스도시라(고전10:4)"

세 번째, 마지막으로 담임목사가 반석입니다. 사도 베드로가 가이사랴 빌립보지방에서 영이 열리고 간증했습니다. 다른 사도들은 예수님의 정체에 대하여 다른 분으로 소개했지만 사도 베드로는 영이 열리고 성령이 충만하여 예수님을 그리스도라고 간증했습니다. 우리 예수님께서 참으로 기분이 좋았을 것입니다. 비록 성경에는 기록되지 않았지만, 행간의 배경을 연구하면, 주님은 너털웃음으로 화답했을 것입니다. 주님의 화답은 베드로에게 너는 반석이라 했습니다. 베드로가 반석입니다. 베드로의 신앙고백이 반석입니다. 베드로의 사도권은 지금 이 시대의 담임목사에게 계승됩니다. 하여 담임목사가 성도의 신앙생활의 반석입니다. 조금 더 구체적으로 설명한다면 담임목사의 영적인 권위가 반석입니다. 영적인 권위가 아닌 사사로운 견해는 반석이 될 수 없지요. 한국교회가 여기저기에서 불협화음이 많이 발생하고 있습니다. 어느 공신력이 있는 기관의 조사에 따르면 교회의 불협화음의 70%는 담임목사와 성도와의 불협화음에서 비롯되었다는 것입니다. 담임목사와 성도와의 불협화음은 교회가 무너지는 것입니다. 미혹의 영인 사탄이 역사하는 것입니다. 우리는 경계해야 합니다. 물론 담임목사의 사사로운 견해는 경계해야 하지만 담임목사의 영적인 견해는 순종하고 복종해야 합니다. 영적인 견해에 순복하면 주님께 순종하고 복종하는 것입니다. 주님의 말씀에 따른 것입니다. 성도 개인은 무덤 문이 열리고 공동체는 평안하며 든든히 서가는 것입니다. 주님의 뜻은 예수님의 제자가 되기 전에 담임목사의 제자가 되는 것이 우선 순위입니다. 머리가 없는 세상에 살고 있습니다.

주님께서 종말의 시대에 아시아에 있는 일곱 교회에 주신 계시는 오고 오는 모든 시대에 교회에게 주신 계시이지만 궁극적인 대상은 지금 이 시대에 주님께서 피로 값 주고 세우신 교회에게 주신 말씀입니다. 특별히 교회 사자들에게 주신 계시입니다. "에베소 교회의 사자에게 편지하기를 오른손에 일곱별을 붙잡고 일곱 금촛대 사이에 다니시는 이가 가라사대(계2:1)"

에베소교회의 사자는 단 한 사람에게 초점이 맞추어져 있습니다. 담임목사입니다. 교회 사자는 담임목사입니다. 담임목사가 세워지면 교회는 세워지기 때문입니다. 뿐만 아닙니다. 우리는 예수님은 어느 곳에 관심과 마음이 있는지를 계시의 말씀을 통하여 주목해야 할 것입니다. 예수님은 일곱별을 붙잡고 계십니다. 일곱별이 예표하는 것은 담임목사입니다. 예수님은 일곱별, 일곱 교회 사자들은 붙잡고 계십니다. 일곱 교회 사자들은 일곱 교회 개교회의 담임목사를 말하는 것이지요. 오른손은 권능과 힘의 상징입니다. 예수님은 담임목사를 붙잡고, 사용하시고 하여 교회를 다스리시고 세워나가십니다.

결론적으로 교회는 크게 보면 두 사람이 있습니다. 매우 중요한 영적인 원리가 있습니다. 한 사람은 일하는 사람이고, 또 다른 한 사람은 돕는 사람입니다. 일하는 사람은 결코 두 사람이 될 수 없습니다. 오직 한사람입니다. 이와는 반면에 돕는 사람은 다수입니다. 두 사람 이상이 됩니다. 돕는 사람에게 하는 일은, 일하는 사람을 돕는 것입니다. 잘 도와줄 때, 상금이 있습니다. 그리고 씨앗이 나오는 것입니다. 이 씨앗은 생명입니다. 일하는 사람과 돕는 사람은 합력하여 생명을 살리는 사역을 감당하는 것이지요. 그렇다면 일하는 사람과 돕는 사람은 구체적으로 누구를 말하는 것일까요? 일하는 사람은 지교회의 담임목사이고요. 돕는 사람은 교회안에서 장로님을 비롯하여 모든 성도님을 지칭하는 것입니다. 모든 지교회는 담임목사님을 도와 합력하여 선을 이루는 것입니다. 주님의 뜻은 성도가 담임목사를 세워 생명을 살리는 것입니다. 결국은 주님이 원하시고 기뻐하시는 생명 살리는 거룩한 공동체가 세워지는 것이고 성도는 복을 받습니다.

주님께서 십이사도를 세우시고 파송하시면서 주신 말씀은 담임목사를 세우지 못하면 예수님의 몸을 세울 수 없다는 것입니다. "너희를 영접하는 자는 나를 영접하는 것이요 나를 영접하는 자는 나를 보내신 이를 영접하는 것이니라 선지자의 이름으로 선지자를 영접하는 자는 선지자의 상을 받을 것이요 의인의 이름으로 의인을 영접하는 자는 의인의 상을 받을 것이요(마 10:40~41)."

담임목사가 차지하는 비중은 적지 않습니다. 담임목사에게 이런 영적인 비밀이 있기에 야고보 기자는 선생이 되지 말라 했지요. "내 형제들아 너희는 선생된 우리가 더 큰 심판을 받을 줄 알고 선생이 많이 되지 말라(약3:1)." 그렇다면 길이 있습니다. 담임목사는 교회를 세우고, 교회는 담임목사를 세우는 것입니다. 할렐루야!

일곱별은 주의 종이다. 구체적으로 담임목사라고 앞에서 설명하였다. 주님은 시대마다 주의 종을 붙잡고 사용하신다. 요한계시록 또한 주의 종에게 주신 계시이다. 특별히 주님께서 사용하시는 일곱별의 반열에 들어가는 주의 종들에게 주신 계시이다.

일곱별의 반열에 들어가는 종은 사도 요한, 사도 바울 또는 종말의 시대에 순교자의 반열에 들어가는 두 증인도 이에 해당한다. 사도행전 6장은 교회가 일곱 집사를 세운다. 집사를 세운 목적은 사도들이 말씀과 기도에 전무 할 수 있도록 하기 위함이다. 말씀과 기도에 전무 하는 사도들이 나중에 순교자의 반열에 들어갔다. 지금 이 시대에도 일곱별의 반열에 들어가는 주의 종들이 있다. 밧모섬에서 말씀과 기도에 전무하여 주신 사명을 잘 감당하는 주의 종들이다. 일곱별의 반열에 들어갈 수 있도록 준비하자.

주님은 우주 만물에 편만하게 존재하신다. 하늘에도 계시고 음부를 다스리시고, 무소부재하신 분이시다. 그럼에도 불구하고 택하신 곳이 있다. 이곳에서 좌정하시고 영광을 받으시고 현현하신다. 주님은 교회를 세우시고 성전에 계신다. "여호와께서는 그의 성전에 계시고 여호와의 보좌는 하늘에 있음이여 그의 눈이 인생을 통촉하시고 그의 안목이 그들을 감찰하시도다 (시11:4)"

일곱 금촛대는 성막을 연상하면 답이 나온다. 성막의 지성소에는 3가지 성물이 있다. 떡상과 일곱 금등잔대와 분향단이다. 본문에서 계시한 일곱 금촛대를 일곱 금등잔대로 표현하면 더욱 정확하다. 촛대가 아니고 금등잔대이다. 등잔은 Lamp이고 촛대는 Candlestick이다. 제사장은 저녁과 아침으로 등잔불을 점검하였다. 우리에게 주는 영적인 의미가 아주 크다. 주의 종들은 저녁과 아침으로 최소한 하루 두 번은 택하신 곳에서 말씀과 기도로 절차탁마하는 것은 기본사역이라 할 수 있다. 이러한 영성 생활이 있는 종이 일곱별의 사명을 가진 종이다.

> 2:2 내가 네 행위와 수고와 네 인내를 알고 또 악한 자들을 용납하지 아니한 것과 자칭 사도라 하되 아닌 자들을 시험하여 그의 거짓된 것을 네가 드러낸 것과
>
> 2:3 또 네가 참고 내 이름을 위하여 견디고 게으르지 아니한 것을 아노라

내가 네 행위와 수고와 네 인내를 알고 또 악한 자들을 용납하지 아니한 것과 자칭 사도라 하되 아닌 자들을 시험하여 그의 거짓된 것을 네가 드러낸 것과

본문은 주님이 칭찬에 관한 말씀으로 위로하신다. 에베소교회의 행위, 수고, 인내를 알고 계신 주님이시다. 이러한 계시는 에베소 교회 뿐만 아니라 일곱 교회도 동일하게 주신 말씀이다. 주님은 정확하게 알고 계신다. 보는 눈이 정확하다. 세상과 사람을 속일 수 있지만, 우리 주님의 눈을 속일 수 없다는 것이다. 공관복음은 사람의 머리털까지 세고 계시다고 계시하였으며, 요한복음에서는 사람의 모든 행동을 꿰뚫어 보시는 주님이시고, 특별히 우리의 걸음까지도 세고 계시다고 하였다. 어떤 목회자는 간증하기를 우리 주님은 성도의 눈썹까지 헤아리고, 더욱 구체적으로 말씀을 드린다면 눈썹 하나하나에 번호표를 붙이시고, 기억하신 분이라 간증하였다. 주님의 능력을 인정한다면 이러한 간증에 태클을 걸 사람이 누가 있겠는가?

성도는 4가지의 눈이 있어야 한다. 특별히 종말의 시대에 두 증인의 사명을 감당하겠다고 결단하는 주의 종들은 거룩한 욕심을 가지고 4가지의 눈을 간직할 수 있도록 기도해야 할 것이다.

첫째, 하나님을 보는 눈이다. 믿음의 눈이다. 하나님은 우주 만물에 편만하게 존재하고 계시고, 만물에 거룩한 하나님의 신성이 있다. 믿음의 눈이 있다면 누구든지 하나님을 볼 수 있고 임재를 경험할 수 있다. 예수님은 보고, 듣고, 깨닫는 자에게 복이 있다 하였다. "그러나 너희 눈은 봄으로, 너희 귀는 들음으로 복이 있도다(마13:16)"

둘째, 역사를 보는 눈이다. 세속의 역사관으로 인류역사를 보는 것은 한계가 있다. 인류의 흥망성쇠는 성경을 통하여 보아야 한다. 성경을 통하여 인류역사를 보고 진단해야 한다. 인류역사는 시작과 끝이 있다. 다니엘 선지자가 받았던 말씀대로 인류역사는 시작이 있으면 반드시 끝이 있다. 예를 든다면 다니엘 2장의 금신상 계시와 9장의 칠십 이레의 계시가 인류의 종말을 말해준다. 성경은 인류역사의 시작과 끝에 대하여 정확하게 계시하고 있다. 그리고 성도는 성경을 통하여 역사를 보는 눈이 있는 통찰력이 있어야 할 것이다. 지도자의 덕목 중, 두가지가 있는데, 하나는 역사의 벽보를 보는 것이고 또 다른 하나는 분별력이라 말할 수 있다.

셋째, 세상을 보는 눈이다. 인문학적인 사고를 가지고 세상을 진단할 수 없다. 성경이 답이다. 지금은 종말의 시대이다. 종말의 시대는 노아의 시대와 롯의 시대와 같다. 지금 세상의 영적인 분위기를 보라! 노아와 롯의 시대와 같다. 노아와 롯의 시대는 땅에 있는 8가지를 세우기 위하여 사람은 미쳐있다. 모두 육에 따라 살고 있다 진단하고 있다. "노아가 방주에 들어가던 날까지 사람들이 먹고 마시고 장가들고 시집가더니 홍수가 나서 저희를 다 멸하였으며 또 롯의 때와 같으리니 사람들이 먹고 마시고 사고 팔고 심고 집을 짓더니(눅17:27~28)"

성경을 통하여 세상을 보는 눈이 있어야 한다. 주의 종이라면...

마지막으로 사람을 보는 눈이다. 우리 속담에 열 길 물속을 알 수 있지만, 한 길 사람 속은 모른다 하였다. 사람의 외모에 속지 마라. 영성의 사람 사무엘도 사람을 보는 눈이 한계가 있었다. 사람을 평가함에 신장과 외모를 보았지만, 하나님은 사람을 볼 때, 외모로 보지 않았고, 심령속을 보았다. "여호와께서 사무엘에게 이르시되 그의 용모와 키를 보지 말라 내가 이미 그를 버렸노라 내가 보는 것은 사람과 같지 아니하니 사람은 외모를 보거니와 나 여호와는 중심을 보느니라 하시더라(삼상16:7)"

세상은 겉모습을 보지만 성도는 믿음으로 신령한 세계를 보는 것이다. 세상은 보이는 세상에 소망을 두지만, 성도는 믿음의 눈으로 보이지 않은 신령한 세계에 소망을 두는 것이다. "우리가 소망으로 구원을 얻었으매 보이는 소망이 소망이 아니니 보는 것을 누가 바라리요(롬8:24)"

이러한 원리는 사람을 볼 때도 마찬가지이다.
사도바울은 고린도 교회 성도에게 사람에게는 누구든지 막론하고 냄새가 있다 하였다. 냄새는 두 가지이다. 생명의 냄새와 사망의 냄새이다. "이 사람에게는 사망으로부터 사망에 이르는 냄새요 저 사람에게는 생명으로부터 생명에 이르는 냄새라 누가 이 일을 감당하리요(고후2:16)"

사망과 생명의 냄새는 육의 눈으로는 감지할 수 없다. 성령의 사람이 볼 수 있고 분별할 수 있다. 특별히 주의 종은 4가지 눈을 가질 수 있도록 기도해야 할 것이다. 사모하고 갈급해 하는 주의 종에게 세상이 볼 수 없는 눈을 주실 것이다.

주님이 에베소교회에 칭찬한 내용은 행위, 수고, 인내, 악한 자를 용납지 않은 것, 거짓 사도를 분별한 것, 게으르지 아니한 것이다. 크게 보면 6가지의 선행을 칭찬하였다. 주님으로부터 위임받는 세상의 오고 오는 모든 교회가 이같이 선한 행실로 주님께 칭찬을 받는 것은 어찌 보면 당연지사가 아닌가! 행위에는 반드시 상급이 있다. "그런즉 너희는 강하게 하라 너희의 손이 약하지 않게 하라 너희 행위에는 상급이 있음이라 하니라(대하15:7)"

악한 자들을 용납지 아니한 것과

하나님은 악한 행실을 미워하신다. 교회에서 악한 자란 누군가? 첫째, 쑥물을 먹이는 자다. 다른 복음으로 말이다. 둘째, 교회를 소란케 하는 자를 말하고 있다. 당을 짓는 무리, 파당을 형성하는 행위이다. 셋째, 교회를 거역하는 자다. 교회의 결정에 불복하는 자들이 해당한다. 이들을 사랑으로 용납해 주는 일은 더 큰 불행을 초래한다.

그 이유는 **첫째, 참 양의 생명을 죽이기 때문이다.** "도둑이 오는 것은 도둑질하고 죽이고 멸망시키려는 것뿐이요 내가 온 것은 양으로 생명을 얻게 하고 더 풍성히 얻게 하려는 것이라(요10:10)"

둘째, 온 지체에 고통을 주기 때문이다. "만일 한 지체가 고통을 받으면 모든 지체가 함께 고통을 받고 한 지체가 영광을 얻으면 모든 지체가 함께 즐거워하느니라(고전12:26)"

셋째, 온 덩어리에 번져 부패하기 때문이다. "뱀이 그 간계로 하와를 미혹한 것 같이 너희 마음이 그리스도를 향하는 진실함과 깨끗함에서 떠나 부패할까 두려워하노라(고후11:3)" "자칭 사도라 하되 아닌 자들을 시험하여 그 거짓된 것을 들어낸 것과" 교회는 언제나 거짓 선생들의 침투를 경계해야 한다. 이들은 거짓 이적, 거짓 예언, 거짓 교훈 등으로 교인들을 가르쳐 오도한다. 이들을 시험하여 들어내는 일은 주의 종들이 할 일이다.

거짓 선생을 시험하는 방법은 **첫째, 영을 시험해야 한다.** "사랑하는 자들아 영을 다 믿지 말고 오직 영들이 하나님께 속하였나 분별하라 많은 거짓선지자가 세상에 나왔음이라(요일4:1)" **둘째, 교훈을 시험해야 한다.** "그러나 성령이 밝히 말씀하시기를 후일에 어떤 사람들이 믿음에서 떠나 미혹하는 영과 귀신의 가르침을 따르리라 하셨으니(딤전4:1)" **셋째, 열매로 시험해야**

한다. "그들의 열매로 그들을 알지니 가시나무에서 포도를, 또는 엉겅퀴에서 무화과를 따겠느냐(마7:16)"

사도요한은 이런 자에 대하여 무섭게 정죄하였다. "누구든지 이 교훈을 가지지 않고 너희에게 나아가거든 그를 집에 들이지도 말고 인사도 말라(요이1:10)" 교회는 이런 자에 대하여 단호하게 대적해야 한다.

2:4 그러나 너를 책망할 것이 있나니 너의 처음 사랑을 버렸느니라

그러나 너를 책망할 것이 있나니

본문은 책망에 관한 계시이다. 훌륭한 지도자는 반드시 두 가지 리더쉽이 있어야 한다. 한 손에는 당근이고 다른 한 손에는 채찍이 있다. 이 두 가지 리더쉽을 가지고 유효적절하게 사용하는 것은 공동체를 원활하게 세울 수 있다. 에베소교회의 칭찬과 더불어 주님은 책망하신다. 채찍을 사용하신다. 채찍이 없다면 주님의 사랑이 없는 교회이다. 히브리서 기자는 채찍이 없으면 사생자라고 하였다. "징계는 다 받는 것이거늘 너희에게 없으면 사생자요 친아들이 아니니라(히12:8)"

잠언 기자의 말씀도 마찬가지이다. "매를 아끼는 자는 그의 자식을 미워함이라 자식을 사랑하는 자는 근실히 징계하느니라(잠 13:24)"

채찍은 아버지가 아들에게 주는 사랑의 징계이다. 징계가 징계로 끝이 나면 무슨 소망이 있겠는가? 징계의 끝에는 영광이 있다. 면류관이 있다. 하여 주님께서 주신 사랑의 매질은 주님께 돌아오게 하고, 뿐만 아니라 그런 자에게 반드시 면류관이 약속되어 있다.

너의 처음 사랑을 버렸느니라

하나님을 사랑하고, 내 몸처럼 이웃을 사랑하는 것은 율법이요 선지자의 강령이다. 하나님을 사랑하고 이웃을 사랑하라 라는 계명은 성경 66권의 요약이다. 주님에 대한 사랑이 어떤 공동체보다 우월했던 에베소 교회가 시간이 지나감에 따라 변질되고 세속화되었다. 우리는 늘 경계해야 한다. 이스라엘의 초대왕 사울의 예를 들어보자. 사울은 처음에는 참으로 멋있는 사람이었다. 말씀에 순종하고, 겸손하고, 주의 종의 영적인 견해에 순종하고, 모든 면에서 탁월하였다. 그러나 명예, 권세가 따르자 서서히 변질되었고, 처음 사랑을 잃어버렸다. 처음 사랑을 잃어버린 자의 결과는 성경이 말하고 있다. 비참하다. 처음 사랑을 잃어버린 결과 인생이 비참하게 무너진 사람을 성경은 이곳저곳에서 증언하고 있다. 이와는 반면에 사도바울은 처음에는 참으로 예수님을 대적하는 자였지만, 다메섹 도상에서 예수님을 인격적으로 만남이 있고 난 뒤 그의 일생은 주님의 종으로서 복음을 전하고 교회를 세우다가 순교자의 반열까지 들어갔다. 끝이 좋으면 다 좋은 것이다. 처음에는 부족하고 허물이 많지만, 매듭이 잘 이뤄진다면, 성공한 인생이다. 성경에 두 사람이 등장한다. 구약의 사울과 신약의 사울이다. 구약의 사울은 처음에는 칭찬, 나중에는 심판을 받았다. 이와 반면에 신약의 사울은 처음에는 주님을 대적하는 자, 나중에는 순교자의 반열에 들어갔다. 자! 누구를 닮아 목회를 할 것인가?

다윗은 인생의 노년에 대하여 성경은 계시하고 있다. "저가 나이 많아 늙도록 부하고 존귀하다가 죽으매 그 아들 솔로몬이 대신하여 왕이 되니라(대상29:28)"

다윗이 받았던 복은 ① 장수 ② 물질의 복 ③ 하나님과 사람 앞에 존귀를 받았다. ④ 자녀의 복도 받았다. 처음보다 끝이 좋은 사람은 복이 있는 사람이다. 인생도 신앙도 유종의 미를 거두면 얼마나 좋겠는가!

> 2:5 그러므로 어디서 떨어진 것을 생각하고 회개하여 처음 행위를 가지라 만일 그리하지 아니하고 회개하지 아니하면 내가 네게 가서 네 촛대를 그 자리에서 옮기리라
>
> 2:6 오직 네게 이것이 있으니 네가 니골라 당의 행위를 미워하는도다 나도 이것을 미워하노라

그러므로 어디서 떨어진 것을 생각하고 회개하여 처음 행위를 가지라 만일 그리하지 아니하고 회개치 아니하면 내가 네게 임하여 네 촛대를 그 자리에서 옮기리라

책망에 이어 권면의 말씀이 기록되어 있다. 권면의 말씀은 크게 보면 2가지이다. 첫사랑을 회복하라는 것과 회개하라 라는 경고의 말씀이다. 만약에 회개하지 않으면 촛대를 옮기겠다는 주님의 경고를 간과해서는 아니 된다. 첫사랑을 회복하라는 권면은 앞 절에서 설명하였고, 두 번째 주님의 경고 말씀은 매우 중요한 영적인 원리가 있다 하겠다.

구원의 공식이 있다. 구원은 예수님을 구세주로 믿고 영접함으로 구원이 있다. 그러나 구원의 완성은 주님의 말씀을 지킴으로 구원이 완성된다. 한국교회는 앞 구절은 금과옥조처럼 믿고 있지만, 뒷 구절은 구호에 그친다. 이렇게 살면 구원이 무너진다. 앞과 뒤가 하나가 되어야 한다. 구약 성도의 출애굽 여정과 가나안의 입성은 이러한 영적인 원리를 우리에게 제공한다. 성도는 두 물을 건너야 한다. 한 물은 홍해물이다. 홍해물은 전적인 하나님의 은혜이다. 두 번째 물은 요단강이다. 요단강은 성도 스스로가 믿음을 가지고 몸소 건너는 것이다. 광야생활을 마치고 구약 성도는 말씀을 붙잡고, 언약궤를 붙잡고, 직접 요단강을 건넜다. 말씀을 붙잡고 행함으로 실천하였다.

누가복음 10장을 보라! 옷은 강도에게 빼앗길 수 있다. 법궤는 빼앗길 수 있다. 법궤는 실제로 블레셋에게 빼앗겼다. 성전은 무너질 수 있다. 역사가 증명한다. 성전은 바벨론과 로마에게 두 번이나 무너지고, 성물은 빼앗겼다. 포도나무 가지는 부러질 수 있다. 만약에 가지가 포도나무에 붙어 있지 않으면 가지는 버려진다. 생명책에서 성도의 이름은 지워질 수 있다. 믿음 또한 떨어질 수 있다. 12사도 반열에 들어간 사도 한 명도 사탄이 사용하는 도구로 쓰임을 받았다. 성령도 소멸될 수 있다. 마찬가지이다. 촛대 또한 무너질 수 있다. 옮겨질 수 있다는 것이다. 만약에 회개하지 않으면 주님은 촛대를 옮긴다고 경고하였다. 촛대는 교회를 말하는 것이다. 교회는 가견적인 교회와 불가견적인 교회로 구분할 수 있는데 불가견적인 교회는 성도를 말한다. 성령의 내주함이 있는 구원받은 성도이다. 만약에 성도가 회개하지 않으면 구원의 반열에서 제거해 버린다 라는 주님의 의지적인 표현이다. 실제로 주변에서 회개하지 않고 세상과 타협한 나머지 그들의 결과가 어떠한지를 우리는 수없이 많이 경험하였다. 촛대를 옮겨버린 목회자와 성도의 비참한 모습을 우리는 타산지석(他山之石)으로 삼아야 하지 않겠는가?

네가 니골라당의 행위를 미워하는도다 나도 이것을 미워하노라

주님이 미워하는 것이 있다. 니골라당의 견해는 여러 가지 설이 있지만, 초대교회 교부 중 이레니우스는 니골라가 예루살렘 초대교회 집사 중의 한 사람으로서 후에 배교한 자라고 주장하였다. 그러나 오늘날 이 주장은 아무런 근거가 없는 것으로 지지를 받지 못하고 있다. 본문의 배경에 근거하여 해석하자면, 니골라당은 발람의 교훈을 지키는 자들이다. "그들이 바른 길을 떠나 미혹되어 브올의 아들 발람의 길을 따르는도다 그는 불의의 삯을 사랑하다가(벧후2:15)"

니골라당은 이세벨의 추종자들로서 우상에게 제물을 바쳐진

음식을 먹고 우상숭배까지 허용하였다. 또한 영지주의자들이 내세우는 도덕폐기론자들이다. 이런 니골라당은 일곱 교회중에서 에베소교회와 버가모 교회에서 볼 수 있고, 뿐만 아니라 기독교 2,000년 역사에서 교회는, 니골라당의 이단 역사는 언제나 있었다. 지금 이 시대에 교회 안에, 니골라당은 없는지?

니골라당의 행위는 여러 가지 해석할 수 있으나, '니골라(Νικολα)'라는 단어는 백성을 이김이라는 뜻이며, 2장 14절의 발람이란 니골라와 같이 백성을 이김이란 뜻을 가진 단어로써 양자는 동의어이다. 하여 발람은 한 개인을 지칭하는 것이 아니라 하나님의 백성을 미혹시켜 삼키는 무리로 해석할 수 있다. 발람이 구약 성도를 미혹한 것은 크게 보면 2가지이다. 발람은 보통사람이 아니다. 하나는 우상의 제물을 먹게 하고 또 다른 하나는 음행하게 하였다. 이 발람의 유혹으로 말미암아 죄를 짓고 그의 결과로 구약 성도가 자그마치 이만사천명이 죽었다.

하나님께서 가장 싫어하는 죄는 크게 보면 2가지이다. 하나는 우상숭배이고 다른 하나는 간음이다. 우상숭배는 하나님의 권위에 도전하는 것이고 간음은 자신의 몸에 죄를 짓게 하는 것이다. 주님은 죄를 미워한다. 성도는 죄와 싸워야 한다. 피 흘리기까지 싸워야 한다. 그러한 각오가 없다면 영적인 싸움에서 승리할 수 없다.

> 2:7 귀 있는 자는 성령이 교회들에게 하시는 말씀을 들을지어다 이기는 그에게는 내가 하나님의 낙원에 있는 생명나무의 열매를 주어 먹게 하리라

성령이 교회들에게 하시는 말씀을 들을지어다

본문은 에베소교회에 주신 약속의 말씀으로 끝이 난다. 약속의 말씀에 앞서 권면하고 있다. 모든 성경은 성령의 감동으로 기록되었다. 성령께서 주신 계시의 말씀을 성령의 감동으로 받지 않으면, 하나님의 말씀으로 받아들일 수 없다. "육신을 좇는 자는 육신의 일을, 영을 좇는 자는 영의 일을 생각하나니 육신의 생각은 사망이요 영의 생각은 생명과 평안이니라(롬8:5~6)"

성령의 인도 하심과 내주하심이 있어야 주님의 음성에 귀를 기울일 수 있다. 성령의 내주하심이 있으면 주님의 말씀이 들리고 주님의 말씀이 들리면, 죽은 영혼이 살아나는 믿음의 역사가 일어난다.

성령님께 민감하게 반응해야 합니다. 성령께서 하시는 일은 무궁무진하다. 성경을 기록하시고, 교회를 세우시고, 성령께서 인을 쳐야 예수님을 구세주로 고백할 수 있고, 성령께서 나타나심과 능력이 있어야 전도와 선교할 수 있고, 회개 또한 성령님의 사역이다. 은사는 수도 없이 많다. 성령님께서 주신 선물이다. 하나님의 모든 사역은 성령께서 하시는 사역이시다. 성령님을 사모하고, 사랑하고, 모셔드리고, 인정하고, 동행해야 한다. 이런 성도가 성령님을 소멸치 않고 사는 것이다. "성령을 소멸치 말며(살전 5:19)"

육의 사람과 영에 속한 사람이 있다. 영의 속한 사람은 육을 따라가지 아니한다. "내가 이르노니 너희는 성령을 따라 행하라 그리하면 육체의 욕심을 이루지 아니하리라(갈 5:16)" 주의 종은 언제나 성령의 충만함을 받고, 내주하심이 있어야 한다.

이기는 그에게는 내가 하나님의 낙원에 있는 생명나무의 과실을 주어 먹게 하리라

성경은 이기는 자에게 주는 약속의 말씀이 있다. 성도가 사는 세상은 영적인 싸움터이다. 진짜 싸움은 혈과 육이 아니요 영적인 싸움이다. "우리의 씨름은 혈과 육을 상대하는 것이 아니요 통치자들과 권세들과 이 어둠의 세상 주관자들과 하늘에 있는 악의 영들을 상대함이라(엡6:12)"

영적인 싸움에서 지는 자와 이기는 자가 있다. 지는 자는 영적인 노예가 되는 것이고, 약속의 말씀이 없다. 오직 이기는 자에게 약속의 말씀이 있다. 일곱 교회에 주신 약속의 말씀은 한결같이 이기는 교회와 성도에게 약속의 말씀을 주었다. 주님의 뜻은 성도가 영적인 싸움에서 이기는 자의 반열에 들어가서 주님이 약속하신 복을 받으라는 것이다.

에베소 교회에게 이기는 자는 하나님의 낙원에 있는 생명나무의 과실을 먹게 하겠다는 약속이다. 낙원은 음부의 반대이다. 낙원을 이해하기 위하여 눅 23장을 먼저 이해해야한다. 주님은 오른편에 있는 강도에게 낙원에 있을 것이다 라고 약속을 주었다. 영적 세계를 이해해야 낙원과 음부의 세계를 이해할 수 있다. 낙원과 음부, 그리고 천국과 지옥은 다 영적 세계이지만 시기적으로 약간의 차이가 있다. 낙원은 백보좌 심판을 받기 전에 성도가 육신의 장막이 무너질 때 가는 곳이고, 이와 반면에 불신자가 죽었을 때, 가는 곳은 음부이다. 지옥과 같은 개념으로 이해하면 될 것이다. 천국과 지옥은 요한계시록 20장의 백보좌 심판대에서 구분된다. 생명책에 기록된 자는 천국이요. 그렇지 못한 자는 지옥으로 갈라진다.

생명나무 과실은 아담이 범죄 하기 전에 에덴동산에서 먹던 생명과이다. 그러나 아담이 범죄함으로 에덴동산에서 추방됨으로 생명과는 먹을 수 없게 된다. 인류의 비극은 여기에서 시작되었다. 그러나 성도가 영적인 싸움에서 이기고 천국에 입성하면, 에덴이 복원되는 것이다. 성도는 다시 생명과를 먹을 수 있다. 천국은 달마다 과일이 열린다. 이 열린 과일은 생명과이다. "길 가운데로 흐르더라 강 좌우에 생명나무가 있어 열두 가지 실과를 맺히되 달마다 그 실과를 맺히고 그 나무 잎사귀들은 만국을 소성하기 위하여 있더라(계22:2)"

| 2:8 서머나 교회의 사자에게 편지하기를 처음이요 나중이요 죽었다가 살아나신 이가 가라사대 |

서머나 교회

　서머나 교회는 리디아 왕국의 수도였다. 에베소에 버금가는 번창한 도시이다. 서머나 교회는 사도바울이 에베소 전도여행 중에 설립한 것으로 추정하고 있다(행19장). 많은 유대 배교자들이 이곳에 살고 있었고, 주신 박카스의 신전이 이 지역에 있었다. 서머나 교회는 주님을 위하여 궁핍과 핍박을 믿음으로 인내하였고, 유명한 초대감독 폴리갑이 순교했던 교회이다. 폴리갑은 AD 160년 86세로 화형으로 순교 당했다.

서머나 교회의 특징

　서머나 교회는 빌라델비아 교회와 같이 칭찬만 있고 책망이 없는 교회이다. 이유를 찾는다면, 핍박이 심하고 세상적으로 가난한 교회이기 때문이다. 누워 있는 자는 넘어질 염려를 하지 않는다. 가난한 자는 망할 염려를 하지 않는다. 주님의 용인술은 사람이 잘 나갈 때 쓰지 않는다. 핍박받는 교회, 가난한 교회는 칭찬만 있고, 책망이 없다. 작금의 교회는 이런 영적인 분위기와는 판이 다르다. 오로지 대형교회, 부자교회, 시스템이 완벽한 교회를 선호한다. 주님은 이와 같은 교회에 대하여 어떻게 생각하고 있을까?

서머나 교회의 사자에게 편지하기를 처음이요 나중이요 죽었다가 살아나신 이가 가라사대

서머나 교회의 예수님의 등장 모습은 **첫째는 처음이요 나중이다** 라고 소개하고 있다. 예수님은 우주 만물의 창조주이시다. 시작하시고 마무리하실 분이시다. 이사야 선지자 또한 동일한 계시를 받았다. "이스라엘의 왕인 여호와, 이스라엘의 구원자인 만군의 여호와가 이같이 말하노라 나는 처음이요 나는 마지막이라 나 외에 다른 신이 없느니라(사44:6)"

주님은 말씀으로 시작하시고 동일한 말씀으로 끝을 마무리하신다. 노아의 심판은 말씀으로 심판하였다. 마지막 심판의 때에도 마찬가지 말씀으로 심판하신다. "이는 하늘이 옛적부터 있는 것과 땅이 물에서 나와 물로 성립된 것도 하나님의 말씀으로 된 것을 그들이 일부러 잊으려 함이로다 이로 말미암아 그 때에 세상은 물이 넘침으로 멸망하였으되 이제 하늘과 땅은 그 동일한 말씀으로 불사르기 위하여 보호하신 바 되어 경건하지 아니한 사람들의 심판과 멸망의 날까지 보존하여 두신 것이니라(벧후3:5~7)"

주님의 심판은 도구만 다를 뿐이다. 노아의 때는 물로 심판하였지만, 마지막은 불로 심판하신다.

거룩한 상상력을 동원하여 마지막 때, 심판의 모습을 그려보자. 노아의 때와 같다고 하겠다. 노아의 때는 물로 심판 할 때, 궁창 위의 물과 궁창 아래의 물이 쏟아지고 터지고 하였다. 마지막 때도 마찬가지이다. 불로 심판 할 때, 모습을 그려보자. 궁창 위에서 불이 쏟아지고 땅속은 갈라지고 갈라진 땅에 용암과 뜨거운 불이 샘의 물처럼 토하는 역사가 있을 것이다. 주님은 우주 만물을 창조하시고 경영하시는 분이시다. 시작과 끝이 그분의 영역 안에 있다.

둘째 모습은 죽었다가 다시 살아나신 분으로 소개하고 있다. 예수님은 사망과 무덤의 권세를 이기시고 부활하였다. 기독교는 생명과 부활의 종교이다. 부활이 없는 기독교는 무슨 의미가 있겠는가? 만약에 부활이 없다면 가장 불쌍한 자는 누구일까? 사도바울은 부활장에서 "만일 그리스도 안에서 우리가 바라는 것이 다만 이 세상의 삶뿐이면 모든 사람 가운데 우리가 더욱 불쌍한 자이리라 그러나 이제 그리스도께서 죽은 자 가운데서 다시 살아나사 잠자는 자들의 첫 열매가 되셨도다(고전15:19~20)"

부활이 없다면 가장 불쌍한 자는 성도이다. 주님의 부활은 성도의 부활이다. 부활의 교리도 정확하게 배울 필요가 있다. 순교자의 부활과 일반 성도의 부활이 차등이 있다. 격차가 있다. 다음 기회에 상세하게 논할 것이다.

> 2:9 내가 네 환난과 궁핍을 알거니와 실상은 네가 부요한 자니라 자칭 유대인이라 하는 자들의 비방도 알거니와 실상은 유대인이 아니요 사탄의 회당이라

내가 네 환난과 궁핍을 알거니와 실상은 네가 부요한 자니라 자칭 유대인이라 하는 자들의 비방도 알거니와 실상은 유대인이 아니요 사탄의 회당이라

서머나 교회의 특징은 책망은 없고 칭찬만 있다. 이러한 교회가 주님께서 기뻐하시는 교회이다. 요한계시록 12장에 등장하는 해 입은 여자는 교회의 표상이 되는 교회이다. 우리가 종말 계시를 배우는 목적도 여러 가지 이유가 있겠지만, 간과할 수 없는 것은 서머나 같은 교회, 해 입은 여자의 교회로 세워가는 것이다. 주님은 서머나 교회에 주신 칭찬을 2가지로 설명하고 있다. 환난과 궁핍이 있는 교회라고 말이다. 환난과 궁핍은 모두가 원하지 않는다. 환난과 궁핍을 당하는 이유는 너무 간단하다. 하나님의 말씀과 예수의 증거 때문이다. 주님의 뜻은 복음을 위하여 고난을 온몸으로 받으라 했다. 주님의 뜻은 꽃길이 아니라 고난의 길이다. 이 길 끝에 꽃길이 있다.

산상수훈의 팔복을 기억해보자. 복은 세속적인 복을 초월하는 것이다. 신령한 복은 고난을 통과 한 후에 주님으로부터 주어지는 것이다. "의를 위하여 박해를 받은 자는 복이 있나니 천국이 그들의 것임이라 나로 말미암아 너희를 욕하고 박해하고 거

짓으로 너희를 거슬러 모든 악한 말을 할 때에는 너희에게 복이 있나니 기뻐하고 즐거워하라 하늘에서 너희의 상이 큼이라 너희 전에 있던 선지자들도 이같이 박해하였느니라(마5:10~12)"

사도바울도 믿음의 아들 디모데에게 주신 계시 또한 영적원리는 동일하다. "그러므로 너는 내가 우리 주를 증언함과 또는 주를 위하여 갇힌 자 된 나를 부끄러워하지 말고 오직 하나님의 능력을 따라 복음과 함께 고난을 받으라(딤후1:8)"

로마교회에게 주신 계시 또한 마찬가지이다. "자녀이면 또한 상속자 곧 하나님의 상속자요 그리스도와 함께 한 상속자니 우리가 그와 함께 영광을 받기 위하여 고난도 함께 받아야 할 것이니라(롬8:17)"

주님의 뜻은 성도가 복음을 위하여 고난을 받으라는 것이다. 고난이 없으면 면류관도 없다.

환난과 궁핍을 받는 이유는 신앙 때문에 경제적으로 어려움과 고난을 받은 것이다. "너희가 갇힌 자를 동정하고 너희 소유를 빼앗기는 것도 기쁘게 당한 것은 더 낫고 영구한 소유가 있는 줄 앎이라(히10:34)."

그 당시 신앙을 지킨다는 것은 모든 기득권을 포기하고 생명을 담보로 하는 것이다. 나아가서 신앙을 지키기 위하여 종교적, 정치적, 사회적, 경제적 불이익을 감수하는 것이다. 지금도 마찬가지이다. 우리 주님은 물질을 선택할 것인가? 아니면 주님을 선택할 것인가? 인생은 선택의 마술이다. 성도는 순간순간 주님을 택하고 환난과 궁핍의 자리에 설 각오가 있는지, 아니면 세상과 짝하면 물질의 풍요와 안일함에 빠질 것인지, 늘 선택을 하며 살아야 한다. 이것이 기독자에게 주어진 생(生)과 사(死)의 갈림길이다. 육을 택할 것인가? 아니면 영을 택할 것인가?

기독교는 역설적인 진리가 있다. 죽으면 사는 것이요, 받은 자보다 주는 자가 복 있는 사람이요. 지는 자가 진정 이기는 자이고, 겸손하면 높아지는 진리가 있다. 서머나 교회가 실상은 부요한 자다. "실상은 네가 부요한 자니라" 경제적으로 궁핍과 가난이 있지만, 영적으로 부요자이다. 이유인 즉, 만유의 주이신 하나님의 자녀이고, 후사이기 때문에 부요자이다. "무릇 하나님의 영으로 인도함을 받는 사람은 곧 하나님의 아들이라 너희는 다시 무서워하는 종의 영을 받지 아니하고 양자의 영을 받았으므로 우리가 아빠 아버지라고 부르짖느니라 성령이 친히 우리의 영과 더불어 우리가 하나님의 자녀인 것을 증언하시나니 (롬 8:14~16)"

하나님 자녀의 반열에 들어갔다면, 진정한 부요자다. 이런 부요자는 무명한자 같으나 유명한 자요, 죽은 자 같으나 살아있고, 가난한 자 같으나 많은 사람을 부요케 하고, 없는 자 같으나 많은 것을 소유한 자이다. 이 같은 간증이 있는 교회가 서머나 교회이다.

진짜 유대인이 누구인지를 잘 알고 있어야 한다. "유대인의 훼방도 아노니 실상은 유대인이 아니요 사탄의 회라" 자칭이란 말에서 보여 주는 바와 같이 이들은 영적인 유대인들이 아니다. 이들은 첫째, 스스로 구원받았다고 자랑하는 자들이다. 만인 구원설은 미혹의 역사이다. 둘째, 외식하므로 의롭게 보이려는 자들이다. 자칭 아브라함의 자손들을 말하고 있다. 이런 자는 성경에 반복하여 등장한다. 셋째, 이들의 정체에 대하여 사탄의 회라고 했다. 음녀 교회를 지칭한다. 넷째, 이들은 진리를 대적하는 자들이요 성도들을 핍박하는 자들이다.

그러나 사도바울이 받았던 계시는 진짜 유대인이 누구인가? 표면적 유대인이 아니요. 이면적 유대인이 진짜 유대인이라는 것이다. 이면적 유대인은 의문에 있지 않고 신령에 있다 하였다. 신령에 있다함은 성령으로 거듭남의 사람이다. 즉 예수님을 하나님의 아들로 영접하고 성령님의 내주 하심이 있는 성도이다. 그런 점에서 참교회가 이면적 유대인이다.

초대교회 대부분의 성도는 유대인들에게 순교 당했다. 폴리갑 감독도 마찬가지이다. 폴리갑 감독은 안식일날 화형을 당했다. 서머나에 사는 자칭 유대인은 예수님을 대적하는 무리였다. 자칭 유대인은 유대인이 아니고, 사탄의 무리이다.

지금 이 시대의 프리메이슨을 주목하라. 대부분이 유대인이다. 그들의 속셈은 세계를 단일정부로 만들고 종교, 경제, 사회, 예술, 정치를 통합할 것이다. 그리고 통치할 것이다. 그리고 바다에서 올라온 짐승이 때가 되면 반드시 인류역사에 등장한다. 언론에서 회자되고 있는 음모론이 아니다. 다니엘이 계시 받았던 작은 뿔의 장본인이다. 요한계시록 13장에서 바다에서 올라오는 짐승으로 계시하고 있다. 이 인물이 유대인의 혈통을 가지고 등장할 것이다. "나는 내 아버지의 이름으로 왔으매 너희가 영접하지 아니하나 만일 다른 사람이 자기 이름으로 오면 영접하리라(요5:43)" 다니엘이 받았던 계시 또한 동일하다. 적그리스도는 유대인의 혈통을 가지고 있는 자라 계시하고 있다."그가 모든 것보다 스스로 크다 하고 그의 조상들의 신들과 여자들이 흠모하는 것을 돌아보지 아니하며 어떤 신도 돌아보지 아니하고(단11:37)"

유대인들이 처음에는 적그리스도를 메시야로 영접한다. 처음에는 평화의 왕으로 가장하여 등장하기 때문이다. 이 평화의 왕이 결국은 다니엘이 말한바 멸망의 가증한 것이다. 적그리스도이다. 주목하라. 지금 유대인은 세계사의 주역이다. 깨어있고 예비하여 시대에 징조를 볼 수 있는 주의 종이 적그리스도의 정체를 알 수 있을 것이다.

서머나 교회는 주님이 주시는 책망의 말씀이 없다. 책망이 없기 때문에 경고 또한 없다. 교회 원형의 모습을 회복하자. 그렇다면 진짜 부자가 어떤 자인지를 성경은 정확하게 계시하고 있다. 세상에서는 환난과 궁핍을 당하고, 물질적인 빈한함이 있으나, 믿음의 부요한 자가 진실로 영적으로 부요자이다. 이러한 성도가 진짜 복 있는 자로다 라고 말씀하고 있다. 이러한 비밀을 알고 있는 사도 베드로가 계시를 받아 초대교회 성도에게 권면하고 위로하였다. "사랑하는 자들아 너희를 연단하려고 오는 불시험을 이상한 일 당하는 것 같이 이상히 여기지 말고 오히려 너희가 그리스도의 고난에 참여하는 것으로 즐거워하라 이는 그의 영광을 나타내실 때에 너희로 즐거워하고 기뻐하게 하려 함이라 너희가 그리스도의 이름으로 치욕을 당하면 복 있는 자로다 영광의 영 곧 하나님의 영이 너희 위에 계심이라(벧전4:12~14)."

영적인 부요자가 되자. 세상을 초월하는 믿음을 회복하자.

> 2:10 너는 장차 받을 고난을 두려워하지 말라 볼지어다 마귀가 장차 너희 가운데에서 몇 사람을 옥에 던져 시험을 받게 하리니 너희가 십 일 동안 환난을 받으리라 네가 죽도록 충성하라 그리하면 내가 생명의 관을 네게 주리라

장차 고난과 환난을 두려워 마라

주님의 권고는 "장차 고난과 환난을 두려워 마라" 앞에서 권면하였다. 교회는 복음과 함께 고난을 받은 것이다. 앞으로 주님의 재림이 가까이 오면 올수록 교회가 받을 환난과 핍박은 더욱 심해질 것이다. 그러나 교회가 고난이 고난으로 끝이 난다면 교회는 소망이 없다. 주님이 주신 계시는 교회는 고난 끝에 반드시 면류관이 있고, 성도가 승리한다. 이것이 영적인 원리이다. "예수께서 이르시되 내가 진실로 너희에게 이르노니 나와 복음을 위하여 집이나 형제나 자매나 어머니나 아버지나 자식이나 전토를 버린 자는 현세에 있어 집과 형제와 자매와 어머니와 자식과 전토를 백 배나 받되 박해를 겸하여 받고 내세에 영생을 받지 못할 자가 없느니라(막10:29~30)"

십일 동안 환난을 받는다 라는 뜻은 도미티아누스 10년 박해 기간, 또는 로마 황제시대 10년 박해시대 등 여러 가지 주장이 있으나, 가장 성경적인 것은 성도가 영원한 축복과 상급을 비교할 때, 고난과 핍박은 잠시, 눈 깜짝할 시간에 지나지 않는다 라는 뜻으로 해석할 수 있다. "생각하건대 현재의 고난은 장차 우리에게 나타날 영광과 비교할 수 없도다(롬8:18)"

사도 베드로가 받았던 계시 또한 마찬가지이다. 성도가 받을 고난은 잠깐이다 하였다. "모든 은혜의 하나님 곧 그리스도 안에서 너희를 부르사 자기의 영원한 영광에 들어가게 하신 이가 잠깐 고난을 당한 너희를 친히 온전하게 하시며 굳건하게 하시며 강하게 하시며 터를 견고하게 하시리라(벧전5:10)"

기실 이 땅에서 성도가 받을 고난은 잠시이지만 이와 반면에 성도가 누릴 영광은 이와 비교조차 할 수 없는 영원하고 영원한 세계에서 복을 누린다. 예를 든다면 잉크 한 방울이 고난이라 한다면 성도가 받을 영화는 태평양 바닷물이라고 한다면 이해가 될 것인가!

죽도록 충성하라, 생명의 면류관을 네게 주리라!

본문을 해석한다면, 주님을 위해 죽어라 라는 잔인한 말씀이다. 죽음을 불사하고 충성하라는 권면은 긴장이 있지만, 죽어야 하는 이유가 분명히 있다. 생명의 면류관이 있기 때문이다. 예수님을 주로 고백한다는 것은 생명을 거는 일이다. 예수님은 주이시고 성도는 종이다 라는 신앙고백이 있어야 하겠다. 여기에 생명을 걸고 인생의 우선순위를 세우는 것이다. 죽어야 다시 살 수 있다. 주님도 십자가가 있었기 때문에 부활이 있다.

면류관은 여러 종류가 있다. 썩지 않은 면류관(고전9:25), 사랑의 면류관(살전2:19), 의의 면류관(딤후4:8), 영광의 면류관(벧전5:4) 등이 있다. 이 면류관은 주님 안에서 성도가 누릴 영생을 말한다. 올림픽에서 선수가 받았던 금메달은 얼마나 가치가 있는가? 개인의 위상은 물론이거니와 나라의 위상 또한 만만치 않다. 그러나 그것은 썩을 면류관이다. 이 땅에서 잠시 누릴 면류관이다. 반면에 우리가 누릴 면류관은 상상을 초월한다. 면류관의 주인공이 되자.

> 2:11 귀 있는 자는 성령이 교회들에게 하시는 말씀을 들을지어다 이기는 자는 둘째 사망의 해를 받지 아니하리라

둘째 사망의 해를 받지 아니하리라

서머나 교회에게 주신 약속은 "둘째 사망의 해를 받지 아니하리라"하는 축복을 약속하였다. 요한계시록에서 둘째 사망은 4번 등장한다. 육신의 죽음이 아니다. 하나님의 최후 심판을 받아 영벌을 말한다. 불못에 들어가는 저주를 말한다. "사망과 음부도 불 못에 던져지니 이것은 둘째 사망 곧 불못이라(계20:14)"

사람은 육신의 사망으로 첫 번째 사망을 맞이하고 두 번째 심판은 영혼이 심판을 받는다. 이것이 주님의 뜻이다. 그러나 주님 안에서 거하는 자는 죽음의 해를 맛보지 않는다. "한번 죽는 것은 사람에게 정해진 것이요 그 후에는 심판이 있으리니(히 9:27)"

둘째 사망의 해를 받지 않은 길은 오직 한 길뿐이라고 성경을 계시하고 있다. "예수께서 이르시되 내가 곧 길이요 진리요 생명이니 나로 말미암지 않고는 아버지께로 올 자가 없느니라(요14:6)"

> 2:12 버가모 교회의 사자에게 편지하기를 좌우에 날선 검을 가진 이가 가라사대

버가모 교회

버가모 교회가 세워진 지역은 에베소 북방 120km 지점에 있는 소아시아 지역의 정치적 수도이다. 이곳에 로마 황제의 이름으로 재판이 이루어지는 사탄의 위가 있고, 이곳은 살아있는 뱀을 숭배하는 우상의 단지가 있었고, 양피지를 최초로 사용한 곳이기도 하다. 또한, 지역적으로 외세로부터 안전한 300m 구릉 위에 요새와 같은 곳에 세워진 도시이다. 이곳에 의과대학, 신전, 극장, 체육관이 있고, 또 제우스 신전이 있었다. 이렇게 화려한 도시에 세워진 교회는 발람과 니골라당의 교훈을 따르는 무리를 용납하는 등 우상숭배를 부분적으로 수용하는 세상의 성공경영방식을 도입한 교회의 유형이다.

버가모 교회의 특징

버가모 교회는 위치적으로 소아시아 지역의 수도로서 로마 황제숭배가 만연한 곳이다. 그럼에도 불구하고 안디바 같은 순교자가 배출된 교회이다. 순교자의 피가 흐르는 교회가 믿음의 전승을 이어갔으면 좋으련만 지역적인 한계를 극복하지 못하고 발람의 교훈을 받아들이고 니골라당의 교훈을 지키는 이들이 등장하였다.

주님의 등장은 "좌우에 날 선 검을 가지신 이"로 소개하고 있다. 검이 상징하는 것은 말씀이다. 주님은 왜 버가모 교회에게 말씀의 검을 가진 이로 등장하였을까? 버가모 교회는 사탄의 본부가 있는 곳이기 때문에 영적인 전투가 있는 곳이다. 교회는 치열한 영적 전투장인데, 싸움에서 무기가 없다면 어찌 되겠는가! 좌우에 날선 검은 영적 전투에서 승리할 수 있는 무기이고, 뿐만 아니라 내적으로 살을 베고 뼈를 깎는 듯한 자기 성찰의 기회를 가지라는 무언의 명령이 분명하다.

사도바울은 에베소 교회에게 하나님의 전신갑주에서 성도의 영적무기는 여러 가지가 있지만 유일한 공격 무기는 말씀의 검이라 했다. "구원의 투구와 성령의 검 곧 하나님의 말씀을 가지라(엡6:17)"

히브리서 기자는 영혼을 수술하는 도구로서 칼을 말씀이라 계시하였다. "하나님의 말씀은 살아 있고 활력이 있어 좌우에 날선 어떤 검보다도 예리하여 혼과 영과 및 관절과 골수를 찔러 쪼개기까지 하며 또 마음의 생각과 뜻을 판단하나니(히4:12)"

요한계시록 19장은 주님 재림장인데 재림하는 주님의 모습을 검과 관련하여 비유하였다. "그의 입에서 이한 검이 나오니 그것으로 만국을 치겠고 친히 저희를 철장으로 다스리며 또 친히 하나님 곧 전능하신 이의 맹렬한 진노의 포도주 틀을 밟겠고(계19:15)"

누가는 다른 각도에서 성경을 비유하였다. "저희가 서로 말하되 길에서 우리에게 말씀하시고 우리에게 성경을 풀어 주실 때에 우리 속에서 마음이 뜨겁지 아니하더냐 하고(눅24:32)" 주님이 말씀을 풀어주실 때 제자들의 마음이 뜨거웠다. 말씀은 심령을 회복시키시고, 능력이 나타난다.

베드로사도는 세상의 심판의 기준이 말씀이라 선언하였다. "이제 하늘과 땅은 그 동일한 말씀으로 불사르기 위하여 간수하신바 되어 경건치 아니한 사람들의 심판과 멸망의 날까지 보존하여 두신 것이니라(벧후3:7)"

주님은 말씀으로 오시고, 말씀으로 통치하시고, 말씀으로 사역하시고, 말씀대로 부활 승천하시고, 예언의 말씀대로 심판주로 재림하시고, 말씀으로 치유하시고, 말씀으로 승리하시고, 말씀으로 성경을 완성하신다. 기독교는 말씀의 종교이다. 때문에 하나님을 신뢰하고 왕으로 영접하고 믿는다 하는 것은 말씀을 믿는다 라고 고백하는 것이다.

하나님은 성도를 말씀으로 낳아 주셨다. "그가 그 조물 중에 우리로 한 첫 열매가 되게 하시려고 자기의 뜻을 좇아 진리의 말씀으로 우리를 낳으셨느니라(약1:18)"

말씀이 있는 성도는 구원이 있고, 말씀이 없는 불신자는 영벌이 있다. 성도는 떡으로만 사는 것이 아니고 하나님의 입으로 나오는 모든 말씀으로 살아야 한다. "예수께서 대답하여 가라사대 기록되었으되 사람이 떡으로만 살 것이 아니요 하나님의 입으로 나오는 모든 말씀으로 살 것이라 하였느니라 하시니(마4:4)"
특별히 구약 성도는 매일같이 하늘에서 내리는 만나를 먹었다. 영적인 원리는 신약에서도 마찬가지이다. 매일 매일 영의 만나를 먹고 살아야 한다. 세상과 죄와 싸워 이길 수 있는 능력이 이곳에서 나온다. 하여 복 있는 성도는 예언의 말씀을 읽고, 듣고, 그 가운데 지키는 자이다. "이 예언의 말씀을 읽는 자와 듣는 자들과 그 가운데 기록한 것을 지키는 자들이 복이 있나니 때가 가까움이라(계1:3)"
이런 고백이 있는 성도는 복이 있는 성도라고 할 수 있다. 말씀이 그렇다면 그런 줄 알고, 말씀대로 믿으면, 말씀대로 된다. 이런 말씀신앙이 있는 성도가 복이 있다.

에덴동산의 타락은 말씀의 타락으로부터 시작되었다. 종말의 시대는 영적인 엄청난 탁류가 흐를 것이다. 교회의 타락은 말씀의 타락으로부터 시작된다. 이와 병행하여 은사주의 운동이 많이 일어날 것이다. 은사를 거부하는 것은 아니지만, 목회자는 종말의 때가 가까울수록 말씀 목회를 하는 것이 영적인 싸움에서 승리할 수 있는 비결이다.

> 2:13 네가 어디에 사는 것을 내가 아노니 거기는 사탄의 권좌가 있는 데라 네가 내 이름을 굳게 잡아서 내 충성된 증인 안디바가 너희 가운데 곧 사탄이 사는 곳에서 죽임을 당할 때에도 나를 믿는 믿음을 저버리지 아니하였도다

버가모 교회에 주신 주님의 칭찬은 "예수님의 이름을 굳게 잡았다." 버가모는 뱀신이 있는 곳이다. 뱀은 사탄을 상징하는 것이고 주님은 이곳에 버가모교회를 세웠다. 사탄의 위가 있는 곳이라고 했다. 우상숭배가 창궐하는 곳이다. 버가모 교회는 사탄의 세력이 창궐하는 땅에 예수의 이름을 붙잡고 믿음을 지키었다. 이름은 참으로 중요하다. 이름은 소유권과 관계가 있으며, 그 사람의 정체성이다. 예수라는 이름 안에 모든 비밀이 다 들어 있다. 예수의 이름은 구원=예슈아 라는 이름으로 부른다. 천사가 주신 예수라는 이름은 우리의 구세주이시다. "아들을 낳으리니 이름을 예수라 하라 이는 그가 자기 백성을 저희 죄에서 구원할 자이심이라 하니라(마1:21)"

예수의 이름은 "나는 하나님이다. 내가 홀로 친히 모든 것을 창조했느니라. 나 하나님이 구원자이다. 나 외에 다른 구원자가 없다. 내가 모든 인류의 죄를 구름 거두듯이, 안개 거두듯이 거두리라. 내가 너희 신랑이 되어주리라. 내가 몸소 친히 그 징조를 보여 주리라. 모두 내게로 오라. 내가 거저 생명수를 주리니 받아마셔라. 그러면 영생을 얻으리라!" 라는 이 모든 의미가 있다. 예수라는 이름 안에는 이러한 신앙고백이 있어야 할 것이다. 사도 베드로가 백성과 장로 앞에서 설교하였다. 과연 예수의 이름이 가지는 의미는 무엇인가? "다른 이로서는 구원을 얻을 수 없나니 천하 인간에 구원을 얻을 만한 다른 이름을 우리에게 주신 일이 없음이니라 하였더라(행4:12)."

다른 이름은 없다. 오직 예수의 이름으로 구원받고, 세례받고, 주의 백성이 되고, 귀신을 쫓아내고, 병든 자를 고쳐주고, 기도하고, 능력을 행하고, 죄사함의 은총을 받고, 천국의 기업을 받고, 하나님 자녀의 반열에 들어간다. 하여 성도가 불러야 할 이름은 오직 예수이다. 버가모 교회는 오직 예수 이름으로 믿음을 지켰다.

안디바가 순교의 제물이 되었다. 안디바가 누구인지는 자세히 알 수 없으나 요세푸스의 기록에 따르면 안디바는 버가모 감독이었고, 로마 황제에 의해 순교당했다. 그는 황제숭배를 거부하다가 벌겋게 달구어진 놋쇠황소 위에 타죽었다 한다. 때문에 안디바는 모든 순교자의 모형이라고 말할 수 있다. 순교자의 피는 곧 교회의 씨앗이라고 한 교부 터툴리안의 말이 생각이 난다. 교회가 세속화되면 더 이상 교회라고 할 수 없다. 교회는 끊임없이 세상을 거부하고 충돌하고 순교자의 피가 흐르도록 교회의 본질을 회복하고 진리를 전해야 한다.

　버가모교회는 믿음을 배반치 아니했다. 초림 때, 배도 세력은 바리새인이다. 재림 때의 영적인 분위기는 말씀타락과 아울러 많은 교회가 배도 할 것이다. 초림의 때는 유대인이 배도하고, 재림은 교회가 배도한다. 이것이 징조의 하나이다. "누가 어떻게 하여도 너희가 미혹되지 말라 먼저 배교하는 일이 있고 저 불법의 사람 곧 멸망의 아들이 나타나기 전에는 그 날이 이르지 아니하리니(살후2:3)"

　사탄은 우는 사자와 같이 택하신 자들을 미혹할 것이다. 세상의 문화를 도구 삼아 교회가 세속화되고 세상과의 문턱이 없어질 것이다. 작금의 교회를 점검해 보자! 교회 안에 기복주의, 물량주의, 인본주의, 종교 다원주의가 침투하고 있다. 특히 WCC의 에큐메니칼 운동(Ecumenical movement)을 경계해야 할 것이다. 한발을 양보하면 결국은 사탄에게 대문을 열어주는 꼴이 될 것이다.

　한국교회는 WCC의 정체를 잘 알고, 경계해야 한다. 지난 2013년 부산에서 개최되었던 WCC 총회는 한국교회가 분열되는 역기능적인 결과를 낳았다. WCC 과거의 행적을 살펴보면 이 조직이 얼마나 위험한지를 알 수 있다. WCC 주요 역대 총장들은 프리메이슨이다. WCC는 사탄을 숭배하는 일루미나티가 조정한다. 프리메이슨의 영향력을 받는 조직이다. WCC의 역사를 요약하면 다음과 같다. WCC가 탄생하기 전까지 세계 선교는 성경에 기록된 말씀에 의지하고 성령의 능력을 힘입어 복음 사역을 중심으로 했던 반면, WCC가 주관하는 에큐메니칼 운동은 초자연적 현상과 우주만물, 창조세계, 생명공동체, 사회윤리, 공동선교, 지구촌 문제 등을 폭넓게 인식하고 이를 해결하는데 초점을 맞추고 있다. 복음을 포장한 인본주의적인 운동이다.

1948년 암스테르담 총회로 본격적인 활동에 들어간 WCC는 1968년 웁살라 총회 때부터는 개교회와 지역교회의 보편성을 인류의 보편성과 연관시키고 사회참여와 사회정의 실현을 선교 과제로 삼았다. 1975년 제4차 나이로비 총회에서 타종교와의 대화를 부르짖으며 종교혼합주의 경향을 나타내었다. 1983년 벤쿠버 총회에서는 개교회와 보편교회의 관계를 구체적으로 다루어 WCC와 같은 단체를 보편교회로 인식하는 교회관을 표방했다. 이때 총회 지도자들은 힌두교, 불교, 유대교, 이슬람교, 시크교 지도자들을 초청하여 각 종교와 교류를 갖고 "우리는 우리가 증거 하는 예수의 탄생, 생애, 죽음, 부활의 독특성을 주장하는 한편, 다른 신앙인들의 종교적 진리 추구에도 하나님의 창조적 사역이 있음"을 인정한다고 주장했다. 다른 종교에도 구원이 있음을 주장하였다.

1990년 캔버라총회를 준비한 괄라룸플대회 때는 "성령께서 교회와 인류사회, 나아가서는 모든 생명체와 우주 만물에 내재해 계신다"고 선언했으며, 성령을 "창조되지 않은 에너지"로 규정했다. 또 1991년 캔버라총회에서는 불교, 힌두교, 이슬람교의 대표자들을 초청, 그들과 함께 대화하며 종교 다원화를 통한 사회구원이라는 궁극적인 목표를 설정했다. 점점 WCC는 세속화되어갔다.

호주 캔버라에서 WCC 제7차 총회가 개최되었을 때, 우리나라의 이화여자대학교의 조직신학 교수인 정현경 교수는 "성령이여 오시옵소서!"라는 순서를 맡았다. 정현경 교수는 사물 노래패를 앞세우고 하얀 소복을 입고 나와 향불을 피워 놓고 초혼제를 행했다. 다음은 정현경 교수가 행한 초혼제에 삽입된 내용이다. "오라! 예수 탄생 시 헤롯왕의 군인들에 의하여 살해된 어린 아기들의 영이여! 오라! 잔 다르크의 영혼과 중세기에 화형으로 살해된 무당들의 영이여! 오라! 십자군 때 죽은 사람들의 영이여! 오라! 토착민의 영이여! 식민지시대와 위대한 기독교 선교시대에 죽어 간 영혼들이여! 오라! 히틀러의 유대인 학살 당시 가스실에서 죽어간 영혼들이여! 오라! 히로시마와 나가사끼에서 원자탄에 죽은 사람들의 영혼들이여! 오라! 인간들의 금전욕에 의해서 고문당하고 착취당한 흙, 공기, 물의 영들이여. 오라! 걸프전에서 죽어가는 군인들, 민간인들, 해양생물의 영들이여! 오라! 십자가상에서 고문당하시고, 죽임을 당하신 우리 형제이신 해방자 예수의 영이시여!" 무당이 굿판을 벌인 것이다. 어찌 교회라고 할 수 있겠는가! 진리가 무너지면 다 무너진다. 교회에 무분별하게 들어오는 혼합주의는 철저하게 배격해야 한다. 손자병법은 적을 알고 나를 알아야 싸움에서 이길 수 있다 라고 주문한다. 영적 싸움에서도 마찬가지, 적을 알고, 나를 알아야 한다. 교회는 WCC에 대하여 예의주시하여야 한다.

결론적으로 WCC는 종교 다원주의다. WCC는 주님께서 재림하기 전에 한 이레 동안 카톨릭과 함께 세계 단일종교를 만드는 주역이 될 것이라 라고 깨어있는 주의 종들은 예언하고 있다. 이 세력은 계 17장에 등장하는 음녀와 짐승이 동사한다. 이것이 비밀이고 음녀라고 부른다. 물 위에 앉아 있는 음녀를 보라. 거짓 교회가 배도하도록 주도적인 역할을 할 것이다.

> 2:14 그러나 네게 두어 가지 책망할 것이 있나니 거기 네게 발람의 교훈을 지키는 자들이 있도다 발람이 발락을 가르쳐 이스라엘 자손 앞에 걸림돌을 놓아 우상의 제물을 먹게 하였고 또 행음하게 하였느니라
>
> 2:15 이와 같이 네게도 니골라 당의 교훈을 지키는 자들이 있도다

본문은 버가모 교회에게 주님이 주신 책망이다. 버가모 교회 안에 발람의 교훈을 지키는 자들이 있다고 책망하였다. "네게 발람의 교훈을 지키는 자들이 있도다" 발람은 민 22장과 25장에 등장하는 메소보다미아 마술사이다. 모압왕 발락에게 돈에 유혹당하여 이스라엘을 망하게 한 장본인이다. 이 때문에 이스라엘은 이방 모압 여인과 음행하였고, 우상숭배하고 부정한 음식을 먹었다. 그의 결과 이만 사천명이 죽임을 당하게 되는 엄청난 저주를 받았다. 이스라엘은 외부적인 적은 물리칠 수 있었으나 내부적인 적은 물리치지 못하고, 썩은 고목 나무처럼 쉽게 무너졌다.

성경 본문에는 생략되었지만, 이스라엘 백성을 도덕적으로 타락시키고 영적으로 다른 신을 섬기게 하면 하나님이 친히 벌

하실 것이라는 계교를 발람이 발락에게 귀띔해 줌으로써, 광야의 행군에 지친 이스라엘 백성들의 노정에 벌거벗은 여인들의 음란한 춤을 보여주고 고기 굽는 냄새를 진동케 함으로 행군의 후미를 따르던 자들을 미혹케 했던 것으로 예측할 수 있다.

그렇다. 바로 이 부분이다. 알고 보니 발람의 축복은 영적인 복을 빌어준 것이 아니라 세상의 복과 땅의 복을 소원하게 하는 복술이었다. 믿음의 행군을 하는 성도들을 다른 교훈, 다른 믿음, 다른 영, 다른 예수로 미혹하는 죄악이 바로 세상을 붙잡게 만드는 행위이며 하나님과 세상을 겸하여 섬기라 부추기는 꼴이다. 아니 실제는 세상을 소유하기 위해 하나님을 이용하고 있다. 성경은 이런 자에 대하여 어떻게 계시하고 있는가!

"그러나 이 사람들은 본래 잡혀 죽기 위하여 난 이성 없는 짐승 같아서 그 알지 못하는 것을 비방하고 그들의 멸망 가운데서 멸망을 당하며 불의의 값으로 불의를 당하며 낮에 즐기고 노는 것을 기쁘게 여기는 자들이니 점과 흠이라 너희와 함께 연회 할 때에 그들의 속임수로 즐기고 놀며 음심이 가득한 눈을 가지고 범죄하기를 그치지 아니하고 굳세지 못한 영혼들을 유혹하며 탐욕에 연단된 마음을 가진 자들이니 저주의 자식이라 그들이 바른길을 떠나 미혹되어 브올의 아들 발람의 길을 따르는도다 그는 불의의 삯을 사랑하다가(벧후2:12~15)"

주님은 작금, 발람을 사용하여 교회에 경고하고 있다. 발람교훈을 타산지석으로 삼아라고 말씀하고 있다.

버가모 교회는 거짓선지자와 거짓 사도의 그릇된 가르침 때문에 복음의 자유를 종교적, 윤리적 방종으로 오도한 것 같다. 이제 구원받았으니 어떠한 행위를 해도 무방하다고 가르친 것 같다. 적은 외부로 오는 것보다 내부적인 것이 무섭다. 로마의 경우를 생각하여 보라. 타산지석으로 삼아야 한다. 로마가 무너진 것은 외부적인 힘의 세력 때문에 무너진 것이 아니라, 내부적인 문제가 원인이 되었다. 사탄에게 틈을 주어서는 안 된다. "마귀에게 틈을 주지 말라(엡4:27)"

팥죽이 쉽게 상하는 것은 조금의 이물질이 들어오면 금방 팥죽 전체에 퍼진다. 눈에 보이지 않은 바이러스의 영향 때문이다. 교회 안에서도 마찬가지이다. 눈에 보이지 않은 누룩이 있다. 인본주의와 거짓교리가 들어오면 교회의 생명력이 무너지는 것은 시간문제이다.

> **2:16 그러므로 회개하라 그리하지 아니하면 내가 네게 속히 가서 내 입의 검으로 그들과 싸우리라**

회개하라. 그리하지 아니하면, 내 입의 검으로 싸우리라

본문은 주님의 권고와 당부의 말씀은 "회개하라. 그리하지 아니하면, 내 입의 검으로 싸우리라" 회개와 관련된 말씀은 서머나 교회와 빌라델비아 교회를 제외한 다섯 교회의 모두에게 동일하게 주었다. 성도가 무너지는 것은 죄 때문이 아니다. 회개가 없기 때문이다.

다윗이 위대하고 주님의 마음에 합한 종이라 칭찬한 것은 회개의 사람이었기 때문이다. 주님이 공생애사역 중에 처음 주신 말씀은 회개하라 천국이 가까웠느니라 라는 회개의 촉구이다. 때문에 성도는 매일 두루마기를 빠는 자리가 있어야 한다. "그 두루마기를 빠는 자들은 복이 있으니 이는 저희가 생명나무에 나아가며 문들을 통하여 성에 들어갈 권세를 얻으려 함이로다(계22:14)"

"언제나 희망은 남아 있다" 라는 책에서 황형택 작가는 다음과 같이 예화를 사용하여 회개의 중요성을 강조하였다. 엘 그레코(El Greco)라는 화가가 있다. 그가 그린 참회하는 성 베드로라는 그림에서 베드로는 천국의 열쇠를 쥐고 어딘가를 바라보고 있다. 하나님의 은혜를 입은 사람들은 모두 이미 천국의 열쇠를 가지고 있다. 가지고 있기는 하지만 매일의 삶 속에서 우리는 더러운 죄악으로 더럽혀진다. 은혜받아 천국에 들어갈 수 있음에도 얼마나 많은 죄악 속에서 사는가? 천국의 열쇠를 쥐고 있어도 하나님의 은혜를 사모하지 않으면 안 된다. 천국의 열쇠를 쥐었지만, 하나님이 우리의 죄악을 사하지 않으시면 안 되는 줄 알기에 하나님을 주목하는 베드로의 모습, 이것이 참회하는 성 베드로라는 그림이다. 중요한 것은 죄를 범하지 않는 것이 아니다. 우리는 모두 죄를 범하고 실수하며 잘못한다. 죄를 범하지 않을 수 없기에 그 죄를 가지고 하나님 앞에 나아가 죄사함의 은혜를 받는 것이 중요하다. 예수를 믿는 것은 먼저 자신의 죄를 깨닫는 것이다. 남을 탓하는 것도 아니고, 주변을 탓하는 것도 아니다. 우리는 제일 먼저 하나님 앞에 나 자신을 깨끗하게 만들어야 한다. 억울하다 하지 말고 나를 들여다보아 나를 정결하게 만들어야 한다. 이웃을 들여다보는 것이 아니라 자신을 먼저 들여다보는 것이 예수 믿는 사람의 모습이다. 우리에게 자신을 먼저 들여다 볼 수 있는 은혜가 있어야 한다. 그래야 하나님이 이 고난을 이길 힘을 주실 것이다.

회개하는 베드로 / 엘 그레코(El Greco)그림

> 2:17 귀 있는 자는 성령이 교회들에게 하시는 말씀을 들을지어다 이기는 그에게는 내가 감추었던 만나를 주고 또 흰 돌을 줄 터인데 그 돌 위에 새 이름을 기록한 것이 있나니 받는 자 밖에는 그 이름을 알 사람이 없느니라

주님은 이기는 자에게 두 가지 축복을 주겠다고 약속하였다. 하나는 감추었던 만나이고 다른 하나는 흰 돌이다. 감추었던 만나는 전설이 있다. 구약 성도는 광야 40년 동안 하늘에서 내려주신 만나를 매일 먹었다. 그리고 이 만나를 법궤에 보관하였는데, BC 586년에 이방 민족이 침공하였을 때, 예레미야 혹은 이사야가 이 법궤를 숨겼다고 한다. 그런데 메시야가 다시 도래하면 이 법궤가 공개된다는 전설이 내려오고 있다. 본문은 이 전설에 근거하여 감추었던 만나라고 계시하였다. 감추었던 만나는 예수 그리스도를 통하여 주시는 영생을 말한다.

흰 돌은 여러 가지 해석을 할 수 있으나, 가장 성경적인 해석은 고대운동경기에서 우승자에게 흰 돌에 이름을 새겨서 상금으로 주었다. 이런 배경을 가지고 해석한다면, 환난과 핍박을 이겨내고 죽임을 당하는 극한 상황에서도 끝까지 신앙을 지키며, 거짓 가르침과 싸워 이긴 성도에게 상금은 영생과 아울러 승리의 상징으로 흰 돌에 이름을 새겨서 준다. 아울러 성경은 흰돌을 예수님으로 소개하고 있다. "그러므로 주 여호와께서 가라사대 보라 내가 한 돌을 시온에 두어 기초를 삼았노니 곧 시험한 돌이요 귀하고 견고한 기초 돌이라 그것을 믿는 자는 급절하게 되지 아니하리로다(사28:16)"

베드로는 머릿돌이라 비유하였다. "경에 기록하였으되 보라 내가 택한 보배롭고 요긴한 모퉁이 돌을 시온에 두노니 저를 믿는 자는 부끄러움을 당치 아니하리라 하였으니 그러므로 믿는 너희에게는 보배이나 믿지 아니하는 자에게는 건축자들의 버린 그 돌이 모퉁이의 머릿돌이 되고(벧전2:6~7)"

흰돌은 예수이고, 예수의 이름으로 천국에 기업이 보장된다.

새 이름이라 함은 축복받는 자의 이름을 말한다. 구원은 개별적으로 이루어진다. 구원은 하나님과 당사자의 비밀이다. 은혜 또한 마찬가지이다. 받은 자와 보는 자, 듣는 자만 알 수 있다. 타자가 개입할 수 없다. 때문에 구원도 상금도 비밀이다. 세상이 보기에는 믿음이 보잘것없지만, 주님이 보시기에는 믿음의 거부가 있다는 것이다. 과부가 두 렙돈을 헌금하는 것을 보시고 가장 많이 내었다고 칭찬하였다. 주님은 가장 정확하게 보신다. "가라사대 내가 참으로 너희에게 말하노니 이 가난한 과부가 모든 사람보다 많이 넣었도다(눅21:3)"

성도는 세상을 주목하는 것이 아니라 주님께 주목하고 살아가야 할 것이다.

2:18 두아디라 교회의 사자에게 편지하라 그 눈이 불꽃 같고 그 발이 빛난 주석과 같은 하나님의 아들이 이르시되

두아디라 교회

두아디라 교회는 빌립보에서 개종한 자주장사 루디아가 이곳 출신이었듯이 이 도시는 염색공업으로 번성하였다. 또한, 우상 숭배가 성한 곳으로 그중 태양신 아폴로를 가장 열심히 섬겼다. 이교 신전에서 종교제의와 관련된 음행이 성행하였다. 이 도시에 복음이 어떻게 전파되었는지는 알 수 없으나 에베소를 중심으로 복음을 전한 바울과 루디아에 의하여 복음이 전해지고 교회가 세워졌다고 추측하고 있다.

두아디라 교회의 특징

두아디라 교회는 주님을 향한 사업과 믿음과 인내가 처음 것보다 나중 행위가 많은 교회이다. 그러나 자칭 선지자라고 하는 여자 이세벨을 용납하여 종들을 가르치고, 꾀어 행음하고, 우상의 제물을 먹게 하는 우를 범하여 책망을 받았던 교회가 되었다. 생각하기 싫은 배교의 역사가 있는 교회가 되었다. 주님은 예루살렘거리에서 공의를 행하고 진리를 구하는 한 사람을 찾고 있지만, 세상에 온전한 사람이 있을까? 한 가지를 잘하면 또 다른 면에서 실수하고, 인간은 한계가 있고, 그런 우리를 위해 주님이 십자가를 지기 위하여 이 땅에 오셨다.

주님의 등장 모습은 "그 눈이 불꽃 같고 그 발이 빛난 주석과 같은" 이가 등장한다. 계1:14~15에서 언급하였다.

> **2:19 내가 네 사업과 사랑과 믿음과 섬김과 인내를 아노니 네 나중 행위가 처음 것보다 많도다**

내가 네 사업과 사랑과 믿음과 섬김과 인내를 아노니 네 나중 행위가 처음 것보다 많도다

주님은 본문에서 두아디라 교회에게 여섯 가지를 칭찬하였다. 칭찬이 많으면 소망이 있는 교회이다. "내가 네 사업과 사랑과 믿음과 섬김과 인내를 아노니 네 나중 행위가 처음 것보다 많도다" 6가지 덕목을 요약한다면 3가지로 나타낼 수 있다. 믿음과 사랑, 그리고 소망이다. 바울서신은 일정한 형식이 있다. 처음에는 교리적인 계시를 주시고 나중에는 성도의 신앙실천의 덕목에 대하여 계시하였다. 그리고 인사말에는 언제나 빠지지 않고 들어가는 말씀이 있다. 믿음, 소망, 사랑의 덕목을 언제나 기억하라는 권면이다. 교회의 공동체 안에 이 3가지 덕목은 없어서는 안 될 핵심적인 요소이다.

특별히 두아디라 교회는 사랑이 넘치는 교회이다. 처음보다 나중에 잘하였다 칭찬하였다. 에베소 교회를 책망한 것은 처음엔 잘하였으나, 나중에는 처음 사랑을 저버린 교회라고 책망하였다. 율법의 완성은 사랑이다. 사랑이 없이 예수님을 구주로 믿고 성도로 살아간다 라는 것은 거짓말이다. 뿐만 아니라 사랑이 없으면, 우리의 신앙생활은 아무 것도 아니다. "내가 사람의 방언과 천사의 말을 할지라도 사랑이 없으면 소리나는 구리와 울리는 꽹과리가 되고 내가 예언하는 능이 있어 모든 비밀과 모든 지식을 알고 또 산을 옮길 만한 모든 믿음이 있을지라도 사랑이 없으면 내가 아무것도 아니요(고전13:1~2)"

기독자의 건강한 신앙생활은 시간이 가면 갈수록 벼가 익으면 고개를 숙이듯이 열매가 있는 모습으로 세워질 때, 참으로 보기 좋은 모습이고, 주님은 이러한 성도에게 칭찬할 것이다. 장성한 믿음의 분량까지 나아가자! "우리가 다 하나님의 아들을 믿는 것과 아는 일에 하나가 되어 온전한 사람을 이루어 그리스도의 장성한 분량이 충만한 데까지 이르리니(엡4:13)"

하나님은 우리를 믿음의 단거리 경주자로 부르지 않고, 오히려 믿음의 장거리 마라톤 경주자로 세우셨다. 경주를 완주하기 위해서는 매일 하나님의 전신갑주를 입고, 인내를 온전히 이루고, 영적인 결심도 필요하다. 경주의 출발자만 되는 것이 아니라 경주의 완결자가 될 수 있도록 늘 성령 충만한 생활이 요구된다. 라비 자차리아스라는 사람은 "시작은 순간적이지만, 끝은 평생이다" 라고 하였다. 끝이 중요하다.

성경이 답이다. 열왕기상, 하를 보라! 북왕국 왕들은 태동할 때부터 반역하고 우상을 섬겼다. 모든 왕이 한결같이 하나님을 배도하고 악인의 길을 따라갔지만 남왕국의 왕들은 우리에게 본이 되는 왕들이 많이 등장하고 있다. 그러나 참으로 불행한 것은 결코 적지 않은 왕들이 처음에는 선한 정치를 하고 좋은 평가를 받았지만, 끝이 좋지 않은 왕들이 많이 등장하여 아쉬움을 준다. 타산지석으로 삼아야 한다. 끝이 좋으면 다 좋다.

사도바울은 기독자의 본이 된다. 사도는 믿음의 경주는 한결같았고 무엇보다 끝은 순교로 대미를 장식하였다. "내가 선한 싸움을 싸우고 나의 달려갈 길을 마치고 믿음을 지켰으니 이제 후로는 나를 위하여 의의 면류관이 예비되었으므로 주 곧 의로우신 재판장이 그 날에 내게 주실 것이니 내게만 아니라 주의 나타나심을 사모하는 모든 자에게니라(딤후4:7~8)"

> 2:20 그러나 네게 책망할 일이 있노라 자칭 선지자라 하는 여자 이세벨을 네가 용납함이니 그가 내 종들을 가르쳐 꾀어 행음하게 하고 우상의 제물을 먹게 하는도다

자칭 선지자라 하는 여자 이세벨을 네가 용납함이니 그가 내 종들을 가르쳐 꾀어 행음하게 하고 우상의 제물을 먹게 하는도다

두아디라 교회에게 준 책망의 메시지는 무엇일까? 두아디라 교회 안에는 자칭 이세벨 선지자 같은 거짓선지자가 있고, 교회가 받아 드렸다는 것이다. 그렇다면, 여자 이세벨은 어떠한 인물인가?

이세벨은 구약에 등장하는 가장 악녀 중의 하나이다(왕상 16:31, 왕하9:7). 그녀는 시돈의 딸로서 북이스라엘 7대 왕인 아합 왕의 왕비이다. 바알신을 끌어들이고 백성으로 하여금 바알종교를 신봉케 한 장본인이다. 선지자 엘리야와 대결을 하기도 했다. 인간의 탐욕이 이렇게 타락할 수 있을까? 하나의 모형적인 인물이다. 그러나 초대교회 당시 여자 이세벨은 없었다. 이세벨을 용납했다는 뜻은 거짓선지자의 교훈을 받아들이고 미혹 당했다고 이해하면 된다. 성도가 거룩함을 잃어버리면 세상과 조금도 다를 바가 없다.

두아디라 공동체 안에는 이세벨 같은 거짓선지자의 준동으로 악행이 있었다. 여자 이세벨이 한 일은 **첫째, 하나님의 종들을 가르친다.** 다른 복음을 가르친다. 복음 운동의 방향을 사회구원 운동으로 돌린다. 적그리스도와의 연합으로 그들의 목적을 달성하는데 많은 하나님의 종들로 적그리스도를 따를 것을 강요하고 진리 배척운동에 나서게 한다. **둘째, 꾀어 행음하게 한다.** 꾄다는 말은 그럴듯한 방법으로 유인, 유혹함을 말하며 행음하게 함은 적그리스도와의 영적인 간음, 혹은 음녀 교회에 속하게 하는 일이다. **셋째, 우상의 제물을 먹게 하였다.** 짐승의 표를 받게 하여 물건의 매매를 허락하게 하는 일이다. "누구든지 이 표를 가진 자 외에는 매매를 못 하게 하니 이 표는 곧 짐승의 이름이나 그 이름의 수라(계13:17)" **넷째, 이 세력은 큰 바벨론을 이룬다.** 바벨이란 말은 창세기 10장 부터 나온다. 바벨이란 어원은 혼합 또는 썩다 라는 말에서 근거한다. 하나님이 제일 싫어하는 것은 혼합하고, 썩어지는 것이다. 임박한 환난의 때, 사탄은 모든 종교를 하나가 되게 한다.

이 세력이 큰 바벨론이다. 온 세계를 석권하는 종교 세력으로 확장되며 이 세력으로 인하여 많은 영적 생명이 죽게 될 뿐 아니라 이 세상에 임하는 하나님의 심판은 바로 이 음녀에게 임한다. "힘찬 음성으로 외쳐 이르되 무너졌도다 무너졌도다 큰 성 바벨론이여 귀신의 처소와 각종 더러운 영이 모이는 곳과 각종 더럽고 가증한 새들이 모이는 곳이 되었도다 그 음행의 진노의 포도주로 말미암아 만국이 무너졌으며 또 땅의 왕들이 그와 더불어 음행하였으며 땅의 상인들도 그 사치의 세력으로 치부하였도다 하더라(계18:2~3)"

그렇다면 우리가 사역하고 있는 교회 안에는 발람의 교훈과 이세벨 같은 거짓선지자의 가르침과 교훈은 없는가? 우리와 상관이 없다 라고 단정할 수 없을 것이다. 사탄은 언제나 교회를 대상으로 공격하고 끊임없이 우는 사자와 같이 삼킬 자를 찾기 위하여 두루 다니고 있다. 믿음으로 깨어있고 예비하지 않으면 버가모 교회와 두아디라 교회처럼 주님의 준엄한 책망을 받을 수 밖에 없을 것이다.

> 2:21 또 내가 그에게 회개할 기회를 주었으되 자기의 음행을 회개하고자 하지 아니하는도다
>
> 2:22 볼지어다 내가 그를 침상에 던질 터이요 또 그와 더불어 간음하는 자들도 만일 그의 행위를 회개하지 아니하면 큰 환난 가운데에 던지고
>
> 2:23 또 내가 사망으로 그의 자녀를 죽이리니 모든 교회가 나는 사람의 뜻과 마음을 살피는 자인 줄 알지라 내가 너희 각 사람의 행위대로 갚아 주리라

내가 그에게 회개할 기회를 주었으되 그 음행을 회개하고자 아니하는도다

주님의 권고와 경고는 교회마다 반복하고 있다. 회개하라 만약에 회개하지 않으면 반드시 진노의 포도주잔을 마시게 하겠다 라는 준엄한 경고의 말씀이다. 회개하지 않은 자는 반드시 화를 당한다. 첫 번째, 침상에 던질 것이고, 침상이 상징하는 것은 결국은 사망이다. 두 번째는 큰 환난 가운데 던짐을 받을 것이고, 세 번째, 자녀를 죽이겠다 라는 경고이다.

교회가 회개해야 한다. 회개하라 할 때, 아직도 기회가 있고 소망이 있다는 것이다. 만약에 일곱인, 일곱나팔, 일곱대접의 재앙의 시대에 진입하면 회개하고 싶어도 회개할 수 없다. 요한계시록을 자세히 연구하면 그때는 회개하고 싶어도 회개할 수 없다. 회개치 않더라 하는 말씀이 4번이나 반복해서 계시되었다.

"이 재앙에 죽지 않고 남은 사람들은 그 손으로 행하는 일을 회개치 아니하고 오히려 여러 귀신과 또는 보거나 듣거나 다니거나 하지 못하는 금, 은, 동과 목석의 우상에게 절하고 또 그 살인과 복술과 음행과 도적질을 회개치 아니하더라(계9:20~21)."

그러므로 회개는 때가 있다. 지금이 회개할 때이다. 성령의 내주하심으로 철저히 회개의 심령을 품고, 회개의 자리로 가서 회개해야 한다.

주님은 인격적이고 기다리시는 분이다. 노아의 홍수심판 예를 들어보자. 방주의 건조기간은 학자에 따라 약간의 간격이 있으나 분명한 것은 짧지 않은 세월 동안 방주를 건조했다. 유대전승에 따르면 노아는 매일매일 반복하여 하루에 한번 "땡그랑!" 종을 타종했다 한다. 타종하면서 심판을 선언하였다. "하나님이 물로 심판하십니다!"라고 심판의 메시지를 매일 선포하였다. 그럼에도 불구하고 세상은 심판에 관심이 없었다. 드디어 방주가 건조되었다. 하나님은 또다시 기다리고, 기회를 주었다. 방주가 건조되고 나서 칠 일을 기다렸다. 이때가 마지막 기회임에도 불구하고 세상은 또 다시 기회를 놓치고 말았다. "지금부터 칠 일이면 내가 사십 주야를 땅에 비를 내려 내가 지은 모든 생물을 지면에서 쓸어버리리라(창7:4)"

민수기 22장은 브올의 아들 발람선지자가 나온다. 모압 왕의 사주를 받고 이스라엘을 저주하기 위하여 길을 떠난 발람선지자에게 주님은 그 길이 악한 길이고, 패역한 길이라 라고 두 번이나 경고를 준다. 한번은 나귀의 입을 열어 경고하시고, 또 한 번은 칼을 빼든 하나님의 천사가 나타나 경고하였다. "여호와의 사자가 그에게 이르되 너는 어찌하여 네 나귀를 이같이 세 번 때렸느냐 보라 네 길이 내 앞에 패역하므로 내가 너를 막으려고 나왔더니(민22:32)"

발람은 어떻게 반응했는가? 사람이 이쯤 되었으면, 정신을 차릴 수 있었을덴데 말이다. 아무리 세상의 재물과 권력과 명예가 소중하다 하더라도 생명보다 귀하다 할 수 있겠는가? "잘못했습니다. 다시는 주님의 뜻을 거역하지 않고, 즉시 돌아가겠습니다!"하고 평상심을 회복하면, 화를 당하지 아니했을 것이다. 양심에 화인 맞았던 발람은 결국은 기회를 놓치고 만다. "그들이 바른 길을 떠나 미혹되어 브올의 아들 발람의 길을 따르는도다 그는 불의의 삯을 사랑하다가 자기의 불법으로 말미암아 책망을 받되 말하지 못하는 나귀가 사람의 소리로 말하여 이 선지자의 미친 행동을 저지하였느니라(벧후2:15~16)" 기회를 놓친 발람의 결과는 어찌 되었는가!

기회와 관련한 예화를 듣고 가자! 올림포스 신전에는 시간의 신 크로노스(χρόνος)의 신상이 있다. 이 신상은 벌거숭이 젊은이가 달리는 모습을 하고 있는데 발에는 날개가 달려있고 오른손에는 날카로운 칼이 들려있으며 이마에는 곱슬곱슬한 머리카락이 늘어뜨려져 있지만, 뒷머리와 목덜미는 민숭민숭한 모습이다. 이 신상을 본 시인 포세이디프(Poseidipp)는 이렇게 노래했다. 시간은 쉼 없이 달려야 하니 발에 날개가 있고, 시간은 창 끝보다 날카롭기에 오른손에 칼을 잡았고, 시간은 만나는 사람이 잡을 수 있도록 앞이마에 머리칼이 있으나 시간은 지난 후에는 누구도 잡을 수 없도록 뒷머리가 없다. 시간은 곧 기회이다. 한 번 놓친 기회는 다시는 그 앞 이마를 우리에게 보여주지 않는다.

시간의 신, 크로노스의 신상 모습

비슷한 얘기로 두 사람이 길을 가고 있었다. 한 사람이 물었다. "아주 아름다운 모습을 하고 있군요. 이름이 무엇입니까?" "내 이름은 '기회'입니다!" "누가 그렇게 아름답게 만들었나요?" "리시푸스라는 고대 그리스 조각가가 만들었답니다!" "그런데 왜 그렇게 빨리 갑니까?" "저는 빨리 지나쳐버리지요!" "앞머리는 왜 그렇게 길지요?" "내가 기회임을 사람들이 알아보지 못하게 하기 위해서죠!" "그런데 뒷머리는 왜 그렇게 말끔히 벗겨졌나요?" "내가 한 번 지나가면 다시 붙잡을 수 없다는 것을 보여 주기 위해서죠!" 기회는 누구에게나 있다. 지금 우리 옆으로 기회가 지나가고 있다. 주어진 기회를 놓치고 나면 평생을 두고두고 후회 할 것이다. 지금은 주님의 주신 선물이고, 기회이다. 이 기회를 놓치지 말자! "가라사대 내가 은혜 베풀 때에 너를 듣고 구원의 날에 너를 도왔다 하셨으니 보라 지금은 은혜받을 만한 때요 보라 지금은 구원의 날이로다(고후6:2)"

> **2:24** 두아디라에 남아 있어 이 교훈을 받지 아니하고 소위 사탄의 깊은 것을 알지 못하는 너희에게 말하노니 다른 짐으로 너희에게 지울 것은 없노라

어느 시대를 막론하고 남은 자(remnant)가 있다. "두아디라에 남아 있어 이 교훈을 받지 아니하고" 엘리야 시대에 남은 칠천 인이 있듯이 하나님은 시대를 막론하고 이 땅에는 남은 자가 있다. "그러나 내가 이스라엘 가운데 칠천 인을 남기리니 다 무릎을 바알에게 꿇지 아니하고 다 그 입을 바알에게 맞추지 아니한 자니라(왕상19:18)"

두아디라 교회 안에 이세벨과 발람 그리고 니골라 같은 교훈과 가르침을 받지 않고 오직 예수 신앙을 따르고 믿음의 정절을 지키는 성도가 있었다. 이러한 자들이 남은 자이다.

성경은 남은 자에 대하여 반복하여 계시하였다. 남은 자의 신학은 중요하다 하겠다. 용어적인 해석은 어떤 일 이후에 남겨진 사람을 말하거나 패전으로 인해 백성들이 자기 나라에서 추방되거나 끌려간 후 본토에 남아 있는 사람을 말한다. 후에 남은 자에 대한 개념은 발전되어 하나님께서 불러 모으시고 구원하시는

하나님의 백성을 의미하는 단어로 쓰이게 되었다. "그 날에 만군의 여호와께서 자기 남은 자에게 영화로운 면류관이 되시며 아름다운 화관이 되실 것이라(사28:5)"

특히 이 남은 자 사상은 이사야에 있어서 중요한 의미를 가진다. "그 날에 여호와의 싹이 아름답고 영화로울 것이요 그 땅의 소산은 이스라엘의 피난한 자를 위하여 영화롭고 아름다울 것이며 시온에 남아 있는 자, 예루살렘에 머물러 있는 자 곧 예루살렘 안에 생존한 자 중 기록된 모든 사람은 거룩하다 칭함을 얻으리니(사4:2~3)" 그러나 이스라엘 민족 전체가 남은 자는 아니다. 스바냐에 의하면 남은 자란 겸비하여 주를 찾는 자이다.

신약에서 이 개념은 바울의 구원론에 중요한 역할을 한다. "또 이사야가 이스라엘에 관하여 외치되 이스라엘 자손들의 수가 비록 바다의 모래 같을지라도 남은 자만 구원을 받으리니(롬9:27)"

남은 자는 구원의 반열에 들어가는 자이다. 이 남은 자의 사상이 로마서 11장에서 참감람나무와 돌감람나무 비유를 통하여 계시하였다. 즉, 유대인과 이방인의 남은 자, 온 이스라엘이 구원을 받게 되는 구속사의 원리를 제공해주고 있다.

하나님은 시대 시대마다 남은 자를 보호하신 목적은 구속사를 이루기 위해서이다. 남은 자를 연구하면 하나님의 경륜과 섭리를 알 수 있다. 결국, 남은 자를 통하여 구원을 이루신다. 지금 이 시대에도 남은 자는 있다. 이 남은 자의 반열에 들어갈 수 있도록 신앙의 경주에 힘써야 할 것이다.

> 2:25 다만 너희에게 있는 것을 내가 올 때까지 굳게 잡으라
>
> 2:26 이기는 자와 끝까지 내 일을 지키는 그에게 만국을 다스리는 권세를 주리니
>
> 2:27 그가 철장을 가지고 그들을 다스려 질그릇 깨뜨리는 것과 같이 하리라 나도 내 아버지께 받은 것이 그러하니라
>
> 2:28 내가 또 그에게 새벽 별을 주리라
>
> 2:29 귀 있는 자는 성령이 교회들에게 하시는 말씀을 들을지어다

다만 너희에게 있는 것을 내가 올 때까지 굳게 잡으라 이기는 자와 끝까지 내 일을 지키는 그에게 만국을 다스리는 권세를 주리니

영적인 원리를 늘 기억해야 한다. A하면 B이다 라는 만고불변의 법칙이다. 너희에게 있는 것을 내가 올 때까지 굳게 잡으면 이기고, 이기는 자에게 약속이 있다. 보상으로 만국을 다스리는 권세를 주겠다는 축복이 예약되어 있다. 결론적으로 구원은 조건부 구원이다. 예수님을 믿음으로 받고, 말씀을 지키면 구원이 있다. 즉 A하면 B이다 라는 등식이 적용된다.

너희에게 있는 것은 이세벨의 교훈을 지키지 않은 것이고 그

것은 구체적으로 우상숭배와 행음을 멀리하고, 기독교의 최고 덕목인 믿음의 역사, 소망에 대한 인내, 사랑의 수고를 몸소 지키고 행하는 것이다. 이기는 자에게는 만국을 다스리는 권세를 주겠다고 약속하였다. 이 말씀의 배경은 시편 2편이다. "내게 구하라 내가 열방을 유업으로 주리니 네 소유가 땅끝까지 이르리로다(시2:8)"뿐만 아니라 하나님은 그의 아들 예수 그리스도에게 만국을 치리할 권세를 주었다. "예수께서 나아와 일러 가라사대 하늘과 땅의 모든 권세를 내게 주셨으니(마28:18)"

이러한 만국의 통치의 권세는 주님의 일을 끝까지 지키는 자, 어떠한 상황 가운데서도 믿음의 도리를 저버리지 않은 성도에게 주신다 라고 약속하였다.

성도는 예수님을 구세주로 영접하고 십자가 보혈의 피로 말미암아 7가지 축복이 약속되어 있다. 이 약속된 복은 실제적인 신령한 복이다. 이것은 성도에게 복음이고, 위로이고, 힘이 된다. 주밖에 복이 없다. "내가 여호와께 아뢰되 주는 나의 주시오니 주밖에는 나의 복이 없다 하였나이다(시16:2)"

주님께 모든 복이 있다. 주님 한 분이면 족하다 라는 고백은 정말 실제적이고 우리의 삶 속에 고백되어야 한다. 7가지 축복을 정리하면, 첫째, 하나님의 자녀가 되는 것이다. 둘째, 성령께서 세상 끝날까지 내주하신다. 셋째, 기도의 특권이다. 기도하면 때가 되면 기도가 응답 된다. 넷째, 수호천사가 지키고 인도한다. 다섯째, 예수 그리스도의 이름으로 사탄의 권세를 이기고 물리친다. 여섯째, 생명책에 기록된다. 일곱째, 전도자가 받을 복이 있다. 이기는 자는 주님께서 약속한 7가지 복을 받는다. 축복의 반열에 들어가자!

주님은 만국을 다스리는 권세와 아울러 새벽 별을 주리라 하는 약속을 주었다. 기가 막히는 약속이다. 새벽 별은 주님 자신을 말한다. "나 예수는 교회들을 위하여 내 사자를 보내어 이것들을 너희에게 증언하게 하였노라 나는 다윗의 뿌리요 자손이니 곧 광명한 새벽 별이라 하시더라(계22:16)"

성도는 가슴속에 언제나 빛나는 새벽별이 있어야 한다. 이런 성도가 예언의 말씀을 지키고 약속의 말씀이 이뤄지는 주인공이 된다. "또 우리에게 더 확실한 예언이 있어 어두운 데 비취는 등불과 같으니 날이 새어 샛별이 너희 마음에 떠오르기까지 너희가 이것을 주의하는 것이 가하니라(벧후1:18)"

새벽별이 되는 축복을 누리자! 소아시아의 일곱 교회의 형편과 모습에 따라 보낸 칭찬과 책망, 경고, 약속의 말씀은 주님의 초림이후 세상 끝날까지 구속사의 여정에서 택한 신앙의 공동체가 어떠한 모습으로 존재해야 할지를 보여주고 있다. 교회가 이 땅의 유일한 소망이다. 교회의 본질을 회복하자. "여호와께서 그 성전에 계시니 여호와의 보좌는 하늘에 있음이여 그 눈이 인생을 통촉하시고 그 안목이 저희를 감찰하시도다(시11:4)" 마라나타!

3장
소아시아 7교회에 보낸 편지

소아시아 7교회에 보낸 편지
(3장 강해)

1 3장의 내용 요약

가. 1~6절 : 사데 교회에게 보낸 편지
나. 7~13절 : 빌라델비아 교회에게 보낸 편지
다. 14~22절 : 라오디게아 교회에게 보낸 편지

2 장, 절 강해

> 3:1 사데 교회의 사자에게 편지하라 하나님의 일곱 영과 일곱 별을 가지신 이가 이르시되 내가 네 행위를 아노니 네가 살았다 하는 이름은 가졌으나 죽은 자로다

사데 교회

사데 교회에 인접한 도시는 무역과 군사적인 면에서만 아니라 일찍부터 양털 가공업과 염색업이 시작되어 공업적으로 크게 번성하였다. 사데 사람들은 여신 시벨레를 주신으로 섬겼다. 사데 교회가 세워진 동기는 AD 2세기경 이곳 교회 감독이었던 멜리토가 뛰어난 주경가이자 기독교 변증가였다는 사실만이 증거되고 있다. 누가 세웠는지 분명하지 않다.

사데 교회 특징

사데 교회는 살았다 하는 이름은 가졌으나 실상은 죽은 교회의 전형적인 모습을 가진 교회이다. 오늘날 이름만 교회의 모습을 가졌지만, 실상은 죽은 교회가 적지 않을 것이다. 세상에서 살아남기 위해 발버둥을 치다보니 본질을 잃어버리고 껍데기만 남은 교회라고 할 수 있다. 사데 교회의 모습을 통하여 우리가 사역하고 있는 교회의 모습이 어떤지 타산지석으로 삼아야 할 것이다.

> **사데 교회의 사자에게 편지하라 하나님의 일곱 영과 일곱별을 가지신 이가 이르시되 내가 네 행위를 아노니 네가 살았다 하는 이름은 가졌으나 죽은 자로다.**

주님이 등장하는 모습은 일곱 영과 일곱별을 가진 자로 소개하였다. 일곱 영과 일곱 별은 본문 자체에서 내증하였다. 일곱 영은 성령님이시고, 일곱별은 일곱 교회의 사자이다. "네가 본 것은 내 오른손의 일곱 별의 비밀과 또 일곱 금 촛대라 일곱 별은 일곱 교회의 사자요 일곱 촛대는 일곱 교회니라(계1:20)"

에베소교회에 등장한 주님의 모습과 비슷하다. 주님은 일곱 영과 일곱별을 가지신 분이시다. 성령은 예수님께서 보내신 영이시고, 예수의 영이시고, 예수님과 함께 사역하시는 영이시다. 이사야가 받았던 계시는 성령은 7가지 사역을 말해주고 있다. "그의 위에 여호와의 영 곧 지혜와 총명의 영이요 모략과 재능의 영이요 지식과 여호와를 경외하는 영이 강림하시리니(사11:2)"

여호와의 신은 예수의 영이시다. 그리고 일곱별은 주님께서 세우신 주의 종이다. 주의 종은 구체적으로 말한다면 지교회의 담임목사이다. 담임목사는 일곱별의 권리와 의무를 다하는 종이다. 주님은 일하시는 주님이지만, 구체적으로 성령님과 주의 종과 함께 일하신다.

본문은 사데 교회를 향한 주님의 준엄한 책망이 기록되었다. "네 행위를 아노니 네가 살았다 하는 이름은 가졌으나 죽은 자로다" 주님은 사데 교회의 행위를 알고 있었다. 열매가 없는 신앙의 모습에 대한 책망이다. 칭찬보다 책망이 먼저 나온 것은 사데 교회의 타락이 심각하다는 증거이다.

사데 교회가 살았다 하지만 죽은 자로 책망을 받은 이유는
첫째, 외식적인 믿음을 가진 교회였다.
"나더러 주여 주여 하는 자마다 다 천국에 들어갈 것이 아니요 다만 하늘에 계신 내 아버지의 뜻대로 행하는 자라야 들어가리라(마7:21)" 주님은 바리새인들을 책망했다. 이유인 즉, 그들은 외식하는 자들이다.

둘째, 하나님 앞에 보이러 오는 신앙을 가진 교회이다.
"너희가 내 앞에 보이러 오니 이것을 누가 너희에게 요구하였느냐 내 마당만 밟을 뿐이니라(사1:12)" 이사야 선지자가 성경을 열며, 먼저 책망했다. 믿음이 없이 제사를 드리는 자들에게 준엄한 책망이 있다.

셋째, 더러운 것으로 드린 예물이 있었다.
"만군의 여호와가 이르노라 너희가 눈 먼 희생제물을 바치는 것이 어찌 악하지 아니하며 저는 것, 병든 것을 드리는 것이 어찌 악하지 아니하냐 이제 그것을 너희 총독에게 드려 보라 그가

너를 기뻐하겠으며 너를 받아 주겠느냐(말1:8)" 예배에 실패하면 주님은 얼굴에 똥을 바르고, 성전문을 닫아 버리겠다 라고 주신 말씀이 있다. 매너리즘에 빠져 예배를 드리는 교회와 성도가 얼마나 위험한가!

넷째, 땅에 묻어둔 직분이 있었다.

"한 달란트 받은 자는 가서 땅을 파고 그 주인의 돈을 감추어 두었더니(마25:18)" 2달란트, 5달란트 받았던 종은 바로 가서 장사했다. 복음장사했다. 그러나 1달란트 받았던 종은 달란트를 땅에 묻어버렸다. 그리고 주인을 곡해했다.

다섯째, 불법을 행하는 권능이 있었다.

"그 날에 많은 사람이 나더러 이르되 주여 주여 우리가 주의 이름으로 선지자 노릇 하며 주의 이름으로 귀신을 쫓아 내며 주의 이름으로 많은 권능을 행하지 아니하였나이까 하리니(마7:22)" 불법은 말씀을 지키지 않는 자들에게 초점을 맞추고 있다.

여섯째, 들포도로 열매를 맺었다.

"내가 내 포도원을 위하여 행한 것 외에 무엇을 더할 것이 있으랴 내가 좋은 포도 맺기를 기다렸거늘 들포도를 맺음은 어찌 됨인고(사5:4)" 주님의 눈은 예리하다. 정확하다. 그리고 열매를 본다.

예화 한 토막을 들고 가자! "현자들의 거짓말"이라는 책에 실린 글이다. 런던의 어느 달동네에 두 사람의 재단사가 서로 마주 보고 일하고 있었다. 그들은 2차 세계대전 이후부터 늘 그렇게 서로 마주 보며 일해 왔다. 어느 날 한 재단사가 다른 재단사에게 물었다. "금년에 휴가 갈 건가?" "아니" 잠시 침묵이 흘렀다. 그런데 그 재단사가 불쑥 말을 꺼냈다. "1964년에 휴가를 갔었지." "그래? 어디로 갔었나?" 첫 번째 재단사는 무척 놀랐다. 아무리 생각해도 이 친구가 자리를 비운 적이 없었기 때문이다. 그래서 호기심에 가득 차서 그때 그 휴가 이야기를 해 달라고 졸랐다. "난 그때 벵갈로 호랑이 사냥을 갔었지. 빛나는 금빛 총을 두 개나 들고 말이야. 그러던 어느 날 나는 정말 엄청나게 큰 호랑이를 만났지. 내가 총을 쏘았어. 그러나 그놈은 내 총알을 피하고 나를 덮쳤지. 내 머리가 그놈 이빨에 바스러지는 소리가 들리더군. 그리고 나를 먹기 시작했어. 마침내 그놈이 내 마지막 살 한 점까지 다 먹어 버렸어." 깜짝 놀라서 첫 번째 재단사가 소리쳤다. "무슨 소리를 하는 거야. 호랑이는 자네를 삼키지 않았어. 자넨 지금 이렇게 살아 있잖아?" 그러자 두 번째 재단사가 다시 실과 바늘을 잡으며 슬프게 말했다. "자네는 이걸 살아 있다고 생각하나?" 먹고 살기에만 바쁘고 직업의 의미나 보람을 잃어버린 직장인의 모습을 풍자한 글이다. 살아 있기는 하나 죽은 것과 같은 무의미한 삶을 고발하는 글이다.

이와 유사하게 유명무실하다는 말이 있다. 이름은 있는데 열매는 없다는 뜻이다. 주님은 열매를 기대하고 갔으나 열매가 없는 무화과나무를 보고 저주를 하신 적이 있다. 응당 기대하는 바가 있는데 그렇지 못할 때 사람들은 실망을 한다. 이스라엘이 그랬고 바리새인들이 그러했다. 사데 교회를 향한 주님의 마음 또한 그렇다. 사데 교회를 향한 주님의 평가는 이 한 구절에 담겨 있다. "네가 살았다 하는 이름은 가졌으나 죽은 자로다." 사데 교회는 생명력을 상실한 교회라고 주님은 진단했다. 주님께서 기대하신 바가 있는데 전혀 기대에 부응하지 못하는 모습이다. 사데교회는 다른 교회에게 있는 익숙한 이단이나 훼방자에 대한 언급도 없다. 그들이 믿음이 좋아서인가? 아니다. 죽은 교회이기 때문이다. 죽은 교회는 이단도 건들지 않는다. 말이나 소가 없으면 외양간은 깨끗할 것이다. 그러나 그것은 죽은 외양간이다. 차라리 시끄럽고 분란이 있는 곳이 더 낫지 않겠는가! 그래도 살아있기 때문이다.

> 3:2 너는 일깨어 그 남은 바 죽게 된 것을 굳건하게 하라 내 하나님 앞에 네 행위의 온전한 것을 찾지 못하였노니
>
> 3:3 그러므로 네가 어떻게 받았으며 어떻게 들었는지 생각하고 지켜 회개하라 만일 일깨지 아니하면 내가 도둑 같이 이르리니 어느 때에 네게 이를는지 네가 알지 못하리라

너는 일깨어 그 남은 바 죽게 된 것을 굳건하게 하라 내 하나님 앞에 네 행위의 온전한 것을 찾지 못하였노니

본문은 주님이 사데 교회를 향한 권고의 말씀으로 계시 되었다. **첫번째, 깨어 있으라** 라고 했다. 깨어 있으라 헬라어는 그레

고류오(γρηγορεύω)는 잠에서 깨우다, 죽음에서 눈을 뜨게 하다, 일어나게 하다 라는 뜻으로 해석한다.

계속적인 동작을 말한다. 주님의 재림을 기다리는 성도의 모습이다. 깨어있고, 예비하고 있는 교회는 등불을 들고 있는 종의 자세를 연상하게 한다. 등불이 예표하고 있는 것은 하나는 말씀이고 또 다른 하나는 성령 충만이다. 여기에 더하여 쉬지 말고 기도하면 세마포 입은 교회이다. "모든 기도와 간구를 하되 항상 성령 안에서 기도하고 이를 위하여 깨어 구하기를 항상 힘쓰며 여러 성도를 위하여 구하라(엡6:18)"

성도의 6가지 영적인 무기와 함께 한가지 더하여 깨어 기도하면 하나님의 전신갑주로 무장하고 이런 성도는 어떤 영적인 싸움에서 넉넉히 이긴다. 늘 깨어있어라! 교회에 주신 말씀이다.

권고의 두 번째 말씀은 "남은바 죽게 된 것은 굳건 하게하라."
성경은 남은 자의 사상이 참으로 중요하다. 하나님은 씨를 통하여 구속사를 이뤄 나가신다. "그 중에 십분의 일이 아직 남아 있을지라도 이것도 황폐하게 될 것이나 밤나무와 상수리나무가 베임을 당하여도 그 그루터기는 남아 있는 것 같이 거룩한 씨가 이 땅의 그루터기니라 하시더라(사6:13)"

씨가 남은 자이다. 택한 백성으로도 설명할 수 있다. 어느 시대를 막론하고 이 땅에는 남은 자가 있다. 영적으로 삭막한 시대 엘리야 시대에도 남은 자가 있었다. "그러나 내가 이스라엘 가운데에 칠천 명을 남기리니 다 바알에게 무릎을 꿇지 아니하고 다 바알에게 입맞추지 아니한 자니라(왕상19:18)"

그리고 종말에는 남은 자가 이기는 자의 반열에 들어갈 것이다. 우리 모두 남은 자의 반열에 들어가기를 소망한다.

세 번째 권고의 말씀은 "네 행위의 온전한 것을 찾지 못했다."
우리는 완전할 수 없지만 온전할 수 있다. 온전하다는 말씀은 시간이 갈수록 믿음의 성숙을 말하고 있다. 온전은 어제보다는 오늘이 주님의 모습으로 닮아가는 변화된 열매가 있다. 이럴 때 사용하는 말씀이다. "그러므로 하늘에 계신 너희 아버지의 온전하심과 같이 너희도 온전하라(마5:48)"

네 번째 권고의 말씀은 "그러므로 네가 어떻게 받았으며 어떻게 들었는지 생각하고, 지키고, 회개하라 만일 일깨지 아니하면 내가 도적같이 이르리니 어느 시에 네게 임할는지 네가 알지 못하리라"
주님의 권고와 경고의 말씀이다. 영어로 Receive, Remember, Repent이라는 동사 셋으로 정리할 수 있다. 그러니까 어떻게 받았으며, 어떻게 들었는지 기억하고, 회개하라고 했다. 다시 말해서 맨 처음 어떻게 복음을 받았는지, 그 첫 시간을 생각하고 그 순수한 감격과 열정을 기억하는 것이다. 예수님을 처음 믿었을 때, 성령세례 받았을 때, 처음 은혜를 체험했을 때의 감격과 기쁨을 회복할 때 살아나는 것입니다.

이 말씀은 사도들과 복음 증거자들이 가르쳐 준 복음을 말한다. 말씀을 되새김질하라는 것은 매우 중요하다. 복은 예언의 말씀을 듣고 읽고 지키는 자가 복이 있도다고 했다. 말씀을 묵상하며, 생각하고, 믿음을 지키고, 영성의 생활이 있으면 반드시 회개가 따른다. 구약 성도에게 쉐마의 말씀은 참으로 소중하다. 쉐마는 "이스라엘아 들으라!" 하는 말씀으로부터 시작된다. 들으라 하는 말씀은 3가지 의미가 있다. 하나는 들을 귀가 있는 자가 말씀을 듣는 것이고, 두 번째는 말씀을 듣고 끝남에 있는 것이 아니고 지켜라 라는 것이고, 마지막은 말씀을 후손들에게 대대손손 가르쳐 지키라 하는 의미가 있다. 3가지가 완벽하게 시행될 때, 신앙이 후손에게 전수되는 것이다. 이것이 쉐마의 신앙이다.

다섯 번째, "내가 도적같이 임하리니"

주님께서 주신 말씀을 생각하고, 지키고, 회개하면, 주님은 성도에게 도적같이 임하는 것이 아니고 신랑으로 임하신다. 그러나 일깨지 아니하면 주님은 신랑이 아니고 도적같이 임하여 심판주가 되신다. 주님은 구원주가 아니면 심판주로 오신다. 둘 중의 하나로 맞이할 수밖에 없다. 그러나 일깨어 준비된 성도에게는 신랑으로 오신다. 이 말씀은 세상과 짝하여 사는 사람에게 경종이 되었으면 한다. 주님을 신랑으로 맞이할 것인가! 아니면 도적으로 맞이할 것인가!

깨어있는 자의 자세가 무엇인지를 여기 예화를 통하여 주는 교훈이 있다. "한 여행자가 스위스에 가서 아름다운 호숫가에 좋은 별장이 있는 것을 보고 출입문에 있는 벨을 눌렀더니 나이가 많은 관리인이 나왔습니다. 별장을 좀 구경할 수 있느냐고 물었더니 들어오라고 해서 들어갔습니다. 정원과 별장 안 전체가 아주 깨끗하고 아름답게 잘 손질이 되어 있었습니다. 여기에 몇 년 동안 계셨느냐고 물었더니 24년간 있었다고 했습니다. 별장 주인은 자주 오시느냐고 물었더니 그동안 4번 오셨다고 했습니다. 4번째 다녀가신 것은 언제냐고 물었더니 12년 전이라고 했습니다. 주인께서 그렇게 오랫동안 오시지 않는데 별장을 이렇게도 깨끗하게 잘 정리해놓았느냐고 물었더니 주인이 오늘 오실지 모르기 때문에 날마다 깨끗하게 손질해 놓고 기다린다고 했습니다!" 다시 오실 예수님을 기다리는 그리스도인의 자세도 무엇인지를 말해주고 있다. 날마다 준비하고 항상 깨어있는 신앙생활을 해야 한다.

3:4 그러나 사데에 그 옷을 더럽히지 아니한 자 몇 명이 네게 있어 흰 옷을 입고 나와 함께 다니리니 그들은 합당한 자인 연고라

그러나 사데에 그 옷을 더럽히지 아니한 자 몇 명이 네게 있어 흰 옷을 입고 나와 함께 다니리니 그들은 합당한 자인 연고라

사데 교회 안에는 흰 옷 입은 무리가 있다는 칭찬의 메시지다. 아무리 소망이 없는 교회라 할찌라도 칭찬은 있다. 물질의 십일조가 성도의 신앙의 열매이듯이 교회 안에는 십일조 같은 흰 옷 입은 무리가 있다는 것이다. "옷을 더럽히지 아니한자" 옷은 그 사람의 신분을 나타낸다. 기독자의 옷은 신앙의 정절을 가르킨다.

성경은 처음부터 끝까지 옷에 관한 이야기를 하고 있다. 창세기 3장은 무화과나무로 만든 옷이 등장하고, 가죽옷이 등장한다. 옷은 영적인 가르침이 있는 진리가 있다. 남자와 여자가 손수 만든 옷, 나뭇잎으로 만든 옷은 인간의 죄 문제를 인간의 공로와 의지로 해결할 수 없다는 진리를 말하는 것이고, 가죽옷은 하나님이 직접 만들어 주신 옷이다. 이 옷은 죄의 문제를 영구적으로 해결하였다. 가죽옷이 상징하는 것은 유월절 어린 양 되신 우리 주님의 십자가의 사건을 예표하는 것이다. 십자가의 사건은 단번에 창세기 3장의 모든 저주의 문제를 완벽하게 해결하였다. 예수님은 십자가의 칠언 중에서 마지막으로 하신 말씀은 "예수께서 신 포도주를 받으신 후에 이르시되 다 이루었다 하시고 머리를 숙이니 영혼이 떠나가시니라(요19:30)"

그리고 사도바울은 십자가로 승리하였다고 선언하였다. "통치자들과 권세들을 무력화하여 드러내어 구경거리로 삼으시고 십자가로 그들을 이기셨느니라(골2:15)"

그러므로 기독교의 승리는 역설적인 진리이다. 마귀 사탄이 그렇게 예수님을 저주와 참혹한 십자가의 형벌을 받게 하였지만, 하나님의 섭리는 그것을 역으로 이용하여 십자가에서 완벽하게 마귀 사탄을 심판하였다. 하나님은 마귀 사탄을 십자가에서 심판한 것이다. "역전의 명수, 이것이 하나님의 이름이다!" 하여 십자가는 하나님의 비밀이고 하나님의 지혜이고, 능력이고 우리에게는 복음이다.

성도는 이 땅에서 옷을 준비해야 한다. 사도바울은 에베소교회를 하나님의 전신갑주라고 계시하였으며, 로마교회의 성도에게는 빛의 갑옷이고 그리스도의 옷이라 하고, 사도 요한은 세마포라고 하였다. 같은 진리의 말씀이다. 하여 성도는 이 땅에서 옷을 준비해야 한다. 예복을 준비해야 한다. 예복이 없으면 천국에 입성할 수 없다. 그리고 예복을 준비한 성도는 끊임없이 빠는 작업이 필요하다. 두루마기를 빠는 성도가 복이 있는 성도이다. "그 두루마기를 빠는 자들은 복이 있으니 이는 저희가 생명나무에 나아가며 문들을 통하여 성에 들어갈 권세를 얻으려 함이로다(계22:14)"

> 3:5 이기는 자는 이와 같이 흰 옷을 입을 것이요 내가 그 이름을 생명책에서 결코 지우지 아니하고 그 이름을 내 아버지 앞과 그의 천사들 앞에서 시인하리라
>
> 3:6 귀 있는 자는 성령이 교회들에게 하시는 말씀을 들을지어다

이기는 자는 이와 같이 흰 옷을 입을 것이요 내가 그 이름을 생명책에서 결코 지우지 아니하고 그 이름을 내 아버지 앞과 그의 천사들 앞에서 시인하리라

이기는 자에게는 세 가지 선물이 약속되어 있다. 엄청난 축복이다. 첫 번째는 흰 옷을 주고, 이 흰 옷은 이 세상의 수고와 물질로도 살 수 없는 옷이다.

두 번째는 생명책에 기록될 것이요.

생명책과 관련하여 필자가 직접 경험한 간증이 있다. 50대 후반의 성도가 있었다. 수원 부근에 자영업을 하고 있었는데 아내의 간곡한 부탁에 필자가 섬기는 교회에 등록했다. 일명 생고구마인 셈이다. 데면데면하게 교회를 다녔다. 어느날 몸에 이상 신호가 있어 병원에서 진찰을 받았다. 생각하기 싫은 결과가 나왔다. 폐암의 말기 판정을 받았다. 죽음 앞에서 용사가 어디에 있는가? 병을 고치기 위해 사람이 할 수 있는 수고를 다 한 것 같았지만, 효과가 없었다. 결국은 암전문병원에 입원하여 임종을 기다리고 있었는데 어느날 꿈을 꾸었다. 환상을 본 것이다. 일명 영계가 열어졌다. 하나님이 주변에 있는 가족들을 생각하여 열어주신 것이라고 간증하고 싶다. 꿈의 내용은 이렇다. 환자는 천사가 들고 있는 책을 보았는데 본인의 이름이 기록되지 않았다. 다른 사람의 이름이 기록이 되었는데 아무리 두 눈을 부릅뜨고 보았지만, 본인의 이름이 없다. "여보! 내 이름이 없어요!"

생명책에 내 이름이 없다. 심방을 가서 상황을 인지하고 권면을 했지만 필자의 눈에 비친 환자의 실망감과 공포감을 필설로 표현할 수 없다. 생명책은 반드시 있다. 만약에 생명책에 내 이름이 없다면, 이런 경우는 생각하고 싶지 않다. 말라기 선지자가 주신 말씀을 기억하자! "그 때에 여호와를 경외하는 자들이 피차에 말하매 여호와께서 그것을 분명히 들으시고 여호와를 경외하는 자와 그 이름을 존중히 여기는 자를 위하여 여호와 앞에 있는 기념책에 기록하셨느니라(말3:16)" 성도는 기적이 일어나는 것으로 기뻐하지 말고, 성도의 이름이 생명책에 기록된 것으로 기뻐하라!

그러나 복음과 함께 핍박을 받고 주의 종을 섬겼던 성도에게는 반드시 생명책에 성도의 이름이 기록되었다. "또 참으로 나와 멍에를 같이한 네게 구하노니 복음에 나와 함께 힘쓰던 저 여인들을 돕고 또한 글레멘드와 그 외에 나의 동역자들을 도우라 그 이름들이 생명책에 있느니라(빌4:3)"

신실한 약속의 말씀을 붙잡고 살아가는 성도는 반드시 생명책에 이름이 기록이 되어 있다.

세 번째는 아버지와 천사들 앞에 시인하리라 라는 축복이 있다. 누구든지 때가 되면 심판대가 있다. "네가 어찌하여 네 형제를 비판하느냐 어찌하여 네 형제를 업신여기느냐 우리가 다 하나님의 심판대 앞에 서리라(롬14:10), 이는 우리가 다 반드시 그리스도의 심판대 앞에 나타나게 되어 각각 선악간에 그 몸으로 행한 것을 따라 받으려 함이라(고후5:10)"

이 심판에서 누가 진짜인지 아니면 가짜인지 구분이 된다. 누구든지 이 심판대에서 예외가 없다. 크게 보면 두 사람으로 구분이 된다. 하나는 상금을 받은 자이다. 주님이 시인하는 자가 있다. 이 자를 착하고 충성된 종이라 라고 주님은 선언한다. "그 주인이 이르되 잘하였도다 착하고 충성된 종아 네가 적은 일에 충성하였으매 내가 많은 것을 네게 맡기리니 네 주인의 즐거움에 참여할지어다 하고(마25:23)" 이와 반면에 주님이 모른다 하고, 뿐만 아니라 준엄한 심판이 임하는 불법을 행하는 자가 있다. "그 때에 내가 그들에게 밝히 말하되 내가 너희를 도무지 알지 못하니 불법을 행하는 자들아 내게서 떠나가라 하리라(마7:23)"

영적인 원리는 너무 간단하다. 성도가 이 땅에서 주님을 세상과 사람 앞에서 시인하면 주님 또한 심판대 앞에서 성도를 내 종이라 시인한다. 하나님은 반드시 보상한다. "누구든지 사람 앞에서 나를 시인하면 나도 하늘에 계신 내 아버지 앞에서 그를 시인할 것이요(마10:32), 내가 또한 너희에게 말하노니 누구든지 사람 앞에서 나를 시인하면 인자도 하나님의 사자들 앞에서 그를 시인할 것이요(눅12:8)"

죽음 앞에서 주님을 시인하는 다니엘의 세 친구의 신앙이 그리운 때가 되었다.

귀 있는 자는 성령이 교회들에게 하시는 말씀을 들을지어다

일곱 교회 모두에게 하신 말씀이다. 싸움은 한번 승리했다고 끝나는 것이 아니다. 싸움은 주님이 부르시는 그 날까지 지속적인 싸움이다. 하나님의 전신갑주를 입고 싸우는 십자가의 군병의 자세는 6가지 영적인 원리가 있다.

첫째는 진짜 싸움은 영적인 싸움이다. 혈과 육이 아니고, 보이는 싸움이 아니고 보이지 않은 싸움이다.

둘째, 성도의 적은 원수마귀 사탄이다. 세상의 주관자요, 악한 영이다. 천하만국의 권세를 잡은 자이다.

셋째, 이 싸움은 가장 어려운 싸움이다. 싸울 대상이 보인다면, 선택, 집중, 기동력을 발휘하고, 효율적인 방법을 사용할 수 있지만. 이 싸움은 세상의 전술로는 통하지 않은 싸움이다. 영적인 싸움이기 때문이다. 이 원리를 모르면 허공에 주먹질하는 것과 같다. "그러므로 나는 달음질하기를 향방 없는 것 같이 아니하고 싸우기를 허공을 치는 것 같이 아니하며(고전9:26)"

넷째, 싸움은 단기간이 아니고 장기간이다. 주님께서 부르시는 그날까지이다. 지루하고 고독한 싸움이다. 좁은 길, 협착한 길이기에 금같은 믿음을 가진 성도만이 이 길을 간다.

다섯째 이기는 자에게 면류관이 있다. "이제 후로는 나를 위하여 의의 면류관이 예비되었으므로 주 곧 의로우신 재판장이 그 날에 내게 주실 것이며 내게만 아니라 주의 나타나심을 사모하는 모든 자에게도니라(딤후4:8)"

여섯째, 영적인 무기를 가지고 준비하여 싸울 때 승리한다. 영적인 무기는 방어용 무기가(진리의 띠, 의의 흉배, 평안의 복음의 신, 믿음의 방패, 구원의 투구) 다섯 가지가 있고, 공격용 무기가 한 가지(성령의 검)가 있다. 그리고 한 가지를 더하여 기도가 있다. 철저히 무장하여 싸울 때 승리는 우리의 것이다. "그러므로 하나님의 전신 갑주를 취하라 이는 악한 날에 너희가 능히 대적하고 모든 일을 행한 후에 서기 위함이라(엡6:13)"

> 3:7 빌라델비아 교회의 사자에게 편지하라 거룩하고 진실하사 다윗의 열쇠를 가지신 이 곧 열면 닫을 사람이 없고 닫으면 열 사람이 없는 그가 이르시되

빌라델비아 교회

이 도시는 BC 2세기경 버가모 왕 앗탈루스 2세에 의해 건립되었으며 그는 자기 형제에 대한 사랑의 표시로 형제 사랑이라는 뜻의 "필라델푸스"를 이 도시의 이름으로 명명하였다. 이 도시는 직물과 피혁 산업이 번성하였으며 도시의 동북쪽에 큰 포도 재배단지가 있어, 이 도시의 주요 산물 중의 하나였다. 이러한 영향으로 이 도시는 "술의 신" 또는 "식물의 신"으로 불리는 디오니수스를 주신으로 숭배하였다. 빌라델비아 교회의 기원으로는 알려진 바가 없다. 단지 AD 100~160년경, 암미아라는 여선지자의 탁월한 사역으로 인해 교회가 크게 번성하였다.

빌라델비아 교회의 특징

빌라델비아 교회는 적은 능력에도 주님의 이름을 배반치 않았다. 수많은 시험 중에서도 인내의 말씀을 지킨 교회이다. 자칭 유대인이라 하는 사탄의 회를 이기고 승리한 교회이고, 심한 영적인 싸움을 싸우다가 처음 사랑을 잃어버린 에베소교회와 비교되는 교회이다. 에베소 교회는 영적인 싸움을 하다가 본질을 잃어버렸다고 책망을 받는 교회이지만, 빌라델비아 교회는 열악한 환경 속에서도 신앙의 본질을 잃어버리지 않고 끝까지 순교자의 신앙을 간직한 교회이다. 칭찬만 있고, 책망이 없는 교회이다.

빌라델비아 교회의 사자에게 편지하라 거룩하고 진실하사 다윗의 열쇠를 가지신 이 곧 열면 닫을 사람이 없고 닫으면 열 사람이 없는 그가 이르시되

빌라델비아 교회는 주님의 자기 계시로부터 출발한다. 주님의 등장은 세 가지로 계시하고 있다. "거룩하고, 진실하사, 다윗의 열쇠를 가지신 이" 모습으로 등장한다.

거룩은 주님의 속성 가운데 하나이다. 거룩하신 이는 한 분이다. 우리의 본성은 악성, 독성, 죄성에 적나라하게 노출이 되었지만, 주님의 보혈로서 우리는 거룩성을 회복할 수 있다. 성도는 거룩한 백성이다. 의인이다. 이 모든 것은 오직 주님의 거룩한 보혈의 피 공로 때문에 가능한 것이다. 거룩한 주님은 성도에게 거룩하라고 말씀하신다. 성도는 거룩해야 한다. 거룩함이 무엇인지를 알기 위하여 레위기 10장과 11장을 이해하면 매우 유익하다. 레위기 10장은 정한 짐승과 부정한 짐승, 그리고 정한 물고기와 부정한 물고기를 계시하여 성도의 거룩이 무엇인지를 비유적으로 말씀하고 있다.

정한 짐승과 정한 물고기는 각각 두 가지 조건을 포함하고 있다. 이 중에 하나라도 해당하지 않으면 정한 짐승과 물고기가 될 수 없다. 정한 짐승의 경우는 쪽발이 되고 되새김질이 있어야 한다. 각각 영적인 진리가 있다. 쪽발은 구분이 되었다는 뜻으로 해석할 수 있고 말씀으로 비춰보면 거룩과 연결이 된다. 구분된다는 뜻은 성도가 세상에 살지만, 세상과 구별되게 살아라는 뜻으로 해석할 수 있다. 비록 구분은 될 수 없지만 구별되게 살아가라는 것은 주님의 뜻이다.

다른 하나는 되새김질이 있어야 한다. 되새김질이 뜻하는 것은 시편 1편에 답이 있다. 하나님의 백성은 말씀을 묵상하고, 삶의 자리에 적용하며 살아가라 라는 뜻이 있다. 사람이 떡으로만 살 수 없다.

정한 물고기도 깊은 영적인 진리가 있다. 비늘이 상징하는 것은 빛의 갑옷이다. 빛의 갑옷은 세상과 구별되게 살아라 라는 주님의 깊은 뜻이 내포되어 있다. 하나님은 내가 거룩하니 너희 또한 세상에서 거룩한 야성을 회복하며 살아가라는 계명을 주었다. "나는 너희의 하나님이 되려고 너희를 애굽 땅에서 인도하여 낸 여호와라 내가 거룩하니 너희도 거룩할지어다(레11:45)" 소금이 맛을 잃으면 밖에 버려짐을 당한다. 소금의 치욕이다. 마찬가지가 아닐까? 성도가 세상에서 거룩성을 회복하지 않으면 성도가 아니다.

거룩하라는 주님이 주신 부담이 되는 계명이지만, 주님은 충분히 성도가 거룩하고 구별되게 살 수 있는 능력이 있기에 거룩하라는 계명을 주었다. 성도는 성령의 인도하심이 있으면 주님처럼 충분히 거룩성을 회복할 수 있다. 주님처럼 살 수 있다. "하나님의 나라는 말에 있지 아니하고 오직 능력에 있음이라(고전4:20)" 여기에서 능력은 말씀대로 살고 말씀을 지키며 사는 성도의 삶을 말하고 있다. 이런 능력이 있으면, 주님을 닮아가는 성도라고 말할 수 있다.

진실이라는 말은 라틴어로는 시네 세라(sine cera)에서 왔다. 이 말은 밀칠하지 않은 이라는 뜻이 있다. 영어로 번역하면 "sun tested" 즉 "햇빛에 시험해 보다"라는 뜻이 있다. 이 말이 생기게 된 것은 고대 도자기 산업이 발달하면서 생긴 단어이다. 우리가 보아도 값싼 도자기는 두껍게 만들기 때문에 불에 구워낼 때 금이 잘 가지 않는다. 그러나 값비싼 도자기는 얇게 만들고 가볍게 선명한 색깔을 넣는다. 그러다 보니 값비싼 도자기는 불에 구워내기 전이나 구워낸 후에 금이 가는 일이 많았고, 정직한 도공은 이런 도자기는 깨어 버렸다. 그렇지만 정직하지 못한 사람은 이런 도자기에 색소에다 딱딱한 밀초를 섞어 갈라진 틈을 메꾸어 유약을 발라 상품으로 내어놓았다. 그러나 이것을 알아보기 위해 햇빛에 비쳐 밀초를 메꾼 자국이 있나 없나를 확인하였다. 그런 후 그런 자국이 없을 때 "sine cera"라는 글을 새겨 놓았다고 한다.

성도의 생명은 "진실에 있다." 신실한 생활이 기독교인의 상징이 되어야 한다. 기독교인 하면 믿을 수 있는 사람으로 통해야 한다. 어디를 가든지, 다른 보증 필요 없이 기독교인이라는 명함 하나만으로도 충분해야 하지 않겠는가? 교회의 순교자 중에는, 그 유명한 폴리갑이라는 감독이 있었다. 그는 86세의 고령으로 화형에 처하게 되었는데, 그 일을 담당한 집행관은 참으로 괴로웠다 한다. 덕망 높은 어른이요, 모든 이에게 존경받는 분을, 게다가 86세의 고령자를 화형에 처하자니, 그 마음이 심히 아팠다. 그러나, 예수 믿는 자는 모두 처형하게 되어 있어서, 그를 죽이지 않을 수 없었다. 너무나 괴로워하던 나머지, 집행관은 그를 찾아가 설득했었다. "감독님, 비참하게 죽을 게 뭐 있습니까 예수 안 믿겠다고, 거짓말 한마디만 하십시오. 딱 한 마디 거짓말을 하면, 내가 놓아주겠습니다!" 그때, 그는 말했다. "주님은 86년 동안 나에게 한 번도 거짓말을 하신 적이 없는데, 내가 어찌 구차한 생을 살겠다고 거짓말을 하겠습니까 서, 나를 죽이시오!" 그러면서, 그는 원수를 위해서 기도한 후에, 장작더미에 올라가 장렬하게 불타 죽음으로서 거룩한 순교를 했던 것이다.

그 당시 집행관이 볼 때, 폴리갑은 참으로 미련한 사람이었을 것이다. 딱 한 번 거짓말하면 살 수 있는 것을, 고집스럽게 거짓말하기를 거부함으로써 비참한 죽임을 당했기에 말이다. 그러나, 지금 우리가 볼 때는, 폴리갑은 우리가 본받고 따라가야 할 위대한 순교자의 반열에 들어가는 성도이다. 때문에 폴리갑은 미련한 사람이 아니고, 오히려, 그는 믿음으로 승리한 사람이었다.

이와 반면에 사탄은 어떠한가? 거짓말의 아비가 되는 진실과는 반대되는 미혹의 존재이다. "너희는 너희 아비 마귀에게서 났으니 너희 아비의 욕심대로 너희도 행하고자 하느니라 그는 처음부터 살인한 자요 진리가 그 속에 없으므로 진리에 서지 못하고 거짓을 말할 때마다 제 것으로 말하나니 이는 그가 거짓말쟁이요 거짓의 아비가 되었음이라(요8:44)"

우리는 사탄이 주는 것으로 살아가는가? 아니면 거룩한 진리의 영으로 인도함을 받는가?

다윗은 그리스도의 예표가 되는 사람이다. 예수님의 모형이 되는 인물이다. 또한, 다윗의 집은 그리스도의 왕국을 예표한다. 열쇠는 주권과 통치를 상징하여 다윗의 열쇠를 가지셨다는 것은 하나님의 왕국과 주권을 가지시고, 다스리시는 분을 말한다. 다윗의 진짜 예표가 되는 주님은 어떤 분일까? 본문은 열쇠를 가지신 분이다고 소개하고 있다. 열쇠는 모든 것을 주관하시는 분으로 묘사되고 있다. 열쇠를 가지신 분은 만물을 창조하신 창조자이시며, 만물의 주관자이시며, 생사화복(生死禍福)의 근원이시며, 우주 만물을 다스리시는 분이시다. 그리고 천국과 지옥의 열쇠를 쥐고 계신 분이다.

요한계시록 5장에 일곱인을 뗄 수 있는 사람이 아무도 없다고 사도 요한이 크게 울고 있을 때, 장로 한사람이 계시를 준다. 어린 양 되신 예수님께서 안팎에 가득 기록된 일곱인을 뗄 자 라고 말해주었다. 어린 양 되신 예수님께서 일곱인을 하나씩 떼시는 장면이 6장에 계시 되고 있다. 오직 예수님이 인생의 길이요 진리요 생명이시다. "그 길은 우리를 위하여 휘장 가운데로 열어 놓으신 새로운 살 길이요 휘장은 곧 그의 육체니라(히10:20)"

언감생심(焉敢生心) 지성소를 어떻게 들어갈 수 있겠는가? 그러나 주님의 은혜로 지성소까지 들어갈 수 있다. 이것이 주님의 은혜이다. 다윗의 열쇠를 가지신 분의 공로 때문이다. "그러므로 형제들아 우리가 예수의 피를 힘입어 성소에 들어갈 담력을 얻었나니(히10:19)"

> 3:8 볼지어다 내가 네 앞에 열린 문을 두었으되 능히 닫을 사람이 없으리라 내가 네 행위를 아노니 네가 작은 능력을 가지고서도 내 말을 지키며 내 이름을 배반하지 아니하였도다
>
> 3:9 보라 사탄의 회당 곧 자칭 유대인이라 하나 그렇지 아니하고 거짓말 하는 자들 중에서 몇을 네게 주어 그들로 와서 네 발 앞에 절하게 하고 내가 너를 사랑하는 줄을 알게 하리라
>
> 3:10 네가 나의 인내의 말씀을 지켰은즉 내가 또한 너를 지켜 시험의 때를 면하게 하리니 이는 장차 온 세상에 임하여 땅에 거하는 자들을 시험할 때라

볼지어다 내가 네 앞에 열린 문을 두었으되 능히 닫을 사람이 없으리라 내가 네 행위를 아노니 네가 작은 능력을 가지고서도 내 말을 지키며 내 이름을 배반하지 아니하였도다

본문은 빌라델비아 교회에게 주신 칭찬의 말씀이다.

첫째는 열린 문을 두었다는 것이다. 열린 문에 대하여 민병석 목사는 첫째, 열린 문은 구원의 문이다.

"내가 문이니 누구든지 나로 말미암아 들어가면 구원을 받고 또는 들어가며 나오며 꼴을 얻으리라(요10:9)"

둘째, 열린 문은 예비처의 문이다.

"그 여자가 광야로 도망하매 거기서 천이백육십 일 동안 그를 양육하기 위하여 하나님께서 예비하신 곳이 있더라(계12:6)"

셋째, 열린 문은 공중 휴거의 문이다.

"그 후에 우리 살아 남은 자들도 그들과 함께 구름 속으로 끌어 올려 공중에서 주를 영접하게 하시리니 그리하여 우리가 항상 주와 함께 있으리라(살전4:17)"

넷째, 마지막 천국에 입성하는 문이다.

"성령과 신부가 말씀하시기를 오라 하시는도다 듣는 자도 오라 할 것이요 목마른 자도 올 것이요 또 원하는 자는 값없이 생명수를 받으라 하시더라(계22:17)" 성도의 앞에는 시대를 막론하고 늘 열린 문이 예비되어 있다.

두 번째 칭찬의 말씀은 "적은 능력을 가지고 내 말을 지키며 내 이름을 배반치 아니하였도다" 다른 지역에 비해 상대적으로 부유한 지역이지만, 신앙의 정조를 지키기 위해 세상과 타협하지 않고 청빈하게 살았다. 무엇보다 주님의 말씀대로 살고, 세상 것을 얻기 위하여 주님을 배반하지 않았다. 상대적으로 사데 교회와 두아디라 교회는 세상 것을 얻기 위하여 신앙의 정조를 지키지 못하였다. 종말의 시대는 초림 때에 바리새인들이 주님을 배도한 것처럼 재림의 때는 기성교회와 목회자들이 미혹에 넘어가 많이 배도 할 것이다.

이러한 현상은 징조와 관련이 있다. 초림 때, 바리새인들은 예수님을 배척하였다. 재림의 때, 기성교회는 배도의 물결이 엄청나다. 사도바울은 종말의 영적인 분위기에 대하여 계시하였다. "누가 아무렇게 하여도 너희가 미혹하지 말라 먼저 배도하는 일이 있고 저 불법의 사람 곧 멸망의 아들이 나타나기 전에는 이르지 아니하리니(살후2:3)"

주님의 재림이 있기 전에 교회가 말씀에서 떠나 배도 할 것을 예언하고 있다. 말씀을 통하여 기성교회의 영적인 상황을 점검해 보면 말씀의 타락이 심각하다. 징조는 보라고 주신 것이다. 묵시를 아는 종이라면 징조를 보는 눈이 있어야 할 것이다. "너희는 삼가라 내가 모든 일을 너희에게 미리 말하였노라(막 13:23)"

보라 사탄의 회당 곧 자칭 유대인이라 하나 그렇지 아니하고 거짓말 하는 자들 중에서 몇을 네게 주어 그들로 와서 네 발 앞에 절하게 하고 내가 너를 사랑하는 줄을 알게 하리라

사탄의 회, 곧 유대인이다. 유대인들은 혈통상 선민이었으나 사탄에게 종노릇하여 예수님을 대적하고 교회를 핍박하는 사탄의 하수인으로 전락하였다. 알지 못하고, 무지하면 죄이다. 하나님께서 호세아 선지자에게 주신 계시를 붙잡아야 한다. "나는 인애를 원하고 제사를 원하지 아니하며 번제보다 하나님을 아는 것을 원하노라(호6:6)"

결국 구약 성도가 망한 이유는 하나님을 인격적으로 교제하지 못한 이유에서이다. 유대인이라고 주장하는 자들은 실상은 유대인이 아니고 사탄의 회라고 말씀하고 있다. 저들의 정체성을 낱낱이 고발하고 있다. 주님은 그들을 쳐부수겠고, 그들을 네 발아래 엎드리게 하여 내가 너를 사랑한다는 것을 그들이 알도록 만들겠다고 계시를 주고 있다.

본문과 관련하여 서머나 교회와 비교하면 약간의 영적인 분위기가 차이가 있다. 두 개의 교회는 주님이 칭찬한 교회이고 동일하게 유대인들에게 핍박을 받았지만, 결과는 다르게 나타났다. 서머나 교회는 주님은 서머나 교회 형제 몇을 사탄에게 내어주어 환난을 입게 하였다. "너는 장차 받을 고난을 두려워하지 말라 볼지어다 마귀가 장차 너희 가운데에서 몇 사람을 옥에 던져 시험을 받게 하리니 너희가 십 일 동안 환난을 받으리라 네가 죽도록 충성하라 그리하면 내가 생명의 관을 네게 주리라(계2:10)"

그러나 본문에서는 이와는 반대로 핍박하는 유대인 몇 명을 도리어 교회 앞에 무릎을 꿇게 하겠다 하였다. 왜! 이런 차이가 있는가! 서머나 교회는 아직도 연단과 훈련의 과정이 필요하고, 빌라델비아 교회는 지극히 적은 것으로 큰 것을 남겼기에 더 이상 연단과 훈련이 필요 없었다고 추측할 수 있다. 이는 빌라델비아 교회에 향한 주님의 칭찬릴레이가 반증한다. 천국의 문이 열려 있고, 시험의 때도 면제되었고, 면류관도 주어졌다.

결국은 유대인들이 교회 앞에 무릎을 꿇을 것이다. "주께서 내 주께 이르시되 내가 네 원수를 네 발 아래에 둘 때까지 내 우편에 앉아 있으라 하셨도다 하였느냐(마22:44)"
모든 민족과 백성이 종말에 예수님의 발 앞에 굴복할 것이다. 그때 성도는 왕 노릇 할 것이다. 이것이 주님이 성도에게 주는 보상이다. 결국은 교회와 성도가 세상에 승리자이다.

하나님은 완악한 참감람나무를 꺾어 버렸다. "또한 가지 얼마가 꺾이었는데 돌감람나무인 네가 그들 중에 접붙임이 되어 참감람나무 뿌리의 진액을 함께 받는 자가 되었은즉(롬11:17)"

참감람나무는 유대인을 말하고 있지 않은가! 이방인의 구원의 수가 차게 되면, 참감람나무인 유대인도 마지막 한 이레에 기간에 늦은 비의 성령의 역사가 있다. 그때 늦은 비의 성령의 역사에 수많은 유대인들이 회개하고 주님께 돌아오고 무릎을 꿇게 될 것이다.

지금은 그러한 징조들이 서서히 드러나고 있다. 이스라엘에 메시야닉 쥬(Messianic Jews)들이 많이 깨어나고 있다. 광야의 소리 사역회 정보에 의하면, 이스라엘에 200교회가 세워지고,

30,000명의 유대인들이 메시야는 예수님이라고 결심하고 영접하고 있다. 종말의 징조가 서서히 고개를 들고 있다. 무화과나무가 서서히 회복되고 있다. "무화과나무의 비유를 배우라 그 가지가 연하여지고 잎사귀를 내면 여름이 가까운 줄을 아나니(마24:32)"

　광야의 소리 사역회가 관심을 가지고 함께 관람했던 "회복" 영화가 시사하는 바가 크다. 지금 우리가 사는 시대가 얼마나 주님의 재림이 가까워져 왔는지 여러 가지 징조로 볼 수 있다. 너무 감사 할 따름이다. 징조는 누구나 볼 수 없는데 부족하지만, 재림의 징조를 볼 수 있다니…, 깨어 있고 예비한 자에게 문이 열려 있다.

네가 나의 인내의 말씀을 지켰은즉 내가 또한 너를 지키어 시험의 때를 면하게 하리니 이는 장차 온 세상에 임하여 땅에 거하는 자들을 시험할 때라

　성도가 주님의 말씀 때문에 받았던 핍박은 당연하다. 핍박이 핍박으로 끝이 나면 이것은 복음이 아니고 하나님의 뜻이 아니다. 반드시 말씀 신앙을 붙잡고 사는 성도에게는 보상이 있다. 주님과 성도의 관계는 인격적인 관계이다. 주님께 영광을 돌릴 때, 주님은 성도에게 은혜를 베푸는 것이다. 영화를 주신다. 성도가 주님의 일을 하면 주님은 성도의 일을 하는 것이다, 이것은 영적인 원리이다. "그러므로 이스라엘의 하나님 나 여호와가 말하노라 내가 전에 네 집과 네 조상의 집이 내 앞에 영원히 행하리라 하였으나 이제 나 여호와가 말하노니 결단코 그렇게 하지 아니하리라 나를 존중히 여기는 자를 내가 존중히 여기고 나를 멸시하는 자를 내가 경멸하리라(삼상2:30)"

성경의 진리는 여기에서도 반복된다. A하면 B한다. 다윗도 같은 계시를 받았다. "하나님이 이르시되 그가 나를 사랑한즉 내가 그를 건지리라 그가 내 이름을 안즉 내가 그를 높이리라 그가 내게 간구하리니 내가 그에게 응답하리라 그들이 환난 당할 때에 내가 그와 함께 하여 그를 건지고 영화롭게 하리라(시91:14~15)"

성도가 하나님을 사랑하면, 하나님은 복을 주시겠다는 말씀이다. 다른 번역본, 표준새번역을 보면 더욱 계시의 뜻을 분명하게 알 수 있다. "네가 나의 인내의 말씀을 지켰은즉 내가 또한 너를 지켜 시험의 때를 면하게 하리니 이는 장차 온 세상에 임하여 땅에 거하는 자들을 시험할 때라(계3:10)"

성도가 계명을 지키면 주님은 반드시 성도를 지킨다. "나의 계명을 지키는 자라야 나를 사랑하는 자니 나를 사랑하는 자는 내 아버지께 사랑을 받을 것이요 나도 그를 사랑하여 그에게 나를 나타내리라(요14:21)"

신앙은 인내가 뒤따른다. 믿음이 있는 자들에게 인내는 필수적이다. 특별히 영원한 복음은 끝까지 인내하는 것이다. "시험의 때를 면하게 하리니" 해석이 분분하다. 이 말씀 때문에 환난 전 휴거와 환난 중간 휴거를 주장하는 사람들이 있다. 그러나 무리한 해석이다. 휴거는 환난 후 휴거가 성경적이라 볼 수 있다. 주님은 성도가 환난을 통과할 때에 끝까지 성도를 인도, 보호하신다. 다른 번역본, 현대어 성경을 보게 되면 쉽게 설명이 된다.

"너는 박해당하면서도 인내로 내게 순종하였다. 그러므로 나는 이 세상에 사는 모든 인간을 시험하기 위하여 닥쳐올 큰 재난과 시련의 때에 너를 보호하여 주겠다." 시험의 때에 면하게 하겠다 라는 주님의 말씀은 환난 전 휴거를 말씀하고 있는 것이 아니다. 인내의 말씀을 지킨 성도에게 주님은 환난 기간에 이길 힘과 용기를 주겠다는 약속의 말씀이다. 그런데 이 말씀을 무리하게 적용하여 환난 전 휴거를 주장하면 성경적이지 않다. 휴거는 반드시 7년 환난 기간을 통과한 성도에게 주어지는 것이다. 이런 성도가 이기는 자의 반열에 들어가는 성도가 된다.

세상에 임하여 땅에 거하는 자들을 시험할 때라

두 종류의 사람이 있다. 하늘에 거한 자들, 또 다른 하나는 땅에 거하는 자들이다. 7년 환난 때에는 이 땅에 창세 이래로 경험하지 못한 엄청난 환난이 있다. 땅에 거하는 자들에게 재앙의 사건이 쏟아진다. 이때 받은 시험은 알곡과 쭉정이로 갈라지게 한다. 알곡인가 아니면 쭉정인가? 시험을 통과하면 바로 구분이 된다. 예수님은 이때의 영적인 상황을 키질이라고 계시하였다. "손에 키를 들고 자기의 타작 마당을 정하게 하사 알곡은 모아 곳간에 들이고 쭉정이는 꺼지지 않는 불에 태우시리라(마3:12)"

키질은 알곡과 쭉정이를 시험할 때이다. 그래서 구별하기 위하여 반드시 시험의 과정은 필요하다. 이런 시험의 과정이 없이 어떻게 알곡과 쭉정이를 판단할 수 있겠는가! 주님이 오시기 전에 세상은 반드시 시험의 때가 있다는 것을 명심할 것은 건강한 신앙생활의 자세이다.

> 3:11 내가 속히 오리니 네가 가진 것을 굳게 잡아 아무도 네 면류관을 빼앗지 못하게 하라
>
> 3:12 이기는 자는 내 하나님 성전에 기둥이 되게 하리니 그가 결코 다시 나가지 아니하리라 내가 하나님의 이름과 하나님의 성 곧 하늘에서 내 하나님께로부터 내려오는 새 예루살렘의 이름과 나의 새 이름을 그이 위에 기록하리라
>
> 3:12 귀 있는 자는 성령이 교회들에게 하시는 말씀을 들을지어다

내가 속히 오리니 네가 가진 것을 굳게 잡아 아무도 네 면류관을 빼앗지 못하게 하라

"속히 임한다"는 예언의 말씀은 요한계시록에 반복하였다. 재림의 긴박성을 강조하였다. 성도에게 마라나타 신앙이 필요하다. 성도는 오늘, 주님이 재림한다는 재림신앙을 간직하고 삶의 터전을 지켜야 한다. 믿음의 선진들은 서쪽 하늘에 이상한 구름 한 점이 떠오르면 주님께서 오신다는 영적인 긴장감을 가지고 살았다. 그리할 때, 세상과 타협하지 않고 신앙을 지킬 수 있다. "이는 세상에 있는 모든 것이 육신의 정욕과 안목의 정욕과 이생의 자랑이니 다 아버지께로부터 온 것이 아니요 세상으로부터 온 것이라(요일2:16)"

재림신앙이 회복하면 세상과 짝하며 타협할 수 없다. "네 면류관을 빼앗지 못하게 하라" 믿음은 영적 전쟁이다. 사탄과 싸우는 것이다. 피 흘리기까지 선한 싸움을 끝까지 싸우는 것이다. 이기면 생명이 있다. 그러나 지면 죽음이다. 생과 사가 갈린 정말 포기할 수 없는 싸움이다. "근신하라 깨어라 너희 대적 마귀가 우는 사자 같이 두루 다니며 삼킬 자를 찾나니 너희는 믿음을 굳건하게 하여 그를 대적하라 이는 세상에 있는 너희 형제들도 동일한 고난을 당하는 줄을 앎이라(벧전5:8~9)"

그러나 싸움은 이미 결론이 나와 있다. 믿음이 있는 성도는 이겨놓고 싸우는 것이다. 믿음을 굳게 지키는 자에게 면류관은 약속되어 있기 때문이다.

면류관과 관련하여 예화를 듣고 가자! "로마제국의 기독교 박해가 막바지에 이르렀던 주 후 320년경에 일어났다는 이야기가 기독교사에 전해지고 있다. 로마의 어느 군단에 40명의 기독신자 군인들이 있었는데 이들은 그 부대가 단체로 우상 앞에 제사하는 자리에 참석하기를 거부했다. 화가 난 군단장은 그 40명의 군인을 완전히 벌거벗긴 채로 얼어붙은 호수 한가운데 세워 놓고서 누구든지 예수 그리스도를 부인하기만 하면 호숫가에 피워 놓은 모닥불 곁으로 나와서 몸을 녹이게 하고 살려 주겠다고 했다. 추운 밤이 깊어가고 그 40명의 기독신자 군인들이 다들 동사(凍死)하게 될 즈음에 호숫가에 그들을 지키고 있던 보초병 중의 한 명이 하늘을 보니 천사들이 40개의 면류관을 각각 한 개씩 손에 들고 내려오는 것이 보였다. 바로 그 순간 그 40명의 군인 중 한 명이 그만 고통을 이기지 못하고 신앙을 부인하면서 호숫가 모닥불 곁으로 걸어 나왔다. 그러자 그 40개의 면류관을 각각 손에 들고 내려오던 천사 중에 제일 마지막 천사가 자기 손에 있는 면류관을 씌워 줄 사람을 찾지 못하자 슬픈 얼굴을 하면서 다시 하늘로 돌아가려 하는 것이었다. 그 장면을 본 보초병은 '그 면류관을 제게 씌워 주십시오!' 라고 외치면서 스스로 옷을 다 벗어 던지고 그 얼어붙은 호수 가운데에 남아 있던 39명의 신자들 쪽으로 걸어 들어갔고 하늘로 돌아가려던 마흔 번째 천사는 다시 방향을 돌려 내려와서 그 마지막 면류관을 바로 그 보초병 군인에게 씌워 주었다는 이야기이다" 주님 재림의 날은 임박했고 성도와 교회의 최후 승리는 우리 코앞 지척에 벌써 와 있는데 여기까지 와서 포기한다는 것은 너무나도 안타깝고 어리석은 일이 될 수밖에 없다. 하나님의 전신갑주를 입고 끝까지 승리하자!

이기는 자는 내 하나님 성전에 기둥이 되게 하리니 그가 결코 다시 나가지 아니하리라 내가 하나님의 이름과 하나님의 성 곧 하늘에서 내 하나님께로부터 내려오는 새 예루살렘의 이름과 나의 새 이름을 그이 위에 기록하리라

"이기는 자는 내 하나님의 성전의 기둥이 되게 하리니" 성전에는 두 기둥이 있다. 하나는 야긴이요, 또 하나는 보아스가 있다. "그 두 기둥을 외소 앞에 세웠으니 좌편에 하나요 우편에 하나라 우편 것은 야긴이라 칭하고 좌편 것은 보아스라 칭하였더라(대하3:17)"

솔로몬이 예루살렘 성전을 건축하면서 성전 건물 앞에 두 개의 기둥을 세웠다. 하나는 '야긴'이고 다른 하나는 '보아스'라고 한다. 두 개의 놋기둥은 높이가 18규빗(9m)이고 둘레가 12규빗(6m)에 달하는 거대한 기둥이다. 기둥 윗부분은 5규빗(2.5m) 높이에 하나님의 힘과 영광을 상징하는 백합화 모양이 있고, 그 아래에는 하나님의 진실하심과 풍요를 상징하는 200개의 석류가 달려있다. 야긴은 '저가 세우리라'라는 의미이고, 보아스는 '그에게 능력이 있다'라는 뜻이 있다. 다시 말해 하나님의 성전은 다른 누군가가 세우는 것이 아니라 하나님께서 친히 세우시고 유지 시켜 나가신다는 뜻이 담겨 있다. 성전을 세울 때, 솔로몬의 신앙도 위대하다. 만약에 믿음이 없는 사람이 성전을 세웠다면 성전에 본인의 이름을 기념비로 세웠을 것인데 솔로몬은 이 성전을 세운 분이 하나님이심을 야긴과 보아스를 통하여 나타내 주고 있다.

야긴과 보아스 같은 성전 기둥이 될 수 있는 축복은 이기는 자가 받을 축복이다. 성도가 교회에서 주님의 기둥 같은 일꾼이 될 때, 주님은 그러한 성도를 기둥처럼 사용하시고, 복을 주신다. 결국, 진리는 동일하다. 내가 먼저 희생하고 교회의 일꾼이 되어 봉사할 때, 하나님이 주실 복이 뒤따른다. 성도가 먼저 야긴이요 보아스가 될 때, 하나님은 성도를 성전의 야긴과 보아스처럼 축복의 통로로 사용하겠다는 약속의 말씀이다.

결코 다시 나가지 아니하리라

　기둥은 안정과 영구라는 뜻을 전달하는 은유적 표현이다. 즉 모든 것을 황폐하게 하는 참담한 지진들을 경험한 빌라델비아 성도에게 사도 요한은 주께서 영구한 안정을 약속하신다는 의미의 계시를 전달하고 있다. 그러나 기둥으로 묘사되는 이와 같은 안정과 영구의 보장은 현재의 하나님 나라에서가 아니라 종말에 완성될 하나님 나라에서 이루어질 약속이다. 비록 촛대는 옮겨질 수 있지만, 기둥은 옮겨질 수 없다. 다시 설명하면, 이기는 자들은 완전히 성취된 하나님 나라에서 누릴 복에서 결코 옮겨질 수 없다. 또한, 이기는 자들로서 남을 빌라델비아 교인에게 하나님이 거주하시는 하나님 성전의 기둥이 되게 하신다는 약속은 승리자들이 하나님 나라에서 중요한 위치를 차지하게 될 것을 시사한다. "보라 내가 오늘 너를 그 온 땅과 유다 왕들과 그 지도자들과 그 제사장들과 그 땅 백성 앞에 견고한 성읍, 쇠기둥, 놋성벽이 되게 하였은즉(렘1:18)"

새 예루살렘의 이름과 새 이름을 그이 위에 기록하리라

　이기는 자는 새 하늘과 새 땅의 시민권자임을 천명하고 있다. 천국의 백성이다. 그리고 새로운 이름을 주실 것이다고 약속하고 있다. 새 이름은 이 땅에서 모든 인연은 생각나지도 않고 기억나지도 않을 것이다. 그곳에서의 삶은 신령체로서의 삶이다. 새로운 삶이 시작되는 곳이다. 주님이 약속하신 천국의 생활을 기억해보자.

첫째, 창세기 3장의 저주가 없다. 5가지 저주가 없다.

"모든 눈물을 그 눈에서 닦아 주시니 다시는 사망이 없고 애통하는 것이나 곡하는 것이나 아픈 것이 다시 있지 아니하리니 처음 것들이 다 지나갔음이러라(계21:4)"

둘째, 장가도 아니 가고 시집도 가지 않고 천사와 같다.

"사람이 죽은 자 가운데서 살아날 때에는 장가도 아니 가고 시집도 아니 가고 하늘에 있는 천사들과 같으니라(막12:25)"

지금의 가족 인연은 이 땅에서만 해당 된다.

셋째, 영생이 있다. 영원히 죽지 않는다.

"또 아는 것은 하나님의 아들이 이르러 우리에게 지각을 주사 우리로 참된 자를 알게 하신 것과 또한 우리가 참된 자 곧 그의 아들 예수 그리스도 안에 있는 것이니 그는 참 하나님이시요 영생이시라(요일5:20)"

사람은 하나님께서 처음부터 영물로 창조하였다.

넷째, 생명나무의 과실을 먹게 된다.

"만일 누구든지 이 두루마리의 예언의 말씀에서 제하여 버리면 하나님이 이 두루마리에 기록된 생명나무와 및 거룩한 성에 참여함을 제하여 버리시리라(계22:19)"

달마다 열리는 12과일을 먹게 된다(계22:2).

다섯째, 면류관이 있다. 경주에서 승리한 자에게 주어지는 면류관이다. 이 면류관이 스테파노스 면류관, 즉 영적싸움에서 이긴 성도가 쓸 면류관이다. 물론 면류관은 격차가 있을 것이다.

열 고을 차지한 성도와 다섯 고을 차지한 성도의 면류관은 격차가 있다. 그 누가 천국은 다음과 같이 표현했다. 천국은 신분사회라고 했다. 동의한다. 보좌에 가까이 가는 성도가 받을 상급이 많다.

"너는 장차 받을 고난을 두려워하지 말라 볼지어다 마귀가 장차 너희 가운데에서 몇 사람을 옥에 던져 시험을 받게 하리니 너희가 십 일 동안 환난을 받으리라 네가 죽도록 충성하라 그리하면 내가 생명의 관을 네게 주리라(계2:10)"

여섯째, 하나님과 한집에서 생활한다. 에덴의 회복이라고 말할 수 있다.

"내가 들으니 보좌에서 큰 음성이 나서 이르되 보라 하나님의 장막이 사람들과 함께 있으매 하나님이 그들과 함께 계시리니 그들은 하나님의 백성이 되고 하나님은 친히 그들과 함께 계셔서(계21:3)"

일곱째, 신령체로서 신령한 몸이 있다. 지금의 몸과 다른 신령한 몸이다. 신령체는 부활체와 변화체로 구분이 된다. 휴거성도는 광야의 소리 사역회에서는 회복체로 부른다.

"육의 몸으로 심고 신령한 몸으로 다시 살아나나니 육의 몸이 있은즉 또 영의 몸도 있느니라(고전15:44)"

휴거성도는 몸이 구원받는다. 때문에 회복체라 부른다. 천년왕국에는 회복체가 들어가고, 첫째 부활자인 신령체가 들어가고, 천국에는 회복체가 변화하여 변화체가 되고, 의인이 부활하여 부활체가 들어간다. 때문에 천국에는 신령체만 들어간다. 그러므로 천년왕국과 천국에 들어가는 성도가 구분이 된다. 회복체는 기존신학에는 없는 용어이지만, 성경을 자세하게 연구하면 답이 나온다.

여덟째, 예복이 있다. 천국은 옷이 있고 지옥은 옷이 없다.
"이르되 친구여 어찌하여 예복을 입지 않고 여기 들어왔느냐 하니 그가 아무 말도 못하거늘(마22:12)"
"그에게 빛나고 깨끗한 세마포 옷을 입도록 허락하셨으니 이 세마포 옷은 성도들의 옳은 행실이로다 하더라(계19:8)"

아홉째, 12보석으로 지은 집이 있다. 천국의 건축자재는 이 땅에서 준비된다.
"하나님의 영광이 있어 그 성의 빛이 지극히 귀한 보석 같고 벽옥과 수정 같이 맑더라(계21:11)"

열째, 처음 것은 없다. 예를 들자면 해와 달과 이 땅에 있는 모든 피조물이 없다.
"다시 밤이 없겠고 등불과 햇빛이 쓸 데 없으니 이는 주 하나님이 그들에게 비치심이라 그들이 세세토록 왕 노릇 하리로다(계22:5)"

우리가 사는 세상과 비교하여 천국의 모습을 성경을 통하여 알아보는 것은 천국을 사모함에 동기부여가 될 수 있지 않을까 싶다.

> 3:14 라오디게아 교회의 사자에게 편지하라 아멘이시 요 충성되고 참된 증인이시요 하나님의 창조의 근본이신 이가 이르시되

라오디게아 교회

　라오디게아 교회는 수리아의 안티오쿠스 2세에 의해 주전 3세기 중엽에 건설되었으며 그의 왕비 라오디게의 이름을 따라 명명되었다. 상당수의 유대인이 일찍부터 이 도시에 정착하여 살고 있었는데 적지 않은 영향력을 행사했다고 한다. 라오디게아 교회는 에바브라가 세운 것으로 보인다(골4:12~13). 골로새 교회와 히에라볼리 교회와 함께 바울이 지도하고 감독했던 것으로 추정되고 있다.

라오디게아 교회의 특징

라오디게아는 예수님께서 토하여 버리겠다는 강한 경고를 받은 교회이다. 일곱 교회 중에 유일하게 예수님께 쫓겨난 교회이고, 가장 비참한 교회이고, 일곱 교회 중에 유일하게 주님의 칭찬이 없고 책망이 반복되는 교회이다. 그만큼 영적인 상황은 탁류가 흐르고 세속화가 되었다. 그럼에도 불구하고 예수님은 라오디게아 교회를 끝까지 사랑하고 있으며, 예수님의 음성을 듣고 문을 열면 들어가 함께 살기를 원하는 소망을 품고 있는 교회이다. 그렇게 책망을 받았던 교회이지만, 그럼에도 불구하고 라오디게아 교회에게 주님이 주시는 약속의 말씀이 있다. 때문에 이 땅의 소망은 교회이다. 뿐만 아니라 교회는 비밀이다. "이는 이제 교회로 말미암아 하늘에서 정사와 권세들에게 하나님의 각종 지혜를 알게 하려 하심이니(엡3:10)"

라오디게아 교회의 사자에게 편지하기를 아멘이시요 충성되고 참된 증인이시요 하나님의 창조의 근본이신 이가 가라사대

주님의 별명은 아멘, 충성, 참된 증인, 창조의 근본으로 라오디게아 교회에 소개된 주님의 모습이다. 예수님의 속성이 잘 나타나고 있다. 주님은 언제나 하나님께 아멘만 있다. "하나님의 약속은 얼마든지 그리스도 안에서 예가 되니 그런즉 그로 말미암아 우리가 아멘 하여 하나님께 영광을 돌리게 되느니라(고후1:20)" 아멘은 천국의 언어이다. 아멘만 잘해도 능력과 기적이 나타난다.

예수님은 초지일관 성부 하나님의 뜻에 순종하였다. 오로지 성부 하나님의 뜻에 죽기까지 순종으로 일관하였다. 주의 기도에서 알 수 있다. "나라가 임하시오며 뜻이 하늘에서 이루어진 것 같이 땅에서도 이루어지이다(마6:10)"

주님은 인성이 있다. 주님의 마지막 십자가 사역은 피하고 싶은 마음이 어쩌면 당연하다고 본다. 겟세마네 동산에서 기도하는 예수님의 기도를 기억해보자. "이르시되 아버지여 만일 아버지의 뜻이거든 이 잔을 내게서 옮기시옵소서 그러나 내 원대로 마시옵고 아버지의 원대로 되기를 원하나이다 하시니(눅22:42)"

처절한 영적인 마지막 싸움에서 인성을 거부하고 아버지의 뜻에 순종하고 따르겠다는 성자 하나님의 충성 된 모습을 볼 수 있다.

예수님은 종말 계시장에서 충성되고 지혜 있는 종의 반열에 들어가기 위하여 반드시 해야 할 사역을 말씀하셨다. 집주인을 대신하여 그 집 사람을 맡아 때를 따라 양식을 나눠 줄자이다. "충성되고 지혜 있는 종이 되어 주인에게 그 집 사람들을 맡아 때를 따라 양식을 나눠 줄 자가 누구냐(마24:45)"

충성되고 지혜 있는 종은 자세는 어떠한가?
첫째, 주인의 종이 되어야 한다. 종이 주인행세를 하면 종이 아니다. 입장이 뒤바뀐 목회자들이 우리 주변에 얼마나 많이 있는가?

둘째, 주인이 맡긴 집을 잘 관리해야 한다. 교회의 주인은 예수님이시고, 교회의 머리이시다. 예수님는 충성의 본이 되었듯이 충성 된 자의 모습으로 청지기 사역을 잘 감당해야 한다.

셋째, 때를 알아야 한다. 전도서 기자는 때를 포착하라 했다. "범사에 기한이 있고 천하 만사가 다 때가 있나니(전3:1)" 때를 모르면 충성된 종이라 할 수 없다.

넷째, 때에 따른 양식을 나눠 주어야 한다. 한겨울에 수박은 아무리 맛이 있고 없고를 떠나 음식 궁합이 맞지 않는다. 때에 맞은 양식을 공급해야 한다. 작금의 때에 맞은 양식은 요한계시록이다. 주의 종은 요한계시록을 열어야 한다. 갖다 먹으라 하는 주의 음성에 귀를 기울이고 순종해야 한다. 지금의 때는 종말의 때이다. 광야에서의 외치는 자의 사명을 감당해야 한다.
"또한 너희가 이 시기를 알거니와 자다가 깰 때가 벌써 되었으니 이는 이제 우리의 구원이 처음 믿을 때보다 가까웠음이라(롬13:11)"

다섯째, 악하고 게으른 종은 착하고 충성 된 종을 때리고 핍박할 것이다. 구약시대에 하나님께서 보내신 선지자들을 거짓선지자가 온갖 핍박과 고난을 주었던 것처럼 동일한 역사가 종말에 시대에 자주, 강하게 발생할 것이다. 예를 든다면, 예레미야가 거짓선지자로부터 당한 고난을 참고해 보라.

여섯째, 끝까지 충성한 종에게 상금이 있다. 믿음의 선진들은 이 계시의 비밀을 알았기에 이 땅에 있는 부귀영화를 배설물처럼 여기고 주님께 충성하였다.

"그 주인이 이르되 잘하였도다 착하고 충성된 종아 네가 적은 일에 충성하였으매 내가 많은 것을 네게 맡기리니 네 주인의 즐거움에 참여할지어다 하고(마25:21)"

"또한 모든 것을 해로 여김은 내 주 그리스도 예수를 아는 지식이 가장 고상하기 때문이라 내가 그를 위하여 모든 것을 잃어버리고 배설물로 여김은 그리스도를 얻고(빌3:8)"

> 3:15 내가 네 행위를 아노니 네가 차지도 아니하고 뜨겁지도 아니하도다 네가 차든지 뜨겁든지 하기를 원하노라
>
> 3:16 네가 이같이 미지근하여 뜨겁지도 아니하고 차지도 아니하니 내 입에서 너를 토하여 버리리라
>
> 3:17 네가 말하기를 나는 부자라 부요하여 부족한 것이 없다 하나 네 곤고한 것과 가련한 것과 가난한 것과 눈 먼 것과 벌거벗은 것을 알지 못하는도다

내가 네 행위를 아노니 네가 차지도 아니하고 뜨겁지도 아니하도다 네가 차든지 뜨겁든지 하기를 원하노라 네가 이같이 미지근하여 뜨겁지도 아니하고 차지도 아니하니 내 입에서 너를 토하여 버리리라

차다 또는 더웁다 하는 표현은 신앙의 영적 상태를 말하는 것이다. "차다"는 말은 불신자를 말하고 "덥다"는 신앙의 열정이

뜨겁다는 것이다. 그러나 라오디게아 교회는 차지도 덥지도 않은 회색지대이다. 색깔이 분명하지 않다. 천국도 가고 싶고 아울러 세상적인 쾌락도 즐기고 싶고 두 쪽을 소유하고 싶은 영적인 중간지대, 회색지대를 말하는 것이다. 그러나 주인은 오직 하나를 택하라 하신다. 엘리야가 갈멜산에서 바알선지지와 한판의 승부수를 띄울 때, 백성에게 사자후를 토하였다. 하나를 택하라고, 하나님인가! 아니면 바알인가! "엘리야가 모든 백성에게 가까이 나아가 이르되 너희가 어느 때까지 둘 사이에서 머뭇머뭇 하려느냐 여호와가 만일 하나님이면 그를 따르고 바알이 만일 하나님이면 그를 따를지니라 하니 백성이 말 한마디도 대답하지 아니하는지라(왕상18:21)"

불신앙 만큼 가증스러운 것은 미지근한 신앙이다. 토한다는 것은 구원의 반열에 들어가지 못한다는 의미이다. 그렇기에 미지근한 신앙은 불신앙과 같다. 엘리야 시대에 영적인 분위기가 미지근하여 선지자는 준엄하게 그들의 신앙을 꾸짖었다. 작금에 한국교회의 영적인 주소는 어떠한가! 바알과 하나님과 경계 선상에서 줄다리기 하고 있지는 아니한지!

예수님의 산상수훈은 한 사람이 두 주인을 섬길 수 없다고 단호하게 말씀하였다. "한 사람이 두 주인을 섬기지 못할 것이니 혹 이를 미워하고 저를 사랑하거나 혹 이를 중히 여기고 저를 경히 여김이라 너희가 하나님과 재물을 겸하여 섬기지 못하느니라(마6:24)"

성도의 주인은 하나님이요. 세상의 주인은 물질이다. 선택의 폭은 너무 좁다. 누구든지 둘 중의 하나를 선택해야 한다. 둘을 주인으로 섬길 수 없다는 것이다. 라오디게아 교회는 영적으로 중간지대이다. 회색 지대이다. 이런 영적인 주소가 있는 라오디게아 교회를 향하여 주님은 신앙의 기회주의적, 안일한 신앙의 현주소를 고발하고 있다.

유대인은 사마리아인들과 접촉을 피하였다. 역사적인 배경이 있다. 사마리아는 앗수르가 점령한 후 잡혼과 이방신을 섬겼다. 뿐만 아니라 하나님도 섬겼다. 결론은 이로 인하여 혼합종교가 탄생하였다. "이와 같이 그들이 여호와도 경외하고 또한 어디서부터 옮겨왔든지 그 민족의 풍속대로 자기의 신들도 섬겼더라(왕하17:33)"

이런 사마리아인을 유대인은 극도로 경계하였고, 사마리아인을 개라고까지 천대하였고 접촉을 피하였다. 미지근한 신앙은 사탄이 쓰는 전술이다. 라오디게아 교회의 신앙이 이와 같으니 주님의 책망이 있을 수밖에 없다.

미지근한 신앙과 관련하여 예화가 있다. 음식에는 종류에 따라 가장 맛있게 느껴지는 온도가 있다. 예컨대 물맛은 수돗물이나 약수터 물의 경우 섭씨 13도 일 때가 가장 맛있다고 한다. 깊은 우물의 물이 시원하고 맛있게 느껴지는 이유 역시 그 온도가 13도에서 15도 사이이기 때문이다. 하나님은 땅속의 물을 정화시키고 나서 그 온도까지 인간이 먹기 알맞도록 간섭하였다. 그리고 물에는 또 하나의 맛의 온도가 있다. 70도가 그것이다. 지금은 아깝게도 사라진 풍경이지만 옛날 우리 조상들이 식후에 즐겨서 마시던 숭늉 온도가 바로 그 온도이다. 이런 것들을 볼 때 우리 조상들의 지혜가 얼마나 특출했는가를 알 수 있다. 그러나 현대의 지혜자로 자부하는 우리가 그러한 좋은 것들을 다 잃어버리고 있는 것이 참으로 어리석은 행동이며 안타까운 일이다. 그리고 물이 가장 맛이 없는 온도가 바로 35도에서 40도 사이이다. 즉 우리의 체온(37도)을 중심으로 하는 온도일 때 가장 맛이 없는 것이다. 또 커피에도 맛의 온도가 있다. 63도에서 64도가 가장 적합한 온도이다. 미국의 경우 커다란 커피잔에 펄펄 끓는 커피를 붓고 설탕 한 스푼을 넣고 밀크를 한두 방울 떨어뜨린 후 휘저으면 바로 64도가 된다고 한다. 커피 한잔을 만드는 데도 기가 막히게 과학의 지혜가 가미되어 있다.

따라서 우리의 신앙도 적당한 온도가 있다. 그것은 바로 차든지 아니면 뜨겁든지 하라 라고 사도가 지적하는 것처럼 분명해야지 그렇지 않으면 토해 버리겠다고 주님은 말씀하셨다. 뜨거운 신앙은 사탄에게 틈을 주지 못한다. 신앙적인 바른 온도는 하나님 앞에서 언제나 100도로 뜨거워야 한다. 차가운 것도 문제이다. 그런 사람은 하나님을 믿지 않는 차가운 사람이기 때문이다. 신앙 온도는 100도이다. 펄펄 뜨거운 온도를 유지하자! 사탄이 틈을 타지 못한다.

네가 말하기를 나는 부자라 부요하여 부족한 것이 없다 하나 네 곤고한 것과 가련한 것과 가난한 것과 눈 먼 것과 벌거벗은 것을 알지 못하는도다

이 본문과 관련하여 오버랩이 되는 두 인물이 떠오른다. 누가복음 16장에서 나오는 부자와 나사로가 장본인이다. 세상적으로 부자는 모든 사람의 선망의 대상이지만 이와 반면에 거지 나사로는 그 당시 루저(loser)에 해당되는 사람이다. 그러나 주님이 보실 때, 세상의 관점과는 거리가 있다. 부자는 불행하고, 어리석고, 곤고한 자이다. 그의 결국이 말해준다. 그러나 이와 반면에 나사로는 영적으로 부요자이고, 행복자이다. 천사들에 의하여 들림을 받았지 아니한가! 그 누가 나사로를 루저이며, 가난한 자라고 딱지를 붙일 수 있겠는가!

본문의 라오디게아 교회가 그렇다. 세상의 관점에서 본다면 부자인 교회이다. 지역적인 영향이 작용했다고 본다. 라오디게아는 무역과 금융과 교통의 중심지이기 때문에 부를 많이 축적하고 부족한 것이 없는 교회이다. 그러나 주님이 보는 눈은 그렇지 않다. 실상은 가난하고 불행한 교회이다. 주님은 라오디게아 교회가 가난하고 불행한 교회라고 5번 반복하여 선언하였다. 곤고한 것과 가련한 것과 가난한 것과 눈먼 것과 벌거벗었다고 진단하였다.

성경적인 배경을 적용하여 5가지는 무엇을 말하고 있는가?
첫째, 곤고한 것은 "주께서 내게 이같이 행하실진대 구하옵나니 내게 은혜를 베푸사 즉시 나를 죽여 내가 고난 당함을 내가 보지 않게 하옵소서(민11:15)" 죽음보다 고통스러운 것은 곤고한 것이다.

둘째, 가련한 것은 "레바논에 살면서 백향목에 깃들이는 자여 여인이 해산하는 고통 같은 고통이 네게 임할 때에 너의 가련함이 얼마나 심하랴(렘22:23)" 여인이 해산할 때, 임하는 고통이 바로 가련한 것이다.

셋째, 가난한 것은 "주의 성령이 내게 임하셨으니 이는 가난한 자에게 복음을 전하게 하시려고 내게 기름을 부으시고 나를 보내사 포로 된 자에게 자유를, 눈 먼 자에게 다시 보게 함을 전파하며 눌린 자를 자유롭게 하고(눅4:18)"
성경이 말하고 있는 가난한 자는 물질이 곤고한 자를 말하고 있지 않다. 가난한 자는 복음과 상관이 없는 자이다.

넷째, 눈먼 것은 "어찌하여 형제의 눈 속에 있는 티는 보고 네 눈 속에 있는 들보는 깨닫지 못하느냐 보라 네 눈 속에 들보가 있는데 어찌하여 형제에게 말하기를 나로 네 눈 속에 있는 티를 빼게 하라 하겠느냐(마7:3~4)"
이웃의 눈 속에 있는 티를 보고 자기 눈 속의 들보를 보지 못하는 영적소경을 말하고 있다.

다섯째, 벌거벗었다고 지적한 것은 "보라 내가 도둑 같이 오리니 누구든지 깨어 자기 옷을 지켜 벌거벗고 다니지 아니하며 자기의 부끄러움을 보이지 아니하는 자는 복이 있도다(계16:15)"

성경은 옷 이야기를 하고 있다. 믿음이 없는 자는 주님이 주시는 예복이 없다. 옷이 없는 자는 혼인잔치에 들어 갈 수 없다.

라오디게아 교회를 향한 책망은 여기에서 그치지 않는다. 정말 가련한 것은 이런 영적인 비참한 상태에 있음에도 불구하고 정작 자신은 영적 상태를 모른다. 영적소경이기 때문이다. 기실 가장 무서운 죄는 아버지를 모르고 그분의 아들을 모르는 것이 성경은 가장 큰 죄라 말하고 있다. 그렇지 아니한가! 이사야는 성경을 열자마자 짐승도 주인을 알건마는 정작 너희는 여호와를 알지 않고 배반하였다고 책망하였다. "소는 그 임자를 알고 나귀는 그 주인의 구유를 알건마는 이스라엘은 알지 못하고 나의 백성은 깨닫지 못하는도다 하셨도다(사1:3)"

그러기에 선지자는 피를 토하며 외친 말씀은 여호와를 알라! 힘써 여호와를 알라!'라고 외치고 있다. "그러므로 우리가 여호와를 알자 힘써 여호와를 알자 그의 나타나심은 새벽 빛 같이 어김없나니 비와 같이, 땅을 적시는 늦은 비와 같이 우리에게 임하시리라 하니라(호6:3)"

주님과의 인격적인 교제와 소통이 있었던 사도바울의 고백을 보자. "또한 모든 것을 해로 여김은 내 주 그리스도 예수를 아는 지식이 가장 고상하기 때문이라 내가 그를 위하여 모든 것을 잃어버리고 배설물로 여김은 그리스도를 얻고(빌3:8)"

예수님 한 분이면 족하다는 간증이 있으면 얼마나 좋을까? 주님을 잘 믿으면, 진짜 부자이다. 예수님 자체가 부요자이기 때문이다. "근심하는 자 같으나 항상 기뻐하고 가난한 자 같으나 많은 사람을 부요하게 하고 아무 것도 없는 자 같으나 모든 것을 가진 자로다(고후6:10)"

우리는 서머나 교회인가? 아니면 라오디게아 교회인가? 늘 영적으로 진단해야 할 것이다.

> 3:18 내가 너를 권하노니 내게서 불로 연단한 금을 사서 부요하게 하고 흰 옷을 사서 입어 벌거벗은 수치를 보이지 않게 하고 안약을 사서 눈에 발라 보게 하라

내가 너를 권하노니 내게서 불로 연단한 금을 사서 부요하게 하고 흰 옷을 사서 입어 벌거벗은 수치를 보이지 않게 하고 안약을 사서 눈에 발라 보게 하라

라오디게아 영적 형편과 처지를 잘 알고 있는 주님은 3가지 사랑의 권고를 하고 있다. 불로 연단한 금을 사고, 흰 옷을 사고, 안약을 사라고 처방하였다. 라오디게아 교회는 3가지를 반드시 사야 한다. 사지 않으면 소망이 없는 교회이다. 진리는 비싼 값을 주고 사야 한다. 사지 않으면 내 것이 될 수 없다. 천국 비유장에서 주님은 진주 비유를 통하여 교회에 말씀하고 있다. 값진 진주를 만났을 때, 소유를 다 팔아 사라고 말이다. "또 천국은 마치 좋은 진주를 구하는 장사와 같으니 극히 값진 진주 하나를 발견하매 가서 자기의 소유를 다 팔아 그 진주를 사느니라 (마13:45~46)"

진주를 구하기 위하여 자기의 소유를 다 팔았다. 진주를 소유

하기 위하여 모든 희생과 값을 치렀다. 그리고 진주를 소유하였다. '사다'라는 말씀은 이런 영적인 교훈이 있다.

특별히 종말 계시를 연구하는 주의 종들은 반드시 사야 하는 수고와 희생을 감당해야 할 것이다. "내가 천사에게 나아가 작은 두루마리를 달라 한즉 천사가 이르되 갖다 먹어 버리라 네 배에는 쓰나 네 입에는 꿀 같이 달리라 하거늘(계10:9)"

갖다 먹어 버리라 라는 말씀은 본문에서 '사라'는 말씀과 영적인 분위기가 같다 하겠다. 라오디게아 교회가 어떤 희생과 대가를 지불하고라도 사야 할 것은 구체적으로 무엇일까? 세상에 공짜는 없다. 세상에 공짜 밥은 없다. 귀한 것일수록 값비싼 댓가를 치루어야 한다.

첫째, 금이다. 금은 정금 같은 믿음을 말하고 있다. 믿음이 세상을 이기고 믿음으로 의인이 되고, 믿음으로 주님을 기쁘시게 하는 것이다. 때문에 믿음은 정금보다 귀한 것이고 반드시 사야 하는 수고와 땀이 필요하다. "너희 믿음의 확실함은 불로 연단하여도 없어질 금보다 더 귀하여 예수 그리스도께서 나타나실 때에 칭찬과 영광과 존귀를 얻게 할 것이니라(벧전1:7)"

믿음의 결국은 영혼구원이다.

둘째, 옷을 사야 한다. 옷 중의 옷은 흰 옷이다. 흰 옷은 성도가 가지고 있는 믿음의 정절을 말하고 있다. 어린 양의 혼인 기약이 이른 성도는 반드시 흰 옷이 준비되어 있다. 흰 옷이 없으면 혼인잔치에 들어갈 수 없다. 요한계시록은 흰 옷을 비유하기를 성도의 옳은 행실이라 하였다. "그에게 빛나고 깨끗한 세마포 옷을 입도록 허락하셨으니 이 세마포 옷은 성도들의 옳은 행실이로다 하더라(계19:8)"

흰 옷을 다른 성경에는 예복이요. 빛의 갑옷이요. 그리스도의 옷이요. 두루마기요. 하나님의 전신갑주라고 말씀하고 있다. 성도가 광야에서 준비하는 것은 흰 옷이다.

셋째, 안약을 사라는 것은 예수 그리스도의 눈을 가지라 라는 말씀으로 해석하면 되겠다. 예수의 눈은 일곱 눈이요. 일곱 날의 빛이요. 일곱 날의 영이니, 예수가 가지고 있는 안약을 사서 바르고 사도들과 선지자들의 영과 눈으로 하나님의 나라를 보고 새 하늘과 새 땅을 볼 수 있는 자들이 되라는 말씀이다. "내가 또 보니 보좌와 네 생물과 장로들 사이에 한 어린 양이 서 있는데 일찍이 죽임을 당한 것 같더라 그에게 일곱 뿔과 일곱 눈이 있으니 이 눈들은 온 땅에 보내심을 받은 하나님의 일곱 영이더라(계5:6)"

스가랴서는 주님께 일곱 눈이 있다 하였다. "만군의 여호와가 말하노라 내가 너 여호수아 앞에 세운 돌을 보라 한 돌에 일곱 눈이 있느니라 내가 거기에 새길 것을 새기며 이 땅의 죄악을 하루에 제거하리라(슥3:9)"

안약을 사서 바른 성도는 세상이 볼 수 없고, 들을 수 없고, 깨달을 수 없는 것을 보고, 듣고, 깨닫는 복의 사람이다. 특별히 성도는 네 가지의 눈이 있어야 할 것이라 라고 앞에서 권면하였다. 세상이 없는 네 가지 눈을 소유한 성도는 신랑으로 오시는 주님을 볼 수 있을 것이다. 안약은 하나님이 주신 자원으로 볼 수 있다. 말씀, 기도, 찬송, 성령의 운행, 순종 그리고 주님이 주시는 고난도 포함이 된다. 이런 자원이 영안을 밝게 한다. 영안이 열려진 성도가 주님을 보게된다.

> 3:19 무릇 내가 사랑하는 자를 책망하여 징계하노니 그러므로 네가 열심을 내라 회개하라

무릇 내가 사랑하는 자를 책망하여 징계하노니 그러므로 네가 열심을 내라 회개하라

사랑하는 자를 책망하여 징계하노니 라는 경고의 말씀이다. 하나님의 이름은 사랑이다. 특별히 교회를 사랑한다. 하나님은 교회를 위하여 모든 것을 다 주셨다. 사랑하기 때문이다. 뿐만 아니라 아버지는 아들을 사랑하기 때문에 징계한다. 징계가 없으면 아들이 아니고, 사생자이다. 사생자에게 무슨 소망이 있겠는가? 구약시대에 사생자는 총회에 들어올 수 없다. "사생자는 여호와의 총회에 들어오지 못하리니 십 대에 이르기까지도 여호와의 총회에 들어오지 못하리라(신23:2)" 하여 사생자는 징계도 없다. "징계는 다 받는 것이거늘 너희에게 없으면 사생자요 친아들이 아니니라(히12:8)" 징계가 있다는 것은 소망이 있고, 아직도 기회가 있다는 것이다. 하여 고난은 유익하다. "다만 이뿐 아니라 우리가 환난 중에도 즐거워하나니 이는 환난은 인내를, 인내는 연단을, 연단은 소망을 이루는 줄 앎이로다(롬5:3~4)" 고난 중에 즐거워할 수 있는 자의 믿음은 소망을 완성한다.

열심을 내라, 회개하라

성도에게 가장 무서운 죄는 게으름이다. 주님은 게으른 자에게 무섭게 정죄한다. "그 주인이 대답하여 이르되 악하고 게으른 종아 나는 심지 않은 데서 거두고 헤치지 않은 데서 모으는 줄로 네가 알았느냐(마25:26)"

게으른 종은 악한 종이다. 주님은 게으른 종이 가진 것까지 빼앗아 버린다. 뿐만 아니라 결국은 버림을 받는다. 성경은 성실하고 시간을 아끼고 분초 찰나까지 시간을 선용하라 하신다. 성실하면 복을 받는다. "정직한 자를 악한 길로 유인하는 자는 스스로 자기 함정에 빠져도 성실한 자는 복을 받느니라(잠28:10)"

이사야 선지자는 성실로 띠를 삼으라 했다. "공의로 그의 허리띠를 삼으며 성실로 그의 몸의 띠를 삼으리라(사11:5)"

주님은 공생애를 성실의 본이 되어 식사할 겨를도 없이 분주하고 열심을 내어 하나님의 나라를 세웠다. "집에 들어가시니 무리가 다시 모이므로 식사할 겨를도 없는지라(막3:20)"

주님 공생애의 하루를 어떻게 보냈을까? 마가복음 1장은 주님의 일과를 구체적으로 정리한 본문이다. 참으로 새벽부터 저물 때까지 사역의 현장은 복음선포, 치유, 축사의 사역으로 식사할 겨를도 없이 분주하지만 우선순위를 세우고 사역을 하였다.

잠깐 쉬어가자. 카톨릭의 교리에 죄를 짓게 하는 모든 죄의 원천이 되는 칠죄종(七罪宗)이 있다. 카톨릭은 일곱 가지 죄를 비중 있게 다루고 있다. 교만, 인색, 음욕, 분노, 탐욕, 질투, 나태 등이다. 하나님은 게으름을 죄로 다루었다. 그렇다면 답은 멀리 있지 않다. 땅이란 공간과 시간의 한계 속에서 살아가는 우리에게 청지기 자세가 필요하다. 청지기 자세로 살아가는 성도가 그리운 시절이다.

열심을 품어라는 본문과 함께 회개를 촉구한다. 회개는 주님과의 관계 회복의 지름길이고, 기회이다. 사람이 망하는 이유는 죄 때문이 아니다. 회개가 없기 때문이다. 다윗이 위대한 것은 영적인 감각이 참으로 탁월한 사람이고, 이런 영적 감각이 있었기에 실수를 할 때 변명하지 않고 때를 놓치지 않고 회개했다. 다윗은 회개의 사람이다. 큰 죄를 범한 후 자신의 범죄에 대하여 철저한 회개와 아울러 사죄의 확신이 있었다. 다윗의 참회시는 시편에서 무려 7편이나 기록되었다. 6, 32, 38, 51, 102, 130, 143편은 다윗의 대표적인 참회시로 구분이 된다. 성경은 왜 이렇게 회개에 대한 계시를 반복하고 반복했을까? 우리도 다윗과 같이 실수할 수 있고, 이런 상황에 다윗과 같이 회개하면 살길이 있다는 것을 알려주기 위함이다. 진실하게 회개하는 자는 사함이 있다. "허물의 사함을 받고 자신의 죄가 가려진 자는 복이 있도다(시32:1)"

3:20 볼지어다 내가 문 밖에 서서 두드리노니 누구든지 내 음성을 듣고 문을 열면 내가 그에게로 들어가 그와 더불어 먹고 그는 나와 더불어 먹으리라

3:21 이기는 그에게는 내가 내 보좌에 함께 앉게 하여 주기를 내가 이기고 아버지 보좌에 함께 앉은 것과 같이 하리라

3:22 귀 있는 자는 성령이 교회들에게 하시는 말씀을 들을지어다

볼지어다 내가 문 밖에 서서 두드리노니 누구든지
내 음성을 듣고 문을 열면 내가 그에게로 들어가 그와
더불어 먹고 그는 나와 더불어 먹으리라

본문은 라오디게아 교회에게 주신 약속의 말씀이다. 라오디게아 교회처럼 영적인 탁류가 흐르고, 칭찬은 없고, 책망만 있는 교회도 주님은 약속의 말씀을 주었다. 참으로 감사하게도 교회가 소망이다. 교회만이 약속이 있다.

사람의 마음에도 문이 있다. 그러나 사람의 마음에 있는 문은 보통 문들과 달라서 손잡이나 문고리가 없기에 안에서 열어주지 않으면 열 수가 없다. 앞에 그림은 19세기 영국의 윌리엄 홀먼 헌트라는 화가가 그렸다. 그림의 제목이 "등불을 든 그리스도"라고 부른다. 영적인 감각이 탁월한 그림이다. 이 그림 한 장이 본문을 다 표현할 수 있다고 본다. 그림이 주는 교훈은 한밤중에 정원에서 그리스도가 한 손에 등불을 들고 다른 한 손에는 문을 두드리는 그림이다. 그러나 이 문에는 손잡이가 없다. 어떤 사람은 문을 잘못 그렸다고 생각할지 모르지만, 사실은 이 그림은 사람의 마음에 있는 문을 상징하는 것이기 때문에 손잡이가 없다. 마음의 문은 사람마다 각양각색이라서 어떤 사람은 처음부터 아예 열어젖힌 사람도 있지만 어떤 사람은 꼭 닫힌 상태로 아무리 노크를 해도 열리지 않는 사람도 있다.

사람의 마음의 문을 학문적으로 설명해 주는 것이 있는데 그것은 바로 "조해리의 창"이라 한다. 조해리의 창은 심리학자인 Joharis Luft와 Harry Ingham에 의해서 개발되었는데 그들은 인간관계를 4개의 창에 비유하여 체계적으로 정리하였다. 이러한 네 개의 창은 첫째, 공개적 영역(Open area)으로 나도 알고 있고 타인도 알고 있는 영역이다. 둘째, 나는 모르지만, 타인은 알고 있는 맹목(Blind area)영역이며, 셋째는 나는 알고 있지만, 타인들은 모르는 숨겨진 영역(Hidden area)으로 나의 약점이나 비밀처럼 다른 사람에게 숨기는 영역이 있다는 것이다. 마지막으로 미지의 영역(Unknown area)이 있는데 이것은 나도 모르고 타인도 모르는 숨겨진 영역이라 한다. 이처럼 사람마다 마음의 창 모양이 다 달라서 다양하게 나타난다. 첫 번째 창, 즉 공개적 영역(Open area)을 가진 사람은 인간관계가 원만한 사람이라 할 수 있다. 하지만 마지막 창, 즉 숨겨진 영역(Hidden area)의 소유자는 고립형이거나 지나치게 고집이 센 사람으로 나눌 수 있는데 인간 관계개선을 위해서는 미지의 영역을 줄이고 공개된 영역으로 마음의 창을 열어 나아가야 한다고 조언하고 있다.

본문은 주님께서 라오디게아 교회를 향해 마음의 문을 열라고 한다. 주님의 열심이 나타나 있다. 내가 문밖에 서서 두드리노니, 사랑의 주님은 당신의 택하신 백성을 찾아오시는 주님이시다. "너희는 가서 내가 긍휼을 원하고 제사를 원하지 아니하노라 하신 뜻이 무엇인지 배우라 나는 의인을 부르러 온 것이 아니요 죄인을 부르러 왔노라 하시니라(마9:13)"

지금도 주님은 성도의 마음의 문을 두드리시고 계신다. 문을 열 때까지 문밖에 계시는 주님을 영접하는 것은 우리의 몫이다. 주님은 인격적인 분이기에 성도가 문을 열기까지는 들어가지 않으신다. 믿음은 성령의 인도하심에 따라 자발적인 순종에서 비롯된다. 타인의 강요와 억지는 믿음이라 할 수 없다. 주님은 성도가 문을 열고 영접할 때, 들어 가신다. 영적인 원리는 주님은 성도의 자유의지를 절대로 훼손하며 일하지 아니한다. "그러므로 이스라엘의 하나님 나 여호와가 말하노라 내가 전에 네 집과 네 조상의 집이 내 앞에 영원히 행하리라 하였으나 이제 나 여호와가 말하노니 결단코 그렇게 하지 아니하리라 나를 존중히 여기는 자를 내가 존중히 여기고 나를 멸시하는 자를 내가 경멸하리라(삼상2:30)"

문을 연다는 것은 주님을 인격적으로 영접한다는 뜻으로 해석할 수 있다. "영접하는 자 곧 그 이름을 믿는 자들에게는 하나님의 자녀가 되는 권세를 주셨으니(요1:12)"
'영접한다' 라고 하는 것은 예수님을 나의 구세주로 믿고 내 인생의 주인으로 인정하고 모신다는 뜻으로 해석할 수 있다. 이것이 믿음의 실체이다.

주님을 영접하는 성도에게 반드시 보상의 원리가 적용된다. "그로 더불어 먹고 그는 나로 더불어 먹으라"고 약속하였다. 이와 같은 축복이 어디에 있겠는가? 더불어 먹는다는 표현은 두 가지 의미가 있는데 하나는 주님과 성도의 영적 교제를 말하고 있다. 창조주와 피조물이 하나 되고 연합이 되어 함께 하겠다는 약속이다. 주님은 끊임없이 성도와 함께 교제하고 소통하고 누리기를 원하신다. 아버지의 마음은 자녀에게 있고, 늘 소통하며 인격적인 교제를 누리기를 원한다. 궁극적으로는 성도가 하나님 나라에서 그리스도의 영광에 참여하게 되는 것을 의미한다. "우리가 보고 들은 바를 너희에게도 전함은 너희로 우리와 사귐이 있게 하려 함이니 우리의 사귐은 아버지와 그의 아들 예수 그리스도와 더불어 누림이라(요일1:3)"

또 다른 하나는 회개하고 돌아온 자에 대한 구원의 감격과 기쁨을 누림에 있다. 누가복음 15장에 등장하는 탕자는 회개하여 아버지께 왔다. 아버지의 반응을 보자! 돌아온 탕자를 위한 아버지의 마음이 분주하다. 제일 좋은 옷을 입히고, 손에 가락지를 끼우고, 발에 신을 신기고, 살진 송아지를 잡고 온 집안에 기쁨의 잔치를 선포한다. 우리가 먹고 마시고 즐기자 라며 신명 나는 축제의 마당으로 인도한다. 요한계시록은 성도들이 어린 양의 혼인잔치에 참여하는 즐거움과 기쁨의 감격을 누린다 했다. "천사가 내게 말하기를 기록하라 어린 양의 혼인 잔치에 청함을 받은 자들은 복이 있도다 하고 또 내게 말하되 이것은 하나님의 참되신 말씀이라 하기로(계19:9)"

이기는 그에게는 내가 내 보좌에 함께 앉게 하여 주기를 내가 이기고 아버지 보좌에 함께 앉은 것과 같이 하리라

예수님의 제자들은 생업의 도구인 그물까지 버려두고 예수님을 좇았다. 그러나 그들의 길은 고난과 핍박의 삶이 연속으로 이어지던 어느 날 베드로는 예수님께 여쭈었다. "이에 베드로가 대답하여 이르되 보소서 우리가 모든 것을 버리고 주를 따랐사온대 그런즉 우리가 무엇을 얻으리이까(마19:27)" 이에 주님은 대답한다. "인자가 자기 영광의 보좌에 앉을 때에 나를 따르는 너희도 열두 보좌에 앉아 이스라엘 열두 지파를 심판하리라(마 19:27~28)"라고 말씀하셨다. 보좌(寶座)는 왕(王)이 앉는 자리이다. 복음을 증거 하는 모든 이들은 이처럼 하늘나라에서 왕 같은 제사장이 될 것을 말씀하였다.

라오디게아 교회에게 주시는 말씀도 이와 같다. 모든 시험을 이기는 자에게는 예수님과 함께 보좌에 앉게 하시겠다는 약속의 말씀을 주었다. 이기는 자에게 약속은 언제나 차고 넘치는 축복이 예비 되어 있다. 비록 책망만 있고, 칭찬이 없는 교회이지만, 영적인 싸움에서 이기면 전무후무한 축복이 따라온다. 하나님의 보좌에 앉게 하는 축복은 언감생심 천사들은 감히 상상할 수 없는 축복이다. 천사는 보좌에 앉을 수 없다. 주님은 부활 후 아버지의 우편보좌에 앉고 우리를 위해 간구 하신다. 이기는 성도는 주님과 같이 아버지 보좌의 반열에 앉게 한다. 여기에서 보좌는 통치권의 자리이다. 성도는 주님과 함께 만국을 다스리는 축복을 주셨다. 엄청난 축복이다. 이기는 자의 반열에 들어가서 이런 축복의 성도가 되는 것은 주님의 뜻이다. 할렐루야!

4장
천상의 예배

천상의 예배
(4장 강해)

1 개요

가. 4장은 소아시아 일곱 교회에 주신 말씀과 마지막 속히 될 일이 6장 사이에서 천상의 보좌와 관련한 본경에 해당 되는 말씀이다. 가장 난해한 말씀은 '이리로 올라오라' 라는 본문이다. 이 본문을 어떻게 해석하느냐에 따라서 환란 전 휴거, 환난 후 휴거로 구분이 된다.

나. 4장은 간략하게 요약을 하자면, 1~3절은 심판의 궁극적 주체로서 보좌에 앉으신 성부 하나님의 모습이 구약적인 배경을 적용하여 계시 되어 있고, 4~11절은 보좌 주위에 구약 십이지파 대표와 신약 십이사도를 상징하는 이십사 장로와 우주의 전 피조물을 대표하는 네 생물이 심판을 집행하시는 하나님께 절대 순복과 찬양을 돌리고, 천상의 보좌와 주변 모습이 마치 시청각 교재를 사용하여 보듯이 입체적으로 기록되어 있다.

다. 사도 요한이 요한계시록을 기록할 당시의 교회는 핍박과 고난을 온몸으로 맞이하였다. 이런 상황에 있는 성도에게 하늘의 보좌와 영광된 장면을 보여줌으로써 천국에 대한 확신과 소망을 주고, 불같은 시험을 이길 힘과 위로가 있다.

2. 본 장의 내용 요약

가. 1~3절 : 보좌 위에 앉으신 성부 하나님의 모습
나. 4~11절 : 이십사 장로와 네 생물과 천상의 모습

3. 사도 요한이 본 성부 하나님의 보좌와 주변, 천상의 모습

사도요한이 본 천상의 주변을 간략하게 정리하면 천상의 보좌와 주변이 어떻게 배치되어 있는지를 알 수 있다. 4장 전체를 이해함에 도움이 될 수 있다.

3절	4절	5절	6절	6~8절	8~9절	10~11절
찬란한 하나님의 보좌가 있고, 그 위에 심판자가 있고,	보좌를 중심으로 이십사 장로들이 둘러앉아 있고.	보좌로부터 성령이 나오사 보좌 앞에 계시고	보좌 앞에 정결하고 투명한 유리광장이 있고,	보좌 주위에는 네 생물이 포진하고 있고,	네 생물이 하나님께 찬양하고,	이십사 장로들도 하나님께 찬양하고,

에스겔이 본 네 생물과 사도 요한이 본 네 생물의 비교

요한계시록을 이해함에 유의할 점에 대하여 앞장에서 설명하였다. 요한계시록은 구약적인 배경에서 기록되었기 때문에 구약적인 배경을 두고 해석해야 한다. 4장 또한 구약과 함께 보아야 할 것이다. 특별히 네 생물은 에스겔이 본 네 생물과 동일하다. 약간의 간격은 있으나, 표현상의 문제일 뿐 전체적인 구도는 다른 점이 없다 하겠다. 에스겔과 사도 요한이 보았던 네 생물을 도표 하여 비교해보았다.

구 분	전체적인 형태	날개의 수	눈	그 외의 특징들	역 활
겔 1:4~28	사람,사자,소, 독수리 등 네 얼굴을 가진 사람의 형상을 한 동일한 네 생물	각각 4개	바퀴 둘레에 가득함	얼굴,날개,손, 다리, 발바닥의 역활이 다름	거룩하신 하나님을 호위하여 섬기며 그 분의 명령을 집행함
계 4:6~11	각각 사자,송아지,사람,독수리 같은 네 생물	각각 6개	앞, 뒤, 여섯 날개의 안과 주위에 가득함.	거문고를 들고 쉼없이 하나님을 찬양	전 피조물을 대표하여 하나님을 경배, 찬양함

4 장, 절 강해

> 4:1 이 일 후에 내가 보니 하늘에 열린 문이 있는데 내가 들은 바 처음에 내게 말하던 나팔 소리 같은 그 음성이 이르되 이리로 올라오라 이 후에 마땅히 일어날 일들을 내가 네게 보이리라 하시더라

하늘에 열린 문

신, 구약성경에서 하늘은 하나님께서 계신 곳이며, 그의 천사들이 있는 곳이며, 종말에 성도들이 가는 곳이다. 히브리인들은 하늘을 삼층천으로 이해하였다. 구름 위에 떠 있는 곳은 첫째 하늘이고 둘째 하늘은 금속판이 땅 이쪽에서 저쪽 끝까지 반원형으로 둘려있고, 둘째 하늘에 창문이 있는 것으로 생각하였다. 셋째 하늘은 천사들과 하나님의 임재가 있는 곳으로 이해하고 있다. 이러한 히브리인들의 하늘 개념에 기초하여 천상의 비밀이 요한에게 계시 되는 것으로 상징적으로 묘사했다. 성경은 하늘에 열린 문이 있다는 계시는 반복하여 증거 하고 있다. 하늘에 열린 문이 오픈되었을 때 일어나는 현상은 무엇일까?

† 성경에서 하늘이 열리면서 나타난 7가지 사건

하늘 양식 내려주심 (시78:23~24)	하나님이 이상 보여 주심 (겔1:1)	복을 주심 (말3:10)	성령이 강림하심 (눅3:21)	예수 그리스도의 영광을 보여 주심 (행7:56)	종말에 될 일을 보여주심 (계4:1)	주님께서 공의로 심판하실것을 보여 주심 (계19:11)

하나님께서 요한에게 장차 될 일을 보여 주기 위해 하늘을 열었다. 문과 길과 열쇠는 모두 다 우리 주 예수 그리스도와 관련이 있다. 문과 관련한 복음의 관계를 조명해보자.

인간이 타락한 후 생명나무의 길로 나아가는 동쪽 길을 하나님이 막아버렸다. "이같이 하나님이 그 사람을 쫓아내시고 에덴동산 동쪽에 그룹들과 두루 도는 불 칼을 두어 생명 나무의 길을 지키게 하시니라(창3:24)"

구약시대는 성막을 통하여 하나님께 나아가는 막혔던 길을 열어 놓으셨다. 문은 오직 하나이다. "동쪽을 향하여 뜰 동쪽의 너비도 쉰 규빗이 될지며… 뜰 문을 위하여는 청색 자색 홍색 실과 가늘게 꼰 베 실로 수 놓아 짠 스무 규빗의 휘장이 있게 할지니 그 기둥이 넷이요 받침이 넷이며(출27:13~16)"

성막의 동쪽문은 아주 큰 문이다. 50규빗 중에 20규빗이 되는 문이다. 오직 문은 동향한 문이다. 이 길만이 제단에 들어가고 나올 수 있다. 이와 관련하여 12지파의 진영에서 유다지파가 성막을 중심으로 동쪽에 편성되어 있다. 이것은 우리 주님이 유다지파에서 탄생할 것을 예표적으로 말씀해주고 있다. "규가 유다를 떠나지 아니하며 통치자의 지팡이가 그 발 사이에서 떠나지 아니하기를 실로가 오시기까지 이르리니 그에게 모든 백성이 복종하리로다(창49:10)"

신약에 와서 주님은 양의 문이다. 다른 문은 없다. 오직 이 문으로 들어오고 나가는 것이다. "그러므로 예수께서 다시 이르시되 내가 진실로 진실로 너희에게 말하노니 나는 양의 문이라(요10:7)."

동향한 문은 우리 주님을 상징한다. 동쪽은 해가 뜨는 곳이다. 어둠과 슬픔과 절망의 밤이 제일 먼저 물러가는 곳이다. 예수 그리스도가 계신 곳에는 어둠의 세력이 물러가고 소망의 아침이 온다. 폐쇄된 문이 예수 그리스도를 통하여 열려진다.

이 문은 4색의 천으로 만들어졌다. 생명의 색인 청색은 생명 되신 예수 그리스도를 나타낸다. 왕권의 색인 자색은 만왕의 왕 되신 예수그리스도를 나타내고, 피색인 홍색은 대속제물이 되신 예수 그리스도를, 그리고 성결의 색인 백색은 성결의 영으로 부활하신 예수 그리스도를 나타낸다. 결국, 문도 4색의 세마포도 모두 예수님을 상징하고 있다. 문을 통하여 하나님과 교제가 이뤄진다. "그러므로 형제들아 우리가 예수의 피를 힘입어 성소에 들어갈 담력을 얻었나니 그 길은 우리를 위하여 휘장 가운데로 열어 놓으신 새로운 살 길이요 휘장은 곧 그의 육체니라(히10:19~20)"

하나님은 에덴동산에서 선악과 사건으로 남자와 여자를 추방하고, 에덴동산 동쪽에 그룹들과 두루도는 불 칼을 두어 생명나무의 길을 지키게 하였다. 그럼에도 불구하고 에덴동산을 폐쇄시킨 것은 아니다. 성막문을 통하여 계시하신 것은 장래에 우리 예수님을 통하여 다시 에덴이 회복될 것을 예표적으로 보여주고 있다.

이리로 올라오라 이 후에 마땅히 일어날 일들을 내가 네게 보이리라

마땅히 될 일은 장차 될 일이다. 예언의 말씀대로 이뤄진다. 종말의 계시는 확실하고 정확하고 바르다. 사도 요한의 몸은 땅에 있고, 영계가 열어진 상태에서 천상의 세계로 이끌림을 받았다. 요한에게 올라오라고 하신 이유가 여기에 있었다. 4장 이후의 계시는 1, 2, 3장의 계시 장소와 다르다는 것을 보여 준다.

본문은 4장의 핵심 난해 구절이다. 이리로 올라오라는 본문과 관련하여 여러 가지 해석이 있다. 세대주의는 이 본문을 적용하여 환난 전 휴거로 본다. 교회가 환난 전 휴거하고 유대인들은 칠 년 대환난을 맞이한다고 주장한다. 그러나 이 본문은 교회가 휴거한 것이 아니고 사도 요한이 마지막 될 일을 보여 주기 위하여 열린 문을 통하여 육은 밧모섬에 있지만 영은 천상의 세계로 올라간 것이다.

이와 관련하여 이광복 목사가 주장한 견해를 들어보자! 환난

전 휴거로 볼 수 없는 이유가 있다. **첫째, 소리로써 구분되기 때문이다.** 교회의 휴거는 호령과 천사장의 소리와 하나님의 나팔 소리와 함께 우주적으로 이뤄진다. "주께서 호령과 천사장의 소리와 하나님의 나팔 소리로 친히 하늘로부터 강림하시리니 그리스도 안에서 죽은 자들이 먼저 일어나고(살전4:16)"

그러나 본문은 호령, 천사장의 소리, 하나님의 나팔소리가 없다.

둘째, 장면으로 구분되기 때문이다. 교회의 휴거는 예수그리스도의 강림과 함께 동시 다발적으로 발생한다. 그러나 본문은 그리스도의 강림에 대하여 언급하고 있지 않다. 각인이 그를 본다 하였다. "볼지어다 그가 구름을 타고 오시리라 각 사람의 눈이 그를 보겠고 그를 찌른 자들도 볼 것이요 땅에 있는 모든 족속이 그로 말미암아 애곡하리니 그러하리라 아멘(계1:7)" 본문은 이런 중요한 말씀에 대하여 침묵하고 있다.

셋째, 내용으로 구분이 된다. 휴거는 순교자의 부활과 휴거가 함께 있다. 그러나 본문은 사도 요한이 성령의 감동하심을 입고, 사명을 받아 하늘 보좌의 환상을 바라본 것이다. 사도 요한을 교회의 대표로 볼 수 없지 않은가? 그러므로 본문은 교회의 휴거가 될 수 없다.

넷째, 장소로서 구분이 된다. 교회의 휴거는 부활한 성도와 데려간 성도들이 구름속으로 끌어올려지는 환희의 장면이 있다. 그러나 본문은 밧모섬의 사도 요한이 성령의 감동 하심으로 열린문을 통하여 올라간 것이다. 교회가 휴거한다는 어떤 본문도 계시되어있지 않다. 그러므로 본문은 교회의 휴거가 될 수 없다.

다섯째, 목적으로 구분되기 때문이다. 교회의 휴거의 목적은 공중에서 주님을 영접하고 천년왕국에 들어간다. "그 후에 우리 살아 남은 자들도 그들과 함께 구름 속으로 끌어 올려 공중에서 주를 영접하게 하시리니 그리하여 우리가 항상 주와 함께 있으리라(살전4:17)" 그러나 본문은 장차 될 일을 보여 주기 위한 일회적인 상황이다. 때문에 교회의 휴거가 될 수 없다.

여섯째, 기간으로 구분이 된다. 교회의 휴거는 주님과 함께 영원히 함께 거하는 것이다. 그러나 본문은 장차 될 일을 보여 주기 위한 의도로 성령의 감동하심을 입어 일시적인 상황이다. 그러므로 본문은 교회의 휴거가 될 수 없다.

일곱째, 결론으로 구분이 되기 때문이다. 휴거는 성도가 회복된 몸으로 항상 주와 함께 있다. "그 후에 우리 살아 남은 자들도 그들과 함께 구름 속으로 끌어 올려 공중에서 주를 영접하게 하시리니 그리하여 우리가 항상 주와 함께 있으리라(살전4:17)"

그러나 본문은 사도 요한에게 새로운 장면을 보이려는 환상이 목적이 된다. 그러므로 교회의 휴거가 될 수 없다.

이상과 같이 "이리로 올라오라!"라는 말씀은 교회의 휴거가 될 수 없다. 이 본문은 주님이 사도 요한에게 개인적으로 주신 말씀이다. 이리로 올라오라 라는 말씀은 교회의 휴거가 아니라는 결정적인 증거가 있다. 요한계시록 마지막 부분에서 언급되고 있는 본문을 비추어보면 더욱더 분명하게 지지받고 있다. "나 예수는 교회들을 위하여 내 사자를 보내어 이것들을 너희에게 증언하게 하였노라 나는 다윗의 뿌리요 자손이니 곧 광명한 새벽 별이라 하시더라(계22:16)"

요한계시록은 유대인이 대상이 아니고, 교회임을 분명하게 밝히고 있다. 4장 1절 이하는 교회는 휴거되고 유대인만 남기에 요한계시록 4장 이하는 유대인이 대상이라는 세대주의 환난 전 휴거는 여지없이 무너진다.

영적인 탁류가 흐르는 시대에 살고 있다. 분별할 수 있는 영과 지혜가 필요하다. 환난 전 휴거는 여러 가지 성경적으로 긴장과 간격이 있다. 환난 후 휴거와 관련하여 관련된 성경 구절은 다음과 같다.

† 환난 후 휴거와 관련된 성경 구절

교회는 환난을 통과한다.	환난 때에도 교회는 있다.	환난 때에도 성도는 있다.	어린 양의 혼인잔치는 19장에 나온다.
단12, 슥13:9 마24:21~22, 행 14:22	계11:4; 12:1,5,6,14; 21:7	계7:14; 8:3; 11:1,18; 12:17; 13:7	계19:7~9

구약은 그림자요 신약은 실체가 된다. 구약 성도가 가나안 땅을 입성하기 위하여 반드시 통과해야 할 곳은 광야이다. 광야는 교회이다. 광야는 연단과 훈련이 있는 곳이다. 환난을 통과하지

않고 천국의 입성은 언감생심이다. 언필칭! 성경은 환난 후 휴거를 여러 곳에서 증거하고 있다.

> 4:2 내가 곧 성령에 감동되었더니 보라 하늘에 보좌를 베풀었고 그 보좌 위에 앉으신 이가 있는데

성령에 감동되었더니

하나님의 사역은 오직 성령님의 도우심으로 가능하다. "그가 내게 대답하여 이르되 여호와께서 스룹바벨에게 하신 말씀이 이러하니라 만군의 여호와께서 말씀하시되 이는 힘으로 되지 아니하며 능력으로 되지 아니하고 오직 나의 영으로 되느니라(슥4:6)"

사도 요한이 하늘에 열린문을 통하여 하늘 보좌를 보고, 종말의 계시를 받았고, 주님이 사용하는 사람이 되었던 것은 성령에 감동함이 있었기 때문이다.

종말 계시는 단단한 식물에 해당한다. 단단한 식물은 소화가 잘되지 않는다. 그리고 설령 먹는다 해도 소화가 되지 않기 때문에 잘 체한다. 요한계시록은 단단한 식물이기에 성령의 인도하심을 받고 재림에 대한 소망이 충만한 성도에게 열리는 역사가 있다 하겠다. 성령의 감동을 받고, 인도함을 받아야 열려 진

다. 계시의 정신을 간구하자. "우리 주 예수 그리스도의 하나님, 영광의 아버지께서 지혜와 계시의 영을 너희에게 주사 하나님을 알게 하시고(엡1:17)"

　모든 성경은 성령의 감동을 받은 종들이 기록한 계시이다. 계시 된 말씀은 성령의 감화가 아니고서는 계시가 열어지지 않는다. 정확한 계시의 뜻을 알 수 없다. 늘 성령의 감동과 인도함을 받을 때, 역사가 이뤄진다. "내 눈을 열어서 주의 율법에서 놀라운 것을 보게 하소서(시119:18)"

　필자는 얼마 전에 참으로 안타까운 소식을 접하였다. ㅇㅇㅇ 집사님의 간증이다. ㅇㅇ지역에서 목회하고 있는 목사님은 주일예배를 제외한 공예배에 세상의 것으로 예배를 대체하고 있다고 했다. 즉 예를 든다면 영화, 세상 놀이, 게임, 기타 등등이다. 소중한 예배시간에 세상의 다른 것으로 대체하다니 기가 막힐 일이 매주 교회에서 벌어지고 있다. 그러나 이해 할 수 있다. 성령님의 인도하심을 받지 못하면 일주일에 새벽기도회 포함하여 11번 예배가 드려지는데 과연 설교 말씀을 시시때때로 전 할 수 있을까? 성령 충만하지 않고 성령의 감동이 없다면 할 수 없다. 살인적인 설교의 부담감을 감당할 수 없다. 이것이 한국교회의 현실인데, 이 길을 정면 돌파할 수 있을까? 길은 오직 하나이다. 성령 충만하여 내 힘과 능력으로 사역을 감당하는 것이 아니라 성령님이 밀어주시는 힘과 능력으로 하는 것이고, 주의 종은 오직 주님의 도구로 쓰임을 받는 것뿐이다. 다른 방법은 없다. 말씀과 기도의 줄을 붙잡고 절차탁마하면 길은 열어진다.

사도바울이 이러한 경험이 있었기에 고린도 교회 성도에게 간증하였다. 나는 하나님의 사역을 감당할 때, 성령의 나타나심과 하나님의 능력이 아니고서는 하지 않겠다. 다짐하고 결단하는 간증을 볼 수 있다. 하나님의 일은 성령의 나타나심과 하나님의 능력으로 해야 한다. 사도바울이 약하며 심히 떨었노라 간증한 것은 세상의 환경에 있지 않았다. 하나님의 일을 함에 있어 성령님의 인도하심에 따라 하지 않을까 약하며 두려워하며 심히 떨었노라고 간증하였다, 이것이 하나님의 사역을 감당하는 자의 자세이고 성경적인 원리이다. "내가 너희 가운데 거할 때에 약하고 두려워하고 심히 떨었노라 내 말과 내 전도함이 설득력 있는 지혜의 말로 하지 아니하고 다만 성령의 나타나심과 능력으로 하여(고전2:3~4)"

하늘에 보좌를 베풀었고, 그 보좌 위에 앉으신 이가 있는데

우주의 중심은 세상에 있지 않다. 보이는 세계가 전부가 아니고 또 다른 영적 세계가 있다. 하나님의 보좌가 우주의 중심이다. 사도 요한이 본 천상의 세계는 우주의 중심인 하늘의 보좌이다. 하늘 보좌를 베풀었다는 것은 하나님의 우주 통치권을 말하는 것이고, 다스리시는 보좌이다. 이 보좌는 새롭게 만들어진 것이 아니라, 창세 전부터 존재하고 있다.

이 보좌는 대속과 공의한 심판(시9:7), 권세(시93:2), 영광(렘17:12, 마19:28), 위엄(히8:1), 은혜(히4:16), 의와 공평(시97:2), 일시적인 보좌가 아니라 영원한 보좌(시45:6)이다. 보좌에 앉으신 이는 종말의 모든 재앙과 심판과 구원의 집행자요, 주재자요, 통치자로서 앉으신 모습이다.

요한계시록의 중심은 성소에 있고, 성소의 중심은 지성소이고, 그 지성소의 중심은 하나님의 품이다. 신약성경에는 보좌라는 말이 51회나 사용되었는데, 그 중에 46회가 요한계시록에 기록되어 있고 4장에는 12회가 기록되어 있다. 요한계시록은 하나님의 보좌를 중심으로 한 책이다.

하나님은 무소부재하신 분이시다. 하지만, 택하신 곳이 있다. 세상의 상식으로 접근한다면 대한민국의 대통령은 대한민국의 어느 곳에든지 대통령으로 권위를 인정받고 있다. 대한민국 어느 지역에서든지 영이 효력이 있지만, 그럼에도 숙소는 청와대이다. 이와 마찬가지이다. 하나님께서 택한 특별한 곳이 있다. 하나님의 임재의 처소가 있다. 구약은 하나님의 임재하신 곳이 성막, 성전이고 "여호와여 내가 주께서 계신 집과 주의 영광이 머무는 곳을 사랑하오니(시26:8)"

신약은 주님의 이름으로 모인 곳이 교회이고, 이곳에 주님의 임재가 있는 곳이다. "두세 사람이 내 이름으로 모인 곳에는 나도 그들 중에 있느니라(마18:20)"

교회는 이 세상을 이기는 유일한 곳이고, 천국의 열쇠가 주어지는 곳이다. 그러므로 성도는 금촛대 교회를 세워야 한다.

하나님은 중앙보좌에 앉으셨다. "미가야가 이르되 그런즉 왕은 여호와의 말씀을 들으소서 내가 보니 여호와께서 그의 보좌에 앉으셨고 하늘의 만군이 그의 좌우편에 모시고 섰는데(대하18:18)"

천국의 최정점에 보좌가 있다. 이기웅 목사의 천국과 지옥의 간증집에 보면, 중앙보좌는 크기가 우리나라 남한보다 크다는 주장을 하고 있다. 성경에 계시 되어 있지 않았기에 참고 바란다. 보좌에서 생명수강이 흐르고 생명나무와 열두 가지 과실이 있다. "또 그가 수정 같이 맑은 생명수의 강을 내게 보이니 하나님과 및 어린 양의 보좌로부터 나와서 길 가운데로 흐르더라 강 좌우에 생명나무가 있어 열두 가지 열매를 맺되 달마다 그 열매를 맺고 그 나무 잎사귀들은 만국을 치료하기 위하여 있더라(계22:1~2)"

반드시 기억해야 할 말씀이 있다. 라오디게아 교회는 칭찬이 없고 책망만 있는 세속적인 교회라고 할 수 있다. 이런 소망이 없는 교회에도 위로와 약속이 있다. 이기는 자는 하나님의 보좌에 앉게 해주겠다 약속했다. 하나님의 보좌는 누가 앉는 곳인가? 우리 예수님, 그리고 이기는 자가 이 보좌에 예약되어 있다. 감사할 뿐이다.

> **4:3 앉으신 이의 모양이 벽옥과 홍보석 같고 또 무지개가 있어 보좌에 둘렸는데 그 모양이 녹보석 같더라**

사도 요한이 본 보좌는 다니엘과 에스겔이 본 보좌의 모습과 동일하다. 비교해보았다.

에스겔	다니엘
이에 내가 보니 그룹들 머리 위 궁창에 남보석 같은 것이 나타나는데 그들 위에 보좌의 형상이 있는 것 같더라(겔10:1~22)	내가 보니 왕좌가 놓이고 옛적부터 항상 계신 이가 좌정하셨는데 그의 옷은 희기가 눈 같고 그의 머리털은 깨끗한 양의 털 같고 그의 보좌는 불꽃이요 그의 바퀴는 타오르는 불이며 불이 강처럼 흘러 그의 앞에서 나오며 그를 섬기는 자는 천천이요 그 앞에서 모셔 선 자는 만만이며 심판을 베푸는데 책들이 펴 놓였더라(단 7:9~10)

앉으신 이의 모양이 벽옥과 홍보석

하나님은 영으로 실존하기 때문에 볼 수도 없고, 말과 글로 번역할 수 없다. 따라서 본문은 실제 모양을 가리키는 것이 아니라 보좌의 주변에 나타나는 현상을 보여주고 있다. 이 보좌에서 은사와 선물이 나온다. "온갖 좋은 은사와 온전한 선물이 다 위로부터 빛들의 아버지께로부터 내려오나니 그는 변함도 없으시고 회전하는 그림자도 없으시니라(약1:17)"

보석에 대하여 해석을 해보면, 벽옥은 거룩, 순결, 성결을 상징한다. 홍보석은 사랑과 공의를 상징하고, 녹보석은 자비와 은혜를 의미한다. 너무 지나친 해석은 금물이지만, 이러한 보석들은 제사장의 흉배에 부착되고(출28:17~20), 하늘로부터 내려오는 새예루살렘의 기초석들이기도하다. 하나님의 속성을 상징하고 나타내고 있다.

예수님의 신부 된 성도가 되는 것은 이 땅에서 거룩과 순결을 유지하는 것이다. 어떤 비용과 대가를 지불해서라도 신부정절을 지켜야 할 것이다. 주기철 목사의 "5종목의 나의 기원"을 참고 바란다.

일제의 신사참배 요구에 대하여 결연히 항쟁했던 주기철 목사는 세 차례의 검속, 투옥 끝에 승리했으나 기어이 마지막 검속이 다가와 순교의 영광을 맞을 날이 머지않았음을 깨닫고, 대구 경찰서에서 풀려나와 시무하던 평양 산정현 교회에 되돌아온 주목사는 곧 강단에서 마태복음 5장 18절, 로마서 8장 18절, 31~39절을 봉독하고 "5종목의 나의 기원"으로 설교를 했다. 이 설교에 나타난 기도의 다섯 대지는 다음과 같다.

1. 죽음의 권세를 이기게 하옵소서.
2. 장기간 고난을 견디게 하여 주소서.
3. 노모와 처자를 주님께 부탁합니다.
4. 의에 살고 의에 죽게 하소서.
5. 내 영혼을 주님께 부탁합니다.

이 가운데 네 번째 대지는 이렇게 전개되고 있다. "못합니다. 못합니다. 그리스도의 신부(新婦)는 다른 신에게 정절을 깨뜨리지 못합니다. 그리스도의 신부는 신사에 절하지 못합니다. 이 몸이 어려서부터 예수 안에서 자랐고 예수께 헌신하기로 열 번 백 번 맹세했습니다. 예수의 이름으로 밥 얻어먹고 영광을 받다가 하나님의 계명이 깨어지고 예수의 이름이 땅에 떨어지게 된 오늘, 이 몸의 구구도생(區區圖生)이 어찌 말이 됩니까? 아, 내 주 예수의 이름이 땅에 떨어지는구나! 평양아! 평양아! 예의동방 내

예루살렘아! 대동강아, 천백세에 흘러가며 나와 함께 울자! 드리리다, 드리리다. 이 목숨이나마 주님께 드리리다! "믿음의 선진들이 순교의 피로서 지킨 이 나라가 지금은 머리 빠진 삼손처럼 복음의 힘을 잃어가고 있으니 오호통제(嗚呼痛哉)라!" 그립다. 보고 싶다. 작금의 시대에 이와 같은 주의 종들은 어디에 있단 말인가! 손양원 목사님, 주기철 목사님 같은 순결한 영성을 소유한 주의 종이 그립다. 거룩한 영성을 회복 하자!

> **4:4** 또 보좌에 둘려 이십사 보좌들이 있고 그 보좌들 위에 이십사 장로들이 흰 옷을 입고 머리에 금관을 쓰고 앉았더라

이십사 장로들

4절부터 11절까지는 보좌 주변에 있는 모습이 기록되어 있다. 이십사 장로는 여러 가지 해석이 있을 수 있으나, 구약의 12지파와 신약의 12사도로 지칭한다. 이십사 장로는 신, 구약의 교회를 말하며, 구원받은 백성을 총괄적으로 상징한다고 할 수 있다.

요한계시록에서 보좌는 크게 보면 두 곳으로 나타난다. 하나는 하나님의 보좌이다. 또 다른 하나는 짐승의 보좌이다. 이기고 승리한 교회는 금촛대 교회이고, 은혜의 보좌에 앉는다. "이기는 그에게는 내가 내 보좌에 함께 앉게 하여 주기를 내가 이기고 아버지 보좌에 함께 앉은 것과 같이 하리라(계3:21)"

이와 반면에 실족한 자에게는 짐승의 보좌에게 머리를 숙일 수 밖에 없다. 그러나 짐승의 보좌는 다섯째 대접재앙이 쏟아질 때, 결국은 심판을 받고 무너진다. 주님의 보좌는 영원하지만, 짐승의 보좌는 피조세계에 한하여 존재한다. 그러나 결국은 무너지고 유황불의 심판 대상이 된다.

성도가 입을 옷은 흰 옷이다. 옷은 믿음의 정절을 상징한다. 성경은 옷에서 시작하여 옷으로 마무리한다. 보좌에 앉을 성도 자격은 흰 옷이 준비된 성도이다. 마태복음은 예복으로 나와 있다. "이르되 친구여 어찌하여 예복을 입지 않고 여기 들어왔느냐 하니 그가 아무 말도 못하거늘(마22:12)"

천사와 첫째 부활자가 입은 옷은 빛나고 깨끗한 세마포이다. "그에게 빛나고 깨끗한 세마포 옷을 입도록 허락하셨으니 이 세마포 옷은 성도들의 옳은 행실이로다 하더라(계19:8)."

신부의 자격은 흰 옷이 있어야 한다. 이 광야는 성도가 옷을 준비하는 기간이다. 기회이기도 하다. "시온이여 깰지어다 깰지어다 네 힘을 낼지어다 거룩한 성 예루살렘이여 네 아름다운 옷을 입을지어다 이제부터 할례 받지 아니한 자와 부정한 자가 다시는 네게로 들어옴이 없을 것임이라(사52:1)" 성도여! 흰 옷이 준비되었는가?

금면류관을 쓰고

이십사 장로들이 쓰고 있는 면류관은 "스테파노스(στεφάνους)"이다. 면류관은 충성 된 성도에게 주는 상급이다. 천국은 분명하게 격차가 있다. 행위대로, 일한대로, 심은 대로 원리가 적용되는 곳은 천국이다. 이런 원리에 의하여 주님은 보상한다. A하면 B한다. 지름길은 없다. 우연은 없다. 요행을 바라고 우연을 바란다면 사탄에게 속는 것이다. 어떠한 속임수와 세상의 방법으로 되지 않는다. 지금은 초라하고 고난을 받지만 장차 받을 면류관을 생각하자. "의를 위하여 박해를 받은 자는 복이 있나니 천국이 그들의 것임이라 나로 말미암아 너희를 욕하고 박해하고 거짓으로 너희를 거슬러 모든 악한 말을 할 때에는 너희에게 복이 있나니 기뻐하고 즐거워하라 하늘에서 너희의 상이 큼이라 너희 전에 있던 선지자들도 이같이 박해하였느니라(마5:10~12)"

죽도록 충성하자! 생명의 면류관이 예비되어 있다. "너는 장차 받을 고난을 두려워하지 말라 볼지어다 마귀가 장차 너희 가운데에서 몇 사람을 옥에 던져 시험을 받게 하리니 너희가 십 일 동안 환난을 받으리라 네가 죽도록 충성하라 그리하면 내가 생명의 관을 네게 주리라(계2:10)"

> 4:5 보좌로부터 번개와 음성과 우렛소리가 나고 보좌 앞에 켠 등불 일곱이 있으니 이는 하나님의 일곱 영이라

보좌로부터

나오는 것은 번개와 음성과 뇌성이 나온다. 하나님의 속성을 상징한다. 번개는 신속성, 심판이고, 음성은 권위이며, 뇌성은 위엄과 권위, 능력을 나타내는 것이다. 하나님의 임재가 있는 곳, 현현하는 곳은 이러한 현상이 있다. "셋째 날 아침에 우레와 번개와 빽빽한 구름이 산 위에 있고 나팔 소리가 매우 크게 들리니 진중에 있는 모든 백성이 다 떨더라(출19:16)"

요한계시록에서 일곱인의 재앙, 일곱나팔재앙, 일곱대접재앙이 떨어질 때 성전으로부터 동일한 현상이 있었다. "천사가 향로를 가지고 제단의 불을 담아다가 땅에 쏟으매 우레와 음성과 번개와 지진이 나더라(계8:5)" "번개와 음성들과 우렛소리가 있고 또 큰 지진이 있어 얼마나 큰지 사람이 땅에 있어 온 이래로 이같이 큰 지진이 없었더라(계16:18)"

번개와 음성과 뇌성이 보좌로부터 나오는 이유는 크게 보면 두 가지로 해석할 수 있다. 하나는 심판이다. 심판은 성전에서부터 시작한다. 에스겔 9장에서 보면 심판은 성전에서 시작되고 "늙은 자와 젊은 자와 처녀와 어린이와 여자를 다 죽이되 이마에 표 있는 자에게는 가까이 하지 말라 내 성소에서 시작할지니라 하시매 그들이 성전 앞에 있는 늙은 자들로부터 시작하더라(겔9:6)", 요한계시록에서 나팔재앙과 대접재앙 또한 성전에서부터 시작된다. " 또 내가 들으니 성전에서 큰 음성이 나서 일곱 천사에게 말하되 너희는 가서 하나님의 진노의 일곱대접을 땅에 쏟으라 하더라(계16:1)".

성전에서 늙은 자로부터 시작한다 라는 말씀은 여러가지 해석이 있을 수 있으나 신앙의 연륜이 오래 된자들, 또는 교회의 선생의 직분을 감당하는 자들에게 해당이 된다. 정말 부담이 되는 말씀이다.

또 다른 하나는 거룩한 백성을 향한 구원과 회개를 촉구하는 소리이다. 모세가 십계명을 받았을 때, 구약성도는 우레와 번개 소리를 들었다. "뭇 백성이 우레와 번개와 나팔 소리와 산의 연기를 본지라 그들이 볼 때에 떨며 멀리 서서 (출20:18)" 번개와 음성과 뇌성이 하나님의 심판으로 마무리된다면 하나님의 섭리가 무너지는 것이다. 하나님의 말씀이 주는 교훈도 동일하다. 말씀은 믿는 자에게 복이지만, 불신자에게는 화가 된다. 항상 양쪽을 바라보아야 할 것이다.

켠 등불 일곱이 있으니 이는 하나님의 일곱 영이라

일곱 영은 성령이다. 보좌 앞에서 밝게 비춰주는 역할은 지성소 앞 금등잔대가 하는 사역이다. 성령님은 말씀과 함께 성도의 등불이다. "주의 말씀은 내 발에 등이요 내 길에 빛이니이다(시119:105)" 성도는 등불의 인도함을 받아야 금촛대 교회를 세울 수 있다. 성령님은 모든 것을 감찰하시는 분이다. "이와 같이 성령도 우리의 연약함을 도우시나니 우리는 마땅히 기도할 바를 알지 못하나 오직 성령이 말할 수 없는 탄식으로 우리를 위하여 친히 간구하시느니라 마음을 살피시는 이가 성령의 생각을 아시나니 이는 성령이 하나님의 뜻대로 성도를 위하여 간구하심이니라(롬8:26~27)"

사도바울이 세상의 지식으로 사역을 감당할 때에, 철저히 고뇌의 잔을 마셨다. 그러나 성령의 나타나심으로 나머지 전도사역을 감당할 때에, 고린도 지방에 전도의 문이 활짝 열렸다. 성령의 나타나심으로 두 증인의 사역을 감당하자.

일곱 영을 폭넓게 정리해보자. 모세가 하늘에 식양을 보고, 장막에 일곱 등불을 만들고(출 25장), 아론이 그 등불을 저녁과 아침에 간검 했다(레24:1~3). 스가랴 4장에는 이 등불은 온 세상에 보내는 즉 두루 행하는 하나님의 눈이라고 하였다. 그리고 세례 요한을 일시동안 켜서 비추는 등불이라고 하였다(요5:35). 요한계시록 3장 1절에서 예수님은 일곱 영과 일곱 별을 가졌다고 하였고, 요한계시록 5장은 예수님에게 이 일곱 눈 곧 일곱 영이 있어 온 땅에 보냄을 받았다고 하였다. 이 일곱 영은 본문에서는 하나님의 보좌 앞에 있는 일곱 영이다라고 하였다.

하나님의 일곱 영은 하나님께 속한 영으로서, 성령님의 구체적인 사역을 말한다. 하나님의 모든 사역은 성령을 통하여 하신다. 그래서 스가랴 4장에서는 이 일곱 영에 대해 "멸시할 자가 누구냐(슥4:10)"라고 하였고, 예수님은 "아버지와 나는 하나라(요10:30)"라고 한 것은 성령이 함께 했기 때문이다. 사도바울은 고린도교회에 "그리스도와 합하는 자는 같은 영이라(고전6:17)"고 고백한 것은 예수님과 성령이 연합이라 아니 할 수 없다. 그리스도의 모든 사역은 성령이 하는 일이다. 이런 영적인 원리는 이성적, 논리적으로 설명되는 것이 아니고 주의 영의 인도하심에 따라 믿음으로 받는다.

> 4:6 보좌 앞에 수정과 같은 유리 바다가 있고 보좌 가운데와 보좌 주위에 네 생물이 있는데 앞뒤에 눈들이 가득하더라

보좌 앞에 수정과 같은 유리 바다가 있고

하나님의 보좌 주변의 구도를 그리자면 다음과 같다. 보좌(寶座)가 있고, 보좌 앞에는 수정(水晶)과 같이 맑은 유리 바다가 펼쳐져 있고, 보좌(寶座)중앙(中央)과 주위(周圍)에는 눈이 가득한 네 생물(生物)이 서 있다. 보좌(寶座) 앞은 마치 유리 바다와 같았으며, 수정(水晶)을 깔아 놓은 듯하였다고 계시하였다. "보좌 앞에 수정과 같은 유리 바다가 있고" 유리바다는 무엇을 말하는가? 난해한 부분이다. 본문에서 비유한 유리바다는 이 세상을 말하는 것이 아니다. 사도 요한이 올라간 하늘은 하나님과 천사들이 있는 영들의 세계 곧 하나님 보좌 앞이다. 영들이 있는 하나님 보좌 앞의 유리 바다는 이 세상이 아니므로 모든 눈물과 근심과 탄식과 고통이 있는 세상이 될 수 없다.

솔로몬 성전 안에는 바다가 있었다. 놋바다 라고 부른다. "또 바다를 부어 만들었으니 그 직경이 십 규빗이요 그 모양이 둥글며 그 높이는 다섯 규빗이요 주위는 삼십 규빗 줄을 두를 만하며(왕상7:23)"

바다는 제사장들이 하나님 앞에 나아가 제사를 지내기 전에 몸을 성결케 함에 있어 물을 담아두던 용기이다. 따라서 더러운 자는 하나님 앞에 나아갈 수 없다.

신약의 개념으로 해석하면 우리의 더러운 심령을 씻어 주는 것은 하나님의 말씀임을 알 수 있다. "이는 곧 물로 씻어 말씀으로 깨끗하게 하사 거룩하게 하시고(엡5:26)"

보좌 주위에 네 생물이 있는데 앞뒤에 눈들이 가득하더라

이 본문은 겔 1장 18절을 배경으로 하였다. 하나님은 하나의 원리와 법칙을 세워 놓고 더 이상 간섭하지 않으시는 분이시다. 다만 불꽃 같은 눈으로 지켜보고 계신다. "이는 그가 땅 끝까지 감찰하시며 온 천하를 살피시며(욥28:24)"

그리고 때가 되면 결산하게 하신다. 마 25장에서 말씀하고 있는 달란트 비유는 본문이 주는 교훈과 무관하지 않다. 하여 성도는 신전의식이 있어야 한다. 특별히 주의 종들의 사역은 "마침 사가랴가 그 반열의 차례대로 하나님 앞에서 제사장의 직무를 행할새(눅1:8)" 제사장 사가랴 처럼 하나님 앞에서 사역하고 있다는 거룩한 신전의식이 있을 때, 변질하지 않는다.

> 4:7 그 첫째 생물은 사자 같고 그 둘째 생물은 송아지 같고 그 셋째 생물은 얼굴이 사람 같고 그 넷째 생물은 날아가는 독수리 같은데

사자 같고, 송아지 같고, 사람 같고, 독수리 같고

본문에 계시 된 생물은 우리가 사는 세상에는 존재할 수 없으며, 그 누구도 볼 수 없고, 만날 수 없는 신비로운 생물이다. 이 네 생물의 정체가 궁금하다. 네 생물은 천사장이고, 하나님의 군대장관, 그룹들이라 말할 수 있다. 네 생물과 관련하여 여호수아 5장이 그림자이다. "그가 이르되 아니라 나는 여호와의 군대 대장으로 지금 왔느니라 하는지라 여호수아가 얼굴을 땅에 대고 엎드려 절하고 그에게 이르되 내 주여 종에게 무슨 말씀을 하려 하시나이까 여호와의 군대 대장이 여호수아에게 이르되 네 발에서 신을 벗으라 네가 선 곳은 거룩하니라 하니 여호수아가 그대로 행하니라(수5:14~15)"

본문에 등장하는 군대장관은 천사장이고, 이 천사장은 네 생물이다.

네 생물과 관련하여 에스겔 선지자는 사도 요한과 동일한 환상을 보았다. 사도 요한이 보았던 네 생물과 에스겔 선지자가 보았던 네 생물과 비교하면 약간의 다름이 있다. 에스겔이 보았던 네 생물은 한 생물 안에는 4가지 모습이 있다고 기록하였고, 이

를테면, 앞에서 볼 때 사람의 모습이고, 오른쪽에서 볼 때, 사자의 모습이 보였다고 기록하였다. 이와 반면에 사도 요한이 보았던 생물은 조금 상이 하다. 각각 네 생물이 사람, 사자, 소, 독수리의 모습으로 독립적으로 보였다. 도표를 보면 다음과 같다.

에스겔	요한계시록
그 얼굴들의 모양은 넷의 앞은 사람의 얼굴이요 넷의 오른쪽은 사자의 얼굴이요 넷의 왼쪽은 소의 얼굴이요 넷의 뒤는 독수리의 얼굴이니(겔1:10)	그 첫째 생물은 사자 같고 그 둘째 생물은 송아지 같고 그 셋째 생물은 얼굴이 사람 같고 그 넷째 생물은 날아가는 독수리 같은데(계4:7)

에스겔이 보았던 네 생물에 관련한 내용은 요한계시록에 비교하여 많은 분량으로 자세하게 기록하였다. 네 생물이 천상에서 어떤 사역을 하고 있고, 영적인 교훈은 무엇인지를 에스겔 1장을 본문으로 네 생물의 정체를 알아보자.

† 네 생물의 정체와 사역

구 분	모 습	의 미
전 체	네 얼굴, 네 날개, 네 손, 다리를 가진 사람모양	하나님의 무소 부재의 전지전능
	숯불과 횃불 모양	죄악을 소멸시키는 하나님의 거룩
	불이 네 생물 사이에서 오르락 내리락	하나님에 대한 열심
	광채가 있고, 번개가 남	하나님의 영광
얼 굴	앞면 : 사람의 얼굴	지혜, 인격적인 하나님
	오른쪽 면 : 사자의 얼굴	용맹, 하나님의 주권
	왼쪽 면 : 소의 얼굴	성실, 창조적 힘의 상징
	뒷면 : 독수리의 얼굴	민첩함, 왕의 힘
날 개	네 개가 서로 연결됨	일사불란한 협력
	두 날개를 공중으로 펴서 서로 맞대고 감	하나님의 권능
	둘은 몸을 가리고 앞으로 곧장 날아감	하나님께 대한 경외
손	사면 날개 밑에 각각 있음	일을 수행할 준비가 됨, 힘과 봉사
다리	곧음	움직임이 다양하고 기민함
발바닥	송아지 발바닥 같음	단단하고 강인함

네 생물이 하는 일은? 크게 보면 3가지로 구분할 수 있다. 첫째, 하나님을 보좌하는 시종들이다(계4:6). 하나님 보좌 주변에는 하나님을 보좌하는 천사장(그룹)으로서 하나님의 모든 명령

에 수종을 든다. 창세기 3장에 그룹들이 나온다. "이같이 하나님이 그 사람을 쫓아내시고 에덴 동산 동쪽에 그룹들과 두루 도는 불 칼을 두어 생명 나무의 길을 지키게 하시니라(창3:24)" 여기에 등장하는 그룹이 네 생물이다. 뿐만 아니라 모든 천사는 하나님이 부리는 영으로 구원 얻을 후사들을 위하여 섬기도록 하였다(히1:14). 성도의 모든 길에 지키도록 수호천사로 세웠다(시91:11). 이런 천사들은 다스리는 천사장으로 이해하면 될 것 같다. 둘째, 하나님께 쉬지 않고 영광을 돌린다(계4:8~9). 셋째, 하나님의 특별한 명령에 따라 심판을 수행한다. 인재앙과 대접 재앙이 떨어질 때, 네 생물이 수행한다(계6:1~7; 15:7).

> 4:8 네 생물은 각각 여섯 날개를 가졌고 그 안과 주위에는 눈들이 가득하더라 그들이 밤낮 쉬지 않고 이르기를 거룩하다 거룩하다 거룩하다 주 하나님 곧 전능하신 이여 전에도 계셨고 이제도 계시고 장차 오실 이시라 하고

네 생물은 각각 여섯 날개를 가졌고 그 안과 주위에는 눈들이 가득하더라

네 생물은 영적 존재, 천사장들이고 그룹이다(겔1:4~10). 네 생물의 사역을 짐승의 형상을 통하여 상징적으로 나타내었다. 앞, 뒤 눈이 가득하고, 여섯 날개가 있다는 것은 무한한 영적지식, 통찰력, 신속성을 가지고 사역을 감당한다. 앞에서 언급하였기 때문에 본문에서는 생략한다.

밤낮 쉬지 않고 이르기를 거룩하다 거룩하다.

　네 생물이 하는 사역은 하나님의 속성을 나타내 주고 있다. 네 생물은 하나님은 거룩하신 분이시다고 3번이나 반복하여 쉬지 않고 경배하고 거룩을 찬양하고 있다. 하나님의 이름은 거룩으로 존재하신다. 그리고 성도에게 거룩하라 명하였다. 성도가 충분히 거룩할 수 있기에 거룩하라 명하였다. 그러나 인간이 타락한 후, 아벨의 후손을 통하여 거룩한 씨를 보존하시고, 구원하시기 원했다. 때문에 성도는 거룩해야 한다. "기록되었으되 내가 거룩하니 너희도 거룩할지어다 하셨느니라(벧전1:16)"

　성도가 거룩성을 잃어버리면, 성도는 세상과 간음한 여자가 된다. "간음한 여인들아 세상과 벗된 것이 하나님과 원수 됨을 알지 못하느냐 그런즉 누구든지 세상과 벗이 되고자 하는 자는 스스로 하나님과 원수 되는 것이니라(약4:4)"

　하나님의 관점은 그릇이 금그릇이냐? 질그릇이냐? 그릇의 종류가 중요한 것이 아니라 그릇이 얼마나 깨끗하냐에 달려있다. 하나님은 깨끗하고 정결한 성도를 사용하신다. "큰 집에는 금 그릇과 은 그릇뿐 아니라 나무 그릇과 질그릇도 있어 귀하게 쓰는 것도 있고 천하게 쓰는 것도 있나니 그러므로 누구든지 이런 것에서 자기를 깨끗하게 하면 귀히 쓰는 그릇이 되어 거룩하고 주인의 쓰심에 합당하며 모든 선한 일에 준비함이 되리라(딤후2:20~21)"

　신부가 정결하지 못하면, 신부라고 할 수 없듯이 마찬가지 성도가 거룩성을 잃어버리면 음녀라고 할 수밖에 없다. 그리고 성령이 하는 사역은 여러가지가 있지만, 성도를 거룩하게 한다. "곧 하나님 아버지의 미리 아심을 따라 성령이 거룩하게 하심으로 순종하고 예수 그리스도의 피 뿌림을 얻기 위하여 택하심을 받은 자들에게 편지 하노니 은혜와 평강이 너희에게 더욱 많을 지어다(벧전1:2)"

전에도 계셨고 이제도 계시고 장차 오실 이시라 하고

하나님은 과거, 현재, 미래를 주관하시는 분이시다. 시간의 주인이 되신 성부 하나님을 말하고 있다. 본문에 대한 강해는 1장 4절에서 충분히 말씀을 설명하였다. 하나님은 시간을 통시적으로 보신다. 하나님의 시간표와 인간역사의 시간은 다르다. 하나님의 시간은 하루가 천년 같고 천년이 하루 같다. 인간의 시간은 천년이 길지만, 하나님의 시간표에 비추면 한 경점과 같다. 촌음에 불과하다. 하여 주님의 재림이 더디다고 하는 악한 종의 외침은 경계해야 한다.

주님의 재림은 멀지 않았다. 속히 오리라 라는 주님의 음성에 귀를 기울이는 성도는 그 어떤 고난과 어려움도 이길 수 있다. 주님의 재림에 관한 메시지는 초림에 비해 훨씬 많다. 전체적으로 볼 때, 재림은 8절마다 한 번씩 기록되었고, 이에 반해 초림은 30절마다 한 번씩 기록되었다. 왜 이렇게 재림에 관한 메시지가 자주 반복하여 기록이 되었을까? 주님의 마음을 읽을 수 있다. 주님의 재림은 반드시 있고, 우리가 재림신앙을 회복하라는 주님의 뜻이 있다 하겠다.

> 4:9 그 생물들이 보좌에 앉으사 세세토록 살아 계시는 이에게 영광과 존귀와 감사를 돌릴 때에

그 생물들이 보좌에 앉으사…

네 생물이 하는 사역은 5가지의 신앙고백이 들어 있다. 첫째, 하나님 앞에서 "거룩하다"라고 찬양을 드리고 있다. 둘째, 하나님은 전능하시다. 셋째, 하나님은 시간의 주인이시고, 장차 오실 분이시다. 넷째, 영광과 존귀와 감사를 드리시기에 합당하시는 분이시다. 다섯째, 세세토록 사시는 분이시다. 네 생물이 하나님께 경배와 찬양을 돌리는 모습이다. 창조자와 피조물의 관계에서 언제나 바른 관계가 회복되어야 한다. 하나님은 토기장이 나는 질그릇이다. "그러나 여호와여, 이제 주는 우리 아버지시니이다 우리는 진흙이요 주는 토기장이시니 우리는 다 주의 손으로 지으신 것이니이다(사64:8)"

이스라엘의 양육일지를 기억하자. 하나님은 사람의 이성과 학문으로 그분을 정확하게 표현하고 소개할 수 없다. 인간 이성의 한계이다. 성부 하나님을 나타내는 가장 적합한 자기 계시는 하나님이 모세에게 시내산에서 현현하신 후 말씀하신 내용이 가장 적절한 표현일 것이다 "나는 스스로 있는 자이니라(출3:14)"이 본문은 영적인 의미가 크다. 우주의 모든 존재 가운데 자존하시는 분은 하나님 한 분밖에 없으며, 그 외의 모든 피조물은 다 상대적인 존재임을 선포하고 있다. 곧 그분만이 존재

의 근원이 되고, 그러므로 모든 존재는 유한하며 누군가의 도움에 의해서만 존재할 수 있는 상대적이고 유한한 존재라는 것을 계시해 주고 있다.

> 4:10 이십사 장로들이 보좌에 앉으신 이 앞에 엎드려 세세토록 살아 계시는 이에게 경배하고 자기의 관을 보좌 앞에 드리며 이르되
>
> 4:11 우리 주 하나님이여 영광과 존귀와 권능을 받으시는 것이 합당하오니 주께서 만물을 지으신지라 만물이 주의 뜻대로 있었고 또 지으심을 받았나이다 하더라

이십사 장로들이 보좌에 앉으신 이 앞에

네 생물에 이어 이십사 장로들이 등장한다. 이십사 장로의 사역은 네 생물의 사역과 동일하다. 장로들도 고백한다. 보좌에 앉으신 이, 세세에 사시는 이, 만물을 지으신 이라고 하나님을 높이고 찬양하고 있다. 이어서 자기의 면류관을 던지는 모습이 나온다.

이러한 표현은 고대의 한나라 왕이 다른 나라에 정복당했을 때 자신의 왕관을 벗어 승자의 발 앞에 벗어던지는 관례를 배경으로 삼았다. 왕의 왕이시며, 온 만물의 주권자이신 하나님 앞에 인간이 쓴 면류관은 비록 그것이 하나님께 받은 것일지라도 초라한 것이다. 그러므로 하나님 앞에 엎드려 그의 영광과 존귀

를 찬양하며, 그를 경배하는 것은 지극히 당연하다. 경배는 오직 하나님에게! "이에 예수께서 말씀하시되 사탄아 물러가라 기록되었으되 주 너의 하나님께 경배하고 다만 그를 섬기라 하였느니라(마4:10)"

모든 피조물은 창조주께 경배하고 그분을 기쁘시게 함에 존재가치가 있다 하겠다. 신앙은 우리 하나님께 무릎을 꿇고, 그분 앞에 항복하는 것이다.

우리 주 하나님이여 영광과 존귀와 권능을 받으시는 것이

주란 소유권자를 말한다. 신구약 성도의 대표가 오직 주인이 누구인지를 확실하게 계시하고 있다. 하나님과 성도의 관계를 명확하게 밝히고 있다. 하나님은 주인이고 성도는 종이다. 주종의 관계가 바로 정립되어야 복이 있다. 네 생물, 이십사 장로가 보좌 앞에서 하는 사역은 동일하다. 경배와 찬양을 드림에 있다. 성도에게 사명과 삶의 분명한 목적이 있다. "이 백성은 내가 나를 위하여 지었나니 나를 찬송하게 하려 함이니라(사43:21)"

구원받은 성도가 천국에서 하는 사역이 무엇일까? 이십사 장로의 사역은 장차 천상에서의 성도의 사역을 미리 안내해주고 있다. 하여 성도의 사명은 이 땅에서 경배와 찬양은 우선이고, 천상에서도 경배와 찬양은 끊이지 않고 이어진다. 광야교회에서 경배와 찬양이 없다면 천상에서도 찬양이 없을 것이다. 찬미! 예수님!

지으심을 받았나이다

하나님은 창조의 능동자이고 만물은 창조의 피동자이다. 인간은 하나님이 만드셨다. 주인이 있다는 것이다. 종은 주인의 말씀에 귀를 기울일 때 복이 있다. 교만하고 자기 뜻대로 행할 수 없다. 오직 주인의 말씀에 귀 기울인다. 그러한 종이 복이 있다. 인간은 주인이 있고 유한하다. 자신의 자리를 인정할 때 겸손하고 주인의 뜻에 합당하게 살 수 있다. 토끼가 숲 속을 떠나서는 자유로울 수 없다. 짐승은 숲 속이 자유다. 성도가 하나님의 뜻에 순종하고 살아갈 때, 복이 있다. 할렐루야!

모든 만물이 보좌를 중심으로 하듯, 성도의 광야 같은 삶은 하나님의 중심의 신본주의, 신율주위로 살아야 하고, 만물과 하나님과 만남은 찬양을 통하여 만남이 이뤄져야 한다, 아멘!

요한계시록 4장과 관련하여 윌리암 핸드릭슨(william han-driksen)는 천상의 구도를 다음과 같이 정리하였다. 이 구도를 이해하면, 천상의 보좌는 일정한 질서와 기준에 따라 도열 되어 각자 주어진 자리에서 일탈하지 않고 일사불란하게 사명을 다하고 있는 영계의 서열과 위치를 한 눈으로 볼 수 있다. 핸드릭슨은 영적 감각이 탁월한 분이다. 천상의 구도를 보자! 첫째, 우주의 중앙인 하늘 보좌에 성부 아버지 하나님이 좌정하시고(4:2), 둘째, 벽옥과 홍보석의 광채가 눈부시게 빛이 나고(4:3), 셋째, 녹보석과 영롱한 무지개가 그 주변을 감싸고(4:3), 넷째, 보좌와 주위의 네 생물은 쉬지 않고 경배와 찬양을 돌리고(4:6), 다섯째, 구원받은 인류를 대표하는 이십사 장로들은 네 생물과 동일하게 경배와 찬양을 돌리고(4:4), 여섯째, 이십사 장로를 뒤로하여 이루 헤아릴 수 없는 많은 천사가 도열하고 있고(5:11), 일곱째, 보좌를 중심으로 온 우주의 피조물들은 편재하고, 보좌에 앉으신 이와 어린 양에게 찬송과 존귀와 경배를 드리고 있다(5:13).

그렇다면 질문이 있다. 모든 만물은 각자 주어진 자리에서 하나님께 초점을 맞추고 경배와 찬양을 돌리고 있는데 어린 양 되신 예수님은 언급이 없다. 어린 양 되신 그리스도는 모든 피조물 사이사이에 계신다. "장로 중의 한 사람이 내게 말하되 울지 말라 유대 지파의 사자 다윗의 뿌리가 이겼으니 그 두루마리와 그 일곱인을 떼시리라 하더라(계5:6)"

우리 주님은 중보자로서 모든 만물과 만물 사이에서 성부 하나님의 중보자로서 사역을 하고 계신다. 오직 예수님만이 중보자이시다. "하나님은 한 분이시요 또 하나님과 사람 사이에 중보자도 한 분이시니 곧 사람이신 그리스도 예수라(딤전2:5)"

윌리암 핸드릭슨이 천상의 보좌를 도표로 하여 그린 그림을 보면 우리에게 주는 교훈이 만만치 않다.

천상의 보좌를 도표 하면 다음과 같다.

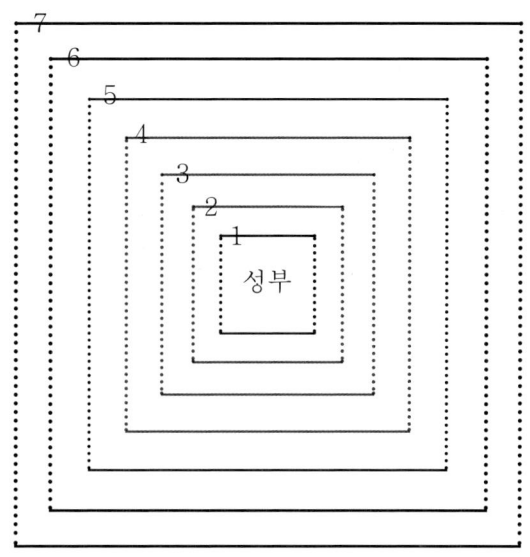

첫째, 하나님은 우주의 중앙의 보좌에 좌정하고 있다. 무엇을 의미하고 있는가? 하나님은 온 우주만물을 창조하시고, 뿐만 아니라 모든 피조물에 대하여 수수방관하시는 분이 아니시다. 오히려 졸지도 아니하시고 주무시지도 아니하시고, 온 피조물을 한 치의 빈틈도 없이 지혜와 솜씨와 능력으로 정확하게 운행하시고 섭리하시는 분이시다. 참새 한 마리, 들풀 하나까지 주님의 손길이 미치지 아니한 곳이 하나도 없다. "참새 두 마리가 한 앗사리온에 팔리지 않느냐 그러나 너희 아버지께서 허락하지 아니하시면 그 하나도 땅에 떨어지지 아니하리라(마10:29)" 때문에 세상에 우연히 일어나는 일은 하나도 없다.

둘째, 모든 피조물은 영적계보가 있다. 모든 피조물은 질서가 있다. 보좌 중앙에 앉으신 하나님을 중심으로 일사분란에게 포진하여 있다. 영적계보를 분석하여 보면, 보좌를 중심으로 → 벽옥과 홍보석의 광채가 있고 → 뒤를 이어 녹보석의 광채가 포진하였고, → 네 생물 → 이십 사 장로 → 수많은 천사가 도열하였고, → 마지막으로 모든 피조물이 편만히 도열하였다. 이런 천상의 구도를 보면 이스라엘이 광야 40년의 생활을 할 때, 성막의 배치도가 떠 오른다. 민수기 2장을 보면, 성막을 중심으로 아론, 고핫, 게르손, 므라리 자손이 배치되고, 그 뒤에 12지파가 일사분란하게 배치되어있다. 성막중앙에는 구름기둥과 불기둥이 하늘과 마주하고 있다. 구름기둥이 움직이면 성막이 이동하고 따라서 지파도 이동한다. 모든 상황은 성막을 중심으로 이뤄진다. 성막이 그림자이고 실체는 하늘 보좌이다.

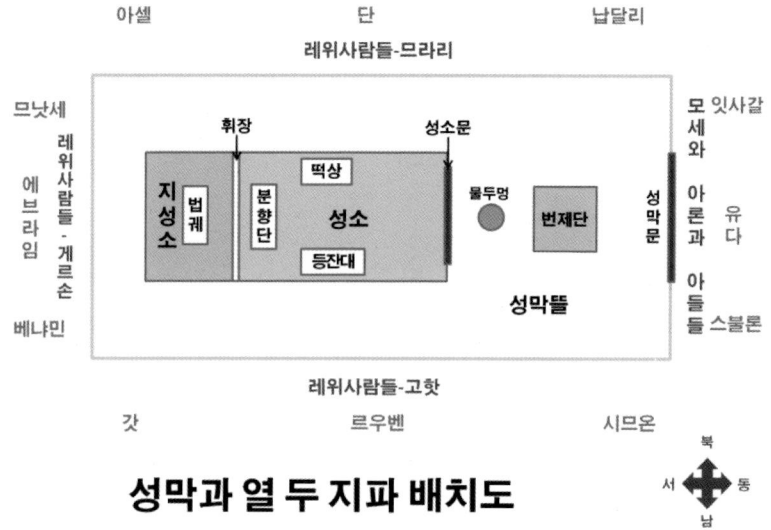

성막과 열 두 지파 배치도

모든 피조물이 중앙에 있는 보좌를 중심으로 도열이 되어있고, 피조물이 하는 일은 단순하다. 보좌의 중앙에 있는 하나님께 경배와 찬양을 드림에 있다. 하나님이 모든 피조물을 창조하신 궁극적인 목적이 있다. 시편의 마지막이 답이다. "호흡이 있는 자마다 여호와를 찬양할지어다 할렐루야(시150:6)"

인간을 창조한 목적에 대하여 웨스트민스터 소요리문답의 첫 번째 질문을 보면 '사람의 제일되는 목적이 무엇인가?' 그 답은 "사람의 제일되는 목적은 하나님을 영화롭게 하는 것과 영원토록 그를 즐거워하는 것이다"라고 기록하고 있다. 그렇다. 인간은 하나님과 관계에서 생명과 행복을 찾아야 한다. 관계회복의 첫걸음은 찬양과 경배 드림에 있다.

셋째, 예수 그리스도는 어디에 있는가? 모든 피조물 사이사이에 있다. "내가 또 보니 보좌와 네 생물과 장로들 사이에 어린 양이 섰는데 일찍 죽임을 당한 것 같더라 일곱 뿔과 일곱 눈이 있으니 이 눈은 온 땅에 보내심을 입은 하나님의 일곱 영이더라(계5:6)" 히브리 사관에서 본다면 선과 악의 기준이 있다. 모든 피조물은 자기 자리가 있다. 이 자리를 인위적으로 벗어나면 악이다. 예를 든다면 사탄이 자기에게 주어진 자리를 지키지 않고 벗어났다. 때문에 사탄을 멸망의 가증한 것이다 했다. "또 자기 지위를 지키지 아니하고 자기 처소를 떠난 천사들을 큰 날의 심판까지 영원한 결박으로 흑암에 가두셨으며(유1:6)" 자기 자리를 떠난 천사를 하나님은 심판한다. 군에서는 근무지이탈자를 그 어떤 죄목보다 무섭게 다룬다. 피조물은 각자에게 주어진 자리가 있다. 이 자리를 잘 지키는 것이 선하다 라고 할 수 있다. 예수님의 자리는? 본문은 피조물 사이사이에 있다 라고 했다. 이 자리는 하나님과 사람사이의 중보자이다.

히브리서는 기독론에 대하여 어느 성경보다 비중있게 다루었다. 특별히 기독론을 소개할 때, "이보다 나은, 더 좋은" 말씀을 12번 반복하여 설명하였다. 8장을 중심으로 본다면 땅에 있는 대제사장은 성소와 장막에서 예물과 제사를 드리기 위하여 섬기는 중보자로써 세웠지만 예수님은 더 좋은 언약의 중보자로서 세웠다 라고 계시하였다. "그러나 이제 그는 더 아름다운 직분을 얻으셨으니 그는 더 좋은 약속으로 세우신 더 좋은 언약의 중보자시라(히8:6)" 우리는 더 좋은 언약의 중보자인 예수님의 보혈의 피를 힘입어 날마다 은혜의 보좌 앞에 나아갈 수 있다. "그러므로 우리는 긍휼하심을 받고 때를 따라 돕는 은혜를 얻기 위하여 은혜의 보좌 앞에 담대히 나아갈 것이니라(히4:16)" 예수님의 중보 때문에 지성소까지 나아가는 것이다. "그러므로 형제들아 우리가 예수의 피를 힘입어 성소에 들어갈 담력을 얻었나니(히10:19)" 요한계시록에서 어린 양은 29번 반복하여 기록하고 있다. 이 어린 양이 상징하는 것은 유월절 어린 양으로 오신 예수님의 사역을 말하고 있다. "이튿날 요한이 예수께서 자기에게 나아오심을 보고 이르되 보라 세상 죄를 지고 가는 하나님의 어린 양이로다(요1:29)" 요한 계시록은 어린 양되신 예수님을 처음부터 끝까지 중보자 라고 소개하고 있다.

5장
인봉된 두루마리와 어린 양

인봉된 두루마리와 어린 양
(5장 강해)

1 개요

 5장은 일곱인으로 봉해진 책을 뗄 수 있는 자격자가 바로 인류의 심판권 자이심을 보여주는데 요한이 보기에 하늘 위에나 하늘 아래나, 땅 위에나 땅 아래에 이 봉해진 책을 뗄 수 있는 자격자가 보이지 않기로 크게 울게 된다. 이때 장로 중 하나가 나타나서 요한에게 울지 말라고 위로하더니 "유대 지파의 사자 다윗의 뿌리가 이기었으니 이 책과 그 일곱인을 떼시리라"라고 말해 준다. 바로 그 시에 네 생물과 장로들 사이에 일찍 죽임을 당한 것 같은 어린 양이 서 있는데 그분이 보좌에 앉으신 이의 오른손에서 책을 취하시므로 심판 주로 등장한다.

2 본 장의 내용 요약

 가. 1~7절 : 인봉을 취하신 어린 양
 나. 8~14절 : 책을 취하신 어린 양에 대한 찬양

3 장, 절 강해

> 5:1 내가 보매 보좌에 앉으신 이의 오른손에 두루마리가 있으니 안팎으로 썼고 일곱인으로 봉하였더라

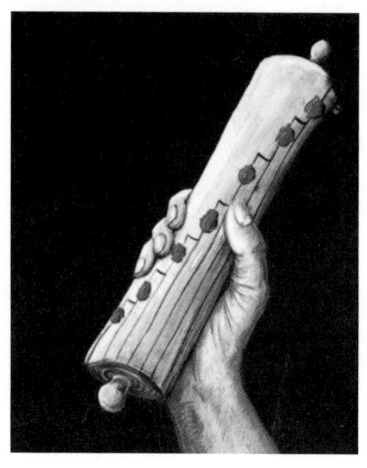

보좌에 앉으신 이

이는 성부 하나님을 지칭한다. 앞장에서 성부 하나님의 구도에서 살펴보았다. 우주의 중앙은 하늘 보좌이고, 그곳에 성부 하나님께서 좌정하시고 영광을 받으신다. 따라서 모든 피조물은 하나님 보좌중심으로 자리 잡고, 찬양과 경배를 드리며 살아가는 것이 하나님의 뜻이다.

민수기 2장은 구약 성도의 광야생활은 어떠한가를 명백하게

보여주고 있다. 진의 중앙에 성막이 있고 동서남북으로 12지파가 질서정연하게 위치하고 성막이 이동하면 지파의 진도 이동하고 성막이 멈추면 지파의 진도 멈추고 진을 구축했다. 그리고 하늘에는 구름 기둥과 불기둥이 하나님의 현현으로 계시하고 있다. 성막은 구름기둥과 불기둥의 인도하심에 따라 움직인다. 모든 광야생활의 삶의 중심은 성막 중심으로 이뤄지고 있고. 성막 중심의 삶은 하나님의 중심의 삶이다.

모든 피조물의 삶의 우선순위는 우주 중심의 보좌에 앉으신 하나님께 영광을 돌림에 있다. 어린 양 되신 예수 그리스도는 모든 피조물의 사이사이에 중보자로 사역하고 있다. 하나님과 피조물의 모든 중보자는 어린 양 되신 예수그리스도 오직 한 분 뿐이 없다.

오른손에 두루마리가 있으니

하나님의 오른손에 일곱인으로 봉한 책이 있다. 하늘 보좌에는 어떤 책이 있는가?

첫째, 생명 책이 있다.
"또 내가 보니 죽은 자들이 큰 자나 작은 자나 그 보좌 앞에 서 있는데 책들이 펴있고 또 다른 책이 펴졌으니 곧 생명책이라 죽은 자들이 자기 행위를 따라 책들에 기록된 대로 심판을 받으니…. 누구든지 생명책에 기록되지 못한 자는 불못에 던져지리라(계20:12~15)"

둘째, 행위 책이 있다.

"또 내가 보니 죽은 자들이 큰 자나 작은 자나 그 보좌 앞에 서 있는데 책들이 펴있고 또 다른 책이 펴졌으니 곧 생명책이라 죽은 자들이 자기 행위를 따라 책들에 기록된 대로 심판을 받으니(계20:12)" 불신자들에 대한 기록으로 이 기록에 의해 심판을 받는다.

셋째, 기념 책이 있다.

"그 때에 여호와를 경외하는 자들이 피차에 말하매 여호와께서 그것을 분명히 들으시고 여호와를 경외하는 자와 그 이름을 존중히 여기는 자를 위하여 여호와 앞에 있는 기념책에 기록하셨느니라(말 3:16)"

성도들은 이 기록에 의하여 상급의 심판을 받는다. 사도바울은 이 계시를 고린도 교회에게 주었다.

"이는 우리가 다 반드시 그리스도의 심판대 앞에 나타나게 되어 각각 선악 간에 그 몸으로 행한 것을 따라 받으려 함이라(고후5:10)"

넷째, 일곱인으로 봉한 책이 있다.

이 책은 주님께서 떼시므로 종말이 오게 된다. 일곱인으로 봉한 책이란? 첫째 일곱인이란 하나님의 온전한 인이다. 누구도 일곱인 안에 기록된 내용을 변경시킬 수 없다. 하나님의 심판의 온전한 계획과 섭리가 기록되어 있고 이것을 뗄 수 있는 자에 의하여 그 내용대로 성취된다. 둘째, 하나님만이 떼실 수 있는 책이다. 그러나 하나님은 자기 대신 떼실 자를 택정해 놓으셨다.

그러므로 그분에 의해 책이 개봉될 것이다. 셋째, 인류의 종말에 될 사건과 심판의 내용이 담긴 책이다. 이 책의 내용은 이 책의 인을 뗄 때 비로소 이 땅 위에 실현된다. 넷째, 이 책이 개봉되면서부터 종말의 환난에 들어가는데 하나님의 최종적인 구원의 역사와 심판의 역사가 동시에 일어나게 된다. 그래서 이 책은 그리스도인들에게는 소망의 책이요, 사탄과 그의 추종자들에게는 심판의 책이다. 다섯째, 이 책이 개봉되므로 인류역사의 종말이 오게 되고 종말의 모든 예언이 성취되기 때문에 종말에 가서 이 책의 개봉은 매우 시급한 일이다. 여섯째, 이 책의 개봉 시기의 권한은 오직 하나님께 있다.

안팎으로 썼고

빈틈없이 쓰이고, 요한계시록의 권위성, 최종성, 완전성을 말한다. 뿐만 아니라 오래전부터 기록이 되었다 라는 의미도 있다. 요한계시록은 구약적인 배경으로 기록되었다. 사도 요한은 에스겔의 본문을 적용하여 본문을 기록하였다. 에스겔은 본 두루마리 책은 안팎으로 써졌다고 했다. "그가 그것을 내 앞에 펴시니 그 안팎에 글이 있는데 그 위에 애가와 애곡과 재앙의 말이 기록되었더라(겔2:10)"

이 책이 내용이 완벽하므로 어떠한 가감이 없는 책이다. 요한계시록은 모든 성경의 결론이다. 요한계시록을 모르고 온전한 신앙, 종말 신앙을 세울 수 없고, 때를 따라 알맞은 양식을 나눠 줄 수 없으며, 충성스럽고 지혜 있는 종이 될 수 없다. 지혜 있는 종은 반드시 열어야 할 것이다. "충성되고 지혜 있는 종이 되어 주인에게 그 집 사람들을 맡아 때를 따라 양식을 나눠 줄 자가 누구냐(마24:45)"

요한계시록을 반복하여 읽지 않고, 관심도 없는 목회자들이 일부 있다 한다. 이사야는 이런 사람을 두고 다음과 같이 경고하였다. "대저 여호와께서 깊이 잠들게 하는 영을 너희에게 부어 주사 너희의 눈을 감기셨음이니 그가 선지자들과 너희의 지도자인 선견자들을 덮으셨음이라 그러므로 모든 계시가 너희에게는 봉한 책의 말처럼 되었으니 그것을 글 아는 자에게 주며 이르기를 그대에게 청하노니 이를 읽으라 하면 그가 대답하기를 그것이 봉해졌으니 나는 못 읽겠노라 할 것이요(사29:10~12)" 죄가 무엇인가? 가장 큰 죄는 하나님의 말씀을 모른다 하는 것이 아닌가? "사람이 흑암과 사망의 그늘에 앉으며 곤고와 쇠사슬에 매임은 하나님의 말씀을 거역하며 지존자의 뜻을 멸시함이라(시107:10~11)"

영적인 소경, 특별히 지도자가 영적인 소경이면 본인만 불행한 것이 아니고 공동체가 사망의 늪으로 들어간다. 지혜롭고 충성스러운 종은 때를 따라 양식을 나눠주는 종들이다. 반드시 열고, 소통하고, 양식을 나눠주어야 한다.

에스겔이 받았던 계시는 안팎으로 기록되었고, 그리고 계시의 내용은 애가와 애곡과 재앙의 계시이다. 성경은 예언의 말씀이고 이 예언은 이중적 성취원리로 되어 있다. 에스겔이 받았던 계시는 그 당시 구약 성도에게 해당하는 예언의 말씀이고, 마지막 때 성취되고 완성되는 예언의 말씀이기도 하다. 하여 애가와 애곡과 재앙의 계시는 마지막 때 속히 될 말씀이다. 물론 사도 요한이 받았던 계시의 말씀 또한 동일하다. 구체적으로는 일곱인, 일곱나팔, 일곱대접의 재앙의 사건을 말하는 것이다. 때문에 요한계시록 6장에서 등장하는 흰 말을 복음 운동 또는 예수님으로 주장한다면 이것은 거친 해석으로 볼 수 있다.

일곱인으로 봉하였더라

책의 모습이 일곱인으로 봉해졌다 라는 것은 계시가 닫혔다 라는 것이다. 일곱이란 숫자는 완전수이다. 종말에 관한 하나님의 비밀이 예수 그리스도에 의해 개봉되기 전까지는 철저하고도 완전하게 감추어진 책이다. 그 누구도 함부로 개봉할 수 없는 비밀, 계시의 책이다. 영원한 복음으로도 불려지고 있다. 봉하였다는 것은 언제인가는 때가 되면 열 수 있다는 뜻으로 해석할 수 있다. 인봉한 책의 내용은 6~22장의 내용이고, 다시 속히 될 일이다. 전체적으로 본다면 7년 동안에 우주 공간에 임할 재앙이 기록되었다.

그러나 다니엘이 받았던 예언의 말씀은 이와 다르다. 간수하고 인봉하라는 계시를 받았다. "다니엘아 마지막 때까지 이 말을 간수하고 이 글을 봉함하라 많은 사람이 빨리 왕래하며 지식이 더하리라(단12:4)"

그가 받았던 계시는 2장 금신상 계시, 7장 작은 뿔에 관련한 말씀, 9장 칠십 이레와 관련한 계시를 받았다. 이를 종합하면 예수님의 초림과 재림에 대한 계시이다. 또한, 이 계시는 인류구원과 마지막 때에 우주적인 종말에 관련한 계시이기 때문에 아무도 알지 못한다. 봉함했기 때문에 열 수 없다. 때가 되기 전까지는 절대로 열 수 없다는 것이다. 유대민족은 아직도 초림의 메시야를 기다리고 있다. 계시가 열어지기 전에는 예수가 구세주임을 알지 못한다.

유대인들은 아직도 계시가 인봉이 되어 있다. 바울은 고린도교회 성도에게 주신 말씀은 이렇다. 모세얼굴광채가 너무 빛이 나기 때문에 백성이 주목하지 못하도록 성막에 나왔을 때, 수건을 썼다. 바울은 이 비유를 가지고 유대인들이 예수를 그리스도로 영접하지 못한 이유를 설명하였다. 유대인들이 예수를 그리스도로 인정하지 못한 이유는 구약을 읽을 때, 율법과 장로들의 유전으로 얼굴을 가렸다. 율법과 장로의 유전이 바로 수건이기 때문이다. 결국은 수건이 벗어져야 예수가 그리스도임을 인정하고 영접할 수 있다. 그러하기 전에는 열어지지 아니한다. "우리는 모세가 이스라엘 자손들에게 장차 없어질 것의 결국을 주목하지 못하게 하려고 수건을 그 얼굴에 쓴 것 같이 아니하노라 그러나 그들의 마음이 완고하여 오늘까지도 구약을 읽을 때에 그 수건이 벗겨지지 아니하고 있으니 그 수건은 그리스도 안에서 없어질 것이라(고후3:13~14)"

수건은 장로들의 전통과 율법이기 때문에 이 수건을 벗지 않고는 그리스도이신 예수님을 구세주로 영접할 수 없다. 계시의 비밀의 주인공은 예수님이 그리스도이시다. 어디 유대인 뿐인가? 이 종말의 시대에도 계시가 열어지지 않고, 눈먼 소경이 얼마나 많이 있는가? 주의 종은 작금의 교회가 필요한 계시가 무엇인지를 깨닫고, 열 수 있도록 말씀과 기도로 절차탁마하는 영성이 필요하다.

> 5:2 또 보매 힘있는 천사가 큰 음성으로 외치기를 누가 그 두루마리를 펴며 그 인을 떼기에 합당하냐 하나

힘있는 천사가

이 천사는 모든 천사 중 높은 계급의 천사를 지칭하는 것으로 보인다. 외경은 천사의 계급을 9등급으로 구분하고 있다. 첫째 세라핌(seraphim)에서부터 마지막 9등급인 엔젤(angels)까지이다. 광야의 소리 사역회는 이를 천사장, 가브리엘이라 추측한다. 천사는 하나님이 부리는 종으로 격차가 있다. 천사장, 하나님의 보좌에 시위한 일곱 천사, 힘이 센 천사, 땅을 다스리는 천사, 물을 다스리는 천사, 재앙을 쏟고, 나팔과 대접을 붓은 천사 등 여러 분야에서 사역이 있다. 하나님께서 부리시는 천사도 격차가 있는데, 성도가 천국에서 받을 상급은 각각 다를 것이다. "해의 영광이 다르고 달의 영광이 다르며 별의 영광도 다른데 별과 별의 영광이 다르도다(고전15:41)"

큰 음성으로

큰 음성은 우주 끝까지 도달할 수 있다. 땅 위, 아래, 하늘, 바다에 있는 모든 피조물이 들어야 하는 음성이기 때문이다. 큰 음성을 들으면 영의 사람들이고, 큰 음성을 듣지 못하면 영이 죽어 있는 육의 사람들이다. 육의 사람들은 세상과 사람의 음성에 민감하게 반응하지만, 참으로 큰 음성의 주체가 되시는 하나님의 음성을 듣지 못한다. 결국은 주님의 음성을 듣지 못하기 때문에 심판을 받는다. "진실로 진실로 너희에게 이르노니 죽은 자들이 하나님의 아들의 음성을 들을 때가 오나니 곧 이 때라 듣는 자는 살아나리라....이를 놀랍게 여기지 말라 무덤 속에 있는 자가 다 그의 음성을 들을 때가 오나니(요5:25~28)"

사도 요한은 세상의 소리는 듣지 못하였지만, 주님의 음성은 민감하여 잘 들었다. 요한계시록에서 주님의 음성을 33번이나 들었다. 대단하지 않은가? 우리는 주님의 음성을 몇 번 들었는가? 세상의 소리와 주님의 음성을 동시에 들을 수 없다. 주님의 음성을 듣는 자는 세상의 소리를 들을 수 없고, 세상의 소리를 듣는 자는 주님의 음성을 들을 수 없다. 주님의 음성이 잘 들리는 곳은 밧모섬이다. 밧모섬을 회복하자! 광야는 주님의 음성이 들려지는 곳이다.

누가 그 두루마리를 펴며 그 인을 떼기에 합당하냐

책을 펴기 위하여 먼저 인을 떼야 한다. 천사가 찾는 사람은 인을 떼기에 합당한 자격을 가진 자가 누구인가? 누가 합당한 자인가를 찾고 있다. 힘 있는 천사도 비록 인봉한 책을 지키는 사명을 가졌을 뿐, 인봉한 책을 뗄 만한 권한과 자격이 없다. 천사가 이 자격을 갖춘 자가 누구인지를 모른 것은 아닐 것이다. 그럼에도 불구하고 요한에게 물어보는 것은 해답을 찾도록 유도하고 있다. 그러나 요한은 그만한 자격을 갖춘 사람을 찾지 못했다. 하나님이 일하시는 방법이 있다. 사람이 힘과 능력을 포기하고 주님께 항복하고 나아 올 때 그때, 역사가 일어난다. 하나님은 사람을 사용할 때, 쭉쭉 뻗어 나갈 때는 사용하시지 아니한다. 인생의 밑바닥에 있을 때 사용한다. 모세, 요셉, 바울이 그러하다.

그 인을 떼기에 합당하냐

이 자격을 갖춘 자는 **첫째, 죄의 빚을 갚아야 한다.** 속죄 제물로 자신을 희생해야 한다. "인자가 온 것은 섬김을 받으려 함이 아니라 도리어 섬기려 하고 자기 목숨을 많은 사람의 대속물로 주려 함이니라(마20:28)"

둘째, 율법의 정죄를 이겨야 한다. 율법의 정죄로 죽은 자가 나와서 그 효력을 모든 자에게 줄 수 있어야 한다. "그는 저 대제사장들이 먼저 자기 죄를 위하고 다음에 백성의 죄를 위하여 날마다 제사 드리는 것과 같이 할 필요가 없으니 이는 그가 단번에 자기를 드려 이루셨음이라(히7:27)"

셋째, 하나님의 의를 얻어야 한다. 하나님으로부터 완전한 의로움을 얻어 우리에게 줄 수 있어야 한다. "곧 예수 그리스도를 믿음으로 말미암아 모든 믿는 자에게 미치는 하나님의 의니 차별이 없느니라(롬3:22)"

이런 자격을 갖춘 자가 하늘과 땅과 땅 아래에 누가 있을까?

오직 예수 그리스도만이 유일하게 인봉 된 책을 뗄 수 있다. 힘으로, 능으로 뗄 수 없은 책이다. 오직 어린 양 되신 예수 그리스도만이 이 사역에 합당하다. "다른 이로써는 구원을 받을 수 없나니 천하 사람 중에 구원을 받을 만한 다른 이름을 우리에게 주신 일이 없음이라 하였더라(행4:12)"

5:3 하늘 위에나 땅 위에나 땅 아래에 능히 그 두루마리를 펴거나 보거나 할 자가 없더라

하늘 위에나 땅 위에나 땅 아래에 능히

유대인의 개념에서 하늘 위는 천사와 같은 영적인 존재들이 사는 곳이요, 땅은 살아 있는 사람들이 사는 곳이요, 땅 아래는 죽은 사람들이 묻힌 곳으로 이해하고 있다. 이렇게 볼 때, 피조계 전체를 가리키고 있다. 사도바울은 빌립보 교회에게 동일한 계시를 주었다. "하늘에 있는 자들과 땅에 있는 자들과 땅 아래에 있는 자들로 모든 무릎을 예수의 이름에 꿇게 하시고 모든 입으로 예수 그리스도를 주라 시인하여 하나님 아버지께 영광을 돌리게 하셨느니라(빌2:10~11)"

예수 그리스도는 하늘과 땅과 땅 아래의 모든 피조세계의 중보자요, 그리스도이시다. 조금 더 구체적으로 적용하자면, 영계와 육적세계와 산자와 죽은자를 막론하고 모든 피조세계의 창조주와 중보자가 되신다. 하여 제2계명 우상에게 절하지 말라는 계명을 지킬 대상은 앞에서 말한 하늘과 땅과 아래에 모든 영역에서 해당된다. "너를 위하여 새긴 우상을 만들지 말고 또 위로 하늘에 있는 것이나 아래로 땅에 있는 것이나 땅 아래 물 속에 있는 것의 어떤 형상도 만들지 말며(출20:4)"

할 자가 없더라

모든 피조세계에 그 어떤 피조물도 하나님의 비밀스러운 계시의 책을 뗄 자가 없다. 피조물은 완전하지 못하기 때문이다. 철학, 과학, 경험, 지식이 아무런 소용이 없다는 것이다. 피조물은 경배의 대상이 될 수 없다. 원수마귀 사탄이 하나님의 권위에 도전하여 저주받고 영계를 혼란하게 하고 엄청난 탁류를 흐르게 한 것은 교만하고, 분별력이 없기 때문이다.

요한계시록에서 '없더라' 라는 말씀은 5번, 반복하여 계시 되었다. 요한계시록 14장에서는 십사만 사천명이 어린 양 되신 예수님과 시온 산에서 새 노래를 부르는 장면이 계시 되고 있는데,

이 새 노래를 부를 대상은 십사만 사천명을 제외하고 없더라 라고 계시하고 있다. 그렇다면 십사만 사천명의 반열에 들어가는 주의 종들이 얼마나 큰 축복의 대상인지를 미뤄 짐작할 수 있다.

> **5:4 그 두루마리를 펴거나 보거나 하기에 합당한 자가 보이지 아니하기로 내가 크게 울었더니**

두루마리를 펴거나 보거나 하기에 합당한 자가 … 울었더니

요한이 대성통곡한 이유는 하나님의 계획하신 모든 일을 성취할 집행자가 없으므로 악인에 대한 최후의 심판과 성도들의 최종적으로 구원이 성취되지 못할까 봐 이에 대한 염려 때문이다. 거룩한 분노가 있었다. 하나님의 사람에게는 거룩한 분노가 있어야 한다. 사람 앞에서 눈물을 흘리지 않고 하나님께 눈물을 흘리는 영적 감각이 있어야 한다.

한 예를 든다면 에스더에서 등장하는 모르드개는 대성통곡하였다. "모르드개가 이 모든 일을 알고 자기의 옷을 찢고 굵은 베 옷을 입고 재를 뒤집어쓰고 성중에 나가서 대성 통곡하며 (에4:1)"

모르드개가 대성통곡한 이유는 유대인의 대적 하만에게 꿇지도 아니하고 절하지도 아니했다. 이 사건 때문에 마음이 상한 하만은 모르드개 개인은 물론 온 유대인을 진멸하고 재산을 탈취하려는 계획을 세웠다. 하만은 왕의 영을 받아 유대인의 진멸 계획을 전국에 내렸다. 기가 막힐 일이 벌어진 것이다. 이런 일을 당한 모르드개는 대성통곡했다. 하나님은 눈물에 약하다. 결국은 하나님이 모르드개의 눈물을 기억하고 하만을 징벌하고 유대인은 회복이 되었다. 전화위복이 되었다. 모르드개가 대성통곡하니 하나님이 그의 기도를 들어 주었다.

사도 요한이 대성통곡한 이유는 인을 떼지 못하면, 장차 될 일을 모르고, 모르면 소망을 줄 수 없기 때문이다. 모르는 것은 지도자에게 치명적인 죄이다. 이사야 선지자는 듣지 못하고 보지 못하는 그 당시 목자들에게 소경과 언어장애인, 개라고 준엄하게 꾸짖었다. "이스라엘의 파수꾼들은 맹인이요 다 무지하며 벙어리 개들이라 짖지 못하며 다 꿈꾸는 자들이요 누워 있는 자들이요 잠자기를 좋아하는 자들이니 이 개들은 탐욕이 심하여 족한 줄을 알지 못하는 자들이요 그들은 몰지각한 목자들이라 다 제 길로 돌아가며 사람마다 자기 이익만 추구하며 오라 내가 포도주를 가져오리라 우리가 독주를 잔뜩 마시자 내일도 오늘 같이 크게 넘치리라 하느니라(사56:10~12)"

결국, 죄는 무지에서 비롯된다. 성경은 무지하면 죄라고 명시하고 있다. "이스라엘 자손들아 여호와의 말씀을 들으라 여호와께서 이 땅 주민과 논쟁하시나니 이 땅에는 진실도 없고 인애도 없고 하나님을 아는 지식도 없고....내 백성이 지식이 없으므로 망하는도다 네가 지식을 버렸으니 나도 너를 버려 내 제사장이 되지 못하게 할 것이요 네가 네 하나님의 율법을 잊었으니 나도 네 자녀들을 잊어버리리라(호4:1~6)"

잠언 기자는 다음과 같이 계시하였다. "여호와를 경외하는 것이 지혜의 근본이요 거룩하신 자를 아는 것이 명철이니라(잠 9:10)"

사도 요한은 장차 될 일에 대하여 세상에 알리고 선포하는 사명 가진 종의 예표가 되는 인물이다. 두 증인의 예표적인 인물이다. 종들은 요한계시록을 열어야 한다. 그리고 열지 못할 때 울어야 한다. 장차 될 일을 모르는 것처럼 애통할 일은 없다. 앞으로 될 일을 알지 못하면 계 18장의 말씀처럼 애통하게 된다. "그러므로 하루 동안에 그 재앙들이 이르리니 곧 사망과 애통함과 흉년이라 그가 또한 불에 살라지리니 그를 심판하시는 주 하나님은 강하신 자이심이라(계18:8)"

지금 애통하는 마음이 없으면 심판대에서 울게 된다. 얼마나 불행한 일인가? 애통하는 자는 복이 있다. "애통하는 자는 복이 있나니 그들이 위로를 받을 것임이요(마5:4)"

요한계시록을 알지 못하면 성도를 깨울 수 없다. 종말 신앙을 회복할 수 없다. 목회자는 나 한사람만의 문제가 아니다. 양들을 주님께 인도해야 한다. 소경이 소경을 인도하면 다 구렁텅이에 빠진다. 특별히 주의 종은 종말시대에 성도를 예수님의 거룩한 신부로 단장해야 한다. 중매쟁이 사명을 감당해야 한다. "내가 하나님의 열심으로 너희를 위하여 열심을 내노니 내가 너희를 정결한 처녀로 한 남편인 그리스도께 드리려고 중매함이로다 그러나 나는(고후11:2)"

요한계시록을 붙잡고 있는 주의 종이라면 사도 요한과 같은 사명으로 작은 책을 열게 해달라고 울고 애통해 하는 마음이 있어야 할 것이다.

사도바울의 과거 사역은 현재 목회를 하는 주의 종의 사역이 되어야 할 것이다. 사도바울은 눈물의 목회를 하였다. "내가 여러 번 너희에게 말하였거니와 이제도 눈물을 흘리며 말하노니 여러 사람들이 그리스도의 십자가의 원수로 행하느니라(빌3:18)"

바울의 뒤를 쫓아가야 하지 않겠는가? 눈물이 촉촉이 젖은 목회자는 주님께서 기뻐하실 것이다.

> 5:5 장로 중의 한 사람이 내게 말하되 울지 말라 유대 지파의 사자 다윗의 뿌리가 이겼으니 그 두루마리와 그 일곱인을 떼시리라 하더라

장로 중의 한 사람이

여기에 등장하는 장로는 특별히 개인을 지칭하는 자가 아니고, 계 4장에 등장하는 이십사 장로 중의 하나라고 해도 특별한 문제는 없을 것이다. 장로는 대성통곡하는 사도 요한을 위로하는 말이지만 전체적인 문맥으로 본다면 사도 요한의 질문에 대한 답이다.

유대 지파의 사자 다윗의 뿌리가 이겼으니 그 두루마리와 그 일곱인을 떼시리라

일곱인을 뗄자의 자격에 대하여 말하고 있다. 인을 뗄 자격을 갖춘 자는 유다 지파의 사자이다. 유다 지파의 사자가 인을 뗄 자다. 본문에서도 예언의 이중적 성취의 원리가 적용되고 있다.

이 본문과 관련하여 창세기 49장의 배경을 먼저 이해하면 유익하다. "유다야 너는 네 형제의 찬송이 될지라 네 손이 네 원수의 목을 잡을 것이요 네 아버지의 아들들이 네 앞에 절하리로다 유다는 사자 새끼로다 내 아들아 너는 움킨 것을 찢고 올라갔도다 그가 엎드리고 웅크림이 수사자 같고 암사자 같으니 누가 그를 범할 수 있으랴 규가 유다를 떠나지 아니하며 통치자의 지팡이가 그 발 사이에서 떠나지 아니하기를 실로가 오시기까지 이르리니 그에게 모든 백성이 복종하리로다(창49:8~10)"

이 예언은 야곱이 유다에게 하신 일차적인 예언의 말씀이 성취되고, 2차로 유다의 뿌리로 탄생하신 예수님께 적용되는 것이다.

이 예언은 궁극적으로 진정한 왕이시요, 왕중의 왕이신 메시야가 유다 지파에서 나올 것이다 라는 예언이다. 육적 혈통으로 다윗의 뿌리에서 나온다. 이사야 선지자 또한 같은 계시를 받았다. "이새의 줄기에서 한 싹이 나며 그 뿌리에서 한 가지가 나서 결실할 것이요(사11:1)"

이새의 줄기에서 한 싹이 나오는 자는 왕으로 오실 메시야이다. 다윗은 예수님의 예표가 되는 인물이다. 유대인들은 아직도 메시야를 대망하고 있다. 초림으로 오신 메시야를 조상들의 무지 때문에 십자가에 처형했는데도 불구하고 지금도 그들의 후손들은 메시야를 대망하고 있다. 그들이 찾는 메시야의 5대 조건이 있다.

첫째, 다윗의 혈통에서 나온 자이다. 둘째, 성전을 주도적으로 세우는 자이다. 셋째, 평화의 왕으로 나타난다. 넷째, 이스라엘을 회복할 자로 등장한다. 다섯째, 죽었다가 다시 부활한 자이다. 이런 조건을 충족할 자가 누구인가? 이 5가지 조건을 충족시킨 자는 초림으로 오신 예수님, 한분 뿐이 없다. 본문에서도 마찬가지 인을 뗄자는 다윗의 후손으로 오시는 분이고, 이 분이 바로 유대인들이 대망하고 있는 메시야이다.

간과해서는 안될 중요한 교훈이 있다. 사탄은 따라쟁이이다. 앞으로 이스라엘과 한이레 언약을 체결하고, 평화의 왕으로 등장하게 될 인물이 있다. 이 인물은 재림의 예수님보다 7년 먼저 등장한다. 이 자가 적그리스도이다. 요한계시록 13장에 등장하는 바다에서 올라온 짐승이다. 적그리스도의 조건을 보면 메시야의 5가지 조건을 다 갖추고 있다.

첫째, 유대인의 후손으로 온다. "그가 모든 것보다 스스로 크다 하고 그의 조상들의 신들과 여자들이 흠모하는 것을 돌아보지 아니하며 어떤 신도 돌아보지 아니하고(단11:37)"

둘째, 성전을 주도적으로 건축한다. 그렇다면 앞으로 예루살렘에 건축하게 될 제3성전은 적그리스도가 세울 것이다. 하여 학자들은 제3성전은 적그리스도의 성전이라 부른다.

셋째, 평화의 왕으로 가장하여 등장한다. 광명한 천사로 등장하여 이스라엘과 한이레의 언약을 체결한다. "그가 장차 많은 사람들과 더불어 한 이레 동안의 언약을 굳게 맺고 그가 그 이레의 절반에 제사와 예물을 금지할 것이며 또 포악하여 가증한 것이 날개를 의지하여 설 것이며 또 이미 정한 종말까지 진노가 황폐하게 하는 자에게 쏟아지리라 하였느니라 하니라(단9:27)"

넷째, 이스라엘을 회복한다. 유대인들은 처음에는 이 자가 메시야라고 영접하고 따른다. "나는 내 아버지의 이름으로 왔으매 너희가 영접하지 아니하나 만일 다른 사람이 자기 이름으로 오면 영접하리라(요5:43)"

다섯째, 죽었다 다시 살아 난다. 어떤 이유인지를 성경은 침묵하고 있지만, 이 자는 죽었다가 기적적으로 다시 살아난다, 세상은 이 기적에 대하여 환호하고, 영웅으로 대접한다. 진리와 비진리는 숨길 수 없다. 전3년반이 지나면 이 자가 가짜인지를 알고, 초림으로 오신 예수님이 그들이 그렇게 대망했던 메시야임을 고백하고, 많은 유대인들이 회개하고 주님께로 돌아온다. 이런 영적인 흐름을 알고 성경을 열어야 한다. 뿐만 아니라 분별의 영이 필요하다. 미혹의 영이 창궐하는 시대에 분별의 영이 없으면 속아 넘어간다. 주여! 분별의 영을 주세요

이겼으니

이기었다는 것은 그리스도께서 성육신 하신 후 십자가에서 돌아가신 후 부활하시어 사망 권세를 이긴 것을 말한다. 십자가는 죄와 사망 권세에 대한 완전한 승리를 의미한다. 승리는 우리 주 예수 그리스도에게 있다.

히브리기자는 8장에서 구약의 대제사장의 중보 사역을 비교하여 중보자 되신 예수 그리스도를 계시하고 있다. 구약의 대제사장보다 더 좋은 대제사장이 있으니 이분은 예수그리스도라고 소개하고 있다. "그러나 이제 그는 더 아름다운 직분을 얻으셨으니 그는 더 좋은 약속으로 세우신 더 좋은 언약의 중보자시라(히8:6)"

히브리서의 기본주제는 "이보다 나은, 이보다 더 좋은" 이렇게 계시 된 말씀이 반복하여 나온다. 어린 양 되신 예수님은 모세, 천사, 선지자, 대제사장보다 우월하신 분을 강조하기 위하여 계시하였다.

그 두루마리와 그 일곱인을 떼시리라 하더라

이길 자의 자격은 **첫째, 마지막 아담이어야 한다.** 십자가에서의 속죄의 제물이 되어야 하므로 말이다. **둘째, 여자의 후손으로 와야 한다.** 아담의 자손이 아닌 여자의 후손으로 오는 사람이어야 한다. 그리스도가 마지막 아담이신 이유는 ① 동정녀의 몸에서 태어나셨다. 아담의 씨가 아니다. ② 말씀이 육신이 되어 세상에 오셨다. 그 근본이 말씀이신 분이다. ③ 성령의 권능으로 태어나셨다. 부정모혈로 태어나신 분이 아니다. ④ 그리스도는 원죄가 없으시고 죄짓지 않으셨다. ⑤ 그리스도는 죄인의 대속의 제물이 되셨다. ⑥ 그리스도는 부활하시므로 사망 권세를 이기셨다. ⑦ 그리스도는 그를 믿는 모든 사람에게 사죄의 은총과 의를 주신다. 이런 자격을 갖춘 사람이 이 책과 일곱인을 떼신다. 요한계시록은 이 분의 이야기를 하고 있다.

> 5:6 내가 또 보니 보좌와 네 생물과 장로들 사이에 한 어린 양이 서 있는데 일찍이 죽임을 당한 것 같더라 그에게 일곱 뿔과 일곱 눈이 있으니 이 눈들은 온 땅에 보내심을 받은 하나님의 일곱 영이더라

보좌와 네 생물과 장로들

인을 뗄 자의 위치는 보좌와 네 생물과 장로들 사이에 있는 분이다. 보좌는 하나님이 계신 곳이다. 네 생물은 영적 존재인 천사들의 대표이다. 이십사 장로는 신구약 성도들의 대표이다. 그 사이에 어린 양이 위치에 있다. 앞 장에서 언급하였다. 성부 하나님은 중앙보좌에 좌정하고, 영계의 수종자들도 한결같이 주어진 자리가 있지만, 유독 어린 양 되신 성자 하나님의 자리는 없다. 그렇다면 어린 양 되신 예수님의 자리는 어디인가? 그렇

다. 모든 피조물의 사이에서 중보자로서 사역을 감당하고 있다.

요한계시록의 특징은, 어린 양에 대하여 29회나 사용하였다. 요한계시록에서 주인공은 어린 양이다. 요한계시록에서 모든 주제는 어린 양이신 우리 예수님이다. 요한계시록의 1장 1절은 요한계시록의 핵심이 되는 본문이다. 요한계시록은 이렇게 시작한다. "예수 그리스도의 계시이다"라고 확정하며 성경을 열고 있다. 요한계시록에서 어린 양을 보지 못하면 정말 아무것도 보지 못하는 것이다. 계시의 눈으로 어린 양 되신 우리 예수님을 보자!

어린 양은 요한계시록에서 29회 반복하여 기록하고 있는데, 성경은 어린 양에 대하여 다르게 표현하고 있다. 헬라어에 있어 종(從)은 두 종류의 종이 있다. "파이스(παῖς)"와 "둘로스(δοῦλος)"로 구분할 수 있다. 파이스는 이사야 53장에 기록된 고난받는 종의 사역을 나타내고자 할 때, 등장하는 종이다. "보라 내가 택한 종 곧 내 마음에 기뻐하는 바 내가 사랑하는 자로 다 내가 내 영을 그에게 줄 터이니 그가 심판을 이방에 알게 하리라(마12:18)" 또 다른 종은 둘로스라고 불리우고 있는데, 섬기는 사역을 감당하는 자로서 종을 나타내고 자 할 때, 사용하고 있다. "오히려 자기를 비워 종의 형체를 가지사 사람들과 같이 되셨고 사람의 모양으로 나타나사 자기를 낮추시고 죽기까지 복종하셨으니 곧 십자가에 죽으심이라(빌2:7~8)" 아버지 하나님께 십자가에서 죽기까지 복종하는 종을 말하고 있다.

어린 양(lamb) 또한 헬라어는 "암노스(ἀμνός)"와 "아르니온(ἀρνίον)"으로 두가지로 각기 다르게 사용하고 있다.

본문에서 기록하고 있는 어린 양은 아르니온으로 사용하고 있다. 이 어린 양은 세 가지 의미가 있는데 **첫째, 출29장을 배경으로 하고 있다.** 아론과 그의 아들들은 아침과 저녁으로 어린 양을 사용하여 번제를 드렸다. "네가 제단 위에 드릴 것은 이러하니라 매일 일 년 된 어린 양 두 마리니(출29:38)" 번제에 사용할 때, 드린 어린 양이고,

둘째, 출애굽기 12장을 배경으로 하고 있다. "너희는 이스라엘 온 회중에게 말하여 이르라 이 달 열흘에 너희 각자가 어린 양을 잡을지니 각 가족대로 그 식구를 위하여 어린 양을 취하되(출12:3)" 이 때에 등장하는 어린 양은 도살되고, 불에 구워먹고, 그 피는 좌우 문설주와 인방에 바른다. 죽음의 사자가 이 피를 볼 때, 집을 넘어간다. 유월절 어린 양은 예수님의 예표적인 사역을 말하고 있다. 유월절(逾越節)은 하나님이 출애굽 전야(

니산월 14일)에 이집트 땅을 치실 때에 사람이든 가축이든 이스라엘의 처음 태어난 것들을 그냥 넘어간다 또는 살려둔다 라는 것을 기념하는 절기이다.

셋째, 이사야 53장을 배경으로 하고 있다. "그가 곤욕을 당하여 괴로울 때에도 그의 입을 열지 아니하였음이여 마치 도수장으로 끌려가는 어린 양과 털 깎는 자 앞에 잠잠한 양 같이 그의 입을 열지 아니하였도다(사53:7)" 이 본문의 어린 양은 학대받고 천대받았지만 그는 자기 입을 열지 않았다. 도살장에 끌려가는 어린 양처럼, 털 깎는 사람 앞에 잠자코 서 있는 양처럼 그는 자기 입을 열지 않는다. 고난 받은 종의 사역을 비유하고 있지 아니한가! 공통점이 있다. 아르니온으로 불러지고 있는 어린 양은 예수님의 십자가의 사역을 예표하고 있다. 요한계시록에서 어린 양으로 나타나고 있는 주님은 다른 사역을 하고 있는 것이 결코 아니다. 십자가를 통해서 이루어 놓으신 구속사역을 완성해 나가고 있다 할 수 있다.

어린 양의 사역에 대하여 반복하여 설명한다면, **첫째, 중보자이시고,** "그 중보자는 한 편만 위한 자가 아니니 하나님은 한 분이시니라(갈3:20)"

둘째, 제물이 되시고, "너희가 알거니와 너희 조상이 물려 준 헛된 행실에서 대속함을 받은 것은 은이나 금 같이 없어질 것으로 된 것이 아니요 오직 흠 없고 점 없는 어린 양 같은 그리스도의 보배로운 피로 된 것이니라(벧전1:18~19)"

셋째, 죽임을 당한 것 같더라. "내가 또 보니 보좌와 네 생물과 장로들 사이에 한 어린 양이 서 있는데 일찍이 죽임을 당한 것 같더라 그에게 일곱 뿔과 일곱 눈이 있으니 이 눈들은 온 땅에 보내심을 받은 하나님의 일곱 영이더라(계5:6)"라고 하고 있다. 어린 양 되신 예수님은 죽지 않고 지금도 살아 있기에 사용되는 말씀이다. 이 말은 주님이 일찍이 십자가에서 돌아가실 때 얻었던 죽음의 흔적을 지니고 있다는 의미이다. 그리스도의 구속의 공로는 세상 끝날까지 유효할 것이다.

넷째, 승리의 어린 양이시고, "그들이 어린 양과 더불어 싸우려니와 어린 양은 만주의 주시요 만왕의 왕이시므로 그들을 이기실 터이요 또 그와 함께 있는 자들 곧 부르심을 받고 택하심을 받은 진실한 자들도 이기리로다(계17:14)"

다섯째, 영원한 어린 양으로, "이튿날 요한이 예수께서 자기에게 나아오심을 보고 이르되 보라 세상 죄를 지고 가는 하나님의 어린 양이로다(요1:29)" 묘사되고 있다.

"일곱 뿔"은 왕의 권세와 능력을 나타낸다. 예수님은 일곱 뿔을 가지신 분이시다. 다윗은 영계가 열어진 선지자이다. 다윗은 그리스도를 구원의 뿔이라 계시하였다. "여호와는 나의 반석이시요 나의 요새시요 나를 건지시는 이시요 나의 하나님이시요 내가 그 안에 피할 나의 바위시요 나의 방패시요 나의 구원의 뿔이시요 나의 산성이시로다(시18:2)"

"일곱 눈"은 성령을 나타낸다. 일곱 눈은 통찰력과 지혜를 상징하므로 일곱 눈은 예수 그리스도의 완전한 통찰력 또는 그의 전지성을 의미한다. 그리고 이 눈은 성령이다(계4:5). 앞장에서 충분히 설명하였다. 예수 그리스도와 성령님은 하나이고 성령으로 충만하셔서 모든 것을 통찰하시며 알고 계신다.

예수님의 사역은 성령님과 함께하였다. 성령으로 마귀의 시험을 이기시고, 성령의 권능으로 사역하였다. "예수께서 성령의 충만함을 입어 요단 강에서 돌아오사 광야에서 사십 일 동안 성령에게 이끌리시며……. 예수께서 성령의 능력으로 갈릴리에 돌아가시니 그 소문이 사방에 퍼졌고(눅4:1~14)" 성령의 사역으로 일관했다. "내 말과 내 전도함이 설득력 있는 지혜의 말로 하지 아니하고 다만 성령의 나타나심과 능력으로 하여(고전2:4)" 특별히 주의 종의 반열에 들어가고, 마지막 시대에 깨어 있고 충성 된 자의 사역을 감당 할려면 성령의 충만함을 받고, 성령을 소멸치 말고 동행하는 사역이 우선이다.

뿐만 아니라 성령은 아버지 하나님의 영이고, 예수의 영이기도 하다. "무시아 앞에 이르러 비두니아로 가고자 애쓰되 예수의 영이 허락하지 아니하시는지라(행16:7)" 성령의 발출은 성부 하나님도 보내시고 성자 하나님도 보내시고 이중 발출 교리인데, 개혁교회는 이중발출 교리를 받아들이고 있다. "이 말씀을 하시고 그들을 향하사 숨을 내쉬며 이르시되 성령을 받으라(요20:22)"

> **5:7 그 어린 양이 나아와서 보좌에 앉으신 이의 오른손에서 두루마리를 취하시니라**

어린 양이

　일곱인봉 된 책을 뗄 자는 어린 양이다. 어린 양은 일찍 죽임을 당하고, 유월절 어린 양(출12:3~14)의 예표가 되신 주님이다. 어린 양으로서 세상에 오신 예수님을 말한다(요1:29). 모든 심판의 권세와 능력이 예수님께 있기에 책을 취하신 분은 예수님 뿐이 없다.

취하시니라

　취하시니라. 헬라어는(λαμβάνω)부르고 있고, 현재 완료형이다. 지금까지 지속하고 있다는 뜻이다. 예수님은 계시를 잠깐 취하시고 있는 것이 아니라 영원히 갖고 계심을 나타내 준다. 계시의 맥이 보좌에 앉으신 성부 하나님으로부터 어린 양 되신 예수 그리스도에게 이관되는 모습이다. 하나님의 뜻은 예수님을 구세주로 믿고 영생을 얻음에 있다.

　1절에서부터 7절까지의 본문을 요약하면 다음과 같다. **첫째, 인봉 된 책이 개봉되었다.** 이 인봉 된 책은 ① 책의 소유주가 보좌에 앉으신 분이시고, ② 오른손에 인봉 된 책이 있다. ③ 이 책은 안팎으로 기록되었다. ④ 책은 일곱인으로 인봉이 되었다.

　둘째, 책을 취할 조건을 가진 자가 누구인가? ① 세상에 아무도 없다. ② 이긴 자가 취한다. 이긴 자는 다윗의 뿌리요, 유다 지파의 사자가 된 자라고 말하고 있다. ③ 어린 양이 취한다. 이 어린 양은 중보자이시고, 일찍 죽임을 당한 자라고 계시하고 있다. 하나님의 오른손에 있는 책을 떼시고 취할 수 있는 조건은 위의 조건을 모두 만족시켜야 한다, 위의 조건 중 어느 하나라도 결점이 있으면 책을 취할 수 없다.

> 5:8 그 두루마리를 취하시매 네 생물과 이십사 장로들이 그 어린 양 앞에 엎드려 각각 거문고와 향이 가득한 금 대접을 가졌으니 이 향은 성도의 기도들이라

두루마리를 취하시매 네 생물과 이십사 장로들이 그 어린 양 앞에

어린 양이 책을 취하시매, 기다렸다는 듯이 네 생물과 이십사 장로들은 일제히 악기를 동원하여 찬양과 경배를 돌린다. 거문고는 악기이고, 찬양의 도구로 사용하고 있다. 금대접에 가득한 향은 성도가 하나님께 드리는 기도의 상징이다. "나의 기도가 주의 앞에 분향함과 같이 되며 나의 손 드는 것이 저녁 제사 같이 되게 하소서(시141:2)"

피조물의 대표는 어린 양 되신 예수님께 찬양과 기도를 올린다. 피조물의 대표는 구원받은 성도의 예표적 인물이다. 구원받은 성도가 무엇을 할 것인가? 사명이 무엇인가? 본문에 등장하는 피조물의 사역이 무엇인지를 잘 가르쳐주고 있다. 성도의 본분은 오직 주님께 영광을 돌림에 있다. 주님과의 관계 회복이 성

도의 본분이다. 하나님이 세상과 사람을 창조하신 분명한 목적과 뜻이 있다. "그런즉 너희가 먹든지 마시든지 무엇을 하든지 다 하나님의 영광을 위하여 하라(고전10:31)"

요한계시록 4장은 보좌의 중앙에 앉으신 성부 하나님께 모든 피조물이 일제히 찬양을 올리고 어린 양 되신 예수 그리스도께 경배와 찬양이 올려진다. 보좌의 중앙에 앉으신 성부 하나님과 어린 양이 되시고 중보자로써 사역을 하신 예수님은 모든 피조세계의 경배와 찬양의 대상이다.

성도가 항상 준비해야 할 3가지가 있다. 동방박사가 아기 예수님께 드린 귀한 선물은 성도가 평상시 주님 앞에 준비해야 할 신앙의 자세임을 예표하고 있다. 황금은 믿음이고, 유향은 기도이고, 몰약은 부활신앙을 비유적으로 나타내 보여주고 있다. 특별히 본문에서 성도의 기도는 금대접에 담겨져 있다. 기도는 너무 귀하다. 기도는 성도의 특권이다. 기도는 영혼의 호흡이다. 성도가 기도하지 않으면 육의 사람이 되는 것이다. 성도가 하는 기도는 천사가 하나도 빠짐없이 금대접에 고스란히 담아 하늘 보좌의 우편에 올려 바쳐진다. 기도해야 할 이유가 분명하지 않은가!

> 5:9 그들이 새 노래를 불러 이르되 두루마리를 가지시고 그 인봉을 떼기에 합당하시도다 일찍이 죽임을 당하사 각 족속과 방언과 백성과 나라 가운데에서 사람들을 피로 사서 하나님께 드리시고
>
> 5:10 그들로 우리 하나님 앞에서 나라와 제사장들을 삼으셨으니 그들이 땅에서 왕 노릇 하리로다 하더라

새 노래를 불러 이르되

구약 성도는 전쟁에서 승리하였을 때, 하나님의 구원과 자비를 베풀어주심에 감사하며, 찬양하였다. "아름다운 소식을 시온에 전하는 자여 너는 높은 산에 오르라 아름다운 소식을 예루살렘에 전하는 자여 너는 힘써 소리를 높이라 두려워하지 말고 소리를 높여 유다의 성읍들에게 이르기를 너희의 하나님을 보라 하라 보라 주 여호와께서 장차 강한 자로 임하실 것이요 친히 그의 팔로 다스리실 것이라 보라 상급이 그에게 있고 보응이 그의 앞에 있으며(사40:9~10)"

그러나 네 생물과 이십사 장로가 부르는 노래는 새 노래이다. 이전에는 결코 찾아볼 수 없는 완전한 구속 사역에 관한 노래이다. 새로운 노래로서 하나님의 구원과 은총과 자비를 찬양하고 있다. 새 생명, 새 사람, 새 하늘과 새 땅, 새 이름을 받는 자들이 부를 노래이다. 모세의 노래, 어린 양의 노래를 부를 수 있는

자격이 있는 성도는 땅에서 구속함을 받은 자이다. 이 자격이 있는 성도가 십사만 사천명이며 임박한 환난의 때에 주님이 사용하는 종들이다. "그들이 보좌 앞과 네 생물과 장로들 앞에서 새 노래를 부르니 땅에서 속량함을 받은 십사만 사천 밖에는 능히 이 노래를 배울 자가 없더라(계14:3)"

두루마리를 가지시고 그 인봉을 떼기에 합당하시도다

새 노래의 내용은 예수님을 찬양함에 있다. ① 책을 가지시고, 책은 종말에 관한 계시의 책이다. ② 그 인봉을 떼시기에 합당하도다. ③ 일찍 죽임을 당하사 ④ 사람들을 피로 사서 하나님께 드리시고 ⑤ 나라와 제사장으로 삼으시고 ⑥ 땅에서 왕 노릇 하시도다. 예수님의 구속 사역이 잘 표현되어 있다. 본문은 예수님 사역에 대하여 말씀하고 있다. 하나님은 자기 백성을 구원하기 위하여 독생자의 피를 주셨다. 구원은 아들의 피를 지불한 대가로 이뤄지고, 죄에서 해방하시고, 하나님의 자녀가 되게 하셨다.

성도가 받을 축복은 무궁무진하다. 장차 천년왕국에서 그 나라의 백성이 될 뿐 아니라 통치권에 참여한다. 제사장으로 삼으셨고, 왕 노릇 하도록 권세를 주신다. 새 노래로 찬양할 이유가 분명하다. 누구든지 이 복된 자리에 참여할 수 없다. 종말의 시대에 두 증인으로 순교자의 자리까지 헌신하고 충성 된 자에게 주어질 축복이다. "이 첫째 부활에 참여하는 자들은 복이 있고 거룩하도다 둘째 사망이 그들을 다스리는 권세가 없고 도리어 그들이 하나님과 그리스도의 제사장이 되어 천 년 동안 그리스도와 더불어 왕 노릇 하리라(계20:6)"

> 5:11 내가 또 보고 들으매 보좌와 생물들과 장로들을 둘러 선 많은 천사의 음성이 있으니 그 수가 만만이요 천천이라

보좌와 생물들과 장로들을…, 많은 천사의…

천사의 숫자는 무수히 많다. 본 장의 하늘 보좌의 풍광을 정리하면, 보좌 중앙에 하나님이 계시고, 보좌의 네 귀퉁이에 네 생물이 있고, 그 주위에 이십사 장로가 있고, 그 뒤 주변에 수많은 천사가 둘려 있는 모습을 그려 볼 수 있다. 네 생물과 이십사 장로가 찬송하고, 그 뒤에 수많은 천사가 하나님께 찬송하는 모습이 보여주고 있다. 보좌의 주변은 질서정연하고, 장엄하고, 창대함과 아울려 빛나고 높은 보좌임을 요한계시록은 그림처럼 보여 주고 있다.

히브리기자는 천사의 사역에 대하여 바람과 불꽃으로 계시하였다. "또 천사들에 관하여는 그는 그의 천사들을 바람으로, 그의 사역자들을 불꽃으로 삼으시느니라 하셨으되(히1:7)"

하나님의 모든 사역은 천사들이 구체적으로 실행한다. 하나님은 졸지도 않고 주무시지도 않고 일하신다. 만물이 질서정연하게 운행되고 있다는 것은 우연이 아니고 천사들이 각자 주어진 자리에서 빈틈없이 일하시기 때문이다. 예를 든다면 해가 뜨고, 지고, 비가 오고, 눈이 내리고 하는 일상적인 기후변화도 우연이 아니라 하나님이 부리시는 천사들의 활동이다. "참새 두 마리가 한

앗사리온에 팔리지 않느냐 그러나 너희 아버지께서 허락하지 아니하시면 그 하나도 땅에 떨어지지 아니하리라(마10:29)"

> 5:12 큰 음성으로 이르되 죽임을 당하신 어린 양은 능력과 부와 지혜와 힘과 존귀와 영광과 찬송을 받으시기에 합당하도다 하더라

죽임을 당하신 어린 양은 능력…

네 생물과 이십사 장로가 하는 일은 어린 양을 높이고, 찬양과 경배함에 있다. 구체적으로는 큰 음성으로 찬미한 뒤, 그분의 속성을 7가지로 찬미하고 있다. ①능력, ②부, ③지혜, ④힘, ⑤존귀, ⑥영광, ⑦찬송 등이다. 7이란 숫자를 사용하여 완전하고 거룩하신 분임을 천명하고 있다. 어린 양 되신 예수님은 천사들로부터 찬송을 받으시기에 합당한 존재임을 천상의 보좌에서 선포하고 있다.

하나님의 영광을 보지 못한 사람은 성도라 말할 수 없다. 사도바울은 고린도 교회에게 예수 그리스도의 얼굴에 하나님의 영광을 아는 빛이 있다고 계시를 주었다. "어두운 데에 빛이 비치라 말씀하셨던 그 하나님께서 예수 그리스도의 얼굴에 있는 하나님의 영광을 아는 빛을 우리 마음에 비추셨느니라(고후4:6)"
이 말씀은 예수 그리스도를 알아야 하나님의 영광을 알 수 있

으며 성도로서 하나님께 영광을 돌릴 수 있다는 말씀으로 받아들일 수 있다.

어린 양 되신 예수님은 그리스도의 7가지의 권세를 가지고 계신 분이시다. 7가지를 자세하게 풀이한다면 **첫째, 능력, 이는 하나님의 초자연적 능력으로 그리스도께도 속해 있다.** 그리스도는 하나님의 능력, 그 자체이시다. "오직 부르심을 받은 자들에게는 유대인이나 헬라인이나 그리스도는 하나님의 능력이요 하나님의 지혜니라(고전1:24)"

둘째, 부, 이것은 하나님의 충만하신 상태를 나타낸다. 이것 역시 하나님께 속한 것이며, 또한 그리스도께 속한 것으로 "우리 주 예수 그리스도의 은혜를 너희가 알거니와 부요하신 이로서 너희를 위하여 가난하게 되심은 그의 가난함으로 말미암아 너희를 부요하게 하려 하심이라(고후8:9)"
믿는 자들에게 나누어진 것이다. "우리가 다 그의 충만한 데서 받으니 은혜 위에 은혜러라(요1:16)"

셋째, 지혜, 그리스도는 하나님의 지혜이다. "오직 부르심을 받은 자들에게는 유대인이나 헬라인이나 그리스도는 하나님의 능력이요 하나님의 지혜니라(고전1:24)"
이 지혜는 성령을 통해 그리스도인들에게 나누어 주신다. 이 지혜는 세상이 주는 지혜와 다르다. 하나님이 주시고, 열고, 깨닫게 하는 것이다. "이로써 우리도 듣던 날부터 너희를 위하여 기도하기를 그치지 아니하고 구하노니 너희로 하여금 모든 신령한 지혜와 총명에 하나님의 뜻을 아는 것으로 채우게 하시고(골1:9)"

넷째, 힘, 능력이 외적으로 나타난 것으로 악이나 대적자를 멸망시키심을 나타내고 있다. "강한 자가 무장을 하고 자기 집을 지킬 때에는 그 소유가 안전하되(눅11:22)"

다섯째, 여섯째, 존귀와 영광, 그리스도께서는 근본적으로 하나님과 동등 되신 분으로 존귀와 영광을 소유하신 분이었으나 세상에 종의 형체로 오셔서 낮은 자리에 임하셨고 십자가와 부활을 통해 존귀와 영광을 입으셨다. "오직 우리가 천사들보다 잠시 동안 못하게 하심을 입은 자 곧 죽음의 고난 받으심으로 말미암아 영광과 존귀로 관을 쓰신 예수를 보니 이를 행하심은 하나님의 은혜로 말미암아 모든 사람을 위하여 죽음을 맛보려 하심이라(히2:9)"

일곱째, 찬송, 천사들과 성도들의 고백을 나타낸다. "우리 주 예수 그리스도의 아버지 하나님을 찬송하리로다 그의 많으신 긍휼대로 예수 그리스도를 죽은 자 가운데서 부활하게 하심으로 말미암아 우리를 거듭나게 하사 산 소망이 있게 하시며(벧전1:3)"

이는 그리스도께서 하나님과 같이 동일하게 모든 피조물의 찬송을 받으시기에 합당하다. 복음은 멀리 있지 않다. 그리스도와 연합한자는 그리스도의 권세와 능력을 이 땅에서도 충분하게 누린다. 그리스도의 권세가 내 권세이다. "믿고 세례를 받는 사람은 구원을 얻을 것이요 믿지 않는 사람은 정죄를 받으리라 믿는 자들에게는 이런 표적이 따르리니 곧 그들이 내 이름으로 귀신을 쫓아내며 새 방언을 말하며 뱀을 집어올리며 무슨 독을 마실지라도 해를 받지 아니하며 병든 사람에게 손을 얹은즉 나으리라 하시더라(막16:16~18)"

> 5:13 내가 또 들으니 하늘 위에와 땅 위에와 땅 아래와 바다 위에와 또 그 가운데 모든 피조물이 이르되 보좌에 앉으신 이와 어린 양에게 찬송과 존귀와 영광과 권능을 세세토록 돌릴지어다 하니
>
> 5:14 네 생물이 이르되 아멘 하고 장로들은 엎드려 경배하더라

하늘 위에와 땅 위에와…

모든 피조물을 지으신 목적은 하나님을 찬양하고 그분에게 경배하는 것이다. 피조물의 존재 이유이기도 하다. 이러한 관계가 회복할 때, 복이 있다. 복의 근원과 출처가 분명하다. 본문은 하늘, 땅, 바다가 등장한다. 명실상부하게 모든 피조물의 대표성이 있다. 피조세계는 한 목소리로 예수님께 찬양한다. 예수님은 네 생물, 이십사 장로, 천사, 그리고 피조물, 하찮은 피조물에게까지도 찬양을 받으시기에 합당한 자이시다. 예수님은 만유의 주이시며, 만왕의 왕이시다(계19:16). 구주이시다(눅2:11, 행5:31). 만물은 아담의 죄로 인한 피조물이 저주 아래 형벌을 받았지만 그리스도가 다시 오심으로 모든 피조세계는 본래의 모습으로 회복된다. 아담의 범죄로 인하여 창세기 3장의 모든 저주의 영맥이 어린 양 되신 예수 그리스도의 사역으로 단절되고, 모든 피조세계는 완전하고 거룩한 모습으로 회복된다. 어찌 모든 만물이 어린 양에게 경배와 감사와 찬양을 드리지 않을 수 있겠는가!

성도가 새 하늘과 새 땅에서 모습은? 예배드린다. "다시 저주가 없으며 하나님과 그 어린 양의 보좌가 그 가운데에 있으리니 그의 종들이 그를 섬기며(계22:3)"

구원받은 성도가 이 땅에서도 창조의 목적대로 살아가야 한다. 창조의 원형의 모습은 예배자로 사는 것이다. 예배는 가장 가치 있는 것을 주인에게 드리는 것이다. 이것이 긴장이 있으면, 불행하다. 하늘과 새 땅에서도 마찬가지이다. 그곳은 성도뿐만 아니라 모든 피조물도 보좌의 중앙에 앉으신 성부 하나님과 어린 양 되신 예수님께 찬양과 경배로 화답하는 것이 사명이다. 그렇다면 광야 같은 이 땅의 삶도 찬양과 경배하고, 그리고 천상에서도 생활 또한 마찬가지이다. 하여 찬양과 경배는 성도의 본분이다. "일의 결국을 다 들었으니 하나님을 경외하고 그의 명령들을 지킬지어다 이것이 모든 사람의 본분이니라(전12:13)"

아멘 하고... 경배하더라

모든 피조물은 찬양하고 네 생물은 기다렸다는 듯이 아멘으로 화답한다. 성도는 예수 안에서 언제나 아멘의 신앙고백이 생활화되어야 한다. "하나님의 약속은 얼마든지 그리스도 안에서 예가 되니 그런즉 그로 말미암아 우리가 아멘 하여 하나님께 영광을 돌리게 되느니라(고후1:20)"

성도의 대표인 이십사 장로는 경배하였다. 찬양과 경배의 예식이 끝난 다음 장차 될 일이 6장에서부터 기록되고 있다. 일곱인,

일곱나팔, 일곱대접의 재앙이 연속적으로 떨어진다. 찬양과 경배가 끝난 뒤, 이뤄질 심판의 기준은? 첫째, 삼위 하나님은 심판의 절대적 주권자이시다. 둘째, 하나님의 심판은 하나님의 절대주권에 의해 집행되면서도 하나님은 공의로우시고, 자비로우시고, 자기 백성과 모든 피조물의 호응 속에서 엄정하고 의롭게 심판을 집행하신다. 셋째, 하나님의 심판은 모든 피조물이 기다리고, 호응한다. 넷째, 모든 피조물은 의로우신 심판 앞에서 의로우신 심판을 하신 하나님과 어린 양 되신 예수님께 찬양하고 있다.

할렐루야!

깨어있으라! 예비하고 있으라!

　서울에서 목회하고 있으며, 종말론과 성막론 세미나를 정기적으로 개최하고, 선한 영향력을 주고 있는 OOO 목사님이 있다. 기회가 있어 이 목사님이 주관하는 세미나에 사흘 동안 참석하여 많은 은혜를 받았던 적이 있었다. 목사님의 간증이 가슴에 와 닿는다. "저는 하나님의 은혜로 종말론과 성막론에 대하여 많은 책을 저술했습니다. 한번은 외국의 부흥회에 참석하고 돌아오다가 무료한 시간을 보내기 위하여 비행기에서 책을 읽었습니다. 너무 은혜가 되어 이 책을 번역했습니다. 한국에 도착하여 비행기 안에서 번역한 원고를 가지고 하루 만에 책을 출판했습니다!" 대박이다. 단 하루 만에 책이 출판되다니 말이다. 그러나 필자는 이 목사님의 간증에 대하여 신뢰하고 지지를 보낸다. 왜냐하면, 많은 책을 저술하고 그동안 쌓인 노하우가 있었기에 하루 이틀 정도이면 책을 출판할 수 있다고 본다.

　필자는 요한계시록 강해집이 나올 때까지 배경을 소개하는 것은 독자에게 예의라고 본다. 이 책은 해산의 수고 끝에 나온 산물이다. 다시 말씀을 드리자면 옥동자인 셈이다. 지금으로부터 13여 년 전에 지인 목사님 부부로부터 유익한 정보를 얻었다. 서울의 신도림동에 있는 성령과 말씀교회에서 종말론 세미나를 정기적으로 개최하고 있다 하였다. 그분의 소개로 종말론에 입문하였다. 주의 종들은 영적인 분별력이 있어야 한다. 지금의 시대는 누가 뭐라 해도 종말의 끝 자락에 와 있다. 우리가 사는 이 시대가 종말이라는 영적인 긴장감이 있다면 선택의 폭은 크지 않다고 본다. 종말에 관련한 말씀을 준비하여 교회와 성도에게 때를 따라 양식을 나눠주는 것은 목회자의 덕목이다. 필자는 마라나타 사역회에 참석하여 결단하고 다짐을 했다. 그렇다. 바로 이것이다. 종말론을 잘 준비하고 무장하여 때를 따라 양식을 먹이고, 빛나고 깨끗한 세마포를 준비하여 신부를 단장케 하는 사역은 정말 탁월한 선택이라고 본다. 참으로 열심히 공부했다. 갖다 먹었다. 마라나타 사역회는 매월 2~3회 정기적으로 세미나를 개최하고 뿐만 아니라 충북 옥천에 소재하고 있는 수양관에서도 매월 정기적으로 세미나를 열고 있다. 사정이 허락하면 지방에 있는 기도원과 교회를 지정하여 단기간의 세미나도 개최하였다. 필자는 열심을 가지고 모든 세미나에 빠짐없이 참석하여 은혜를 받았다. 세상에 공짜가 어디에 있겠는가! 갖다 먹었던 수고를 아끼지 않았다. 그에 따른 결과 종말론이 하나하나씩 안개가 걷히고 정리되는 복을 받았다.

지금으로부터 6년 전에 제한적이나마 필자에게도 목회자를 대상으로 한두 시간씩 강의할 기회가 있었다. 이것을 접촉점으로 하여 필자가 담임하고 있는 초대교회에서 1년 6개월 동안 초교파 목회자를 대상으로 종말론 세미나를 개최하였다. 언감생심, 필자가 주관하여 세웠다. 시련도 있었다. 초교파 목회자를 대상으로 하는 강의는 만만치 아니했다. 강의도 부담될 뿐만 아니라 교회를 세운지 얼마 되지 않았기 때문에 자립하지 못한 목회에 대한 부담감도 있었다. 목회에 대한 모든 역량을 세미나에 올인 하였기에 목회가 무너지는 현실을 보았다. 이래서는 안 되겠다 싶어 종말론 세미나를 중단하고 1년 동안 공백이 있었다. 종말론을 배우는 학생으로 만족했다. 1년이 지난 어느 날 지인 목사님의 권유로 다시 성령과 말씀교회에서 정기적으로 세미나를 세워나갔다. 적은 수의 목회자들이 모여 매월 세미나를 세웠다. 필자는 정성을 다해 세미나를 준비했다. 특별한 일이 없는 한 매월 요한계시록 한 장을 본문으로 삼고 정성을 다해 원고를 준비했다.

요한계시록 세미나를 다시 시작한 지 2년이 지난 어느 날, 나름대로 정성을 다해 준비한 원고가 일부 목사님만 대상으로 은혜를 나눈다 하는 것은 아니다 싶었다. 하여 주님께 기도하고 꿈을 꾸었다. "주님! 저에게도 종말론에 관련한 책을 쓸 수 있도록 해주세요! 많은 목사님이 함께 은혜를 받을 기회를 주세요!" 우리 주님은 멋있는 분이시다. 이 부족한 필자의 기도를 들어주신 것이다. 종말론과 관련한 책을 쓰기로 결정했다. 그러기 시작한 지 거의 1년이 지났고, 땀을 흘리고 수고한 끝에 책이 나오는 열매가 주어졌다. 부연 설명을 하자면, 책이 나오기 까지 만 5년이란 시간이 필요했다. 필력이 부족하고 메마른 영성이 책을 기록할 때 긴장이 있었지만, 그런데도 포기하지 않고 산고 끝에 옥동자가 태어난 것이라 자평하고 싶다.

아니다. 필자가 한 것이 아니었다. 주님이 하신 것이다. 성령의 강권적인 역사가 없으면 어찌 이런 기가 막힐 일이 필자의 목회현장에 일어날 수 있겠는가? 주님이 이 종을 사용하시고 감동 주시고 오늘에 이르도록 하였다. 요한계시록은 사도 요한이 성령의 강권적인 역사로 밧모섬에서 역사가 이뤄졌고, 갖다 먹었고, 기록하였다. 마찬가지이다. 부족한 주의 종이 성령의 강권적인 역사에 힘을 입어 도전하게 하였고, 결국은 대사를 이루시게 하였다. 주님이 하셨다. 주님께 영광!

종말을 살아가고 있는 목회자들에게는 특별히 보는 눈이 있어야 하겠다. 영적인 분별력이 있어야 하겠다. 작금의 시대가 어떤 시대인지 성령의 감동 하심에 따라 영적인 분별력이 있는 주의 종은 세상을 볼 수 있고, 진단할 수 있고, 그리고 대비할 수 있다. 이런 종이 주님이 칭찬하고 기뻐하는 주의 종의 반열에 들어간다. 주님은 요한계시록에서 "보라!"라는 말씀을 18번이나 반복하여 계시하였다. 종말의 시대에 보지 못하는 자가 영적인 싸움에서 이기는 자의 반열에 들어가는 것은 언감생심이다. 작은 요한계시록인 마태복음 24장에서도 "보라!"라는 말씀을 3번이나 반복하였다. "보라 내가 너희에게 미리 말하였노라(마 24:25)" 주님은 종말에 관한 계시를 여러 번 반복하여 계시하였다. 보지 못하면 주의 종의 반열에 들어갈 수 없고, 소경이 됨은 물론이거니와 성도를 신부단장 시킬 수 없다. 주의 종은 반드시 보는 눈이 있어야 한다.

주의 종이라면 영적인 분별력과 세상을 보는 눈이 있어야 한다. 특별히 작금의 시대는 종말의 시대라고 한다. 작금에 일어나는 천재지변과 온역, 전쟁과 난리, 지구촌 곳곳에서 벌어지고 무서운 일(테러)을 보라! 어찌! 이런 일들이 우연이라 할 수 있겠는가? 주님은 우리에게 분명하게 말씀을 주었다. "참새 두 마리가 한 앗사리온에 팔리지 않느냐 그러나 너희 아버지께서 허락하지 아니하시면 그 하나도 땅에 떨어지지 아니하리라(마10:29)"

미물인 참새 한 마리가 떨어지는 것도 주님이 허락하지 않으면 떨어지지 않는다 했는데, 경천동지할 사건들이 반복하여 지구촌 곳곳에서 강타하고 있는데 이것이 어찌 우연이라 딱지를 붙일 수 있겠는가! 물론 영적인 감각이 없으면, 노아의 때와 같다 하겠다. 그러나 조금이라도 영적인 분별력이 있고 깨어있는 주의 종이라면 이 시대의 영적인 분위기와 징조를 볼 수 있고, 깨어있고 예비해야 하지 않겠는가!

주님의 재림이 임박하기 전에 이 땅에 징조가 분명히 있다. 그것은 마치 옥동자가 태어나기 전에 반드시 진통이 있듯이 말이다. 주님은 이런 징조에 대하여 수도 없이 반복하여 계시하였다. 필자가 연구한 자료에 의하면 주님의 재림에 앞서 이 땅에 임할 징조가 55가지 정도가 있다. 영적인 감각이 무딘 주의 종도 조금만 관심을 기울여도 쉽게 파악할 수 있다. 그중의 하나가 이스라엘의 회복이라 말할 수 있다. 육적인 이스라엘을 자세히 보면 주님의 재림을 짐작할 수 있다. 이스라엘은 징조의 가장 큰 기둥이기 때문이다. 주님은 이스라엘을 보라 말씀하였다. "무화과나무의 비유를 배우라 그 가지가 연하여지고 잎사귀를 내면 여름이 가까운 줄을 아나니 이와 같이 너희도 이 모든 일을 보거든 인자가 가까이 곧 문 앞에 이른 줄 알라(마24:32~33)" 본문의 말씀은 교훈이 크다 하겠다. 본문에서 말하고 있는 무화과나무는 육적인 이스라엘을 말하고 있다. 주님은 무화과나무의 가지가 연하여지고, 잎사귀를 내면 여름이 가까운 줄을 알라고 하였다. 너희가 이런 모든 일을 보거든, 인자가 문 앞에 가까이 온 줄을 알라고 했다. 가지가 연하여 지고 잎사귀를 내면, 이 말씀이 의미하는 것은 이스라엘의 독립을 말하고 있다. 또한, 여름이 가까이 온다 하는 말씀은, 심판을 말하고 있다. 이스라엘이 회복되면, 이런 일이 일어나는 것을 보거든, 주님의 재림이 가까이 왔다고 하였다.

자! 보라! 작금의 이스라엘은 육적으로 회복이 되었다. 예루살렘은 AD 70년 7월 9일 로마의 디도장군에 의해 멸망을 당했다. 이스라엘의 족보가 사라졌다. 그런데, 보라! 하나님의 강권적인 역사에 의해 1948년 5월 14일에 다시 회복되었다. 이스라엘이 회복되는 과정을 연구하면 이런 역사는 인류역사에 없다. 경천동지할 사건이다. 하나님이 하신 것이다. 1,900년 동안 나라가 멸망을 했는데, 다시 회복되었다. 이런 역사가 과연 지구상에 있었는가? 단연코 없다. 하나님의 시간이 되자 역사에 개입하신 것이다. 그러나 우리가 유념해야 할 것은 육적인 이스라엘은 회복되었지만, 영적으로는 아직 이라 말할 수 있다. 영적으로 회복하면 완전한 회복이 되고 이때가 되면, 주님의 재림이 여름이 가까이 왔다는 징조가 된다. 그렇다면 영적인 회복은 무엇인가? 제 3성전이 회복이 될 때, 완전한 회복이 된다.

그런데, 제 3성전의 건축계획이 다 준비되었다 한다. 전문가의 자료에 의하면 이미 이스라엘 내 정통파 단체들은 오래전부터 제 3성전 건립을 위한 준비를 차근차근히 해 왔다. 성전 재건을 위한 기초석도 상당량 모아 놓은 상태이며, 1967년 예루살렘 회복이 되던 시점에 세워진 성전 연구소(Temple Institute)는 제 3성전 건립을 위한 교육과 홍보를 맡고 있으며, 또한 제사장이 입을 의복 및 성전 기물에 관해서도 많은 연구를 하고 있고 이미 마련되어진 것들도 있다. 또한, 제 3성전 모델도 만들어져 있으며, 성전에서 일할 미래의 제사장들을 교육하고 있고, 성전 제사에 관한 세부사항들이 통곡의 벽 근처에 있는 탈무드 학교에서 이미 가르쳐지고 있다. 이제 제3 성전의 건축은 준비는 완벽하게 되어 있고, 카운트 다운이 시작되면 불과 몇 개월 만에 완성이 된다 했다. 그리하면, 주님의 재림은 그로부터 7년이다. 7년의 환란이 끝이 나면 주님의 재림은 약속되어있다. 이스라엘의 상황이 이와 같은 분위기가 있는데 한국교회와 주의 종들은 과연 주님의 재림에 대하여 준비하고 있는가?

주님의 재림 때, 영적인 상황에 대하여 성경은 말하고 있다. "노아의 때와 같이 인자의 임함도 그러하리라 홍수 전에 노아가 방주에 들어가던 날까지 사람들이 먹고 마시고 장가들고 시집가고 있으면서(마24:37~38)" 주님의 재림에 때에 대하여 영적인 분위기는 노아와 롯의 때와 동일하다 했다. 오로지 인생의 로망은 땅이다. 먹고, 마시고, 사고, 팔고, 장가가고, 시집가고, 심고, 집을 짓고 하는 땅에 소망을 두고 있다 했다. 주님의 재림에 관하여 관심은 없다. 이러한 영적인 탁류가 흐를 때, 주님의 재림은 어김없이 온다 했다. 영적인 감각이 있다면 지금의 시대를 진단하여 보라! 정도의 차이는 있지만, 노아 시대의 판박이라고 할 수 있다. 오직! 땅이다.

주님의 재림이 임박했다. 비록 그 날과 그 때는 모르지만 깨어있고, 예비한 주의 종들은 세대는 알 수 있지 않겠는가? 왜냐하면, 주님의 재림이 있기 전에 징조가 있기 때문이다. 한국교회의 거성들은 늘 재림신앙이 충일했다. 한 예를 들자면, 손양원 목사님은 주님의 재림을 소망하는 마음으로 고대가를 불렀다. 필자도 자주 부른다. 가사 내용을 보자! "먼 하늘 이상한 구름만 떠도, 행여나 내 주님 오시는가 해, 머리 들고 멀리멀리 바라보오니, 오 주여 언제나 오시렵니까!" 재림에 소망이 있는 주의 종들은 먼 하늘에 이상한 구름 한 점만 떠 있어도 주님이 구름 타고 오시지 않나, 까치발을 딛고 바라보았다. 주님의 재림을 소망하는 성도는 결코 세상과 돈을 사랑하지 않는다. 이 땅을 나그네로! 천국은 영원한 본향으로! 삼고 살 수 밖에 없다. 우리가 요한계시록을 배우고, 세미나를 세우고, 이 책이 이 땅에 나온 것도 결국은 재림에 대한 소망 때문이다. 재림에 대한 소망에서 벗어난다면 이 책은 쓰레기통에 들어가는 것이 적합할 것이다.

작금의 한국교회의 영적인 분위기는 "마치 빙하기를 맞이하여 멸종위기를 당하는 공룡과 같다!" 누구인가 정말 표현을 잘 했다. 그렇다. 이대로 가다가는 한국교회는 유럽과 미국교회의 전철을 밟을 수밖에 없다. 도시의 메가처치, 대형교회가 영성을 리더 한다고 해서 한국교회가 회복된다고 하는 것은 착각이다. 생각을 해보라! "숲이 전부 불타고 있는데, 큰 나무가 아름답게 서 있다!" 무슨 유익이 있겠는가? 큰 나무도 불과 조금 후에는 전철을 밟을 수밖에 없다. 한국교회는 기복신앙에 젖어 있다. 이 대로 가다간 불을 보듯 뻔하다. 정신을 차려야 한다. 재림신앙을 회복해야 한다. 주님의 재림을 외치고, 천국과 지옥에 관한 설교를 자주 반복하여 강단에서 외쳐야 한다. 그리할 때 한국교회는 소망이 있다.

그럼에도 불구하고 한국교회에 소망이 있다. 바알에게 무릎을 꿇지 않은 남은 칠천 인이 있다. 이곳저곳에서 요한계시록을 열고 있다. 불과 얼마 전만 해도 요한계시록 세미나는 언감생심이다. 빨간 딱지가 붙는다. 이단삼단이라고 말한다. 그러나 이제는 그렇지 않다. 요한계시록을 열고 외치는 주의 종들이 한국교회에 결코 적지 않다. 고무적인 현상이다. 광야의 소리 사역회 또한 깨어있는 종들과 함께할 수 있어 하나님의 은혜라고 할 수밖에! 이 책이 한국교회의 죽어가는 종들을 깨우고, 재림신앙을 회복함에, 마중물의 역할을 감당한다면 이보다 기쁜 일이 어디에 있겠는가? "이것들을 증언하신 이가 이르시되 내가 진실로 속히 오리라 하시거늘 아멘 주 예수여 오시옵소서 주 예수의 은혜가 모든 자들에게 있을지어다 아멘(계22:20~21)" 마라나타!

참고문헌

귀한 자료를 참고하여 이 책이 선을 보였습니다. 먼저는 주님께 영광이요. 저자와 출판사에게 감사의 말씀을 올립니다.

강문호.『마지막 번개』. 서울:Missionia(미셔니아). 2014.
강문호.『거기서 내가 너와 만나고 : 법궤론』. 서울:한국가능성계발원. 1994.
강병국.『지구의 운명을 지배하는 손(다니엘 강해)』. 서울:생애의 빛. 2007.
강병도.『카리스종합주석』. 서울:기독지혜사. 2003.
김상호.『깡통을 차고 빌어먹어도 지옥만은 가지마라』. 서울:책나무출판사. 2010.
김형석.『목사님 베리칩 받아도 되나요?』. 서울:도움의 돌. 2014.
권 에스더.『터미네이터 라인 덫』. 서울:은목. 2012.
데이비드 차.『마지막 성도』. 서울:KAM. 2012.
_____.『마지막 신호』. 서울:예영케뮤니케이션. 2010.
류재남.『계시의 눈:마지막 때, 시대의 비밀을 여는』. 서울:풍성한 출판사. 2010.
박길서.『마지막 시대의 배도 무너진 교회』. 서울:밴드오브퓨리탄스. 2011.
박만영.『요한계시록 장별요약집 도표식 강해』. 서울:마라나타사역연구소.
_____.『다니엘 요약집』. 서울:마라나타사역연구소.
박윤식.『여호와삼마 에스겔 성전』서울: 휘선, 2020
백금산·김종두.『만화 종말론』. 서울:부흥과 개혁사. 2011.
백금산·김종두.『요한계시록 1,2,3권』. 서울:부흥과 개혁사. 2010.
스티븐 레너드 제이콥스·마크 바이츠만/이창선 옮김. 시온 의정서 : 세계지배 프로젝트시온 의정서 : 세계지배 프로젝트』. 서울:김영사. 2008.
윌카슨, 데이빗.『마지막 때의 환상과 징조』. 서울:예찬사. 2015.
알렌, 게리.『세계정부 음모』. 서울:생명의 서신. 1987.
엘트먼, 대니얼/고영태 옮김.
『10년후 미래:세계경제의 운명을 바꿀 12가지 트렌드』. 서울:청림출판. 2011.

오클랜드, 로저.『새 포도주와 바벨론 포도나무』. 서울:밴드오브퓨리탄스. 2010.

유석근.『알이랑 고개를 넘어 예루살렘으로』. 서울:예루살렘. 2009.

_____.『또 하나의 선민 알이랑 민족』. 서울:샬롬서원. 2005.

윤석전.『내가 거한 성소를 지으라』. 서울:연세말씀사. 2012.

이광복.『성경적 종말론』. 서울:도서출판 흰돌. 2011.

_____.『요한계시록 설교노트』. 서울:도서출판 흰돌. 1999.

_____.『요한계시록 도표 강해』. 서울:도서출판 흰돌. 2005.

_____.『성경 종말론 도표 강해』. 서울:도서출판 흰돌. 2005.

_____.『셈족으로 본 복음의 동양사』. 서울:도서출판 흰돌. 2010.

이경환.『요한계시록에 나타난 작은 책의 비밀』. 서울:크리스챤서적. 2007.

_____.『재림을 대비한 영원한 복음』. 서울:보이스사. 2002.

이상관.『예수님이 전하신 천국복음』. 서울:사랑의 빛. 2010.

이주만.『666 베리칩의 허구성』. 서울:해피앤북스. 2015.

이지훈/안은정.『지금은 요한계시록 시대: 우리 앞에 현재 나타나고 있는 세상 끝의 징조』. 서울:상상나무. 2015.

이필찬.『요한계시록을 어떻게 읽을 것인가?』. 서울:성서유니온선교회. 2012.

이형조.『타작기 : 기독교 종말론 가이드북』. 서울:세계제자훈련원. 2012.

_____.『타작기 2 : 적그리스도의 유전자 비밀』. 서울:세계제자훈련원. 2013.

_____.『타작기 3 : 십자가의 복음과 교회의 승리』. 서울:세계제자훈련원. 2014.

_____.『교회와 요한계시록 설교집』. 서울:세계제자훈련원. 2016.

장화진.『신세계 질서의 비밀』. 서울:터치북스도. 2011.

전수성경공회.『(한글·영어·원어 (히브리~헬라) 하나님의 말씀) 전수성경 : 대조성경』. 서울:전수성경공회. 2012.

제자연.『그랜드 종합주석, 제자연』. 서울:성서교재간행사. 2004.

조석만.『기독교신학 서설 : 조직신학서론』. 서울:잠언. 2003.

조석만.『조직신학 상/하권』. 서울:잠언. 2001.

조창현.『종교전쟁』. 서울:말씀과 만남 ~ 책 확인

피터슨, 유진 · 던, 마르바/차성구 옮김.『껍데기 목회자는 가라』. 서울:좋은
씨앗. 2013.
톰슨성경편찬위원회.『톰슨 2 성경주석 개역개정판』. 서울:기독지혜사. 2009.
한원식·김영진.『예수 그리스도의 계시 : 원문 중심 요한계시록 강해』.
서울:장오신문사. 2012.
한에녹.『創世記 전과 創世 永遠한 福音(창세기 전과 창세 영원한 복음)』.
서울:영원한 복음사.
W.F. 쿠무이/신인철 옮김.『배교의 시대를 사는 순례자』. 서울:엘도론. 2010.
성막론 요약집, 마라나타사역연구소
『강덕영, 격암유록』서울 동반인

저자소개
포항대학교 경영과 졸업
안양대학교 신학과 졸업
대한신학대학원대학교 (M.div) 졸업
대한민국 국가유공자(보국훈장)
광야의 소리 사역회 원장
푸른초장 문학회원
대한예수교장로교(대신) 경기노회 증경노회장
현 초대교회 담임목사